# Wahlen

## in Nordrhein-Westfalen

| Kommunalwahl | Landtagswahl
| Bundestagswahl | Europawahl

WOCHEN
SCHAU
VERLAG

Bibliografische Information der Deutschen Bibliothek

Die Deutsche Bibliothek verzeichnet diese Publikation in der Deutschen Nationalbibliografie; detaillierte bibliografische Daten sind im Internet über http://dnb.ddb.de abrufbar.

*Liebe Leserin! Lieber Leser!*

Die Landeszentrale für politische Bildung Nordrhein-Westfalen fördert die politisch bildende Literatur, indem sie entsprechende Buchprojekte initiiert, sie konzeptionell und redaktionell begleitet und finanziell unterstützt. Auch dieses Buch ist mit maßgeblicher Beteiligung der Landeszentrale entstanden.

*Landeszentrale für politische Bildung Nordrhein-Westfalen*


www.wochenschau-verlag.de

Redaktion: Jan Treibel, M.A./Paul Frederik Lang, M.A.,
NRW School of Governance, Universität Duisburg-Essen

Satz und Layout: k2o, Klaus Ohl, Wiesbaden

Coverfoto: photocase/sijole

Gesamtherstellung: Wochenschau Verlag

Druck: Bonifatius GmbH, Paderborn

Printed in Germany

ISBN 978-3-89974496-5

# INHALTSVERZEICHNIS

# Kapitel 1
# Wahlen und Demokratie

## 1.1 Wahlfunktionen

Politik muss immer Sach- und Machtfragen miteinander verbinden (Korte 2005: 7ff). Am Wahltag entscheiden die Wähler über die zukünftige Machtverteilung in ihrer Gemeinde, in ihrer Stadt, in ihrem Landkreis, in Nordrhein-Westfalen, in der Bundesrepublik Deutschland oder in der Europäischen Union. Am Wahlsonntag stellen sie für einige Stunden den Souverän dar. Die Wählerin und der Wähler bestimmen die Gewählten. Diese erhalten ihre Macht jedoch nur auf Zeit. Das gilt für die mehrheitlich gewählten Regierenden ebenso wie für die jeweilige Opposition.

2009 wird ein Super-Wahljahr mit insgesamt 15 Wahlen in Deutschland. Auch in Nordrhein-Westfalen steht nach 2004/ 2005 binnen weniger Monate ein weiterer Wahlmarathon an: Die Wahl zum Europäischen Parlament (7. Juni 2009), die Kommunalwahlen (30. August 2009), die Wahl zum Deutschen Bundestag (27. September 2009) und die Wahl zum nordrhein-westfälischen Landtag (Frühjahr 2010). Dieses Buch versucht, die gesetzlichen Bestimmungen und politikwissenschaftlichen Analysen zu allen vier Wahlen im Sinne eines Wahlratgebers einzuordnen. Es ist daher ausdrücklich für ein breites Zielpublikum verfasst, nicht zuletzt um auch die Notwendigkeit demokratischer Teilhabe hervorzuheben. Darüber hinaus soll den Leitfragen nachgegangen werden, welche Bedeutung diese vier Wahlen für das Land Nordrhein-Westfalen besitzen und inwieweit sie miteinander zusammenhängen. In diesem einleitenden Kapitel wird zunächst die Frage beantwortet, weswegen man überhaupt wählen gehen sollte. Außerdem wird die Bedeutung der Parteien dargestellt und ein Überblick über die wichtigsten politischen Institutionen Nordrhein-Westfalens gegeben, die unmittelbar oder indirekt aus den Wahlen hervorgehen.

Aufgrund der regelmäßig stattfindenden freien Wahlen muss die Politik den Aspekt der **Herrschaft auf Zeit** stets mit einkalkulieren (Korte 2005: 7ff). Die Politiker müssen, wenn sie wieder gewählt werden wollen, die Meinungs- und die Willensbildung der Wählerschaft berücksichtigen. Dies gilt unabhängig davon, ob sich durch Kreuze auf dem Wahlzettel die Machtverhältnisse ändern oder nicht. Die Einflussmöglichkeiten des Bürgers auf die Politik sind somit umfassender und längerfristiger, als es der kurze Wahlakt suggeriert, sofern auch faktisch unterschiedliche Personen, Parteien und Programme zu wählen sind. Parteien und Politiker reagieren auf Trends der öffentlichen Meinung und berücksichtigen die Erwartungen sowie die Reaktionen ihrer Wähler in ihren Entscheidungen.

Die Bürgerinnen und Bürger entscheiden nicht nur über die Verteilung der politischen Macht für eine bestimmte Zeit, sondern sie legitimieren sie auch. Regieren kann nur dann legitim sein, wenn es auf einer Form der Zustimmung der Regierten beruht. Wahlen legitimieren politische Herrschaft, kontrollieren die Regierenden und garantieren die Bindung der Politik an die Meinungen der Regierten. Die Regierung bleibt durch die Wahlen gegenüber der Wählerschaft politisch verantwortlich. Die Wählerinnen und Wähler nehmen durch den Wahlakt aktiv am politischen Entscheidungsprozess teil. Aber auch die Nichtwählerinnen und Nichtwähler üben Einfluss aus. Die Höhe der Wahlbeteiligung hat Auswirkungen auf das Ergebnis. Je nach Wahltypus kann die Wählerschaft über die Zusammensetzung der Parlamente, die Regierungsbildung und sogar über die politischen Sachprogramme der kommenden Jahre entscheiden. Die Auswirkungen der Stimmabgabe sind vielfältig. Sie bedeuten weit mehr als die Entscheidung darüber, wer der zukünftige Regierungschef sein wird.

**Wahlen und Demokratie** hängen eng zusammen: Ohne Wahlen zu den Institutionen der politischen Macht gibt es keine Demokratie. Gemeint ist damit die Anerkennung von Herrschaft, die jedoch durch Gewaltenteilung, die Geltung von Menschenrechten und die Chance der Opposition, die Macht zu übernehmen, kontrolliert wird. Die repräsentative Demokratie hat sich in einem jahrhundertlangen Prozess als die für den demokratischen Verfassungsstaat angemessene Ordnung herausgebildet. Ihre Grundlage ist die Konkurrenztheorie der Demokratie. Damit ist – im Gegensatz zur Identitätstheorie – die Anerkennung und Legitimität unterschiedlicher Interessen in einem politischen Gemeinwesen gemeint. Die politische Willens- und Meinungsbildung geschieht dabei über den konfliktträchtigen Austausch von heterogenen Interessen.

Voraussetzung dafür ist jedoch, dass ein Minimum an gemeinsamen Grundüberzeugungen in der Gesellschaft vorhanden ist. Dazu gehört die Anerkennung des Mehrheitsprinzips als Grundlage der Entscheidungsfindung. Das **Mehrheitsprinzip** beschreibt einen Rechtsgrundsatz, nach dem sich eine Minderheit – das sind diejenigen, die bei einer Abstimmung unterliegen – dem Beschluss der Mehrheit zu fügen hat. Die freie Selbstbestimmung Einzelner wird dadurch zwar eingeschränkt, aber ohne Mehrheitsprinzip wären Entscheidungen in einer pluralistischen Gesellschaft nicht zu fällen. Es wird dabei von den Unterlegenen erwartet, dass sie diesen Entschluss respektieren und anerkennen. Das Mehrheitsprinzip liegt auch dem Wahlrecht zugrunde, bei dem die Anerkennung der politischen Mehrheiten verlangt wird. Damit daraus jedoch keine Tyrannei der Mehrheit wird, die sich über unveräußerliche Menschenrechte hinwegsetzt, muss das Mehrheitsprinzip durch den Minderheitenschutz ergänzt werden.

Das **Prinzip des Minderheitenschutzes** verbietet es, dass kleinere Gruppierungen von der politischen Willensbildung ganz ausgeschlossen werden. Nach dem Verständnis des Grundgesetzes der Bundesrepublik Deutschland (GG) und der Landesverfassung Nordrhein-Westfalens (LV) sind Mehrheitsentscheidungen nur dann akzeptabel, wenn das Recht der politischen Minderheit gesichert ist. Doch durch was? Zunächst einmal durch die Garantie der gleichen Ausgangschancen, ihre Meinung im politischen Wettbewerb durchzusetzen. Dazu eignen sich Wahlen, denn sie legitimieren die Herrschaft nur auf begrenzte Zeit. Keine Gruppierung regiert auf Dauer. Mehrheitsdemokratische Elemente werden jedoch auch durch Gerichte und durch den Gewalten teilenden Föderalismus durchbrochen. Und letztlich dient auch die grundsätzliche Möglichkeit, dass eine neue Mehrheit im Parlament Beschlüsse der alten Mehrheit ändert, dem Minderheitenschutz.

In Wahlen drückt sich jedoch nicht nur die Verbindung von Mehrheitsprinzip und Minderheitenschutz aus. Demokratie ist außer Herrschaft auf Zeit auch Herrschaft mit Zustimmung des Volkes (Weissenbach/Korte 2006: 26). Das ist nicht zu verwechseln mit einer Herrschaft des Volkes. Herrschaft mit Zustimmung des Volkes – dahinter verbirgt sich der Gedanke der **Repräsentation**. Der Wahlbürger nimmt indirekt durch Repräsentanten an der Ausübung staatlicher Herrschaft teil. So regelt es das Demokratiegebot in Artikel 20 des Grundgesetzes. Das Volk ist Träger der Staatsgewalt. Volkssouveränität bedeutet in diesem Kontext eine durch Wahlen legitimierte Herrschafts- beziehungsweise Regierungsform mit verfassungsmäßig geregelter periodischer Zustimmung des Volkes. Volkssouveränität ist nicht Volksherrschaft oder Selbstregierung, sondern Herrschaft mit Zustimmung des Volkes durch gewählte Repräsentanten. Die Abgeordneten sind „Vertreter des ganzen Volkes" (Art. 38 GG) beziehungsweise sind vom Volk gewählt (Art. 30 Abs. 1 LV). Sie sind während ihrer Amtszeit nicht an Aufträge und Weisungen gebunden, wie es in Artikel 38 des Grundgesetzes beziehungsweise Art. 30 Abs. 2 der nordrhein-westfälischen Landesverfassung weiter festgelegt ist.

Wenn Demokratie auf der Freiheit beruht, sich politisch durch regelmäßige Wahlen zu organisieren, dann müssen bestimmte Grundfunktionen erfüllt sein, die nachfolgend noch einmal gebündelt aufgelistet werden (Weissenbach/Korte 2006: 29ff; Nohlen 2004: 28-32):

→ **Repräsentation des Volkes:** Die Gewählten, zum Beispiel die Abgeordnete, repräsentieren die Gesamtheit der Bürger. Repräsentiert wird das gesamte Volk. Jede soziale Gruppe muss sich an dem politischen Wettbewerb beteiligen können, um die Offenheit der Machtkonkurrenz zu gewährleisten. Repräsentative Demokratien verlangen Mehrheitsentscheidungen.

→ **Legitimation und Kontrolle von politischer Herrschaft:** Durch Wahlen legitimieren die Wähler bestimmte Personen, politische Funktionen auszuüben. Diese Personen sind legitimiert, im Namen aller und für alle verbindlich zu entscheiden. Durch die regelmäßige Wiederholung der Wahl gewinnt sie die Funktion der Machtkontrolle. Die Opposition muss immer die Chance haben, an die Macht zu kommen.

→ **Integration der Meinungen:** Die Wahl ist die Stimmabgabe jedes einzelnen Wahlberechtigten. Das Wahlergebnis spiegelt insgesamt die Willensartikulation der Wähler wider. Durch eine Wahl erfolgt eine Integration des gesellschaftlichen Pluralismus und die Bildung eines politisch aktionsfähigen Gemeinwillens. Letzteres ist jedoch auch vom jeweiligen Wahlsystem abhängig, das die Integration der Wählerschaft fördern oder auch hemmen kann. Nicht immer geht aus dem Wahlprozess eine handlungsfähige Regierung hervor. Je strikter sich die politischen und die sozialen Gruppen voneinander trennen, desto weniger sind die Funktionsbedingungen der Integration der Meinungen durch Wahlen zu erreichen.

## 1.2 Wahlrechtsgrundsätze

Für alle anstehenden vier Wahlen in Nordrhein-Westfalen gelten die gleichen Wahlrechtsgrundsätze, die in der nordrhein-westfälischen Landesverfassung (Art. 31 Abs. 1) und im Grundgesetz (Art. 38) explizit festgeschrieben sind. Einzige Ausnahme ist lediglich die Wahl zum Europäischen Parlament (siehe unten). Wortgleich heißt es:

*„Die Abgeordneten […] werden in allgemeiner, gleicher, unmittelbarer, geheimer und freier Wahl gewählt."*

Konkret bedeutet dies Folgendes (Weissenbach/Korte 2006: 27ff; Korte 2005: 10ff; Dästner 2002: 149f):

→ **Allgemeines Wahlrecht:** Alle Staatsbürger besitzen das Stimmrecht, unabhängig von Konfession, Bildung, Geschlecht, Sprache, Einkommen, Beruf oder politischer Überzeugung. Voraussetzung dieses Grundsatzes ist jedoch, dass der Wähler und der Gewählte ein Mindestalter erreicht hat und die Erfordernis der Sesshaftigkeit im Wahlgebiet erfüllt. Dennoch sind auch so genannte Auslandsdeutsche unter bestimmten Voraussetzungen zur Wahl zugelassen. Ob nur Deutsche im Sinne des Grundgesetzes wahlberechtigt sind, ist gegenwärtig umstritten. Zumindest für das Kommunalwahlrecht liegt mit der Unterzeichnung des Vertrages von Maastricht diesbezüglich eine Änderung vor. Danach können sich EU-Bürger an Kommunalwahlen beteiligen, wenn sie ihren Wohnsitz in Deutschland haben (siehe Kapitel 2.2).

→ **Gleiches Wahlrecht:** Jede Stimme hat den gleichen Zähl- und Erfolgswert. Bis 1918 war es beispielsweise noch in Preußen der Fall, dass derjenige, der mehr Steuern zahlte, auch mehr Stimmen abgeben konnte. Der Gleichheitsgrundsatz ist auch bei der technischen Gestaltung von Wahlen zu beachten, vor allem für die Wahlkreiseinteilung. Jede Art von Gewichtung der Stimmen ist unzulässig. Vielmehr gilt: one man – one vote (ein Wähler – eine Stimme). Eine Ausnahme bildet in diesem Zusammenhang aber die Europawahl: Da es ein einheitliches Wahlgesetz auf EU-Ebene bislang nicht gibt, finden verschiedene einzelstaatlichen Rechtsvorschriften Anwendung. Dies hat zur Folge, dass das Verhältnis von Wahlberechtigten eines Landes gegenüber der Anzahl der nationalen Abgeordneten im Europäischen Parlament keineswegs proportional ist. In der Praxis ist damit beispielsweise die Stimme eines Deutschen aus Nordrhein-Westfalen weniger „wert" als die eines Luxemburgers oder Iren (→ **siehe Abbildung 51**).

→ **Unmittelbares Wahlrecht:** Die Wähler wählen die Abgeordneten unmittelbar, also direkt, ohne Zwischenschaltung von Delegierten oder Wahlmännern wie etwa bei den Präsidentschaftswahlen in den USA.

→ **Freies Wahlrecht:** Die Bürger dürfen von niemandem in ihrer Wahl beeinflusst werden. Die Stimmabgabe muss frei sein von Zwang und unzulässigem Druck. Mit den Grundsätzen des freien und gleichen Wahlrechts hängt auch entscheidend die Chancengleichheit der Parteien zusammen. Keine demokratische Partei darf durch die Wahlgesetzgebung oder durch die Wahlrechtsgrundsätze benachteiligt werden.

→ **Geheimes Wahlrecht:** Es muss sichergestellt sein, dass Dritte die Wahlentscheidung nicht erkennen können. Niemand soll nachprüfen können, wie sich der Wähler in der Wahlkabine entschieden hat. Genau an diesem Punkt setzt die Wahlforschung ein. Da eine offene Beobachtung des Wahlaktes ausgeschlossen ist, sind Instrumentarien entwickelt worden, um Wahlentscheidungen im Voraus zu prognostizieren beziehungsweise nachträglich zu interpretieren (siehe Kapitel 2.2).

Der Prozess der Ausbreitung des allgemeinen und gleichen Wahlrechts vollzog sich in den westlichen Industriegesellschaften über einen langen Zeitraum. Noch 1848 bestand in keinem Land das allgemeine Männerwahlrecht. Erst nach dem Ersten Weltkrieg hatte sich das Wahlrecht von einer zahlenmäßig und sozialstrukturell begrenzten Wählerschaft auf die gesamte erwachsene Bevölkerung ausgebreitet, sieht man einmal von Ausnahmefällen ab. Doch auch heute noch gibt es Diskussionen über die Allgemeinheit des Wahlrechts, da zum Beispiel Ausländer oder Jugendliche unter 18 Jahren von einigen Wahlen ausgeschlossen sind. So wurde beispielsweise im Sommer 2008 im Deutschen Bundestag von 46 Abgeordneten ein fraktionsübergreifender Antrag eingebracht, der die Einführung des Wahlrechts ab Geburt bei Bundestagswahlen fordert (→ siehe Infobox 5).

## 1.3 Zur Bedeutung der Parteien

Das Land Nordrhein-Westfalen ist wie die Bundesrepublik Deutschland eine Parteiendemokratie: Für die demokratische Willensbildung sind Parteien unverzichtbar, für den Wahlakt unersetzbar (Korte 2005: 12). Damit ist kein Monopolanspruch verbunden, denn die Parteien sind Mitwirkende bei der politischen Willensbildung, aber nicht deren alleinige Träger. Parteien beeinflussen nur als ein Faktor neben anderen, beispielsweise

den Medien, die Meinungsbildung der Bürger. Politische Parteien sind stets auch Ausdruck sowie Träger gesellschaftlicher Konflikte. Sie konkurrieren bei Parlamentswahlen um Wählerstimmen.

Eine Schlüsselfunktion kommt den Parteien beim Wahlvorgang zu, denn bei den Wahlen stehen primär die Parteien und ihre Spitzenkandidaten im Mittelpunkt, weniger einzelne Abgeordnete. Es gehört zu einem zentralen Kennzeichen der Parteien, die sich als wichtige Mittler oder „Transmissionsriemen" zwischen Bevölkerung und Staat definieren, dass sie sich regelmäßig zur Wahl stellen. Damit unterscheiden sie sich von Interessengemeinschaften, Vereinen, Verbänden und Bürgerbewegungen, die den Parteien rechtlich nachgeordnet sind. In Artikel 2 Absatz 1 des Parteiengesetzes heißt es dazu:

*„Parteien sind Vereinigungen von Bürgern, die dauernd oder für längere Zeit für den Bereich des Bundes oder eines Landes auf die politische Willensbildung Einfluss nehmen und an der Vertretung des Volkes im Deutschen Bundestag oder einem Land-*

*tag mitwirken wollen, wenn sie nach dem Gesamtbild der tatsächlichen Verhältnisse, insbesondere nach Umfang und Festigkeit ihrer Organisation, nach der Zahl ihrer Mitglieder und nach ihrem Hervortreten in der Öffentlichkeit eine ausreichende Gewähr für die Ernsthaftigkeit dieser Zielsetzung bieten. Mitglieder einer Partei können nur natürliche Personen sein."*

Die Parteien mussten sich das Privileg ihrer Sonderstellung im parlamentarischen System erst erarbeiten. In der Verfassung des Deutschen Reiches von 1871 wurden Parteien nicht erwähnt. Die deutsche Staatsrechtslehre wies ihnen einen Platz als außerhalb des Staates stehende gesellschaftliche Vereinigungen zu. Artikel 130 der Weimarer Reichsverfassung erwähnte zwar Parteien, aber nur im negativen Sinn: „Der Beamte sei Diener der Gesamtheit, nicht einer Partei." Der Verfassungskonvent von Herrenchiemsee, ein Expertengremium der Länder zur Vorbereitung des Grundgesetzes, berücksichtigte nach dem Zweiten Weltkrieg bereits in seinem ersten Entwurf von 1948 ausdrücklich die Parteien. Unter dem Schutz der Besatzungsmächte hatte sich auf Landesebene ein Parteiensystem herausgebildet, das die politische Diskussion in den ersten Jahren nach dem Zweiten Weltkrieg kanalisierte. Die Mütter und Väter des Grundgesetzes waren sich über die verfassungsrechtliche Anerkennung der Parteien einig. Der Parlamentarische Rat beschloss schließlich die Formulierungen, die in Artikel 21 des Grundgesetzes enthalten sind (Satz 4 in Absatz 1 wurde 1983 geändert).

1. *„Die Parteien wirken bei der politischen Willensbildung des Volkes mit. Ihre Gründung ist frei. Ihre innere Ordnung muss demokratischen Grundsätzen entsprechen. Sie müssen über die Herkunft und Verwendung ihrer Mittel sowie über ihr Vermögen öffentlich Rechenschaft geben.*
2. *Parteien, die nach ihren Zielen oder nach dem Verhalten ihrer Anhänger darauf ausgehen, die freiheitliche demokratische Grundordnung zu beeinträchtigen oder zu beseitigen oder den Bestand der Bundesrepublik Deutschland zu gefährden, sind verfassungswidrig. Über die Frage der Verfassungswidrigkeit entscheidet das Bundesverfassungsgericht.*
3. *Das Nähere regeln Bundesgesetze."*

Der Artikel weist den Parteien die Aufgabe zu, an der politischen Willensbildung des Volkes mitzuwirken, gewährleistet ihre jeweilige Gründungs- und Betätigungsfreiheit, fordert gleichzeitig innerparteiliche Demokratie und öffentliche Rechenschaftslegung. Er bietet darüber hinaus auch die Möglichkeit des Parteienverbots. Näheres sollte der Gesetzgeber durch Bundesgesetz regeln. 18 Jahre lang ließ dieses Gesetz auf sich warten. Erst die große Koalition von CDU/CSU und SPD sah sich 1967 in der Lage, ein Parteiengesetz zu verabschieden. Damit sind die Parteien im Staatsrecht der Bundesrepublik fest verankert. In der nordrhein-westfälischen Landesverfassung, die viele Parallelen zum Grundgesetz aufweist (→ **siehe Infobox 41**), werden sie explizit jedoch nicht angesprochen. Wenn man die politikwissenschaftliche Literatur zum Funktionskatalog von politischen Parteien zusammenfasst, ergeben sich für diese folgende Aufgaben (Korte 2005: 14):

→ **Personalrekrutierung:** Parteien wählen Personen aus und präsentieren sie bei Wahlen zur Besetzung politischer Ämter.

→ **Interessenartikulation:** Parteien formulieren öffentliche Erwartungen und Forderungen von gesellschaftlichen Gruppen und Kräften an das politische System.

→ **Programmfunktion:** Parteien integrieren unterschiedliche Interessen in eine Gesamtvorstellung von Politik, in ein politisches Programm, für das sie um Zustimmung und um Mehrheit werben.

→ **Partizipationsfunktion:** Parteien stellen eine Verbindung zwischen Bürgern und politischem System her; sie ermöglichen politische Beteiligung von Einzelnen und Gruppen.

→ **Legitimationsfunktion:** Indem Parteien die Verbindung zwischen Bürgern, gesellschaftlichen Gruppen sowie dem politischen System herstellen, tragen sie zur Verankerung der politischen Ordnung im Bewusstsein der Bürger und bei den gesellschaftlichen Kräften bei.

Die Parteien stoßen jedoch auf öffentliche Kritik, seit es sie gibt. Den Deutschen ist sogar ein „Antiparteienaffekt" nachgesagt worden. In der Weimarer Republik wurde der Staat dermaßen verherrlicht, dass er angeblich über den Parteien stand. Die Parteien repräsentierten demnach nur die egoistischen Interessen. Wahlrecht und Parteiengefüge hatten zur Zersplitterung des parlamentarischen Systems geführt. Parlamentarische Mehrheiten vermochten zwar Regierungen zu stürzen, nicht aber konstruktiv zusammenzuarbeiten. Der Parlamentarismus war diskreditiert und bot extremistischen Kräften so die Möglichkeit, sich über den Parteienstaat zu stellen.

Von dieser vehementen Kritik sind die Parteien in Deutschland und Nordrhein-Westfalen bislang verschont geblieben, wenngleich die Skepsis der Bürger gegenüber den Parteien in den letzten Jahren immer größer wird. Dabei zeigen sich aber häufig eine Vermischung und eine Gleichsetzung von Parteien-, Politik- und Demokratieverdrossenheit. Vier Schwerpunktbereiche der Kritik sollen kurz angedeutet werden (Korte 2005: 16; von Alemann 2003: 182ff):

- Der erste Bereich umfasst die Kritik an der **Finanzierung** der Parteien. Der öffentliche Beitrag in Form von Steuergeldern erscheint vielen als zu hoch. Die zusätzliche Möglichkeit, Spenden anzunehmen, eröffnet Spielräume für Korruption. Die Transparenzgebote sind dabei nur schwer zu überprüfen. Die Rechenschaftsberichte der Parteien an den Bundestagspräsidenten schützen nicht vor Missbrauch, wie insbesondere die Parteispendenskandale der großen Volksparteien deutlich machten (mehr zur staatlichen Parteienfinanzierung in Kapitel 3.6 und 4.6.4).
- Der zweite Kritikpunkt betrifft die unterstellte **Ämterpatronage** und den **Machtmissbrauch**. Die Parteien durchdringen die Staatsorgane, indem sie deren personelle Zusammensetzung weitgehend bestimmen. In öffentlichen Einrichtungen wird bei der Vergabe von Stellen – folgt man diesem Argument – mehr auf das richtige Parteibuch als auf Fähigkeiten geachtet. Der Einfluss der Parteien erstreckt sich damit auf Bereiche, für die sie weder nach dem Grundgesetz oder der Landesverfassung, noch nach den Regeln des Regierungssystems zuständig sind. Gefordert wird eine Zurückdrängung der Parteien, eine Beschneidung ihrer Macht. Dies könnte durch effektivere Mitwirkungsrechte der Bürger mittels Elementen der direkten Demokratie auf Landes- und kommunaler Ebene durch Herabsenkung der Quoren geschehen (→ **siehe Infobox 16**).
- Eine dritte Richtung der Kritik stört sich an der **mangelnden Repräsentanz** der Bevölkerung in den Parteien. Verglichen mit dem großen Einfluss der Parteien in nahezu allen Bereichen des gesellschaftlichen Lebens sind nur wenige Wählerinnen und Wähler Parteimitglieder. Zurzeit sind nur etwa zwei Prozent der Bevölkerung Nordrhein-Westfalens Mitglieder in politischen Parteien. Hinzu kommt, dass nur ein Bruchteil von ihnen innerparteilich aktiv tätig ist. Es stellt sich die Frage, wie so wenige Menschen mehrheitlich akzeptable Konzepte für die Gesamtstaatsführung erarbeiten und verwirklichen können.
- Ein letzter Aspekt betrifft die **innerparteiliche Demokratie** sowie die Aufstellung von Kandidaten für Wahlen. Das Recht der Kandidatennominierung (→ siehe Kapitel 2.5, 3.4, 4.5 und 5.4), so wird argumentiert, üben die Funktionäre aus. Die Wähler könnten nur zwischen vorgelegten Listen entscheiden. Muss das Wahlrecht oder auch die Amtsdauer von Repräsentanten verändert werden, um die innerparteiliche Demokratie zu stärken und die direkteren Mitwirkungsmöglichkeiten der Bürger auszuweiten?

Hinzu kommt ein anderes Phänomen: das der Krise der Volksparteien (Korte 2008). So erkennen die Wahlbürger in den ehemals großen Parteien SPD und CDU immer weniger Mitte-zentrierte Angebote. Die Volksparteien sind schon lange keine Massenintegrationsparteien mehr. Sie sind gesellschaftlich entwurzelt. Folgerichtig agieren sie wie professionelle Wählerparteien auf einem immer komplexer werdenden Wählermarkt (Korte/Fröhlich 2009). Der Mitgliederschwund und die altersmäßige Zusammensetzung macht sie teilweise zu „Vorruhestandsorganisationen". Die Große Koalition im Bund als Allianz von geschwächten Volksparteien auf Bundesebene verstärkt

diesen Trend. Doch zur neuen Qualität des Unmuts über die Parteien gehört nicht der generelle Niedergang von Volksparteien und deren prekärer Binnenorganisation. Die neue Qualität gründet sich auf dem Befund, dass Volksparteien immer weniger in der Lage sind, repräsentativ zu agieren und thematische Konflikte bündeln zu können. Wer gesellschaftlich nicht mehr ausreichend verankert und basislos geworden ist, der ist auch risikoanfällig.

Generell funktionieren Volksparteien wie Konsensmaschinen. Interessenunterschiede werden zur Problemlösung in bestimmte Richtungen gebündelt – stellvertretend für die plurale Interessenvielfalt in der Gesellschaft. Verliert die Konsensmaschine an Kraft, fehlt der Politik Stabilität und Berechenbarkeit. Volksparteien sind die fortschrittlichste Organisationsform politischer Willensbildung in einer Demokratie. Wenn gemeinwohlorientierte Volksparteien – gerade in Abgrenzung zu klientelbezogenen Interessenparteien – an Attraktivität verlieren, muss sich zwangsläufig die Qualität einer Demokratie ändern.

Erschwerend kommt hinzu, dass auch die Mitgliedschaft in den Parteien an Attraktivität verloren hat (Korte/Fröhlich 2009). Knapp vier Prozent der Deutschen sind Mitglieder in Parteien. Und ein Großteil der Mitglieder zeigt sich nur einmal im Jahr aktiv auf Mitgliederversammlungen. Eine entscheidende konventionelle Partizipationsmöglichkeit der Bürgerinnen und Bürger am politischen Prozess wird damit in zunehmend geringerem Maße genutzt. Die sinkende Parteimitgliedschaft ist ein Ausdruck der Krise der Repräsentation – hat sie doch nicht zuletzt Implikationen für den Anspruch und die Legitimität der Parteien als Interessenvermittlungsagenturen. Gerade die Langfristigkeit einer Parteibindung mindert in dieser Perspektive die Attraktivität der Parteien als Mitgliederorganisationen. Aus Sicht der Parteien ist kein Verlass mehr auf das Stammpublikum: Die Wähler sind unberechenbar, ungebunden und offenbar auch undankbar.

Grundsätzlich bleibt daher zu fragen, ob es überhaupt andere denkbare Möglichkeiten in einer modernen, komplexen und parlamentarischen Demokratie gibt, Willensbildungsprozesse politisch legitimiert zu bündeln (Korte 2005: 17ff). Wer sich mit dieser Frage beschäftigt, wird schnell zu der Antwort gelangen, dass die Allgegenwart der Parteien in allen Bereichen des politischen und des gesellschaftlichen Lebens auch eine Voraussetzung ist, um moderne Willensbildungsprozesse und Entscheidungsfindung zu garantieren. Dazu müssen die Parteien in einem permanenten Kommunikationsprozess mit der Bevölkerung stehen. Sie können als „Mehrzweckagenturen" relativ unabhängig von ökonomischen Gesichtspunkten agieren und lassen sich nicht zur Klientel bestimmter Gruppierungen machen. Sie sind nur den Parteimitgliedern und ihren Wählern gegenüber in der Pflicht.

Bisher hat sich das Parteiensystem in Nordrhein-Westfalen als durchaus flexibel erwiesen (siehe Kapitel 7.4). Neue Wählerströmungen ließen sich in die großen Volksparteien integrieren. Veränderte Koalitionsmodelle lockerten starre Konstellationen auf. Eine vormals nicht etablierte Partei wie die Grünen übersprang die Fünf-Prozent-Hürde. Angleichungsmechanismen zwischen den Parteien hängen ursächlich mit dem gemeinsamen Kampf um öffentliche Aufmerksamkeit zusammen. Die Beobachtung des Medien- und Meinungsmarktes gewinnt vor diesem Hintergrund zunehmend an Bedeutung für den Parteienwettbewerb.

## 1.4 Politische Institutionen in Nordrhein-Westfalen

Das politische Leben in Nordrhein-Westfalen wird außer durch die Wahlen auf den verschiedenen Ebenen maßgeblich von den in der Landesverfassung fixierten Verfassungsinstitutionen gekennzeichnet (Dästner 2002). Diese gehen unmittelbar, mittelbar oder indirekt aus den Wahlen hervor und sollen deshalb zu Beginn dieses Buches kurz einleitend vorgestellt werden. Zu nennen sind:

### Der Landtag

Der Landtag ist das höchste Staatsorgan des Landes und wird als einziges Verfassungsorgan für fünf Jahre direkt vom Volk gewählt (Art. 34 LV; Korte/Florack/Grunden 2006: 62). Der neu gewählte Landtag muss sich spätestens 20 Tage nach seiner Wahl konstituieren. Mit dieser ersten Sitzung beginnt die neue Legislaturperiode. Die Geschäftsordnung des Landtages, in der über Verfassungs- und Gesetzesvorschriften hinaus die Arbeitsweise, die Struktur und die Gremien der Selbstverwaltung des Landtages festgelegt sind, gilt jeweils nur für die Dauer einer Wahlperiode und muss vom Landtag nach seiner Wahl erneut verabschiedet werden.

### Die Landesregierung

Mit der Wahl eines Landtagsabgeordneten zum Ministerpräsidenten beginnt die Bildung der Landesregierung (Korte/Florack/Grunden 2006: 71ff). Diese besteht aus dem Ministerpräsidenten und den Ministern und geht daher indirekt auch aus den Landtagswahlen hervor (→ **siehe Infobox 24**). Als Kollektivorgan kommen der Landesregierung vier zentrale Funktionen zu:

Aus der *politischen Führungsfunktion* folgt die Aufgabe, Richtlinien für die Landespolitik zu entwickeln und diese durch Gesetzesinitiativen zu konkretisieren. Obwohl laut Verfassung nicht dazu verpflichtet, erfolgt die Formulierung der Richtlinien entlang der politischen Ziele der Mehrheitsfraktionen im Landtag.

Die *Exekutivfunktion* der Landesregierung entspricht der klassischen Rollenzuweisung in der Gewaltenteilungslehre. Die vom Landtag beschlossenen Gesetze werden von der Regierung durch ergänzende Verordnungen und Verwaltungsakte ausgeführt. Die Regierung übermittelt untergeordneten Behörden Ausführungsbestimmungen und weist ihnen zur Umsetzung der beschlossenen Maßnahmen Personal- und Finanzressourcen zu.

Die dritte Funktion der Landesregierung ist die *Vertretung Nordrhein-Westfalens nach außen*. Sie vertritt die Interessen des Landes gegenüber dem Bund und anderen Bundesländern sowie gegenüber dem Ausland, speziell der Europäischen Union. Gegenstand der Vertretung sind in erster Linie die Beteiligung des Landes an der Bundesgesetzgebung im Bundesrat (siehe Kapitel 3.13) sowie die Aushandlung von Staatsverträgen und Verwaltungsabkommen mit der Bundesregierung oder anderen Landesregierungen und die Einflussnahme auf europäische Rechtsetzungsverfahren.

Die vierte Funktion ist die *Ernennung der Landesbeamten*. Die Ernennung erfolgt mittels Delegation durch die zuständigen Ressorts (zum Beispiel bei Richtern durch das Justizministerium). Die Regierung ist in der Auswahl und Ernennung von Beamten an Bundesrecht sowie diverse Landesgesetze (zum Beispiel Landesbeamtengesetz, Landesrichtergesetz etc.) gebunden. Dadurch soll verhindert werden, dass politische Auswahlkriterien an die Stelle der persönlichen Eignung und fachlichen Qualifikation der Bewerber treten.

### Das Landesverfassungsgericht

Der Verfassungsgerichtshof hat seinen Sitz in Münster. Als Verfassungsorgan ist er „Hüter der Landesverfassung", was die Eigenstaatlichkeit Nordrhein-Westfalens innerhalb der Bundesrepublik Deutschland unterstreicht (Korte/Florack/Grunden 2006: 81f; Dästner 2002: 224ff). Er setzt sich zusammen aus dem Präsidenten des Oberverwaltungsgerichts, den beiden lebensältesten Oberlandesgerichtspräsidenten des Landes und vier vom Landtag auf die Dauer von sechs Jahren gewählten Mitgliedern, von denen die Hälfte die Befähigung zum Richteramt oder zum höheren Verwaltungsdienst haben muss. So wirken die Bürgerinnen und Bürger zumindest indirekt auch an einem Teil der Richterbestellung des Landesverfassungsgerichts mit.

ABBILDUNG 1 AUFGABENKATALOG DES VERFASSUNGSGERICHTSHOFES NRW

| Aufgabe | Erklärung |
|---|---|
| 1. Organstreitigkeiten | Der Verfassungsgerichtshof entscheidet über Streitigkeiten zwischen Landesorganen (Art. 75 Abs. 2 LV). Als Landesorgane gelten: Landtag, Landesregierung, Ministerpräsident, Minister, Minderheit des Landtages, Ständiger Ausschuss, Ältestenrat, Landtagsfraktionen, einzelner Abgeordneter (Dästner 2002: 225-226). |
| 2. Abstrakte Normenkontrolle | Das Landesverfassungsgericht überprüft die Vereinbarkeit von Landesrecht mit der Landesverfassung. Es kann jedoch nicht selbständig tätig werden. Zuvor muss ein Antrag der Landesregierung oder eines Drittels der gesetzlichen Mitglieder des Landtages vorliegen (Art. 75 Abs. 3 LV). Eine „präventive Normenkontrolle" gegen ein noch nicht in Kraft getretenes Gesetz ist nicht möglich. |
| 3. Konkrete Normenkontrolle | Die konkrete Normenkontrolle erfolgt über gerichtliche Vorlagen, die sich auf Artikel 100 Abs. 1 GG beziehen. Hiernach muss ein Gericht, wenn es von der Unvereinbarkeit eines Gesetzes mit der Landesverfassung überzeugt ist, dies dem Landesverfassungsgericht vorlegen. Durch diese Pflicht zur Vorlage wird gewährleistet, dass nicht jedes Gericht selbst, sondern nur das Landesverfassungsgericht über die Vereinbarkeit von Gesetzen mit der Landesverfassung entscheidet. |
| 4. Wahlprüfung | Wahlprüfung ist Sache des Landtages (Art. 33 Abs. 1 LV). Der Verfassungsgerichtshof entscheidet jedoch über eventuelle Beschwerden im Wahlprüfungsverfahren (Art. 33 Abs. 3 LV; Art. 75 LV). |
| 5. Ausschluss von Wahlen | „(1) Vereinigungen und Personen, die es unternehmen, die staatsbürgerlichen Freiheiten zu unterdrücken oder gegen Volk, Land oder Verfassung Gewalt anwenden, dürfen sich an Wahlen und Abstimmungen nicht beteiligen. (2) Die Entscheidung darüber, ob diese Voraussetzungen vorliegen, trifft (...) der Verfassungsgerichtshof." (Art. 32 LV) |
| 6. Prüfung bei Volksbegehren | Die Landesregierung entscheidet über die Zulässigkeit von Volksbegehren. Gegen diese Entscheidung kann vor dem Verfassungsgerichtshof Beschwerde eingelegt werden. (Art. 68 Abs. 1 LV) |
| 7. Kommunale Verfassungsbeschwerde | Kommunen können beim Landesverfassungsgericht Verfassungsbeschwerde einreichen, wenn sie das Recht zur kommunalen Selbstverwaltung verletzt sehen. Diese kommunalen Verfassungsbeschwerden stellen den Schwerpunkt der Gerichtstätigkeit dar. |
| 8. Ministeranklage | „Der Ministerpräsident und die Landesminister können wegen vorsätzlicher oder grobfahrlässiger Verletzung der Verfassung oder eines anderen Gesetzes vor dem Verfassungsgerichtshof angeklagt werden (...)" (Art. 63 Abs.1 LV). Hierzu bedarf es eines Antrages mindestens eines Viertels der Mitglieder des Landtages. Diesem Anklageantrag auf Erhebung der Anklage muss der Landtag mit zwei Dritteln der Abgeordneten zustimmen. Stellt das Landesverfassungsgericht anschließend die Schuld eines Ministers oder des Ministerpräsidenten fest, so kann es ihn seines Amtes entheben (Art. 63 Abs. 2 LV). Des Weiteren kann das Landesverfassungsgericht verfügen, dass das Amt eines Ministerpräsidenten oder eines Ministers in der Zeit eines laufenden Verfahrens ruht. |

Quelle: Korte/Florack/Grunden 2006: 82.

Artikel 75 der Landesverfassung definiert den Aufgabenbereich des Verfassungsgerichtshofes. Neben in der Landesverfassung explizit genannten Aufgaben wird an dieser Stelle auf sich gesetzlich ergebende Aufgabenfelder verwiesen. (→ **siehe Abbildung 1**)

Der Aufgabenkatalog des Verfassungsgerichtshofes entspricht damit weitgehend den Aufgaben des Bundesverfassungsgerichts auf Bundesebene. Nicht möglich ist jedoch eine Verfassungsbeschwerde einzelner Bürger. Begründet wird dies mit der Abwesenheit eines eigenen Grundrechtkatalogs in der Landesverfassung.

## 1.5 Wahlen im Mehrebenensystem

Dieses Buch widmet sich den Gemeinsamkeiten und Unterschieden der vier Wahlen auf den vier verschiedenen Ebenen des politischen Systems des Landes Nordrhein-Westfalen. Bei allen Wahlen soll Nordrhein-Westfalen im Fokus der Analyse stehen. In diesem Zusammenhang ist zunächst der politikwissenschaftliche Begriff des Mehrebenensystems zentral, der besonders bei der Beschreibung der politischen Ebenen im Zuge der Europäischen Einigung benutzt wird. Der Begriff bezeichnet das komplexe Beziehungsgefüge verschiedener horizontaler und vertikaler politischer Entscheidungsstrukturen, die sich jeweils aus den vier Wahlen rekrutieren. Im Mehrebenensystem ist es nicht mehr möglich, klare Kompetenzabgrenzungen zu treffen und eine hierarchische Strukturierung des Ganzen vorzunehmen (König/Rieger/Schmitt 1996). So werden Mehrebenensysteme durch eine mehr oder weniger stark ausgeprägte Politikverflechtung gekennzeichnet. Dieses wird bei der folgenden Analyse der verschiedenen Wahlen und der gewählten Institutionen stets mitbeachtet.

So folgt von den Kommunalwahlen aufsteigend die Vorstellung der einzelnen Wahlen auf den verschiedenen Ebenen des politischen Systems (Kapitel 2 bis 5). Zentraler Bestandteil dieses Buches soll somit die Erklärung der Abläufe und die Analyse des Wahlverhaltens der Bürgerinnen und Bürger bei den vier verschiedenen Wahlen in Nordrhein-Westfalen sein. Dabei folgt die Gliederung in jedem Kapitel einer wiederkehrenden Systematik:

### Wahlrecht und Wählbarkeit

Hierbei geht es um die gesetzlichen Bestimmungen zum aktiven und passiven Wahlrecht. So wird für jede Wahl die Frage beantwortet, wer wählt und wer sich zur Wahl stellen darf.

### Wahl und Aufgaben der zur wählenden Institution

Zunächst werden jeweils das Wahlrecht der vorgestellten Wahl und ihre historischen Ergebnisse in Nordrhein-Westfalen beschrieben. Es folgt eine Erklärung der Aufgaben der zu wählenden politischen Institution (Stadtrat, Kreistag, Bezirksvertretung, Bürgermeister, Landrat, Landtag, Bundestag und Europäisches Parlament).

### Kandidatenaufstellung

Danach werden die rechtlichen Rahmenbedingungen, die es bei der Aufstellung der Kandidaten zu beachten gilt, vorgestellt. Hierbei rücken folgende Fragen in den Fokus: Wer nominiert die Kandidaten? Wie geht der Nominierungsprozess vonstatten? Wann erfolgt die Nominierung?

### Wahlkampf

Nun folgt die Vorstellung des jeweiligen Wahlkampfes. Hierbei wird auf generelle Thesen der Politikwissenschaft wie die „Amerikanisierung der Wahlkämpfe" genauso eingegangen wie auf Unterschiede zwischen den Wahlkämpfen zu den einzelnen Wahlen. Dabei werden sowohl generelle wie auch aktuelle Anmerkungen zum jeweilig letzten beziehungsweise kommenden Wahlkampf getätigt.

### Wahlkreiseinteilung

In diesem Abschnitt geht es um die rechtlichen Rahmenbedingungen bei der Wahlkreiseinteilung. Es werden folgende Fragen beantwortet: Wer teilt die Wahlkreise ein? Welche anderen Ein-

teilungen gibt es darüber hinaus? Was bedeutet die Größe eines Wahlkreises für die jeweilige Wahl?

### Wahltermin

Es wird geschildert, welche Institution nach welchen rechtlichen Rahmenbedingungen den Wahltermin festlegt. In diesem Zusammenhang wird auch der konkrete Termin der jeweils kommenden Wahl genannt.

### Wahlhandlung

Nun wird die konkrete Wahlhandlung durch die Bürger im Wahllokal sowie die Bedeutung und der Ablauf der Briefwahl vorgestellt. Dabei unterschieden sich die jeweiligen Wahlen jedoch nur in Details voneinander.

### Feststellung des Wahlergebnisses

Hierbei geht es um die konkrete Auszählung der Stimmen und dann um die Verkündung des Wahlergebnisses. So werden Aussagen getätigt, welche Institutionen an der Abwicklung der jeweiligen Wahl beteiligt sind und wie die Abstimmung der Wahlorgane untereinander erfolgt.

### Wählerverhalten

Abschließend wird der Stand der Wahlforschung zur jeweiligen Wahl dargestellt. Es wird das generelle Wahlverhalten beschrieben, aber auch explizit auf das Wahlverhalten bei der letzten Wahl eingegangen.

Besonderheiten, die für die jeweilige Wahl eine Rolle spielen, werden durch Infoboxen und Abbildungen besonders hervorgehoben. Bei allen Gliederungspunkten steht immer die Wahl im Landesgebiet von Nordrhein-Westfalen im Zentrum.

Schließlich werden noch in den beiden Kapiteln 6 und 7 generelle Anmerkungen zur Wahlforschung, zur Bedeutung der politischen Kultur und zur Entwicklung des Parteiensystems für Nordrhein-Westfalen angeführt sowie die maßgeblichen Theorien des Wählerverhaltens vorgestellt.

## 1.6 Weiterführende Literatur


*Alemann, Ulrich von (2003): Das Parteiensystem der Bundesrepublik Deutschland, 3. Auflage, Opladen.*

*Dästner, Christian (2002): Die Verfassung des Landes Nordrhein-Westfalen. Kommentar, 2. Auflage, Stuttgart.*

*König, Thomas/Rieger, Elmar/Schmitt, Hermann (Hrsg.) (1996): Das europäische Mehrebenensystem, Frankfurt am Main.*

*Korte, Karl-Rudolf (2005): Wahlen in der Bundesrepublik Deutschland, 5. Auflage, Bonn.*

*Korte, Karl-Rudolf (2008): Neue Formeln zur Macht. Parteienwettbewerb in Deutschland, in: Die Politische Meinung. Monatsschrift zu Fragen der Zeit, Nr. 465, August 2008, S. 5-9.*

*Korte, Karl-Rudolf/Florack, Martin/Grunden, Timo (2006): Regieren in Nordrhein-Westfalen. Strukturen, Stile und Entscheidungen 1990 bis 2006, Wiesbaden.*

*Korte, Karl-Rudolf/Fröhlich, Manuel (2009): Politik und Regieren in Deutschland. Strukturen, Prozesse, Entscheidungen, 3. Auflage, Paderborn.*

*Nohlen, Dieter (2004): Wahlrecht und Parteiensystem, 4. Auflage, Opladen.*

*Rudzio, Wolfgang (2006): Das politische System der Bundesrepublik Deutschland, 7. Auflage, Wiesbaden.*

*Weissenbach, Kristina/Korte, Karl-Rudolf (2006): „Wahlsysteme und Wahltypen": Wahlen als Qualitätskennzeichen einer Demokratie, in: Heberer, Thomas/Derichs, Claudia (Hrsg.): Wahlsysteme und Wahltypen, Wiesbaden S. 26-48.*

# Kapitel 2
# Kommunalwahlen in Nordrhein-Westfalen

## 2.1 Kommunalwahlsysteme der Bundesländer

Im politischen System der Bundesrepublik Deutschland ist die Kommune die kleinste politische Einheit. Dabei kann es sich sowohl um Großstädte als auch um kleine selbstständige Dörfer handeln. Nach der kommunalen Gebietsreform 1975 existieren in Nordrhein-Westfalen 396 Gemeinden, davon 23 Großstädte mit dem Status einer kreisfreien Stadt (Kost 2003: 198). Die restlichen Kommunen sind in 31 Landkreise zusammengefasst. 207 Gemeinden haben mehr als 20.000 Einwohner und können daher als Städte bezeichnet werden. 30 Kommunen haben sogar mehr als 100.000 Einwohner und gelten als Großstädte – so viele wie in keinem anderen Bundesland. Daher verwundert es kaum, dass es in Nordrhein-Westfalen nur noch drei selbstständige Dörfer mit weniger als 5.000 Einwohnern gibt. Im Vergleich aller deutschen Flächenländer hat Nordrhein-Westfalen mit 45.586 Einwohnern die höchste durchschnittliche Gemeindegröße.

Die **kommunale Selbstverwaltung** ist in Artikel 28 Absatz 2 des Grundgesetzes festgeschrieben:

*„Den Gemeinden muss das Recht gewährleistet sein, alle Angelegenheiten der örtlichen Gemeinschaft im Rahmen der Gesetze in eigener Verantwortung zu regeln."*

Sie geht historisch auf die preußische Städteordnung aus dem Jahre 1808 zurück, in die durch Staatsminister Freiherr vom und zu Stein die Selbstverwaltungsidee in Ablehnung des zentralisierten, bürokratischen, napoleonischen Staatsmodells erstmals Eingang fand. Organe der Selbstverwaltung sind der Bürgermeister und der Gemeinderat.

Sie werden am Tag der Kommunalwahl demokratisch bestimmt. Neben den Wahlen zu den Bezirksvertretungen, Gemeinde- und Stadträten sowie den Kreistagen zählen somit auch die Direktwahlen der (Ober-)Bürgermeister und Landräte (mit Ausnahme von Baden-Württemberg und Brandenburg) zu den Kommunalwahlen. Mehrere Gemeinden bilden einen Landkreis, größere Kommunen eine kreisfreie Stadt. In den Gemeinden und Städten sind die Vertretungskörperschaften die Gemeinde- beziehungsweise die Stadträte, in den Landkreisen die Kreistage. In kreisfreien Städten gibt es zudem noch gewählte Bezirksvertretungen, die man als Stadtteilparlamente bezeichnen kann.

Das Grundgesetz garantiert in Artikel 28 Absatz 1 die kommunale Demokratie und nennt die bekannten Wahlrechtsgrundsätze (siehe Kapitel 1), die auch für die Kommunalwahlen gelten:

*„Die verfassungsmäßige Ordnung in den Ländern muss den Grundsätzen des republikanischen, demokratischen und sozialen Rechtsstaates im Sinne dieses Grundgesetzes entsprechen. In den Ländern, Kreisen und Gemeinden muss das Volk eine Vertretung haben, die aus allgemeinen, unmittelbaren, freien, gleichen und geheimen Wahlen hervorgegangen ist. Bei Wahlen in Kreisen und Gemeinden sind auch Personen, die die Staatsangehörigkeit eines Mitgliedstaates der Europäischen Gemeinschaft besitzen, nach Maßgabe von Recht der Europäischen Gemeinschaft wahlberechtigt und wählbar. In Gemeinden kann an die Stelle einer gewählten Körperschaft die Gemeindeversammlung treten."*

**ABBILDUNG 2 KOMMUNALES WAHLRECHT IM LÄNDERVERGLEICH**

| Land | Dauer der Wahlperiode | Wahlsystem Listenform | Kumulieren Panaschieren | Anzahl der Stimmen | Auszählverfahren | Sperrklausel | Aktives/ passives Wahlrecht |
|---|---|---|---|---|---|---|---|
| Baden-Württemberg | 5 | Verhältniswahl; freie Liste | Ja, bis zu drei Stimmen | = Zahl der zu vergebenden Sitze | d'Hondt | – | 18/18 |
| Bayern | 6 | Verhältniswahl; freie Liste | Ja, bis zu drei Stimmen | = Zahl der zu vergebenden Sitze | d'Hondt | – | 18/18 |
| Brandenburg | 5 | Verhältniswahl; freie Liste | Ja, bis zu drei Stimmen | 3 | Hare/Niemayer | – | 18/18 |
| Hessen | 5 | Verhältniswahl; freie Liste | Ja, bis zu drei Stimmen | = Zahl der zu vergebenden Sitze | Hare/Niemayer | – | 18/18 |
| Mecklenburg-Vorpommern | 5 | Verhältniswahl; freie Liste | Ja, bis zu drei Stimmen | 3 | Hare/Niemayer | – | 16/18 |
| Niedersachsen | 5 | Verhältniswahl; freie Liste | Ja, bis zu drei Stimmen | 3 | Hare/Niemayer | – | 16/18 |
| NRW | 5 | personalisierte Verhältniswahl; starre Liste | Nein | 1 | Sainte-Laguë | – | 16/18 |
| Rheinland-Pfalz | 5 | Verhältniswahl; freie Liste | Ja, bis zu drei Stimmen | = Zahl der zu vergebenden Sitze | Hare/Niemayer | 3,03 % | 18/18 |
| Saarland | 5 | Verhältniswahl; starre Liste | Nein | 1 | d'Hondt | 5 % | 18/18 |
| Sachsen | 5 | Verhältniswahl | Ja, bis zu drei Stimmen | 3 | d'Hondt | – | 18/18 |
| Sachsen-Anhalt | 5 | Verhältniswahl; freie Liste | Ja, bis zu drei Stimmen | 3 | Hare/Niemayer | – | 16/18 |
| Schleswig-Holstein | 5 | personalisierte Verhältniswahl; freie Liste | Kein Kumulieren; Panaschieren in Gemeinden bis 10.000 Einwohner | = Zahl der zu vergebenden Direktmandate: bis 10.000 Einwohner 2-7 Stimmen; ab 10.000 Einwohner 1 Stimme | d'Hondt | 5 % oder ein Direktmandat | 16/18 |
| Thüringen | 5 | Verhältniswahl; freie Liste | Ja, bis zu drei Stimmen | 3 | Hare/Niemayer | 5 % | 18/18 |

Quelle: Gehne 2008: 301.

Die genaue Ausgestaltung der Kommunalwahlen fällt jedoch in die Gesetzgebungskompetenz der Länder. Daher stellen die Kommunen streng verfassungsrechtlich keine eigene Ebene des politischen Systems dar, sondern müssen der Länderebene zugeordnet werden. So haben wir es in Deutschland mit einer Vielzahl von verschiedenen Kommunalwahlgesetzen zu tun. Die Variationsbreite reicht von reiner Verhältniswahl mit starren Listen wie im Saarland bis hin zur freien Zusammenstellung von Wahlvorschlägen, wie in Bayern oder Baden-Württemberg durch das so genannte System des Kumulierens und Panaschierens.

## Infobox [1] Kumulieren und Panaschieren

**Kumulieren („anhäufen"):**
Unter Kumulieren (von lat. cumulus – Haufen) versteht man die Möglichkeit, bei Personen-Mehrstimmenwahlsystemen mehrere Stimmen auf einen Kandidaten abgeben zu können, um dessen Position innerhalb einer offenen Liste zu verbessern (Korte 2005: 81). Dabei verfügt der Wähler in einigen Bundesländern entweder über so viele Stimmen, wie Ratsmitglieder zu wählen sind, oder über insgesamt lediglich drei Stimmen. Jedem Kandidaten kann der Wähler in beiden Fällen bis zu drei Stimmen geben.

**Panaschieren („bunt verteilen"):**
Panaschieren (von frz. panacher – mischen) ist die Möglichkeit, bei Personen-Mehrstimmenwahlsystemen mit freier Liste seine Stimmen auf Kandidaten verschiedener Listen zu verteilen (Korte 2005: 81). Der Wähler kann dadurch in einem Wahlvorgang einzelne Politiker verschiedener Parteien unterstützen. Mit der Möglichkeit des Panaschierens ist aber eine zusätzliche Quelle für Fehler beim Ausfüllen des Stimmzettels gegeben. Wenn insgesamt zu viele Stimmen auf Kandidaten unterschiedlicher Listen vergeben wurden, besteht keine Möglichkeit, die Stimmabgabe gesetzeskonform zu interpretieren. Die Wahl ist in diesem Fall ungültig.

**Beispiel:** Jeder Bürger hat so viele Stimmen, wie es Gemeinderäte gibt. In Stuttgart sind das beispielsweise 60 Stimmen. Eine Möglichkeit des Wählers: Er kann auf dem riesigen Stimmzettel seine Stimmen alle gleichmäßig auf die 60 Kandidaten und Kandidatinnen einer Partei verteilen (je eine Stimme). Man kann aber auch „kumulieren" (häufen), also einem oder mehreren Kandidaten zwei oder drei Stimmen geben, dafür anderen seine Wählergunst versagen. Oder man kann „panaschieren" (bunt verteilen), also verschiedenen Kandidaten auf Listen verschiedener Parteien seine Stimme geben. Es besteht auch die Möglichkeit, beides zu tun. Ein erfundenes, aber realistisches Beispiel: Frau Adler hat 55 Stimmen auf die Liste der CDU verteilt. Zugleich gab sie ihrem geschätzten Nachbarn, der im Haus gegenüber wohnt und auf der SPD-Liste steht, zwei Stimmen. Die Freundin des Sohnes kandidierte auf der grünen Liste und bekam als einzige ihrer Couleur von Frau Adler Stimmen, drei an der Zahl.

Bei den Ratswahlen haben mittlerweile fast alle Bundesländer Verhältniswahlsysteme mit freien Listen eingeführt. Der Bürger kann demnach seine Stimmen auf einen Kandidaten anhäufen („Kumulieren") oder auf Bewerber unterschiedlicher Listen verteilen („Panaschieren"). Diese Kommunalwahlsysteme unterschieden sich so nur noch im Detail voneinander. So können die Wähler in Brandenburg, Mecklenburg-Vorpommern, Niedersachsen, Sachsen, Sachsen-Anhalt und Thüringen nur drei Stimmen abgeben. In Bayern, Baden-Württemberg, Hessen und Rheinland-Pfalz hat der Bürger hingegen so viele Stimmen, wie es Mandate zu vergeben gibt.

In Nordrhein-Westfalen, das weiterhin eine personalisierte Verhältniswahl anwendet, und im Saarland sind Kumulieren und Panaschieren nicht möglich. Hier haben die Wählerin und der Wähler weiterhin nur eine Stimme, die sie einer starren Liste geben können. In Nordrhein-Westfalen wählen sie mit dieser Stimme sowohl einen Direktkandidaten im Wahlkreis als auch die Liste der Partei des Kandidaten. Eine Sperrklausel gibt es in vier Bundesländern. Diese schwankt zwischen 5 und 3,03 Prozent. In einigen Ländern haben die Landesverfassungsgerichte die Fünf-Prozent-Hürde als verfassungswidrig verboten, so in Nordrhein-Westfalen 1999.

Schleswig-Holstein ist das einzige Bundesland, das ein differenzierendes Kommunalwahlsystem besitzt: In Gemeinden ab 10.000 Einwohner wird in Einpersonenwahlkreisen gewählt, während kleine Gemeinden Mehrpersonenwahlkreise besitzen. In Mehrpersonenwahlkreisen ziehen nicht nur einer, sondern gleich mehrere Direktkandidaten pro Wahlkreis in den Rat ein.

Hier hat der Wähler so viele Stimmen, wie Direktkandidaten zu wählen sind. In fünf Ländern wird das Stimmenauszählungsverfahren nach d'Hondt, in acht das Verfahren nach Hare/Niemeyer angewandt. In Nordrhein-Westfalen wird 2009 die Berechnung nach Sainte-Laguë eingeführt.



## Infobox [2] Verfahren nach d'Hondt

Das nach dem belgischen Mathematikprofessor Victor d'Hondt benannte Verfahren ist ein Höchstzahlverfahren (Korte 2005: 30). Da es auf der Divisorenreihe beruht, wird es auch Divisorenverfahren genannt. Die Stimmenanzahl jeder Partei wird nacheinander durch 1, 2, 3, 4, 5, 6 etc. (die Divisorenreihe) dividiert. Unter den Zahlen, die sich so ergeben, wird die höchste herausgesucht. Für diese „Höchstzahl" erhält die entsprechende Partei ein Mandat. Unter den verbleibenden Zahlen wird wiederum die nächste Höchstzahl ausgemacht. So wird fortgefahren, bis alle Mandate vergeben sind. Der Vorteil dieses Verfahrens ist, dass es einfach anzuwenden ist. Außerdem werden alle Mandate in einem Gang vergeben. Als Nachteil wird angemerkt, dass es große Gruppen bevorzugt. Dies gilt vor allem, wenn insgesamt wenige Mandate zu vergeben sind. Bei einem großen Gremium wie dem Bundestag macht sich dieser Nachteil daher nicht so bemerkbar. Dagegen kann es bei der Aufteilung der Fraktion auf die verschiedenen Landesgruppen vorkommen, dass eine kleine Landesgruppe ein Mandat zugunsten einer großen abgeben muss. Das Verfahren nach d'Hondt wurde in der Bundesrepublik bei der Bundestagswahl 1983 zum letzten Mal verwendet. Seither findet es nur noch bei der Ausschussbesetzung auf kommunaler Ebene in Nordrhein-Westfalen Anwendung.

## Infobox [3] Verfahren nach Hare/Niemeyer

Thomas Hare, ein Engländer, und der deutsche Mathematiker Horst Niemeyer haben verschiedene Rechenwege zur Stimmenverrechnung gefunden, die zu genau dem gleichen Ergebnis führen. Das Verfahren wird deshalb als „Hare/Niemeyer" bezeichnet (Korte 2005: 30f). Die Anzahl der Sitze, die eine Partei erhält, ergibt sich zunächst, indem die Stimmenanzahl einer Partei durch die Zahl der insgesamt gültigen Stimmen dividiert und dann mit der Gesamtzahl der Sitze multipliziert wird. Das Problem ist, dass so nicht alle Sitze vergeben werden. In der Bundesrepublik werden die restlichen Sitze nach der Größe des Restes der Stimmen aufgeteilt. Die Parteien mit den höchsten Nachkomma-Anteilen erhalten folglich die restlichen Mandate. Dieses Verfahren bringt den Nachteil mit sich, dass nicht alle Mandate auf einmal vergeben werden und zwei Rechengänge notwendig sind. Außerdem begünstigt es im Zweifelsfall kleinere Parteien. Dieses Verfahren gibt es in vielen weiteren Variationen.

## Infobox [4] Verfahren nach Sainte-Laguë

Dieses Verfahren geht auf den französischen Mathematikprofessor Jean-André Sainte-Laguë und den Direktor des Staatswissenschaftlich-Statistischen Seminars der Universität Berlin, Ladislaus von Bortkiewicz, zurück. Weiterentwickelt wurde es von Hans Schepers, einem Mitarbeiter der Gruppe Datenverarbeitung im Dienste des Deutschen Bundestages.

Die Umsetzung kann sowohl nach dem Höchstzahl-, dem Rangmaßzahl- oder dem Divisorverfahren erfolgen: Beim Höchstzahlverfahren werden die Stimmen der Parteien zunächst durch 0,5 – 1,5 – 2,5 – 3,5 etc. dividiert und die Sitze in der Reihenfolge der größten sich erge-

**benen Höchstzahlen zugeteilt. Dabei können ebenso gut die ungeraden Zahlen 1, 3, 5, 7, 9 etc. benutzt werden. Bei der Bestimmung der Ausschussbesetzung im Deutschen Bundestag werden aber anstelle der Höchstzahlen deren Kehrwert beziehungsweise Rangmaßzahlen berechnet und die Sitze in der Reihenfolge der kleinsten Rangmaßzahlen zugeteilt. Zudem können die Stimmen der Parteien auch nach dem Divisorverfahren bestimmt werden: In diesem Fall werden die Stimmen durch einen geeigneten Divisor (Stimmen pro Sitz) dividiert und nach der Standardrundung gerundet. Falls im Ergebnis zu viele Sitze verteilt wurden, muss die Berechnung mit einem größeren Divisor wiederholt werden, im umgekehrten Fall mit einem kleineren Divisor.**

**Das Verfahren hat den Vorteil, dass weder große noch kleine Parteien tendenziell bevorzugt werden. In den meisten Fällen ergibt sich eine identische Verteilung zum Verfahren Hare/Niemeyer. Es findet vor allem bei der Ausschusssitzbesetzung im Deutschen Bundestag Anwendung. In diesem Fall spricht man vom speziell für diese Gremien entwickelten Rangmaßzahlverfahren Sainte-Laguë/Schepers. Das Verfahren wurde schon bei den Reichstagswahlen in der Weimarer Republik benutzt. Für 60.000 Stimmen gab es damals einen Sitz, für mehr als 30.000 Reststimmen einen Restsitz. Der Bundeswahlleiter erklärte 1999, dass das Verfahren nach Sainte-Laguë dem Verfahren nach Hare/Niemeyer und dem Verfahren nach d'Hondt vorzuziehen ist. Verwendet wurde das Verfahren jedoch bislang nur bei den Landtagswahlen in Bremen (seit 2003) und Hamburg (2008). Der Einsatz zur Berechnung der Mandatsverteilung bei der nächsten Bundestagswahl (2009), der Kommunalwahl in Nordrhein-Westfalen (2009) und bei der Landtagswahl in Baden-Württemberg (2011) ist aber bereits gesetzlich fixiert.**

Die zu wählenden Kandidaten der Kommunalwahl müssen in allen Bundesländern die Volljährigkeit besitzen (passives Wahlrecht bei 18 Jahren). Zur Wahl gehen dürfen hingegen in Sachsen-Anhalt, Nordrhein-Westfalen, Schleswig-Holstein, Niedersachsen und Mecklenburg-Vorpommern schon Jugendliche ab 16 Jahren (aktives Wahlrecht).

Neben den Bezirks-, Rats- und Landkreisvertretern werden in allen Bundesländern in der Regel zeitgleich auch die (Ober-)Bürgermeister und Landräte direkt gewählt. Hierbei gibt es kaum Unterschiede: Bis auf das neue Wahlrecht in Nordrhein-Westfalen (siehe Kapitel 2.4) ist in allen Ländern im ersten Wahlgang gewählt, wer mehr als die Hälfte der gültigen Stimmen auf sich vereint (absolute Mehrheitswahl). Nur in Brandenburg gibt es zusätzlich ein Zustimmungsquorum: Hier müssen auch 15 Prozent der Wahlberechtigten den neuen Bürgermeister gewählt haben. Falls kein Bewerber die absolute Mehrheit der Stimmen im ersten Wahlgang erreicht hat, kommt es zu einer Stichwahl zwischen den zwei Kandidaten mit den meisten Stimmen. Eine Ausnahme besteht in Baden-Württemberg und Sachsen: Hier können im zweiten Wahlgang wieder alle Kandidaten und sogar neue Bewerber antreten. Bei dieser Wahl reicht nun die einfache Mehrheit zum Wahlsieg aus (relative Mehrheitswahl). Der zweite Wahlgang findet in der Regel zwei Wochen nach dem ersten Wahltermin statt.

In Baden-Württemberg, wo die Bürgermeisterwahl entkoppelt von den sonstigen Kommunalwahlen stattfindet, und in Sachsen-Anhalt werden nur Einzelbewerber zur Bürgermeisterwahl zugelassen. In Bayern können hingegen nur Parteien und Wählergruppen Kandidaten nominieren. In Schleswig-Holstein treten nur Einzelbewerber und Kandidaten der im Rat vertretenen Parteien und Wählergruppen an. In den restlichen Ländern sind alle Varianten möglich. Die Amtsdauer des direkt gewählten Bürgermeisters beträgt in der Regel zwischen fünf und acht Jahren. In Mecklenburg-Vorpommern und Schleswig-Holstein wird die Länge der Amtszeit individuell in der Hauptsatzung der Kommune festgelegt. In Mecklenburg-Vorpommern beträgt sie zwischen sieben und neun und in Schleswig-Holstein zwischen sechs und acht Jahren.

**ABBILDUNG 3 BÜRGERMEISTERWAHLEN IN DEUTSCHEN LÄNDERN**

| Land | In Kraft seit | Amtsdauer Bm | Nominierung durch | Wahlverfahren 1. Wahlgang | Wahlverfahren 2. Wahlgang | Abwahl |
|---|---|---|---|---|---|---|
| Baden-Württemberg | 1956 | 8 | E | absolute Mehrheitswahl | relative Mehrheitswahl; neuer Wahlgang, keine Kandidateneinschränkung | Nein |
| Bayern | 1952 | 6 | P/W | absolute Mehrheitswahl | absolute Mehrheitswahl; Stichwahl der zwei besten Bewerber | Nein |
| Brandenburg | 1993/1998 | 8 | E/P/W | absolute Mehrheitswahl und 15%-Quorum der Wahlberechtigten | absolute Mehrheitswahl und 15%-Quorum der Wahlberechtigten; Stichwahl der zwei besten Bewerber | Ja |
| Hessen | 1991/1992 | 6 | E/P/W | absolute Mehrheitswahl | absolute Mehrheitswahl; Stichwahl der zwei besten Bewerber | Ja |
| Mecklenburg-Vorpommern | 1999 | 7/9 | E/P/W | absolute Mehrheitswahl | absolute Mehrheitswahl; Stichwahl der zwei besten Bewerber | Ja |
| Niedersachsen | 1996 | 8 | E/P/W | absolute Mehrheitswahl | absolute Mehrheitswahl; Stichwahl der zwei besten Bewerber | Ja |
| NRW | 2007 | 6 | E/P/W gemeinsame Vorschläge | relative Mehrheitswahl | kein zweiter Wahlgang | Ja |
| Rheinland-Pfalz | 1993 | 8 | E/P/W | absolute Mehrheitswahl | absolute Mehrheitswahl; Stichwahl der zwei besten Bewerber | Ja |
| Saarland | 1994 | 8 | E/P/W | absolute Mehrheitswahl | absolute Mehrheitswahl; Stichwahl der zwei besten Bewerber | Ja |
| Sachsen | 1994 | 7 | E/P/W | absolute Mehrheitswahl | relative Mehrheitswahl; neuer Wahlgang, keine Kandidateneinschränkung | Ja |
| Sachsen-Anhalt | 1994 | 7 | E | absolute Mehrheitswahl | absolute Mehrheitswahl; Stichwahl der zwei besten Bewerber | Ja |
| Schleswig-Holstein | 1996 | 6/8 | E/PR | absolute Mehrheitswahl | absolute Mehrheitswahl; Stichwahl der zwei besten Bewerber | Ja |
| Thüringen | 1994 | 6 | E/P/W | absolute Mehrheitswahl | absolute Mehrheitswahl; Stichwahl der zwei besten Bewerber | Ja |

Quelle: Gehne 2008: 302.

## 2.2 Wahlrecht und Wählbarkeit

Auch bei den Kommunalwahlen muss zwischen aktivem und passivem Wahlrecht unterschieden werden. Details regelt das nordrhein-westfälische Kommunalwahlgesetz, das am 30.06. 1998 vom Landtag verabschiedet und zuletzt am 09.10.2007 modifiziert worden ist. Wahlberechtigt ist demnach, wer am Wahltag die deutsche beziehungsweise die Staatsangehörigkeit eines Mitgliedstaates der Europäischen Union besitzt, das 16. Lebensjahr vollendet hat und mindestens seit dem 16. Tag vor der Wahl seinen Hauptwohnsitz in der Kommune gemeldet hat (§7-8 KWahlG; Andersen/Bovermann/Gehne 1999). Er besitzt damit das aktive Wahlrecht und ist im Wählerverzeichnis seiner Kommune eingetragen. Nur in besonderen Fällen wie Entmündigung oder gerichtliche Aberkennung kann einem Bürger das aktive Wahlrecht entzogen werden.

Etwa 440.000 EU-Bürger und circa 325.000 16- und 17-jährige Jugendliche konnten im September 1999 erstmals an einer Kommunalwahl in Nordrhein-Westfalen teilnehmen (Bovermann 1998: 162f). Dies war das Ergebnis einer langen politischen Debatte über die Ausweitung des Kommunalwahlrechts, in der Für- und Gegenargumente gegeneinander abgewogen worden waren. Mit der Herabsenkung des Wahlalters auf 16 Jahre sollen die Jugendlichen frühzeitiger an die Politik herangeführt und eine stärkere Berücksichtigung ihrer Interessen in der Kommunalpolitik erreicht werden. Gegner dieser Maßnahme argumentieren, dass die politische Urteilsfähigkeit der 16-Jährigen noch nicht vollständig ausgereift sei. Die Ausweitung des Wahlrechts auf Bürger der Europäischen Union geht hingegen nicht auf eine interne politische Debatte in der Landespolitik, sondern vielmehr auf den Vertrag von Maastricht aus dem Jahr 1992 zurück. Darin verpflichten sich die EU-Mitgliedsländer, allen EU-Bürgern an ihrem Wohnort auf der kommunalen Ebene politische Partizipationsmöglichkeiten im Zuge von Wahlen einzuräumen. Dies gilt sowohl für das aktive wie auch für das passive Wahlrecht.

Wollen sich eine Bürgerin und ein Bürger bei einer Kommunalwahl für ein politisches Amt wie ein Ratsmandat zur Wahl stellen, benötigen sie das passive Wahlrecht. Bei nordrhein-westfälischen Kommunalwahlen besitzen dies alle Wahlberechtigten, die das 18. Lebensjahr vollendet haben und seit mindestens drei Monaten in dem Wahlgebiet ihren Hauptwohnsitz haben. 16-jährige Jugendliche haben somit zwar das aktive Wahlrecht, sind aber nicht wählbar.

Das gleiche gilt für Beamte und Angestellte, die in der Kommunalverwaltung ihres Wohnortes beschäftigt sind. Für diese Personengruppe gilt die Unvereinbarkeit von Amt und Mandat. Die Regelung wurde allerdings durch das neue Kommunalwahlgesetz, das zur kommenden Kommunalwahl erstmals angewendet wird, leicht entschärft. Demnach können Beschäftigte von Aufsichtsbehörden im Falle ihrer Wahl einer Kommunalvertretung doch angehören, wenn sie nicht unmittelbar mit Aufsichtsfunktionen befasst sind. Der direkt gewählte Bürgermeister einer Kommune darf formal ebenfalls nicht gleichzeitig dem Rat ange-

## Infobox [5] Wählen ab 16

**Seit 1999 ist es für 16- und 17-jährige Jugendliche in Nordrhein-Westfalen möglich, an den Kommunalwahlen teilzunehmen. Dies ist bis heute keine Selbstverständlichkeit, denn nur in fünf weiteren Bundesländern (Hessen, Schleswig-Holstein, Mecklenburg-Vorpommern, Sachsen-Anhalt und Niedersachsen) ist dies ebenfalls vorgesehen. Eine Einschätzung zum Wahlverhalten Minderjähriger fällt aufgrund der geringen Datenbasis schwer (Hauser 1999). In der Regel wird eine noch niedrigere Wahlbeteiligung bei den 16- bis 17-jährigen Wählern als bei den „Erwachsenen" beobachtet. Auch fällt die hohe Fluktuation in der Wahlentscheidung auf. Jugendliche sind in ihrer Parteipräferenz mehrheitlich wenig festgelegt, der Anteil der Wechselwähler ist besonders hoch.**

**Laut der Shell-Jugendstudie von September 2006 ist das Interesse an Politik bei Jugendlichen weiterhin nur sehr niedrig ausgeprägt (15. Shell-Jugendstudie 2006). Die für Jugendliche im Alter von 15 und 24 Jahren vorliegende Zeitreihe belegt, dass der Anteil der parteipolitisch Interessierten von 55 Prozent im Jahre 1984 beziehungsweise 57 Prozent im Jahr 1991 auf inzwischen 39 Prozent gesunken ist. Nur im Jahr 2002 konnte mit 34 Prozent ein noch niedrigerer Wert festgestellt werden. Die Studie belegt außerdem, dass sich Jugendliche im Durchschnitt politisch leicht links von der Mitte einschätzen. Das geringste Vertrauen aller staatlichen Institutionen bringen Jugendliche zudem den politischen Parteien entgegen.**

**46 Bundestagsabgeordnete der SPD, CDU und FDP (darunter die ehemalige Bundesfamilienministerin Renate Schmidt und Bundestagsvizepräsident Wolfgang Thierse) forderten mit einem fraktionsübergreifenden Antrag im Sommer 2008 die Einführung des Wahlrechts ab Geburt bei Bundestagswahlen. Das so genannte Familienwahlrecht soll so konzipiert werden, dass Eltern anstelle ihrer Kinder stellvertretend das Wahlrecht ausüben dürfen, bis die Kinder die nötige Reife erlangt haben und selbst zur Wahl gehen können (Erdmann 2008). Andere Vorschläge fordern das Absenken des Wahlrechts auf 14 Jahre, doch bislang hat sich eine erforderliche Zwei-Drittel-Mehrheit für die Änderung des Wahlrechts im Deutschen Bundestag nicht gefunden.**

hören, auch wenn er sein Vorsitzender ist. Da die ehrenamtlichen Kommunalpolitiker die Kommunalverwaltung kontrollieren sollen, wird eine direkte Verbindung von kommunalen Bediensteten und Kommunalpolitikern somit bewusst vermieden.

## 2.3 Wahl und Aufgaben der Gemeinderäte bzw. Kreistage

### 2.3.1 Wahl zu den Gemeinderäten und Kreistagen

Die kommunalen Mandatsträger der Gemeinderäte und Kreistage werden in Nordrhein-Westfalen in einem Verbindungssystem von Mehrheits- und Verhältniswahl, dem so genannten personalisierten Verhältniswahlrecht, gewählt. Dies soll sicherstellen, dass die politischen Kräfteverhältnisse in der Kommune möglichst genau im Kommunalparlament widergespiegelt werden. Der wahlberechtigte Bürger hat demnach je eine Stimme für die Wahl seines Gemeinderates sowie eine Stimme für die Wahl des Kreistages beziehungsweise in kreisfreien Städten für die Wahl der Bezirksvertretung. Im Unterschied zu den Wahlen auf den anderen politischen Ebenen können bei Kommunalwahlen neben Parteien auch Gruppen von Wahlberechtigten, die so genannten Wählergruppen, antreten. Sie können sowohl Kandidaten für die Wahlbezirke als auch eine Reserveliste aufstellen.

Mit der abgegebenen Stimme wählt die Wählerschaft einen Wahlkreiskandidaten und gleichzeitig die Reserveliste derjenigen Partei oder Wählergruppe, für die der Kandidat aufgestellt ist. So werden jeweils die Hälfte der vergebenen Sitze der Gemeinderäte und Kreistage an die mit einfacher Mehrheit gewählten Direktkandidaten vergeben. Die restlichen Sitze werden mit Hilfe



### Infobox [6] Freie Wähler

Neben den auf der Landesebene etablierten Parteien spielen bei nordrhein-westfälischen Kommunalwahlen auch die lokalen Wählergemeinschaften (auch Freie Wähler) eine große Rolle. Sie verstehen sich als Nicht-, Anti- oder Anstatt-Partei (Wehling 2007) und bestehen aus einem Zusammenschluss von engagierten Bürgerinnen und Bürgern zum Zweck von Wahlen.

Obwohl sie organisatorisch den lokalen Parteigliederungen sehr ähneln, haben sie de facto nicht den Status einer Partei, sondern sind oftmals als eingetragene Vereine (e.V.) organisiert. Da sie in Nordrhein-Westfalen bislang ausschließlich auf der lokalen Ebene aktiv sind, werden sie auch als „Rathausparteien" bezeichnet. Ihre politische Ausrichtung ist von Ort zu Ort unterschiedlich, in verschiedenen Kommunen treten sogar mehrere Wählergemeinschaften gegeneinander an. Sie entstanden aus lokalen Bürgerinitiativen oder Protestbewegungen, die sich aus dem Unmut gegenüber kommunalpolitischen Großprojekten wie Straßenbau, Schwimmbadschließung, Grundschulschließung etc. gebildet haben. In anderen Fällen bildete der Austritt von Ratsmitgliedern aus anderen Fraktionen den Ausgangspunkt zur Gründung einer Wählergemeinschaft. Die freien Wähler treten gegen die etablierten Parteien der Kommunalpolitik an und positionieren sich bei Kommunalwahlen gerne als einzig wahrer Vertreter der Bürgerschaft. In dieser Rolle profitieren die Wählergemeinschaften besonders stark von der Parteienverdrossenheit, da sie eine lokale Wahlalternative gegenüber den „normalen" Parteien darstellen. Dabei gilt generell folgende Regel: Je kleiner die Gemeinde ist, desto größer ist die Rolle, die die freien Wähler in der lokalen Politik spielen.

In der Geschichte Nordrhein-Westfalens taten sich Wählergemeinschaften zunächst aber sehr schwer, an die Erfolge ihrer traditionell erfolgreichen Partnerorganisationen in Baden-Württemberg und Bayern anzuknüpfen (Holtkamp 2008: 173ff). Durch das Kommunalwahlgesetz von 1952 waren die Freien Wähler von Wahlen in Nordrhein-Westfalen praktisch ausgeschlossen, da nur Parteien im Sinne des Parteiengesetzes antreten durften. Zwar wurde dies durch ein Urteil des Bundesverfassungsgerichts 1960 wieder aufgehoben, doch wurden die Wählergemeinschaften durch die kommunale Gebietsreform 1975 ein weiteres Mal in ihrer Entfaltung gebremst. Erst der Wegfall der Fünf-Prozent-Hürde 1999 leitete den langsamen Aufstieg der nordrhein-westfälischen Wählergemeinschaften ein. Trotzdem

**ist der Einfluss der Freien Wähler im bevölkerungsstärksten Bundesland im Vergleich zu Baden-Württemberg und Bayern noch sehr gering: So konnten die Wählergemeinschaften bei den nordrhein-westfälischen Kommunalwahlen 2004 landesweit nur 9 Prozent der Mandate in den Gemeinderäten erreichen – in Baden-Württemberg lag der Wert bei ca. 40 Prozent.**

**Ein großer Teil der über 300 in Nordrhein-Westfalen bestehenden Wählergemeinschaften ist im gemeinsamen Landesverband (Landesverband der Freien und Unabhängigen Bürger- und Wählergemeinschaften im Lande Nordrhein-Westfalen e.V., LWG) organisiert. Der LWG wurde am 08.11.1980 mit Sitz in Hemer gegründet und vertritt die Interessen der freien Wähler in der Landespolitik. So setzt er sich für mehr Demokratie und wahlrechtliche Chancengleichheit ein. Zudem bietet er Hilfestellung bei Neugründung von Wählergemeinschaften vor Ort. Ein Anliegen der LWG ist die Einführung von Kumulieren und Panaschieren in Nordrhein-Westfalen, da davon auch die Wählergemeinschaften profitieren würden.**

des Verhältnisausgleichs den Reservelisten der Parteien und Wählergruppen zugewiesen. Dazu wird bei der Kommunalwahl 2009 erstmals das Divisorverfahren mit Standardrundung nach Sainte-Laguë (→ **siehe Infobox 4**) angewandt. Eine Sperrklausel gibt es nicht. Bis zur Kommunalwahl 1999 lag diese noch bei 5 Prozent der entfallenen Stimmen. Diese Fünf-Prozent-Hürde wurde jedoch am 6. Juli 1999 vom nordrhein-westfälischen Landesverfassungsgericht in Münster als verfassungswidrig eingestuft, da sie die Chancengleichheit der kleineren Parteien und Wählergruppen verletze. Ihre Abschaffung führte bei den Kommunalwahlen 1999 und 2004 schließlich dazu, dass sich die Anzahl der in den Räten und Kreistagen vertretenen Parteien und Wählergruppen erhöhte.

Erhält eine Partei in den Wahlbezirken der Gemeinden und Kreise mehr Sitze, als ihr unter Zugrundelegung einer verhältnismäßigen Verteilung zustehen, so wird die Gesamtzahl der Sitze so weit erhöht, dass auch die übrigen Parteien und Wählergruppen eine ihrem Stimmenanteil entsprechende Anzahl von Mandaten erreichen. Es wird somit ein vollständiger Verhältnisausgleich herbeigeführt. Man spricht auch von Überhang- und Ausgleichsmandaten (→ **siehe Infobox 27**). Zudem erhält eine Partei oder Wählergruppe, die mehr als die Hälfte der gültigen Stimmen erhalten hat, einen weiteren Sitz. Dies wird als Zusatzmandat bezeichnet.

Für die Wahlen der Bezirksvertretungen gilt hingegen ein reines Verhältniswahlrecht mit Listenwahlvorschlägen von Parteien und Wählergruppen. Hier gibt es keine direkt über den Wahlkreis gewählten Kandidaten. Die Sitze werden nach dem Divisorverfahren mit Standardrundung zugeteilt. Die Regelungen zum Zusatzmandat und zur Sperrklausel gelten bei den Bezirksvertretungen ebenfalls nicht.

Ein landesweites Kommunalwahlergebnis kann jeweils nur ein landesweites Stimmungsbild der politischen Situation in einem Bundesland darstellen. Im Falle von Nordrhein-Westfalen ist dies besonders problematisch, da im landesweiten Ergebnis einer Kommunalwahl die politische Situation in den Großstädten aufgrund der höheren Einwohnerzahl verhältnismäßig stärkere Berücksichtigung findet als die Situation in kleineren Städten. Es fällt zunächst auf, dass die Wahlbeteiligung seit 1946 kontinuierlich gesunken ist. Traditionell liegt die Wahlbeteiligung bei Kommunalwahlen deutlich hinter der von Bundestags- und Landtagswahlen zurück. Trotz der Reformen im Kommunalwahlrecht und des Absenkens des Wahlalters hat sich daran bis heute nichts geändert. 2004 wurde mit 54,4 Prozent sogar die schwächste Wahlbeteiligung seit Ende des Zweiten Weltkriegs erreicht. Als Ausnahmen müssen die Kommunalwahlen 1975 und 1994 gelten, da sie zeitgleich mit Landtags- beziehungsweise Bundestagswahlen stattfanden und sich somit automatisch auf eine deutlich stärke Mobilisierung seitens der Wählerschaft verlassen konnten.

Betrachtet man die konkreten Wahlergebnisse, kann man generell eine ähnliche Entwicklung wie bei den Landtagswahlen (siehe Kapitel 3.3.10) erkennen. So deuteten sich manche Trends auf kommunaler Ebene zunächst an, ehe sie die Landespolitik erreichten oder umgekehrt. Bis in die 1950er Jahre lag eine Zersplitterung des Parteiensystems mit einer Vielzahl von Parteien vor. Neben CDU, SPD und FDP waren auch das Zentrum und die KPD, die sich im Landesergebnis in der Kategorie sonstige Parteien verstecken, auf der kommunalen Ebene stark vertreten. Erst ab 1956 spielen diese Parteien keine große Rolle mehr und das kommunale Parteiensystem Nordrhein-Westfalens konzentrierte sich immer stärker auf die beiden Volksparteien CDU und SPD. Die FDP konnte sich indes mit Wahlergebnissen zwischen zehn und fünf Prozent als dritte Kraft etablieren. Generell lag ein klares Kräftegleichgewicht zwischen Christ- und Sozialdemokraten vor: Die SPD hatte ihre Hochburgen im Ruhrgebiet, in den evangelischen Städten des Rheinlands und im nördlichen Ostwestfalen, während die CDU in der Region Paderborn, im Sauerland, im Münsterland sowie im westlichen und südlichen Rheinland klar die Oberhand besaß.

Ab 1984 betrat mit den Grünen ein neuer parteipolitischer Akteur die Bühne der nordrhein-westfälischen Kommunalpolitik. Sie positionierten sich auf Anhieb klar vor der FDP als dritte politische Kraft. Zudem spielen seitdem die freien Wählergruppen eine immer stärkere Rolle, auch wenn sich ihr Erfolg noch nicht im landesweiten Wahlergebnis widerspiegelte. Dennoch konnten sie einige beachtenswerte lokale Erfolge verbuchen. So muss generell von einer stärkeren Kommunalisierung und Fragmentierung der Kommunalwahlen in den letzten Jahren ausgegangen werden. Gründe dafür sind der Wegfall der Fünf-Prozent-Hürde, die Einführung der Direktwahl des Bürgermeisters und die sonstigen Reformen im Kommunalwahlrecht. Das zuvor konstatierte Kräftegleichgewicht zwischen CDU und SPD hat sich bei den letzten Wahlen landesweit klar zugunsten der CDU verschoben, die man daher seit Ende der 1990er Jahre als die nordrhein-westfälische Kommunalpartei bezeichnen kann. Allerdings ging 2004 die CDU-Mehrheit im Ruhrgebiet, die 1999 erstmals errungen werden konnte, wieder verloren. Die SPD positionierte sich mit 39,3 Prozent wieder knapp vor den Christdemokraten (36,6 Prozent). Ausschlaggebend dafür waren allerdings nicht eigene Stimmgewinne, sondern die hohen Stimmenverluste der CDU (-7,1 Prozent). Zulegen konnten ausschließlich die kleinen Parteien. Auch die SPD verlor gegenüber 1999 in ihrer einstigen „Stammregion" wieder leicht an Stimmen. Lediglich im Rat der Stadt Oberhausen besitzen die Sozialdemokraten weiterhin eine absolute Mehrheit.

**ABBILDUNG 4 RATSWAHLEN IN DEN KREISFREIEN STÄDTEN UND KREISEN IN NORDRHEIN-WESTFALEN**

| Wahljahr | | Stimmen in Prozent | | | | |
|---|---|---|---|---|---|---|
| | Wahlbeteiligung | SPD | CDU | GRÜNE | FDP | Sonstige |
| 1946 | 74,4 | 33,4 | 46,0 | | 4,3 | 16,3 |
| 1948 | 69,0 | 35,9 | 37,6 | | 6,9 | 19,6 |
| 1952 | 76,0 | 36,1 | 35,6 | | 12,6 | 15,7 |
| 1956 | 76,9 | 44,2 | 38,2 | | 9,6 | 8,0 |
| 1961 | 78,2 | 40,7 | 45,0 | | 10,2 | 4,1 |
| 1964 | 76,2 | 46,6 | 43,1 | | 8,0 | 2,3 |
| 1969 | 68,6 | 45,6 | 45,7 | | 6,3 | 2,4 |
| 1975 | 86,4 | 45,5 | 46,1 | | 7,1 | 1,3 |
| 1979 | 69,9 | 44,9 | 46,3 | | 6,5 | 2,2 |
| 1984 | 65,8 | 42,5 | 42,2 | 8,2 | 4,8 | 2,3 |
| 1989 | 65,6 | 43,0 | 37,5 | 8,3 | 6,5 | 4,6 |
| 1994 | 81,7 | 42,3 | 40,3 | 10,2 | 3,8 | 3,5 |
| 1999 | 55,0 | 33,9 | 50,3 | 7,3 | 4,3 | 4,2 |
| 2004 | 54,4 | 31,7 | 43,4 | 10,3 | 6,8 | 7,8 |

© Wochenschau Verlag. Quelle: Landeswahlleiterin NRW 2008.

### 2.3.2 Aufgaben der Gemeinderäte und Kreistage

Der Stadt- oder Gemeinderat ist als direkte Vertretung der Bürgerschaft nach der nordrhein-westfälischen Gemeindeordnung in allen Angelegenheiten das oberste Beschlussorgan der Gemeinde (Kost 2003: 206f). Er erteilt Aufträge an die Gemeindeverwaltung, kontrolliert sie, verabschiedet Richtlinien und Grundsätze, wonach die Verwaltung zu arbeiten hat, wählt beziehungsweise ernennt kommunales Führungspersonal und setzt durch die Verabschiedung von Satzungen öffentliches Recht. Zur besseren Organisation der Ratsarbeit kann der Rat Entscheidungskompetenzen an Ausschüsse und Bezirksvertretungen (soweit sie existieren) übertragen und an den Bürgermeister delegieren. Zu den wichtigsten Aufgaben des Rates zählen die Festsetzung der Hebesätze von Steuern und Gebühren sowie die Verabschiedung des kommunalen Haushaltes und des Stellenplans der Gemeinde. Im Rahmen des so genannten Rückholrechts kann der Rat Geschäfte der laufenden Verwaltung, die im Normalfall dem Bürgermeister obliegen, wieder an sich ziehen. Somit hat der Rat auch trotz der mehrstufigen Reform der Gemeindeordnung weiterhin eine relativ starke Stellung gegenüber dem nun direkt gewählten Bürgermeister.

Ähnlich wie im Bundes- und Landtag schließen sich die gewählten Ratsmitglieder zu Fraktionen zusammen. Die Mitgliederzahl des Rates hängt dabei von der Einwohnerstärke der Kommune ab. In den kleinsten Gemeinden Nordrhein-Westfalens mit bis zu 5.000 Einwohnern hat der Rat nur eine Stärke von 20 Mitgliedern. Mittlere Städte von über 400.000 und weniger als 555.000 Einwohner wie Duisburg haben mindestens 74 Ratsmitglieder, während die Bürger in Großstädten über 700.000 Einwohner wie Köln mindestens 90 Kommunalvertreter wählen können. Die Ratsgröße kann sich durch Überhang-, Ausgleichs- und Zusatzmandate (siehe Kapitel 2.3.1) zusätzlich leicht erhöhen.

Neben den Ratssitzungen existieren für die verschiedensten Politikfelder Ausschüsse, die entsprechend der Fraktionsstärke besetzt werden. In der nordrhein-westfälischen Gemeindeordnung ist festgeschrieben, dass jede Kommune einen Haupt-, Finanz- und Rechnungsprüfungsausschuss einrichten muss. Ansonsten sind die Räte in der Gestaltung ihrer Ausschüsse vollkommen frei. In einigen Ausschüssen können neben Ratsmitgliedern auch „sachkundige Bürger" und „sachkundige Einwohner" mitarbeiten (Naßmacher 1998: 155f). Sachkundige Bürger sind Personen, die dem Rat zwar nicht angehören, aber trotzdem in den Fraktionen als Ausschussmitglieder mitarbeiten. Dazu müssen sie das passive Wahlrecht besitzen. Allerdings darf die Zahl der sachkundigen Bürger die der Ratsmitglieder in den einzelnen Ausschüssen nicht überschreiten. Von dieser Möglichkeit, die interessierte Bürger an die Kommunalpolitik heranführen soll, ohne sie mit allen Verpflichtungen der Ratsarbeit zu belasten, machen besonders die kleineren Parteien Gebrach. Als sachkundige Einwohner können hingegen auch Personen in die Ausschüsse gewählt werden, die nicht die deutsche Staatsangehörigkeit besitzen. Sie müssen jedoch volljährig sein und ebenfalls in der Gemeinde wohnen. Allerdings haben sie in den Ausschusssitzungen nur eine beratene Stimme. Neben den direktdemokratischen Elementen (→ **siehe Infobox 16**) stellt die Einbindung von sachkundigen Bürgern und Einwohnern eine weitere Partizipationsmöglichkeit für den Bürger an der Kommunalpolitik dar.

Das Ratsmitglied übt sein Ratsmandat nicht hauptberuflich, sondern ehrenamtlich in seiner Freizeit aus. Trotzdem erhalten Ratsmitglieder eine Aufwandsentschädigung und müssen von ihrem Arbeitgeber für die Arbeit im Rat freigestellt werden. Erleiden sie dadurch einen Verdienstausfall, werden sie auch dafür entschädigt. In der Praxis ist diese Regelung allerdings nicht immer umsetzbar. Denn da auch für die Kommunalpolitik eine Menge Zeit aufgewendet werden muss, ist eine Repräsentation aller Berufe in den Kommunalparlamenten selten erfüllt. Es dominieren Angehörige des öffentlichen Dienstes, zudem Rentner und Studenten. Den Vorsitz im Rat hat der direkt gewählte hauptamtliche Bürgermeister. Formal gehört er nicht dem Rat an, seine Stimme gibt allerdings bei Pattsituationen in Abstimmungen den Ausschlag.

Der Kreistag organisiert sich ähnlich wie ein Gemeinderat. Er ist oberstes Organ und politische Vertretung des Landkreises, der aus den kreisangehörigen Gemeinden besteht. Dem Kreistag gehören die Kreistagsmitglieder an, die von den Bürgern ebenfalls bei den Kommunalwahlen gewählt worden sind. Wie viele Mitglieder ein Kreistag hat, richtet sich nach der Einwohnerzahl des Kreises: Bis 200.000 Einwohner sind es 48, über 500.000 Einwohner 72 Sitze. Der Kreistag ist für die Aufstellung allgemeiner Grundsätze, nach denen die Verwaltung des Landkreises geführt werden soll, zuständig und regelt alle grundlegenden verwaltungstechnischen Maßnahmen der Gebietskörperschaft. Außerdem soll er die Arbeit des direkt gewählten Landrats kontrollieren. Auch im Kreistag bilden die Mitglieder Fraktionen, auch hier wird die Arbeit über die Bildung von Ausschüssen organisiert.

Bezirksvertretungen sind die kleinsten politischen Einheiten der kommunalen Ebene. Sie gibt es nur in kreisfreien Großstädten über 100.000 Einwohner. In diesen Städten ist das Stadtgebiet in mehrere Bezirke eingeteilt. Die Stadtteilparlamente, die im Unterschied zu den Gemeinderäten und zum Kreistag in einer reinen Verhältniswahl gewählt werden (siehe Kapitel 2.3.1), sind für den Unterhalt und die Ausstattung öffentlicher Einrichtungen im Stadtbezirk wie zum Beispiel Schulen und Schwimmbäder oder für kulturelle Angelegenheiten zuständig. Allerdings steht der Stadtrat in der Hierarchie unmittelbar über den Bezirksvertretungen und kann demnach Aufgabengebiete an sich ziehen beziehungsweise an die Bezirksvertretungen zurückdelegieren. Die Bezirksvertretung wird vom Bezirksvorsteher geleitet, der nicht direkt von den Bürgern, sondern nach der Kommunalwahl aus der Mitte der Bezirksvertretung gewählt wird.

## Infobox [7] Landschaftsversammlungen

Neben Bezirksversammlungen, Gemeinderäten und Kreistagen gibt es noch weitere Gremien, in denen Kommunalpolitiker parlamentarischer Arbeit nachgehen. So sind bei den beiden Landschaftsverbänden (Landschaftsverband Rheinland in Köln und Landschaftsverband Westfalen-Lippe in Münster) als parlamentarische Vertretung jeweils so genannte **Landschaftsversammlungen** angesiedelt (Dahme/Wohlfahrt 2003). Das „Westfalen-" beziehungsweise „Rheinland-Parlament" beschließt über Grundsatzangelegenheiten des Landschaftsverbands, verabschiedet den Haushalt, bildet Fachausschüsse für die einzelnen Aufgabengebiete und wählt den Direktor sowie die Dezernenten. Die Mitglieder der Landschaftsversammlungen werden von den Kreistagen und Stadträten der zugehörigen Kommunen entsandt. Sie sind damit nicht direkt von der Bürgerschaft gewählt, sondern von den Kommunen delegiert. Trotzdem entspricht die Zusammensetzung der Landschaftsversammlungen genau dem politischen Kräfteverhältnis der letzten Kommunalwahl im Rheinland beziehungsweise in Westfalen-Lippe.

## Infobox [8] Regionalräte

Bei den fünf Bezirksregierungen des Landes sind die so genannten **Regionalräte** angesiedelt. Ähnlich wie bei den Landschaftsversammlungen werden die Mitglieder nach dem Parteienproporz der Kommunalwahl im jeweiligen Regierungsbezirk von den Gemeinderäten und Kreistagen entsandt. Als beratende Mitglieder nehmen zudem die Oberbürgermeister der kreisfreien Städte, die Landräte, Vertreter der Arbeitgeber und Arbeitnehmer, Sportverbände, Naturschutzverbände und die kommunalen Gleichstellungsstellen an den Sitzungen teil. Zentrale Aufgabe des Regionalrats ist die Aufstellung des Regionalplans (oder auch „Gebietsentwicklungsplan"), der von der Bezirksregierung erarbeitet wird. Weiterhin wird der Regionalrat von der Bezirksregierung über sämtliche regional bedeutsame Entwicklungen unterrichtet und hat eine beratende Funktion für Planungen, Maßnahmen sowie Förderprogramme in den Bereichen Städtebau, Wohnungsbau, Schul- und Sportstättenbau, Krankenhausbau, Verkehr, Freizeit- und Erholungswesen, Landschaftspflege, Wasserwirtschaft, Abfallbeseitigung und Altlasten, Kultur sowie Tourismus. Im Spannungsfeld von regionaler und überregionaler Gebietsplanung kommt dem Regionalrat demnach die schwierige Aufgabe zu, konkurrierende Interessen miteinander zu koordinieren.

### Infobox [9] Regionalverband Ruhr

Eine spezielle Situation liegt im Ruhrgebiet vor: Neben den Städten, Landkreisen, den Bezirksregierungen und den Landschaftsverbänden gibt es als weitere kommunale Gliederung den **Regionalverband Ruhr** (RVR), der 2004 aus dem Kommunalverband Ruhrgebiet hervorgegangen ist. Historisch geht der RVR auf den Siedlungsverband Ruhrkohlebezirk aus dem Jahr 1920 zurück, der zur Verbesserung der gemeinsamen Lebensbedingungen nach Ende des ersten Weltkriegs von den Kommunalpolitikern des Ruhrgebiets geschaffen wurde. Heute ist der RVR mit Sitz in Essen ein gesetzlicher Zweckverband als übergreifende kommunale Organisation des Ruhrgebiets. Mitglieder sind die kreisfreien Städte Bochum, Bottrop, Duisburg, Dortmund, Essen, Gelsenkirchen, Hagen, Hamm, Herne, Mülheim und Oberhausen sowie die Kreise Ennepe-Ruhr, Recklinghausen, Unna und Wesel. Die Verbandsversammlung ist die zugehörige parlamentarische Vertretung. Sie beschließt über Grundsatzangelegenheiten, Satzungen, neue Tätigungsfelder und Beteiligungen des RVR und verabschiedet den Haushalt. Zudem wählt sie die Fachausschüsse, den Verbandsdirektor und die Dezernenten. Das „Ruhrparlament" besteht aus 71 stimmberechtigten Mitgliedern (derzeit 30 SPD, 28 CDU, 7 Grüne, 4 FDP, 2 Linke), die von den Mitgliedskommunen entsandt werden. Zudem gehören auch die Oberbürgermeister und Landräte der Verbandsversammlung an. Hinzu kommen noch zehn beratende Mitglieder als Vertreter von Gewerkschaften, Arbeitgeberverbänden, Industrie- und Handelskammern und Naturschutzverbänden.

## 2.4 Wahl und Aufgaben des Bürgermeisters bzw. Landrats

### 2.4.1 Wahl des Bürgermeisters bzw. Landrats

Seit 1999 werden in Nordrhein-Westfalen die (Ober-) Bürgermeister und Landräte direkt von den Bürgerinnen und Bürgern gewählt. Bei der kommenden Kommunalwahl reicht erstmals die einfache Mehrheit zum Wahlsieg aus. Das heißt: Derjenige Kandidat, der die meisten Stimmen bei der Direktwahl auf sich vereinigen kann, hat die Wahl gewonnen, auch wenn er nicht mehr als 50 Prozent der Stimmen erreicht hat. Durch das neue Kommunalwahlgesetz von Oktober 2007 entfällt somit die Stichwahl zwischen den beiden stärksten Kandidaten, die es bei der letzten Kommunalwahl 2004 immerhin in 106 Kommunen Nordrhein-Westfalens (27,9 Prozent) gegeben hat (Gehne 2008: 195). Die Befürworter dieser neuen Regelung sehen in erster Linie den Vorteil, dass die „unbeliebte Stichwahl", die oftmals eine niedrigere Wahlbeteiligung als der erste Wahlgang aufzuweisen hatte, wegfällt (Landtag Nordrhein-Westfalen Drucksache 14/3977). Die Kritiker stellen hingegen die Problematik der mangelnden politischen Legitimation eines bei schwacher Wahlbeteiligung nicht mit absoluter Mehrheit gewählten Bürgermeisters heraus. Die einfache Direktwahl im ersten Wahlgang könne zudem zu undurchsichtigen Vorverhandlungen zwischen den großen und kleinen Parteien führen. Da der Verzicht einer Kandidatur eines Kandidaten einer kleinen Partei wahlentscheidend werden könnte, würde der Einfluss der kleinen Parteien überproportional zunehmen (Landtag Nordrhein-Westfalen Drucksache 14/4980).

Bei gleicher Stimmenzahl mehrerer Kandidaten entscheidet das vom Wahlleiter zu ziehende Los. Falls nur ein Wahlvorschlag vorliegt, müssen mindestens 25 Prozent der Wahlberechtigen für diesen Bewerber stimmen. Wenn dies nicht gelingt, wird der Bürgermeister durch den Rat gewählt. Das gleiche gilt für den Fall, dass überhaupt kein Wahlvorschlag vorliegt oder dass der gewählte Bürgermeister die Wahl ablehnt. Ein Kandidat für die Bürgermeister- beziehungsweise Landratswahl kann nur in einer Kommune antreten, mehrere Kandidaturen in verschiedenen Gemeinden beziehungsweise Kreisen sind nicht möglich. Die Wählbarkeit für das Amt des Bürgermeisters und des Landrats ist ähnlich gefasst wie bei der Ratswahl. Allerdings muss der Kandidat mindestens 23 Jahre alt sein, wobei er oder sie keinen

### Infobox [10] „Stolperstein auf dem Weg zur Macht", aus NRZ vom 02.09.2008

»Es kann nur einen geben – einen Bürgermeister. Aber: Kann es in einer Demokratie bei der Wahl fürs wichtigste kommunale Amt auch nur einen Kandidaten geben? In der Gemeinde Bedburg-Hau zeichnet sich genau das ab.

Bei der Kommunalwahl steht wohl einzig und allein der Name des parteilosen Bürgermeisters Peter Driessen auf dem Stimmzettel. Alle derzeit bei der Wahl antretenden Parteien – sprich CDU, SPD, FDP, Grüne und die Freie Wählergemeinschaft – sind mit Driessens Arbeit offenbar so zufrieden, dass sie auf eigene Kandidaten verzichten. Offen ist noch, ob die Linkspartei einen Bewerber nominiert.

Alles in Butter also für Peter Driessen – kann sich der Rathauschef schon jetzt auf einen entspannten Wahltag freuen? Nein. Denn in exotischen Fällen wie diesem greift eine Besonderheit des Wahlrechts. Gibt es nur einen Bürgermeister-Kandidaten, so muss dieser 25 % der Stimmen aller Wahlberechtigten auf sich vereinen. Diese Hürde sei bewusst in das Gesetz eingebaut worden, um dem Bewerber für seine Wahl eine politische Legitimation zu verschaffen, so Innenminister Ingo Wolf (FDP). Dies sei zu vergleichen mit dem Quorum für ein Bürgerbegehren, das von 20 % der Wahlberechtigten unterstützt werden muss.

Reihenweise sind an diesem Quorum schon Begehren gescheitert. Und die 25 %-Vorgabe bei einer Bürgermeisterwahl könnte sich bei einer geringen Wahlbeteiligung als ziemlicher Brocken erweisen. Ein Blick nach Düsseldorf: Dort waren 461.599 Bürger zur OB-Wahl aufgerufen. CDU-Kandidat Dirk Elbers holte 105.181 Stimmen und damit 59,7 %. Nicht genug – wenn Elbers allein angetreten wäre. 115.397 Stimmen hätte der Bewerber für die „25 %-Hürde" benötigt. „Die Wahl hätte in diesem Falle wiederholt werden müssen", sagt Manfred Palmen (CDU), Parlamentarische Staatssekretär im Innenministerum. Er geht aber davon aus, dass alleinige Kandidaten stets das Quorum schaffen.

In der Theorie des Gesetzgebers beziehen mit dünner Wahlbeteiligung gewählte (Ober-)Bürgermeister wie aktuell Dirk Elbers ihre Legitimation daraus, dass die Bürger unter mehreren Kandidaten die Wahl hatten. Doch restlos überzeugt ist man auch im Innenministerium von der Regelung nicht. Den „Königsweg", heißt es, habe man nicht gefunden.

[...] „Der Verein „Mehr Demokratie" erinnert daran, dass es einen Fall, wie er sich in Bedburg-Hau abzeichnet, im vergangenen Januar bei der vorgezogenen Bürgermeisterwahl in Niederzier (Kreis Düren) schon gab. Weitere Fälle seien bei der Wahl 2009 nicht ausgeschlossen. Die 25 %-Hürde müsse fallen, weil die Wahlbeteiligung immer dann besonders niedrig ist, wenn es an politischen Konflikten fehlt, weil der einzig antretende Kandidat unumstritten ist.

In Bedburg-Hau jedenfalls fühlt sich Kandidat Driessen ob des in ihn gesetzten Vertrauens geehrt, „aber ich finde es trotzdem schade, dass es keinen Gegenkandidaten gibt. Ganz demokratisch ist das nicht". 3663 Stimmen erhielt er bei der vergangenen Kommunalwahl.«

Quelle: Boch, Gaby/Schumacher, Theo/Kreienbrink, Ingmar (2008): Stolperstein auf dem Weg zur Macht, in: www.derwesten.de, NRZ-Artikel vom 02.09.2008.

Wohnsitz in der Kommune haben muss, in der er oder sie antritt. Ein Hauptwohnsitz in der Bundesrepublik Deutschland genügt. Dass die Kandidaten für die freiheitlich demokratische Grundordnung im Sinne des Grundgesetzes einzutreten haben, ist eine Selbstverständlichkeit. Nicht wählbar ist eine Person, der durch einen Richterspruch die Fähigkeit zur Bekleidung öffentlicher Ämter aberkannt worden ist.

Die Wahl findet frühestens drei Monate vor und spätestens sechs Monate nach Ablauf der Amtszeit des Amtsinhabers statt.

2009 ist sie daher zum letzten Mal parallel mit den Rats- beziehungsweise Kreistagswahlen angesetzt. Danach wird die Bürgermeister- beziehungsweise Landratswahl von den sonstigen Kommunalwahlen entkoppelt, was zur Entparteiisierung und verstärkten Personalisierung der Wahl führen soll. Bei erfolgreicher Wahl sind die Bürgermeister und Landräte für sechs Jahre im Amt. Sie werden von einem ehrenamtlichen Stellvertreter oder vom ältesten Ratsmitglied, dem Altersvorsitzenden, in einer Sitzung des Rates beziehungsweise des Kreistages vereidigt und in ihr Amt eingeführt.

Ein Bürgermeister beziehungsweise Landrat kann allerdings auch vorzeitig abgewählt werden. Dazu muss zunächst eine Zwei-Drittel-Mehrheit des Rates beziehungsweise des Kreistags einem Antrag auf Abwahl zustimmen. Die Abwahl muss dann von den Bürgerinnen und Bürgern der Kommune im Sinne eines Bürgerentscheides bestätigt werden. Die einfache Mehrheit der abgegebenen Stimmen, die aber mindestens 25 Prozent der Wahlberechtigten umfassen muss, reicht zur Abwahl aus. Ist die Abwahl erfolgreich, erfolgt kurzfristig eine Neuwahl durch die Bürgerinnen und Bürger. Somit ist die Hürde einer Abwahl eines Bürgermeisters beziehungsweise Landrats ziemlich hoch, da diese nur durch ein Zusammenwirken von Rat beziehungsweise Kreistag und Bürgerschaft erfolgen kann. Trotzdem ist dies in Nordrhein-Westfalen schon praktiziert worden, zuletzt im Jahre 2007 in der Stadt Meckenheim bei Bonn.

Als Stellvertreter des hauptamtlichen Bürgermeisters fungieren die ehrenamtlich tätigen stellvertretenden Bürgermeister, deren Zahl sich von Kommune zu Kommune aufgrund der unterschiedlichen Gemeindegröße unterscheidet. Die stellvertretenden Bürgermeister werden nicht direkt von der Bürgerschaft, sondern aus der Mitte des Rates gewählt. Ihre Wahl erfolgt nach den Grundsätzen der Verhältniswahl in einem Wahlgang in geheimer Abstimmung. Das gleiche gilt für die mindestens zwei Stellvertreter des Landrats. Auch bestimmen Rat und Kreistag einen Stellvertreter des Bürgermeisters beziehungsweise Landrats aus der Verwaltung. In den meisten Fällen ist dies ein Beigeordneter der Kommune.

Zur Analyse der Bürgermeisterwahlen in Nordrhein-Westfalen können bislang nur die beiden Ergebnisse von 1999 und 2004 herangezogen werden (Gehne 2008). Betrachtet man die beiden landesweiten Ergebnisse, fällt die deutliche Dominanz der CDU gegenüber der SPD ins Auge, die eine Parallele zu den Ratswahlen darstellt. In den kreisfreien Städten des Landes stellen die Christdemokraten derzeit aber nur zehn der 23 Oberbürgermeister. Vor allem einige traditionell von der SPD dominierte Ruhrgebietsstädte, wie zum Beispiel Gelsenkirchen, die 1999 überraschend von einem CDU-Kandidaten gewonnen worden waren, fielen 2004 wieder zurück an die Sozialdemokraten.

Einzelbewerber konnten ihr Ergebnis 2004 gegenüber 1999 landesweit um rund fünf Prozent verbessern. Sie waren allerdings entweder als Einzelbewerber aus dem Amt oder fast ausnahmslos in den ländlichen Gebieten erfolgreich. Kaum eine Rolle spielten sowohl 1999 als auch 2004 Kandidaten kleiner Parteien oder Wählergruppen. 2004 wurde oftmals schon auf Kandidaturen verzichtet, seitdem konzentrieren sich die kleineren Parteien verstärkt auf die Ratswahl. Diese Tendenz könnte durch die Entkoppelung von Rats- und Bürgermeisterwahl in Zukunft weiter zunehmen.

**ABBILDUNG 5 BÜRGERMEISTERWAHLEN IN NORDRHEIN-WESTFALEN**

| | Wahlbeteiligung (Stichwahl) | CDU | SPD | Einzelbewerber | Sonstige |
|---|---|---|---|---|---|
| 1999 | 55,0 (46,6) | 66,4 | 19,9 | 11,9 | 1,8 |
| 2004 | 54,5 (38,0) | 57,1 | 25,0 | 16,9 | 1,0 |

 Quelle: Landeswahlleiterin NRW 2008.

## ABBILDUNG 6 AMTIERENDE OBERBÜRGERMEISTER DER KREISFREIEN STÄDTE IN NORDRHEIN-WESTFALEN

| Stadt | Oberbürgermeister | Gewählt am | Im Amt bis |
|---|---|---|---|
| Aachen | Jürgen Linden (SPD) | 26.09.2004 | 2009 |
| Bielefeld | Eberhard David (CDU) | 10.10.2004 | 2009 |
| Bochum | Ottilie Scholz (SPD) | 10.10.2004 | 2009 |
| Bonn | Bärbel Dieckmann (SPD) | 26.09.2004 | 2009 |
| Bottrop | Peter Noetzel (SPD) | 10.10.2004 | 2009 |
| Dortmund | Gerhard Langemeyer (SPD) | 10.10.2004 | 2009 |
| Duisburg | Adolf Sauerland (CDU) | 10.10.2004 | 2009 |
| Düsseldorf | Dirk Elbers (CDU) | 31.08.2008 | 2014 |
| Essen | Wolfgang Reiniger (CDU) | 10.10.2004 | 2009 |
| Gelsenkirchen | Frank Baranowski (SPD) | 10.10.2004 | 2009 |
| Hagen | Peter Demnitz (SPD) | 10.10.2004 | 2009 |
| Hamm | Thomas Hunsteger-Petermann (CDU) | 26.09.2004 | 2009 |
| Herne | Horst Schiereck (SPD) | 10.10.2004 | 2009 |
| Köln | Fritz Schramma (CDU) | 17.09.2000 | 2009 |
| Krefeld | Gregor Kathstede (CDU) | 10.10.2004 | 2009 |
| Leverkusen | Ernst Küchler (SPD) | 10.10.2004 | 2009 |
| Mönchengladbach | Norbert Bude (SPD) | 10.10.2004 | 2009 |
| Mülheim an der Ruhr | Dagmar Mühlenfeld (SPD) | 06.04.2003 | 2009 |
| Münster | Berthold Tillmann (CDU) | 10.10.2004 | 2009 |
| Oberhausen | Klaus Wehling (SPD) | 26.09.2004 | 2009 |
| Remscheid | Beate Wilding (SPD) | 10.10.2004 | 2009 |
| Solingen | Franz Haug (CDU) | 26.09.2004 | 2009 |
| Wuppertal | Peter Jung (CDU) | 10.10.2004 | 2009 |

 Quelle: Landeswahlleiterin NRW 2008.

### 2.4.2 Aufgaben des Bürgermeisters bzw. Landrats

Der Bürgermeister ist ein kommunaler Wahlbeamter auf Zeit. Damit übt er seine Tätigkeit hauptberuflich aus und erhält ein Gehalt als „hauptamtlicher kommunaler Leitungsbeamter". Er fungiert als personelles Bindeglied zwischen Kommunalpolitik und Verwaltung. In kreisfreien und zum Teil auch großen Kreisstädten heißt der Bürgermeister Oberbürgermeister. Seine Stellvertreter sind in diesem Fall die Bürgermeister.

In den Kommunen Nordrhein-Westfalens lag bis 1994 der Verfassungstyp der so genannten **„Norddeutschen Ratsverfassung"** vor (Andersen 1998; Kost 2003). Dieser geht auf die kommunalpolitischen Entscheidungen der britischen Besatzungsmacht nach Ende des zweiten Weltkriegs zurück. Am 01.04.1946 verabschiedeten die Briten die Verordnung Nr. 21, die in der gesamten britischen Besatzungszone galt und die herausgehobene Stellung des Rates betonte. Der Bürgermeister erhielt als Vorsitzender des Rates bewusst keine größeren Machtbefugnisse als die übrigen Gemeinderäte. Ihm wurde daher auch nicht die Leitung der hauptamtlichen Verwaltung übertragen. Diese Aufgabe übernahm der Hauptverwaltungsbeamte, der in eine untergeordnete, dienende Funktion gegenüber dem Rat gestellt wurde. Entsprechend dem britischen Modell des neutralen „Mayor" wurde die Amtszeit des Bürgermeisters auf ein Jahr beschränkt.

Aus diesem ersten Kommunalverfassungsmodell entwickelte die Landesregierung 1952 die erste NRW-Gemeindeordnung. Auch hier wurde der Rat als das herausgehobene Gemeindeorgan definiert. Der Rat war demnach für alle Angelegenheiten der Kommunalverwaltung zuständig und war gesetzlicher Vertreter der Gemeinde in allen Rechts- und Verwaltungsgeschäften. Der ehrenamtlich tätige Bürgermeister (in Großstädten Oberbürgermeister) wurde als Vorsitzender aus der Mitte des Rates auf zwei Jahre (1964 auf fünf Jahre erweitert) gewählt. Der Hauptverwaltungsbeamte (auch Gemeinde-, Stadt- beziehungsweise Oberstadtdirektor) wurde als einköpfige Spitze des hauptamtlichen Verwaltungsapparats definiert. Er wurde vom Rat ohne Abwahlmöglichkeit auf zwölf Jahre (1979 wurde die Amtsdauer auf acht Jahre verringert und eine Abwahlmöglichkeit durch den Rat eingeführt) gewählt. Er war mit der Weisungsbefugnis gegenüber dem gesamten hauptamtlichen Verwaltungsapparat inklusive der vom Rat gewählten Beigeordneten ausgestattet. Die laufenden Geschäfte der Verwaltung sowie die rechtliche Vertretung galten auf den Hauptverwaltungsbeamten übertragen, soweit sie nicht vom Rat selbst an sich gezogen wurden. Trotzdem besaß der Rat jederzeit das „Rückholrecht". Neben der alleinigen Kompetenzkonzentration beim Rat wurde das „Norddeutsche Ratsmodell" durch die „Doppelspitze" des ehrenamtlichen Bürgermeisters und des Hauptverwaltungsbeamten als Spitze der Verwaltung gekennzeichnet. Dies führte automatisch zu einem Spannungsverhältnis zwischen dem ehrenamtlich tätigen Rat und der professionell agierenden hauptamtlichen Verwaltung, welches sich personell in der Doppelspitze konzentrierte.

Obwohl verfassungsrechtlich der Rat das stärkste Verfassungsorgan darstellen sollte, lag faktisch eine fachliche Dominanz der Verwaltung gegenüber dem Rat vor. Die ehrenamtlichen Ratsmitglieder konnten aus zeitlichen und fachlichen Gründen kaum ihrer Kontrollfunktion gegenüber der Verwaltung nachkommen. Auch der ehrenamtliche Bürgermeister war im Gegensatz zum mächtigen Stadtdirektor faktisch eher eine Art „Frühstücksdirektor" (von Alemann/Brandenburg 2000: 113). Daher war das Klima in den nordrhein-westfälischen Kommunen bis 1994 in hohem Maße vom persönlichen Verhältnis zwischen Bürgermeister und Stadtdirektor abhängig.

In den 1980er Jahren wurde der Unmut über die Kommunalverfassung in Nordrhein-Westfalen immer lauter. Unklare Machtverhältnisse, Kompetenzgerangel und eine verminderte Steuerungsfähigkeit wurden hinsichtlich der umstrittenen Doppelspitze angemahnt. Da die Gesetzgebungskompetenz jedoch beim Land lag, erreichte die Diskussion erst zu Beginn der 1990er Jahre den Landtag. Die Opposition aus CDU und FDP drohte der SPD-geführten Landesregierung mit einem Volksbegehren. Auch wegen dieses Drucks verabschiedete die absolute Mehrheit der SPD im Düsseldorfer Landtag am 6. Mai 1994 das Gesetz zur Änderung der Kommunalverfassung. So entstand praktisch eine neue Kommunalverfassung für Nordrhein-Westfalen, die sich nun stark an dem Modell der **„Süddeutschen Ratsverfassung"**, die in Baden-Württemberg und Bayern vorherrscht, anlehnte.

Im Zentrum der neuen Kommunalverfassung steht der direkt von den Bürgern auf sechs Jahre (bis 2007 auf fünf Jahre) gewählte, hauptamtlich tätige Bürgermeister. Als Einheitsspitze ver-

ABBILDUNG 7 ALTE UND NEUE GEMEINDEORDNUNG IM VERGLEICH

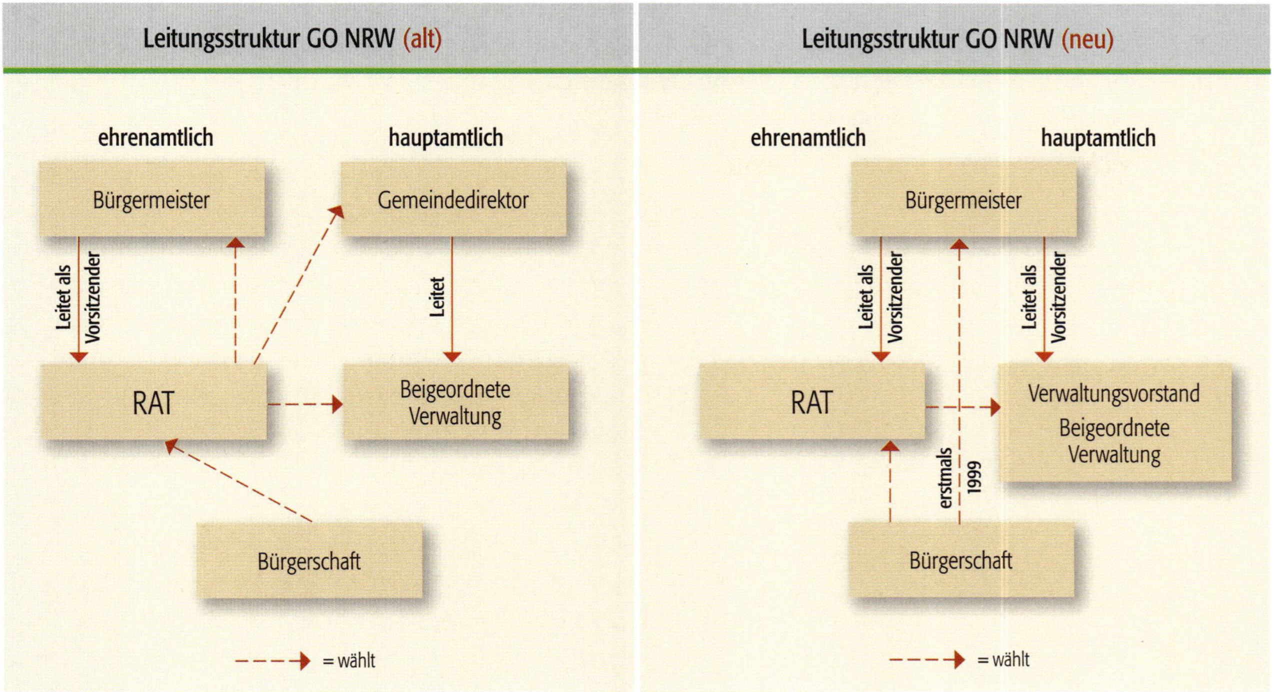


Quelle: Andersen 1998: 62.

eint er die Aufgaben des zuvor ehrenamtlichen Bürgermeisters und des Hauptverwaltungsbeamten in einer Person. Seine Hauptaufgabe ist die Leitung und Beaufsichtigung der laufenden Geschäfte der Kommunalverwaltung. Als so genannter „Chef der Verwaltung" verteilt er die Aufgaben an seine Mitarbeiter. Allerdings kann er auch selbst die Bearbeitung einzelner Angelegenheiten übernehmen. Außerdem vertritt er die Gemeinde in rechtlichen Dingen. Er ist ferner Vorsitzender des neu geschaffenen Verwaltungsvorstandes, zu dem auch die Beigeordneten und der Kämmerer gehören. Im Gegensatz zu seinen Amtskollegen in Baden-Württemberg und Bayern ist der nordrhein-westfälische Bürgermeister aber mit schwächeren Kompetenzen ausgestattet. Er hat lediglich durch sein Amt den Vorsitz im Hauptausschuss inne. Zudem behält der Rat sein Rückholrecht in Verwaltungsangelegenheiten und entscheidet über den Haushalt und den Stellenplan der Gemeinde allein.

Der Bürgermeister ist zwar Vorsitzender, aber nicht Mitglied des Rats, der somit als Träger der Gemeindeverwaltung weiterhin stärkstes Organ der kommunalen Verfassungseinheit Nordrhein-Westfalens bleibt. Der Bürgermeister terminiert die Sitzungen, leitet diese, übt das Hausrecht aus und schlägt eine Tagesordnung vor. Bei Abstimmungen hat er zudem Stimmrecht. So gibt seine Stimme bei einer Pattsituation den Ausschlag. Er ist außerdem gesetzlich dazu verpflichtet, den Rat über alle wichtigen Angelegenheiten der Verwaltung zu informieren. Dringliche Entscheidungen kann er zwar auch ohne den Rat in Absprache mit nur einem Ratsmitglied selbstständig fällen, allerdings hat der Rat dann das Recht, in der nächsten Sitzung diese Entscheidung wieder aufzuheben. Überträgt der Rat oder ein Ausschuss dem Bürgermeister explizit Entscheidungen, kann er diese auch vollständig alleine fällen. Zudem hat er die Kompetenz, Entscheidungen des Rates mit aufschiebender Wirkung zu beanstanden, falls er das Allgemeinwohl der Gemeinde gefährdet oder geltendes Recht verletzt sieht. Dann muss sich der Rat erneut mit der Thematik befassen. Kommt es zu keiner Einigung zwischen Rat und Bürgermeister, muss die Aufsichtsbehörde entscheiden. Für kreisfreie Städte ist dies die Bezirksregierung und für kreisangehörige Gemeinden der Landrat.

Eine weitere Aufgabe des Bürgermeisters ist seine Repräsentationsfunktion. Als oberster Repräsentant seiner Kommune gibt er offizielle Empfänge, pflegt Städtepartnerschaften oder ehrt verdiente Bürgerinnen und Bürger mit Orden. In dieser Aufgabe wird er auch von seinen ehrenamtlichen Stellvertretern unterstützt.

Der Landrat übt die gleichen Funktionen auf der Ebene des Landkreises aus. Als Vorsitzender des Kreistages bereitet er die Sitzungen vor und leitet diese. Außerdem beaufsichtigt der Landrat die Gemeinden des Landkreises, leitet die Kreisverwaltung und führt dessen Geschäfte. Dazu gehört auch, dass er den Kreis in rechtlichen Fragen vertritt. Zudem muss er die Landesregierung über landespolitisch Relevantes in seinem Landkreis informieren.

## 2.5 Kandidatenaufstellung

Die Kandidatenaufstellung für die Rats- beziehungsweise Kreistagswahl läuft nach ähnlichen Prinzipien wie die Nominierung von Kandidaten für die Landtags-, Bundestags- oder Europawahl ab. Allerdings können nicht nur Parteien Bewerber aufstellen, sondern es können auch freie Wählergemeinschaften und Einzelkandidaten antreten. Einzelkandidaten können sich selbst allerdings nur für ein Direktmandat in einem Wahlbezirk zur Wahl stellen, das Aufstellen einer Reserveliste ist für sie nicht möglich (§15-16 KWahlG; Andersen/Bovermann/Gehne 1999). Da die Wahl zu den Bezirksvertretungen eine reine Verhältniswahl ist, können Einzelbewerber für die Stadtteilparlamente nicht kandidieren. Wollen sie in den Rat beziehungsweise Kreistag einziehen, müssen sie das Direktmandat in ihrem Wahlbezirk gewinnen. Daher ist die Wahrscheinlichkeit der Wahl nur sehr gering, weswegen Einzelbewerber zu einer Rats- beziehungsweise Kreistagswahl nur äußerst selten antreten.

Die Wahlvorschläge müssen spätestens 48 Tage vor der Wahl beim Wahlleiter eingerecht werden. Falls eine Partei oder Wählergruppe nicht ununterbrochen in dem zu wählenden Kommunalparlament vertreten war, muss sie ihre politische Relevanz durch eine Unterschriftenliste von Wahlberechtigten nachweisen. Dies gilt auch für Einzelbewerber, falls sie noch nicht dem Rat oder Kreistag angehören. Jeder Kandidat, der nominiert ist, kann nur für einen Wahlbezirk antreten. Zusätzlich darf er aber auch auf der Reserveliste seiner Partei beziehungsweise Wählergemeinschaft kandidieren. Diese muss zudem nachweisen, dass alle Kandidaten, die sie zur Wahl nominiert hat, zuvor von einer Mitglieder- oder Vertreterversammlung im Wahlgebiet in geheimer Wahl gewählt worden sind. So müssen sich die Kandidaten erst innerparteilich bewiesen haben, ehe sie um ein kommunalpolitisches Amt kandidieren können. Den Mitglieder- oder Vertreterversammlungen der Parteien beziehungsweise Wählergruppen kommt daher eine besondere Rolle in der Rekrutierung der Kommunalwahlkandidaten zu. Mitunter sind sie der Höhepunkt des politischen Alltags an der Parteibasis. Über die Zulassung der Wahlvorschläge entscheiden schließlich die Wahlausschüsse der Gemeinden und Kreise spätestens 39 Tage vor dem Wahltermin.

In der Politikwissenschaft liegen einige Studien zu parteiinternen Nominierungsprozessen von Ratskandidaten vor (Holtkamp 2008: 130ff; Scheuch/Scheuch 1994; Gau 1983). Demnach besteht ein großer Unterschied zwischen der Kandidatenrekrutierung in großen und in kleinen Städten. In ländlichen, einwohnerschwachen Gebieten ist die lokale Bekanntheit des Kandidaten der entscheidende Faktor für die Nominierung. Vorstandsämter in einflussreichen Vereinen sind wichtiger als eine langjährige Parteimitgliedschaft. Aufgrund des dürftigen personellen Angebots tun sich die Parteien mitunter sogar sehr schwer, alle Wahlbezirke mit Kandidaten zu besetzen. Daher wird fast jeder, der sich zur Kandidatur bereit erklärt, nominiert. Im besten Fall er-

## ABBILDUNG 8 ÜBERSICHT ZEITPLAN KOMMUNALWAHL 2009

| Zeitpunkt | Thema | Rechtsnorm |
|---|---|---|
| 20. Juli 2008 (15 Monate vor Ablauf der Wahlperiode) | Spätester Zeitpunkt zur Reduzierung der Vertreter in den Räten und Kreistagen durch Ratsbeschluss | §3 Abs. 2 KWahlZG |
| 30. September 2008 | Spätester Zeitpunkt der Einteilung der Wahlbezirke durch die Wahlausschüsse für die Gemeindewahlen | Art. 11 §4 KWahlZG |
| 31. Oktober 2008 | Spätester Zeitpunkt der Einteilung der Wahlbezirke durch die Wahlausschüsse für die Kreistagswahlen | Art. 11 §4 KWahlZG |
| 14. Juli 2009, 18 Uhr (48. Tag vor der Wahl) | Spätester Zeitpunkt zur Einreichung von Wahlvorschlägen durch die Parteien, Wählergruppen und Einzelbewerber | §15 Abs. 1 KWahlG |
| 23. Juli 2009 (39. Tag vor der Wahl) | Spätester Zeitpunkt für die Entscheidung der Wahlausschusse über die Zulassung der Wahlvorschläge | §18 Abs. 3 KWahlG |
| 27. Juli 2009 (35. Tag vor der Wahl) | Stichtag für die Eintragung aller wahlberechtigten Personen im Wählerverzeichnis | §10 Abs. 1 KWahlG |
| 10. August 2009 (20. Tag vor der Wahl) | Spätester Zeitpunkt zur Bekanntgabe der zugelassenen Wahlvorschläge durch den Wahlleiter | §19 Abs. 1 KWahlG |
| 10. bis 14. August 2009 (20. bis 16. Tag vor der Wahl) | Möglichkeit zur Einsichtnahme in die Wählerverzeichnisse | §10 Abs. 4 KWahlG |
| 28. August 2009 (zwei Tage vor der Wahl) | Letzter Tag für die schriftliche Beantragung der Briefwahl | §19 Abs. 3 KWahlO |
| 30. August 2009, 8 bis 18 Uhr | **Kommunalwahl 2009** | |
| Ab 30. August 2009 | Feststellung der Ergebnisse durch den Wahlausschuss und öffentliche Bekanntgabe der gewählten Bewerber | §34 KWahlG |
| 21. Oktober 2009 | Beginn der neuen Wahlperiode | Art. 11 §1 Abs. 2 KWahlZG |
| Spätestens drei Wochen nach dem 21. Oktober 2009 | Konstituierende Sitzung der Gemeinderäte und Kreistage | |

© Wochenschau Verlag. Quelle: Kommunalwahlgesetz (KWahlG) u.a.

folgt dann nach erfolgreicher Kandidatur der Parteieintritt. In Großstädten, in denen in Nordrhein-Westfalen die meisten Wahlberechtigen leben, liegen aber komplett gegensätzliche Bedingungen vor: Hier ist eine langjährige, aktive Parteimitgliedschaft und bedingungslose Loyalität gegenüber der lokalen Parteiführung erste Bedingung für eine Kandidatur zur Ratswahl. Beste Voraussetzungen dazu haben die Ortsvorsitzenden. Denn die Entscheidung über die Besetzung der Wahlbezirke und die Reihenfolge der Reserveliste fällt oftmals schon im Vorhinein in informellen Runden zwischen den Ortsvorsitzenden, dem Kreisvorstand, dem Fraktionsvorsitzenden und dem Parteigeschäftsführer. Den Mitgliedern wird dann auf den Wahlversammlungen ein ausgearbeiteter Wahlvorschlag unterbreitet, der nur in den seltensten Fällen noch komplett umgeworfen wird.

Die Kandidaten zur Bürgermeister- beziehungsweise Landratswahl werden auf ähnliche Weise aufgestellt. Die Wahlvorschläge können ebenfalls bis zum 48. Tag vor der Wahl beim Wahlleiter eingereicht werden. Zum ersten Mal sind bei der Kommunalwahl 2009 durch die Änderung des Kommunalwahlgesetzes auch gemeinsame Wahlvorschläge von mehreren Parteien oder Wählergruppen zulässig. In Düsseldorf wurde dies bei der vorgezogenen Bürgermeisterwahl 2008 von SPD und Grünen bereits praktiziert (→ **siehe Infobox 11**), für Köln und Münster ist 2009

Ähnliches verabredet. Dagegen treten CDU und FDP noch eher öfters getrennt zur Wahl an (Joeres 2009). Bei den Kommunalwahlen 1999 und 2004, als diese Änderung des Wahlgesetzes noch nicht in Kraft war, umgingen die Parteien diese Regelung teilweise dadurch, indem sie indirekt gemeinsam einen Einzelbewerber unterstützten, ohne ihn jedoch formell vorgeschlagen zu haben. So sprach man auch von einem unechten Einzelbewerber. Die neue Regelung könnte vor allem die strategischen Optionen der kleineren Parteien vergrößern, die nun Koppelungsgeschäfte abschließen können, falls sie Kandidaten der großen Parteien unterstützen. Schon 2004 verzichteten sie aus Mangel an fähigem Personal und wegen scheinbar aussichtsloser Chancen vielfach auf einen eigenen Kandidaten. 1999, bei der ersten direkten Bürgermeisterwahl in Nordrhein-Westfalen, war dies hingegen noch anders: Damals nutzten die kleineren Parteien und Wählergemeinschaften ihren eigenen Bürgermeisterkandidaten als „Werbetafel" für den Ratswahlkampf aus.

Auch die Bürgermeister- beziehungsweise Landratskandidaten müssen zuvor von einer Mitglieder- oder Delegiertenversammlung ihrer Partei beziehungsweise Wählergemeinschaft gewählt worden sein. Auch Einzelbewerber können antreten. Ihre Kandidatur muss grundsätzlich von einem Wahlberechtigten aus der Gemeinde unterzeichnet worden sein. Ein Bewerber kann sich aber auch selbst vorschlagen und den Wahlvorschlag selbst unterzeichnen, wenn er nicht in der Gemeinde wohnt. Analog zur Ratswahl müssen Parteien oder Wählergruppen, die nicht im Gemeinderat, im Kreis-, Land- oder Bundestag vertreten sind, zur Kandidatennominierung „Unterstützungsunterschriften" beibringen. Dasselbe gilt für Einzelbewerber. Wird dagegen der amtierende Bürgermeister vorgeschlagen, sind Unterstützungsunterschriften nicht mehr erforderlich. Der Amtsinhaber kann zudem auch ohne die Unterstützung einer Partei oder Wählergruppe als „Einzelbewerber aus dem Amt" antreten. Auch in diesem Fall müssen keine Unterschriften beim Wahlleiter vorgelegt werden.

Die parteiinternen Nominierungsprozesse der Bürgermeisterkandidaten konnten für Nordrhein-Westfalen bislang nur anhand der beiden Wahlen 1999 und 2004 analysiert werden (Gehne/Holtkamp 2002; Gehne 2008). Dabei fällt vor allem die starke Parteibindung und langjährige lokale Präsenz der Kandidaten auf. So wurden in allen Parteien in erster Linie Kandidaten nominiert, die auf eine langjährige Parteimitgliedschaft zurückblicken konnten. Auch wurden eher Personen mit kommunalpolitischer Erfahrung nominiert als Angehörige der Kommunalverwaltung. Ähnlich wie bei der Ratskandidatennominierung fand bereits eine Vorauswahl in informellen Netzwerken statt, die führende Vertreter der lokalen Partei und Fraktion miteinander verband. Nicht selten nutzten auch Angehörige dieser Netzwerke die Gelegenheit, sich selbst für eine eigene Kandidatur in Position zu bringen. Den Parteimitgliedern wurde dann in der Regel nur ein einziger Kandidat präsentiert. 1999 mussten sich daher nur 19,6 Prozent der Bürgermeisterkandidaten einer Kampfkandidatur auf einer Mitgliederversammlung ihrer Partei stellen.

Das Bürgermeisteramt ist weithin ein stark männlich dominierter Beruf. Eine bundesweite Umfrage unter Bürgermeistern in Deutschland kam zu dem Ergebnis, dass Frauen und Bürgermeister mit Migrationshintergrund stark unterrepräsentiert sind. Nur fünf Prozent sind weiblich, nur zwei Prozent haben einen Migrationshintergrund (Bertelsmann Stiftung u.a. 2008). Generell kann man davon ausgehen, dass die Kandidatur zum Bürgermeisteramt den Höhepunkt der typisch kommunalpolitischen Karriere darstellt. Inwieweit sich durch die Tatsache, dass sich nun mehrere Parteien zur Unterstützung einer Kandidatur zusammenschließen können, an den Nominierungsprozessen etwas ändert, bleibt abzuwarten.

## 2.6 Wahlkreiseinteilung

Das nordrhein-westfälische Kommunalwahlrecht differenziert zwischen Wahlgebiet, Wahlbezirk und Stimmbezirk (§3-6 KWahlG; Andersen/Bovermann/Gehne 1999). Das **Wahlgebiet** ist das Stadt- oder Gemeindegebiet, in dem die Kommunalwahl stattfindet. Bei der Kreistagswahl ist der gesamte Landkreis das

Wahlgebiet. Generell gibt es bei den Kommunalwahlen im gesamten Land so viele Wahlgebiete, wie kommunale Vertretungen zu wählen sind. Das Wahlgebiet wird, je nach Größe und Einwohnerzahl, in mehrere **Wahlbezirke** aufgeteilt, in denen jeweils der siegreiche Direktkandidat in den Rat beziehungsweise Kreistag einzieht. Die Anzahl der Wahlbezirke hängt somit unmittelbar von der Größe des Rates beziehungsweise Kreistages ab. Wie bereits in Kapitel 2.3.2 gezeigt, ist die Ratsgröße von der Einwohnerzahl der Kommune abhängig. In Nordrhein-Westfalen divergiert sie zwischen 20 und 90 Ratsmitgliedern. Die Wahlbezirke werden schließlich in **Stimmbezirke** eingeteilt, die nach den örtlichen Verhältnissen so abgegrenzt werden, dass allen Wahlberechtigten die Teilnahme an der Wahl möglichst erleichtert wird. Kein Stimmbezirk sollte mehr als 2.500 Einwohner umfassen. Die Zahl der Wahlberechtigten eines Stimmbezirks darf aber nicht so gering sein, dass erkennbar wird, wie einzelne Wahlberechtigte gewählt haben. Alle Wahlberechtigte eines Stimmbezirks wählen demnach im selben Wahllokal.

Die Bildung der Wahlbezirke muss in den Städten und Gemeinden bis spätestens acht Monate vor Ablauf der Wahlperiode durch Beschluss des Wahlausschusses vorgenommen worden sein. Für die Wahlen zum Kreistag gilt eine Frist bis spätestens sieben Monate vor Ablauf der Wahlperiode. Auch wenn keine Veränderungen gegenüber der alten Einteilung der letzten Kommunalwahl erforderlich oder beabsichtigt sind, muss die Wahlbezirkseinteilung vom Wahlausschuss vor jeder Wahl neu festgestellt werden. Die Einteilung gibt der Wahlleiter spätestens vier Wochen nach Beschluss des Wahlausschusses öffentlich bekannt.

Folgende Grundsätze müssen bei der Wahlbezirkseinteilung eingehalten werden:

→ Bei der Abgrenzung der Wahlbezirke ist darauf Rücksicht zu nehmen, dass räumliche Zusammenhänge möglichst gewahrt werden. Sind Bezirke nach der Gemeindeordnung vorhanden, so soll die Bezirkseinteilung nach Möglichkeit eingehalten werden.

→ Alle Wahlbezirke sollten ungefähr die gleiche Einwohnerstärke aufweisen. Dies ist allerdings nicht immer vollständig umsetzbar. Daher darf die Abweichung von der durchschnittlichen Einwohnerzahl pro Wahlbezirk nicht mehr als 25 Prozent nach oben oder unten betragen.

→ Da Rats- und Kreistagswahlen in der Regel zeitgleich stattfinden, müssen die Wahlbezirke aufeinander abgestimmt werden. Zur besseren organisatorischen Umsetzung der Wahlen dürfen deshalb die Grenzen der Wahlbezirke der Gemeinde durch die Grenzen der Wahlbezirke des Kreises nicht durchschnitten werden.

## 2.7 Wahlkampf

Der Kommunalwahlkampf in Nordrhein-Westfalen hat sich durch die Einführung der zeitgleichen Direktwahl des Bürgermeisters mit der Ratswahl 1999 entscheidend verändert. Ähnlich wie auf der Landes- und Bundesebene kann man seitdem von einer verstärken Personalisierung und Professionalisierung des Wahlkampfes sprechen (Holtkamp 2008: 159ff; Gehne/Holtkamp 2002). Lediglich die starke Fokussierung auf die Massenmedien, die bei den anderen Wahlen unter dem Stichwort Mediatisierung subsumiert wird, ist auf der kommunalen Ebene noch nicht ganz so stark zu erkennen. So spielt in den seltensten Fällen das Leitmedium Fernsehen eine entscheidende Rolle, da nur an einigen Standorten private Lokalfernsehsender existieren. Zwar berichtet auch der WDR in seinen lokalen Programmfenstern über die Kommunalwahl, aber trotzdem ist eine umfassend lokale Berichterstattung über den Wahlkampf jeder Stadt kaum möglich. In den meisten Kommunen wird der Kommunalwahlkampf vor allem über die Lokalpresse und die Lokalradios ausgetragen.

Der Kommunalwahlkampf ist hauptsächlich vom Straßenwahlkampf geprägt. In der „heißen Wahlkampfphase" wenige Wochen vor den Wahltermin buhlen die Parteien an Info-Ständen in den Fußgängerzonen der Städte um die Aufmerksamkeit der Bürgerinnen und Bürger. Es werden bunte Broschüren, Flyer und kleine Geschenke (zum Beispiel Kugelschreiber, Luftballons, Blumen etc.) verteilt. Besonders wichtig ist in diesem Zusammenhang das direkte Gespräch der Spitzenkandidaten beziehungsweise der Bürgermeisterkandidaten mit den Bürgern – ein Wahlkampfmittel, das die Spitzenkandidaten zur Landtags- und Bundestagswahl in den seltensten Fällen flächendeckend anwenden können. Es kann sogar so weit gehen, dass ein Direktkandidat in einem Wahlbezirk alle Wahlberechtigen zu Hause besucht und sich persönlich vorstellt. Als Reaktion auf die Herabsenkung des Wahlalters auf 16 Jahre (siehe Kapitel 2.2) verschickten 1999 auch einige Parteien Erstwählerbriefe, um die Jugendlichen gesondert in jugendgerechter Sprache mittels spezieller Themen anzusprechen.

Als weitere lokale Wahlkampfmittel sind Podiumsdiskussionen, auf denen sich alle Direktkandidaten eines Wahlkreises oder alle Kandidaten der Bürgermeisterwahl präsentieren können, und der Einsatz von Wahlplakaten zu nennen. Generell muss im Kommunalwahlkampf aber oftmals improvisiert werden, da nur wenig finanzielle und personelle Mittel zur Verfügung stehen. So können kaum hauptamtliche Helfer zur Organisation des Wahlkampfes eingesetzt werden. Die Kandidaten beziehungsweise Parteien sind in erster Linie auf ehrenamtliche Hilfe von Parteimitgliedern, Sympathisanten, Freunden und Familienangehörigen angewiesen. Trotzdem wird mit steigender Gemeindegröße immer stärker auch auf professionelle Hilfe zurückgegriffen: Es werden jedoch eher Werbeagenturen mit der Erstellung von Werbemitteln beauftragt als Meinungsforschungsinstitute zur Erstellung von Umfragen engagiert. Dafür nimmt die professionelle Schulung von Kandidaten durch überregionale Parteigremien beziehungsweise -stiftungen auch auf kommunaler Ebene immer stärker zu.

Die Finanzierung des Wahlkampfes erfolgt durch Spenden von Sponsoren, das lokale Parteivermögen oder bei der Bürgermeisterwahl sogar durch Eigenmittel des Kandidaten. Da die Spenden oftmals einen großen Anteil am gesamten Wahlkampfbudget ausmachen, wird vielfach kritisiert, dass sich die Kandidaten so in direkte Abhängigkeit zum Spender begeben und daher der Anreiz zur Korruption besonders hoch ist (Holtkamp 2008: 170). Amtierende Bürgermeister oder Angehörige des öffentlichen Dienstes müssen zudem im Wahlkampf auf ihre dienstliche Funktion Rücksicht nehmen. Sie unterliegen der Neutralitäts-

## Infobox [11] Bürgermeister-Wahlkämpfe (exemplarische Beispiele)

### Düsseldorf (August 2008):

Durch den Tod des Oberbürgermeisters **Joachim Erwin** (CDU) am 20. Mai 2008 musste in Düsseldorf bereits am 31. August 2008, also rund zwölf Monate vor dem eigentlich geplanten Kommunalwahltermin, ein neues Stadtoberhaupt gewählt werden. Düsseldorf war damit die erste Großstadt Nordrhein-Westfalens, in der das neue Kommunalwahlgesetz bereits vor 2009 Anwendung fand. Auch wurde durch die vorgezogene Bürgermeisterwahl bereits eine Entkoppelung von den Ratswahlen erreicht, was in den meisten anderen Kommunen erst 2014/2015 passieren wird.

Die im Düsseldorfer Rat vertretenen Parteien waren nicht auf die vorgezogene Bürgermeisterwahl vorbereitet, doch die Vorbereitungen auf die Kommunalwahl 2009 waren bereits im vollen Gange. Trotzdem kürte die CDU relativ schnell ihren Fraktionsvorsitzenden im Rat und Ersten Bürgermeister, **Dirk Elbers,** zu ihrem Kandidaten. Elbers sollte als langjähriger Erwin-Vertrauter die aus christdemokratischer Sicht erfolgreiche Politik des OBs weiterführen.

Die SPD tat sich hingegen zunächst schwer, einen geeigneten Kandidaten zu finden. Schließlich nominierten die Sozialdemokraten ihre Düsseldorfer Parteivorsitzende **Karin Kortmann**. Im Gegensatz zu Elbers konnte die Bundestagsabgeordnete und Parlamentarische Staatssekretärin im Bundesentwicklungsministerium keine Erfahrungen in der Düsseldorfer Kommunalpolitik vorweisen.

Die Auswirkungen des neuen Kommunalwahlrechts lassen sich besonders gut am Verhalten der kleinen Parteien ablesen: So verzichteten FDP und Grüne auf eigene Kandidaturen, um den Sieg des CDU- beziehungsweise SPD-Bewerbers nicht zu gefährden – eine direkte Reaktion auf den Wegfall der Stichwahl. Sie verhandelten stattdessen bereits im Vorfeld des Wahlkampfes mit den großen Parteien über eine mögliche Unterstützung von Elbers beziehungsweise Kortmann. Die Liberalen forderten von der CDU eine klare Bündniszusage für die Kommunalwahl 2009 und den Posten des Ersten Bürgermeisters, der mit der FDP-Fraktionsvorsitzenden **Marie-Agnes Strack-Zimmermann** besetzt werden sollte. Bei den Verhandlungen der Grünen mit der SPD standen hingegen programmatische Zugeständnisse im Vordergrund. So forderten die Grünen von den Sozialdemokraten ein klares Nein zum Bau eines Kohlekraftwerks im Düsseldorfer Hafen.

Bei der konkreten Umsetzung der Unterstützung unterschied sich das Verhalten von FDP und Grünen aber deutlich: Die Liberalen unterstützten Elbers nur indirekt, indem sie ihre Wähler zwar dazu ermunterten, den CDU-Kandidaten zu wählen, ihn aber nicht direkt mit einer gemeinsamen Kandidatur unterstützten. Aus dem Wahlkampf hielt sich die FDP daher auch weitestgehend heraus. Einen anderen Weg schlugen die Grünen ein: Sie kürten Karin Kortmann zur gemeinsamen Kandidatin von SPD und Grünen, was unter anderem durch das Anbringen beider Parteilogos auf den Wahlplakaten der Öffentlichkeit vermittelt wurde. Auch auf dem Wahlzettel war Kortmann explizit als gemeinsame Kandidatin von SPD und Grünen gekennzeichnet.

Die restlichen Parteien schickten hingegen eigene Kandidaten ins Rennen, die aber sowohl im Wahlkampf, als auch im Endergebnis keine Rolle spielen konnten: Einzig der Kandidat der Linken, der Kaufhof-Betriebsrat **Helmut Born**, konnte eine gewisse mediale Aufmerksamkeit erreichen, schnitt aber mit letztlich 2,9 Prozent überraschend schwach ab. Die anderen Kandidaten waren **Jürgen Krüger** (Die Republikaner), **Klaus Kirchner** (Freie Wähler), **Michael Möller** (Zentrum) und **Diane Huttner** (Alternative Liste).

Elbers und Kortmann arbeiteten mit professionellen Werbeagenturen bei der Organisation und Durchführung des Wahlkampfes zusammen. Die Düsseldorfer Agentur Eggert Group legte Dirk Elbers die Worte „Mit Leidenschaft für Düsseldorf" und „Mit Mut und Tatkraft für Düsseldorf" in den Mund. Die Marke Dirk Elbers sollte als „erfahren, teamorientiert, zupackend und dynamisch" positioniert werden. Karin Kortmann arbeitete hingegen mit der Bonner Agentur Kreativ-Konzept zusammen. Sie zog mit dem Slogan „Düsseldorf, freu Dich! Karin Kortmann kommt" in den Wahlkampf. Das Team von Dirk Elbers versuchte zudem über die Anmietung eines Ladenlokals in der Innenstadt die Bevölkerung direkt vor Ort anzusprechen. Auch Karin Kortmann verfolgte ähnliche Pläne: Sie versuchte, jeden Tag in einem anderen Stadtteil präsent zu sein. Dazu fuhr sie mit einem roten Feuerwehrauto durch das Stadtgebiet.

Wegen der Sommerferien begann der Wahlkampf erst Ende Juli und verlief zunächst äußerst schleppend. Hauptthemen der Auseinandersetzung zwischen Elbers und Kortmann waren die Parkplatznot, die Abschaffung der Kita-Beiträge, die Senkung der Gewerbesteuern und die Privatisierung von städtischen Beteiligungen. Beide Kontrahenten trafen in der Öffentlichkeit bis auf eine spontane Podiumsdiskussion bei der IHK nicht aufeinander. Stattdessen spielten zahlreiche Fragenkataloge, die von Vereinen, Verbänden und Gewerkschaften an die beiden Kandidaten gerichtet wurden, eine große Rolle. Die Antworten von Karin Kortmann und Dirk Elbers wurden schließlich von den Kirchen, den Zeitungen, Gewerkschaften und Verbänden veröffentlicht.

Richtig in Fahrt kam die Auseinandersetzung erst durch das TV-Duell, das zehn Tage vor dem Wahltermin von der Rheinischen Post, Antenne Düsseldorf und center.tv gemeinsam veranstaltet wurde. In einer 60-minütigen, vorher aufgezeichneten Sendung, die schließlich im Düsseldorfer Lokalfernsehen ausgestrahlt wurde, lieferten sich beide Kandidaten ein hitziges Wortgefecht. So bezeichnete Kortmann ihren Kontrahenten als „kleinen Provinzpolitiker", während Elbers der SPD-Kandidatin vorwarf, keine gebürtige Düsseldorferin zu sein. Die regionalen Medien waren sich am Ende uneins darüber, wer das Duell gewonnen habe.

Im Schlussspurt erfuhren beide Kandidaten noch prominente Unterstützung: Zur Wahl Dirk Elbers riefen NRW-Ministerpräsident **Jürgen Rüttgers** und Bundeskanzlerin **Angela Merkel** auf, die sich beide gemeinsam mit Elbers auf dem Düsseldorfer Marktplatz präsentierten. Für Karin Kortmann warben hingegen die SPD-Landesvorsitzende **Hannelore Kraft**, die Bundespräsidentenkandidatin **Gesine Schwan** sowie die sozialdemokratischen Bundesminister **Frank-Walter Steinmeier, Wolfgang Tiefensee** und **Peer Steinbrück**. Selbst der Kandidat der Linken, der ansonsten nur eine Nebenrolle im Wahlkampf spielte, wurde von Berliner Prominenz unterstützt. Der linke Partei- und Fraktionsvorsitzende **Oskar Lafontaine** reiste eigens nach Düsseldorf, um für Helmut Borns Wahl zu werben.

Die Wahl am 31. August förderte schließlich ein eindeutiges Ergebnis zu Tage: Dirk Elbers erhielt 59,7 Prozent der Stimmen und wurde damit zum neuen Oberbürgermeister von Düsseldorf gewählt. Karin Kortmann erreichte mit nur 35,3 Prozent sogar weniger Stimmen als die SPD-Kandidatin **Gudrun Hock** bei der letzten OB-Wahl 2004, obwohl Kortmann diesmal sogar gemeinsame Kandidatin von SPD und Grünen war. Sie lag lediglich in den südlichen Arbeitervierteln Flingern Süd und Hafen vorn. Dort wurde aber auch die mit Abstand niedrigste Wahlbeteiligung gemessen. Elbers hingegen gewann alle restlichen 45 Stadtteile. Besonders in den ländlichen Vororten im Norden konnte er eine satte Mehrheit erzielen. Entsetzt waren alle Parteien über die Wahlbeteiligung von nur 38,5 Prozent. Es war der niedrigste Wert, der seit 1946 in Düsseldorf bei sämtlichen Wahlen gemessen wurde.

ABBILDUNG 9 ERGEBNISSE OB-WAHL DÜSSELDORF 2008

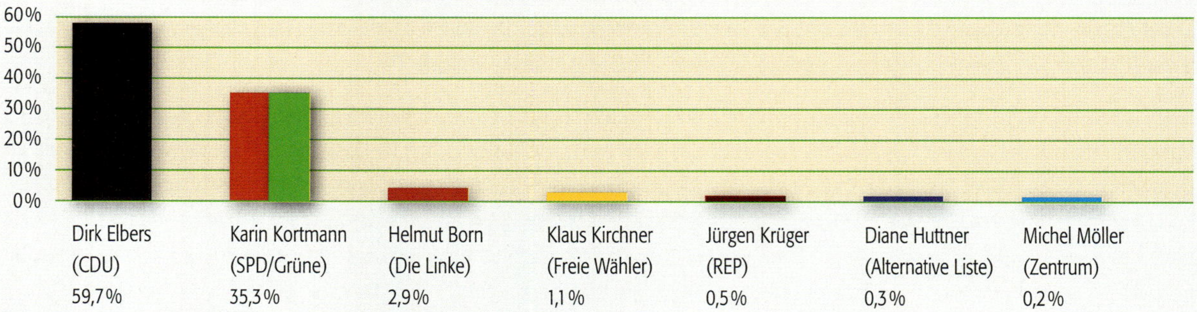


461.599 Wahlberechtigte; 177.769 Wähler; 38,5 Prozent Wahlbeteiligung

 Quelle: Stadt Düsseldorf 2008.

Der vorgestellte Ablauf der Düsseldorfer OB-Wahl macht deutlich, wie Parteien und Wähler auf das neue Kommunalwahlgesetz reagieren könnten. Die kleineren Parteien könnten vermehrt auf eigene Kandidaturen verzichten und stattdessen einen Bewerber der beiden großen Parteien unterstützen. Dadurch würde sich der Kommunalwahlkampf auf einen Zweikampf der beiden Kandidaten der Volksparteien fokussieren. Die erschreckend schwache Wahlbeteiligung gibt zudem den Kritikern des neuen Wahlrechts recht, die in der Entkoppelung der Bürgermeister- von der Ratswahl ein Mobilisierungsproblem für die Parteien erkennen. Doch sollte man die Beteiligung an der Düsseldorfer Wahl nicht überbewerten. Ein strahlender Sommertag und ein schleppender Wahlkampf waren die Hauptgründe, weswegen der historische Negativrekord aufgestellt wurde.

## Wetter/Ruhr (November 2007):

Aus gesundheitlichen Gründen trat **Dieter Seitz** (SPD) am 26. April 2007 vom Amt des Bürgermeisters der Stadt Wetter/Ruhr zurück. Die Neuwahl wurde vom Landrat des Ennepe-Ruhr-Kreises auf den 11. November terminiert. So war Wetter die erste Stadt, in der das neue Kommunalwahlrecht Anwendung fand. Die Stichwahl entfiel, der neue Bürgermeister wurde für sechs Jahre gewählt. Da zeitgleich keine vorgezogene Ratswahl stattfand, lassen sich in Wetter besonders gut erste Auswirkungen des neuen Wahlrechts beobachten. Von den fünf Stadtratsfraktionen schickten nur drei Kandidaten ins Rennen, hinzu kam ein parteiloser Bewerber.

Der Stadtverbandsvorstand der SPD schlug am 16. Juni den Vorsitzenden eines der vier Ortsvereine als Bürgermeisterkandidat vor: **Frank Hasenberg**. Dieser wurde am 12. September von einer Delegiertenversammlung einstimmig zum Kandidaten gewählt.

Eine Findungskommission der CDU schlug der Partei zwei Kandidatinnen vor: **Elisabeth Gerlach**, Stadtverbandsvorsitzende und Schwester der Landtagspräsidentin **Regina van Dinther**, und **Monika Stechemesser**, zweite stellvertretende Bürgermeisterin. Auf einer Mitgliederversammlung am 9. August wurde Elisabeth Gerlach mit nur einer Stimme Mehrheit zur Kandidatin gewählt.

Die Wahl der Grünen erfolgte fünf Tage später. Eine Mitgliederversammlung wählte die Fraktionsvorsitzende **Karen Haltaufderheide** zur Kandidatin. Zuvor hatte die Partei überlegt, einen der bereits nominierten Kandidaten zu unterstützen. Es fand aber keiner die notwendige Zustimmung der Mitglieder.

Am 21. August erklärte überraschend der parteilose **Dietrich Thier** seine Bewerbung um das Amt des Bürgermeisters. Er leitet den Fachbereich Schule, Sport und Kultur der Stadt Wetter. Die Idee der Freien Wähler, einen gemeinsamen Kandidaten aller drei kleinen Parteien zu benennen, wurde nicht in die Tat umgesetzt.

Der eigentliche Wahlkampf begann erst im September, nachdem die favorisierte SPD, die seit fast sechzig Jahren in Wetter den Bürgermeister stellt, ihren Kandidaten endgültig bestätigt hatte. Der SPD-Kandidat führte einen klassischen Wahlkampf, war an vielen Tagen in allen Ortsteilen der Stadt mit Ständen präsent und verteilte Flyer, Briefe und sonstige Publikationen. Zudem hatte das SPD-Wahlkampfteam einen (kleinen) Wahlkampfbus angemietet und rückte ihren Kandidaten in Rats- und Ausschusssitzungen ins Rampenlicht. Zahlreiche Plakate wurden ab Oktober aufgehängt, zudem teils großflächige Zeitungsanzeigen noch am Vortag der Wahl geschaltet.

Die CDU verfuhr ähnlich, allerdings in kleinerem Maßstab angesichts ihrer geringeren Mitgliederzahl und schlechteren Finanzlage. Es wurden aber diverse Minister der Landesregierung zu Terminen nach Wetter eingeladen, wohl auch mit Hilfe der Landtagspräsidentin. Eine Ausweitung des Wahlkampfes in die politischen Gremien der Stadt gelang nicht, da dieses durch die SPD aufgrund ihrer dominanten Stellung vereitelt werden konnte.

Die Kandidatin der Grünen verzichtete auf Plakate und Zeitungsanzeigen. Sie stellte zwei Homepages ins Netz, lud zu zwei kleineren Veranstaltungen ein und versuchte ebenfalls, über Stände Präsenz in der Stadt zu zeigen. Auch sie verteilte an alle Haushalte Flyer. Der parteillose Kandidat hängte zahlreiche Plakate auf und richtete ebenfalls eine innovative Homepage ein. Auf Veranstaltungen verzichtete er, ebenso auf Stände.

Die Presse begleitete den Wahlkampf intensiv, veranstaltete eine Podiumsdiskussion und veröffentlichte über jeden Kandidaten eine Homestory. Insgesamt überwog in der Berichterstattung die Darstellung des parteilosen Kandidaten und des SPD-Bewerbers. Über die CDU wurde tendenziell eher negativ berichtet, was an teils gravierenden Wahlkampffehlern lag. Die Kandidatin der Grünen, anfangs nicht als vollwertig angenommen, wurde erst im Laufe des Wahlkampfes als ernstzunehmende Gegnerin betrachtet.

**ABBILDUNG 10 ERGEBNISSE DER BÜRGERMEISTERWAHL WETTER 2007**

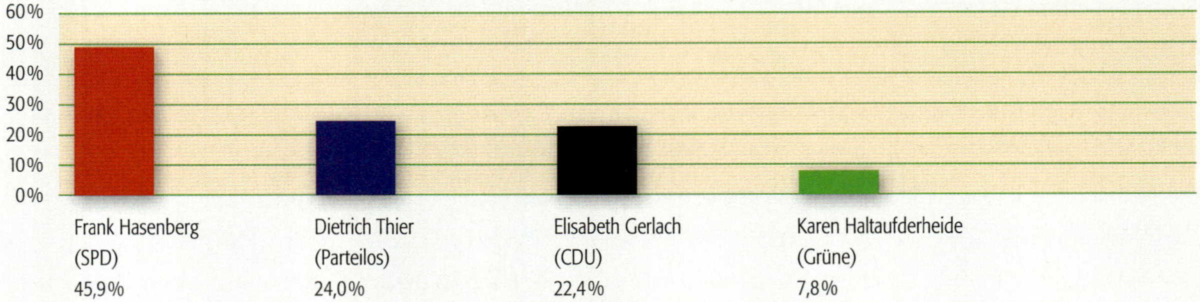


25 Stimmbezirke, 23.235 Wahlberechtigte; 43,8 Prozent Wahlbeteiligung; 10.098 gültige Stimmen.



**Die Wahlbeteiligung lag am Wahltag bei 43,8 Prozent: Von den 23.235 Wahlberechtigten beteiligten sich nur 10.178 am Urnengang. Die Briefwahlquote betrug knapp 17 Prozent. Erwartungsgemäß konnte der Kandidat der SPD mit 45,9 Prozent eine deutliche Mehrheit erringen. An Platz zwei folgte der unabhängige Kandidat mit 24 Prozent. Die Bewerber der CDU und der Grünen erreichten 22,4 beziehungsweise 7,8 Prozent.**

**Der Wahlkampf machte deutlich, dass die Loslösung der Bürgermeister- von der Ratswahl keine Steigerung der Wahlbeteiligung zur Folge hatte. Die Wahlbeteiligung ging weiter zurück, sie lag bei der Bürgermeisterwahl 2004 noch bei 56,2 Prozent (erster Wahlgang). Der unabhängige Kandidat hatte realistische Chancen, den Einzug ins Rathaus zu schaffen. Dem stand in Wetter aber die extreme Parteipolitisierung des Wahlvolkes entgegen – eine Folge der mehrere Jahrzehnte andauernden SPD-Herrschaft. So war die Parteizugehörigkeit für den Wahlausgang in diesem Fall offensichtlich doch noch entscheidender als die Person des Spitzenkandidaten. Dies erklärt auch das vergleichsweise schlechte Ergebnis der CDU.**

und Mäßigungspflicht. Demnach dürfen sie sich dienstrechtlich nicht parteiisch verhalten. Außerdem dürfen sie durch ihr Verhalten im Wahlkampf nicht das Ansehen der Kommunalverwaltung schädigen.

Die am meisten verbreiteten Wahlkampfthemen der letzten Kommunalwahlen in Nordrhein-Westfalen waren die Konsolidierung der kommunalen Haushalte, die Wirtschafts- beziehungsweise Standortpolitik, die lokale Arbeitsmarktpolitik und die Stadtentwicklung. Auch Fragen der kommunalen Neugliederung, die durch die Gebietsreform 1975 ausgelöst worden waren, haben in den Kommunalwahlkämpfen der Vergangenheit schon eine entscheidende Rolle gespielt.

Bei der Untersuchung des Kommunalwahlkampfes 1999 in Nordrhein-Westfalen trat vor allem die starke Bedeutungsverschiebung zu Gunsten der Bürgermeisterwahl zu Tage (Gehne/Holtkamp 2002). Die Wahl zu den Stadt- und Gemeinderäten spielte vielfach nur noch eine untergeordnete Rolle. Auch die Bedeutung von Sachthemen im Wahlkampf nahm deutlich ab. So ist auch das Verhalten der kleineren Parteien zu verstehen, die trotz aussichtsloser Chancen und mangelndem Personal eigene Kandidaten zur Bürgermeisterwahl aufstellten.

Da diese Kandidaten oftmals auch auf Platz eins der Reserveliste ihrer Partei für die Ratswahl kandidierten, sollten sie in erster Linie als „Werbetafeln" für ihre Parteien fungieren. Dieser Effekt schwächte sich 2004 jedoch deutlich ab und sollte durch die Veränderung des Kommunalwahlrechts (Entkoppelung der Bürgermeister- von der Ratswahl und Möglichkeit der gemeinsamen Kandidatennominierung durch mehrere Parteien) in Zukunft keine große Rolle mehr spielen.

Generell ist bei den nordrhein-westfälischen Kommunalwahlen seit 1999 eine starke Parteiunterstützung der Bürgermeisterkandidaten zu beobachten. Nur wenige Nominierte setzten sich im Wahlkampf stark von der eigenen Partei ab. Rund 80 Prozent aller Kandidaten verwendeten 1999 auf ihren Wahlplakaten das Parteilogo. Allerdings konnte ebenfalls beobachtet werden, dass der Einfluss der Landesparteien auf den kommunalen Wahlkampf vor Ort stark abnimmt. Die Rahmenkampagnen, die in den Parteizentralen in Düsseldorf beschlossen werden, dienen vielfach nur noch als Leitfaden für die Parteibasis vor Ort. Die Landesparteien treten somit weniger als aktive Wahlkämpfer, sondern eher als landesweite Koordinatoren im Hintergrund auf. Die lokalen Parteigliederungen greifen zudem immer seltener auf landesweite Wahlkampfmittel zurück, um stärker mit selbst produzierten Publikationen auf die regionale Entwicklung des Kommunalwahlkampfes reagieren zu können.

## 2.8 Wahltermin

Der genaue Termin der Kommunalwahl wird in Nordrhein-Westfalen vom Innenminister unter Beachtung der fünfjährigen Wahlperiode in einem bestimmten Zeitfenster genau festgelegt (§14 KWahlG). Damit möglichst viele Wahlberechtigte teilnehmen können, ist der Wahltag immer ein Sonntag oder ein gesetzlicher Feiertag. Finden nur lokal Neuwahlen statt (zum Beispiel Neuwahl des Bürgermeisters wegen Todes), terminiert die zuständige Aufsichtsbehörde die Wahl. Gewählt werden kann am Wahltag zwischen 8 und 18 Uhr. Allerdings kann der Wahlausschuss der Gemeinde die Wahlzeit schon mit einem früheren Beginn festsetzen, falls besondere Gründe vorliegen.

Der Landtag beschloss am 20. Juni 2008 mit den Stimmen von CDU und FDP, den Wahltermin der Kommunalwahl 2009 um rund drei Monate auf den 7. Juni 2009 vorzuziehen und so zeitgleich mit der Europa- und nicht mit der im Herbst 2009 stattfindenden Bundestagswahl anzusetzen. Als Begründung wurden eine mögliche Steigerung der Wahlbeteiligung und sinkende Kosten durch eine Reduzierung der Wahltermine angeführt. Trotzdem führte diese Entscheidung zu einer intensiven politischen Debatte in Düsseldorf. Die Opposition im Landtag kritisierte die Landesregierung heftig. Als Hauptkritikpunkt wurde angeführt, dass durch das Vorziehen der Wahl abgewählte Bürgermeister oder Ratsmehrheiten noch über vier Monate bis zum Ende der alten Wahlperiode im Amt bleiben würden. In dieser Überlappungszeit bestehe die Gefahr, dass die noch amtierenden Mehrheiten Beschlüsse fassen könnten, die später nur schwer von neuen Amtsinhabern und Mehrheiten im Wartestand korrigierbar wären. Zudem argumentierten SPD und Grüne, dass sich CDU und FDP durch eine deutlich niedrigere Wahlbeteiligung als bei einer zeitgleich stattfindenden Bundestagswahl einseitige Vorteile versprechen würden. Auch der Städte- und Gemeindebund, der Verein „Mehr Demokratie e.V.", Juristen und einige Politikwissenschaftler übten Kritik. Die Befürworter begrüßten indes die Zusammenlegung, da so die Akzeptanz und die Beteiligung der ansonsten als von den Bürgern eher unwichtig eingeschätzten Europawahl steigen könnte.

Die rot-grüne Opposition im Düsseldorfer Landtag legte schließlich eine Normenkontrollklage beim Landesverfassungsgericht ein. Die Richter gaben der Klage am 18. Februar 2009 statt. Sie stuften die Überlappungszeit von viereinhalb Monaten zwischen der eigentlichen Kommunalwahl im Juni und der Einführung der neuen Räte und Bürgermeister im Oktober zwar deutlich als zu lang ein, ermutigten die Landesregierung aber auch, die nun beginnende lokale Wahlperiode um einige Monate zu verkürzen, um dann ab 2014 Kommunal- und Europawahlen endgültig zusammenlegen zu können. Der Landesinnenminister Ingo Wolf (FDP) setzte daraufhin den 30. August als neuen Wahltermin für die Kommunalwahl 2009 fest. Der 27. September, der bereits lange feststehende Bundestagswahltermin, wurde bewusst vermieden, damit der kommunale Wahlkampf nicht ausschließlich von bundespolitischen Themen überlagert würde.

## 2.9 Wahlhandlung

Die lokale Organisation der Kommunalwahlen obliegt dem kommunalen Wahlleiter: Bei den Wahlen der Bürgermeister, des Gemeinderates und der Bezirksvertretungen ist dies der kommunale Hauptverwaltungsbeamte, also der amtierende Bürgermeister, bei den Landrats- und Kreistagswahlen der amtierende Landrat (§3 KWahlG; Andersen/Bovermann/Gehne 1999). Wenn diese selbst kandidieren, übernimmt die Aufgabe einer der kommunalen Beigeordneten. Die Wahlleiter stehen dem Wahlausschuss vor. In den Wahllokalen leitet am Wahltag ein Wahlvorstand von vier bis sieben Personen unter Leitung eines Wahlvorstehers die Wahl, die der kommunale Wahlleiter zuvor bestimmt hat – in der Regel, nachdem die Parteien im Rat oder Kreistag Personen vorgeschlagen haben. Trotzdem ist es vor der Wahl oft mühsam, ausreichend Wahlvorstände und Wahlvorsteher zu finden Die Aufgabe ist ehrenamtlich, Freiwillige aus der Bevölkerung sind daher bei jedem Wahlleiter willkommen.

Die Wahlhandlung seitens der Wählerinnen und Wähler kann nun auf zwei verschiedene Arten erfolgen: Entweder direkt am Wahltag durch den Gang zum Wahllokal oder vorzeitig durch die Teilnahme an der Briefwahl (§25-27 KWahlG). Generell ist die Wahlhandlung öffentlich. Doch während der Wahlzeit ist im und unmittelbar vor dem Wahllokal jede Beeinflussung der Wähler durch Wort, Ton, Schrift oder Bild sowie jede Unterschriftensammlung verboten. Die Veröffentlichung von Ergebnissen und Umfragen ist vor Ablauf der Wahlzeit ebenfalls verboten.

Entscheiden sich die Wählerin oder der Wähler zur persönlichen Wahl am Wahltag, müssen sie das Wahllokal ihres Stimmbezirks aufsuchen. Zunächst weisen sie sich mit ihrem Wahlschein oder dem Personalausweis aus. Sind sie tatsächlich in diesem Wahlbezirk wahlberechtigt, kann ihr Name im Wählerverzeichnis gefunden und markiert werden. Anschließend bekommen sie von den Wahlhelfern einen Stimmzettel ausgehändigt, mit dem sie eine Stimmkabine aufsuchen. Auf dem Stimmzettel sind die für den Wahlbezirk zugelassenen Wahlvorschläge und die zugelassenen Reservelisten der Parteien und Wählergruppen mit den Namen der ersten drei Bewerber aufgeführt. Die Reihenfolge auf dem Stimmzettel richtet sich nach der Stimmenzahl, die bei der letzten Wahl erreicht wurde. Die Wählerin oder der Wähler vollziehen ihre Wahl, indem sie auf dem Wahlzettel durch ein gesetztes Kreuz eindeutig kenntlich machen, welchem Bewerber oder welcher Bewerberin ihre Wahl gelten soll. Dann falten die Wählerin oder der Wähler den Stimmzettel so, dass ihre Stimmabgabe nicht erkennbar ist, und werfen ihn in die Wahlurne. Die Wählerin oder der Wähler können ihre Stimme nur persönlich abgeben. Ein Wählerin oder ein Wähler, die des Lesens unkundig oder körperlich beeinträchtig sind, können sich aber der Hilfe einer anderen Person (Hilfsperson) bedienen. Blinde oder Sehbehinderte können den Wahlakt auch mit Hilfe einer Stimmzettelschablone vollziehen. Der Innenminister kann zudem veranlassen, dass anstelle von Stimmzetteln amtlich zugelassene elektronische Wahlgeräte verwendet werden. Diese waren in eigenen Städten Nordrhein-Westfalens bei verschiedenen Wahlen bereits im Einsatz.

Falls ein Wähler an der Briefwahl teilnehmen will, muss er sich rechtzeitig vor dem Wahltermin im Rathaus seiner Kommune die Briefwahlunterlagen aushändigen lassen. Die Wählerin oder der Wähler muss dann dem Bürgermeister in einem verschlossenen Wahlbriefumschlag den Wahlschein und in einem besonderen verschlossenen Stimmzettelumschlag den Stimmzettel so rechtzeitig übersenden, dass der Wahlbrief am Wahltag bis 16 Uhr im Rathaus eingeht. Auf dem Wahlschein haben die Wählerin beziehungsweise der Wähler oder die Hilfsperson dem Bürgermeister zudem an Eides statt zu versichern, dass der Stimmzettel persönlich oder gemäß dem erklärten Willen des Wählers gekennzeichnet worden ist.

## Infobox [12] E-Voting

Wählen im 21. Jahrhundert muss nicht mehr auf manuelle Weise erfolgen. Der Einsatz von elektronischen Hilfen wie Wahlcomputern oder Internet- beziehungsweise Onlinewahlen erfreut sich international immer größerer Beliebtheit. Auch in Nordrhein-Westfalen waren bei der Bundestagswahl 2005 Wahlcomputer in großem Stil im Einsatz (in Bedburg, Köln, Siegburg, Troisdorf, Bornheim, Königswinter, Sankt Augustin, Leverkusen, Hilden, Ratingen, Düsseldorf, Neuss, Recklinghausen, Datteln, Oer-Erkenschwick, Marl, Ennigerloh, Steinhagen, Herford, Dortmund, Arnsberg und Olpe). Die Landratswahl am 13. Mai 2007 in Bad Oeynhausen und ein Bürgerentscheid am gleichen Tag in Neuss erfolgten ebenfalls mit Hilfe von Wahlcomputern. Folgende Formen des E-Votings lassen sich unterscheiden:

→ **Mechanische Wahlgeräte:** Hierbei handelt es sich lediglich um automatenlesbare Stimmzettel wie Lochkarten, Scanner oder Kugeln, die das Auszählen für die Wahlhelfer beschleunigen und vereinfachen sollen.

→ **Wahlcomputer:** Die einfachste Form elektronischen Wählens ist die mit Hilfe eines **digitalen Wahlstifts**. Dieser Stift erkennt über eine integrierte Optik Markierungen auf dem Stimmzettel und ermöglicht dadurch eine automatische elektronische Stimmerfassung. Der Papierstimmzettel wird daraufhin vom Wähler in die Urne geworfen. Dies hat den Vorteil, dass das Computerergebnis im Nachhinein manuell nachgezählt werden kann. Eine andere Form ist die **Computerwahl mit Papertrail**. Die Stimmabgabe erfolgt am Computer, der dann den Stimmzettelausdruck automatisch in eine Wahlurne wirft, so dass ebenfalls nachgezählt werden kann. Die letzte Form ist die **reine Computerwahl**. Hier erfolgt Stimmabgabe und Auszählung ausschließlich im Rechner. Eine manuelle Nachzählung ist nicht mehr möglich.

→ **Wahl im Internet:** Der gesamte Wahlvorgang findet online oder per SMS-Abgabe statt. Der Wähler braucht kein Wahllokal mehr aufzusuchen, sondern kann bequem von zu Hause abstimmen. Die Auszählung der Stimmen erfolgt dann an einem anderen Ort als die Stimmabgabe. Diese Form des E-Votings wurde in Deutschland bislang noch nicht praktiziert. In der Schweiz und Estland war dies aber schon teilweise beziehungsweise sogar flächendeckend möglich.

Mittlerweile wird vermehrt Kritik am Einsatz von elektronischen Wahlhilfen wegen Manipulationsmöglichkeiten laut. Schon im November 2006 wurde eine Petition gegen den Einsatz von Wahlcomputern beim Deutschen Bundestag eingereicht. Der Chaos Computer Club (CCC) konnte in einem umfassenden Bericht für das Bundesverfassungsgericht zudem widerlegen, dass Wahlcomputer der Firma NEDAP vor Manipulation absolut sicher sind. Im Januar 2008 reichte eine hessische Wählerin mit Hilfe des CCC einen Antrag auf Erlass einer einstweiligen Anordnung ein, um die Verwendung von Wahlmaschinen bei der Landtagswahl in Hessen 2008 zu untersagen. Der hessische Staatsgerichtshof lehnte diesen Antrag jedoch ab.

Das Bundesverfassungsgericht verbot am 3. März 2009 den Einsatz von Wahlcomputern in Deutschland vorläufig. Wegen technischer Mängel der eingesetzten Geräte würde der Grundsatz der Öffentlichkeit der Wahl nicht mehr erfüllt, so die Begründung. Erst wenn diese Mängel behoben sind, können Wahlcomputer in Deutschland wieder eingesetzt werden.

Befürworter von E-Voting argumentieren, dass durch den Einsatz von Wahlcomputern vor allem die Möglichkeit besteht, auf das immer komplizierter werdende Wahlrecht besser reagieren zu können. Denn besonders durch Panaschieren und Kumulieren bei Kommunalwahlen wird das Abstimmen schwieriger und das Auszählen langwieriger. Auch haben die Kommunen immer größere Probleme, ausreichend Wahlhelfer zu rekrutieren. Auf diese Probleme könnte der Einsatz von elektronischen Wahlhilfen langfristig eine Antwort sein.

## 2.10 Feststellung des Wahlergebnisses

Wenn am Wahltag um 18 Uhr die Wahlzeit offiziell beendet ist, öffnet der Wahlvorstand des Stimmbezirks im Wahllokal die Wahlurne und beginnt mit der Stimmenauszählung (§34-35 KWahlG; Andersen/Bovermann/Gehne 1999). Dabei ist zunächst die Gesamtzahl der abgegebenen Stimmen an Hand des Wählerverzeichnisses und der eingenommenen Wahlscheine festzustellen und mit der Zahl der in den Urnen befindlichen Stimmzettel zu vergleichen. Danach wird die Zahl der gültigen Stimmen und der auf jeden Wahlvorschlag entfallenen Stimmen ermittelt. Ungültig sind Stimmen, wenn der Stimmzettel nicht amtlich hergestellt ist oder für einen anderen Wahlbezirk gültig ist, wenn er keine Kennzeichnung enthält, den Willen des Wählers nicht zweifelsfrei erkennen lässt oder einen Zusatz beziehungsweise Vorbehalt enthält. Über die Gültigkeit der Stimmen entscheidet schließlich der Wahlvorstand. Um Wahlergebnisse auch nachträglich überprüfen zu können, werden alle Stimmzettel nach der Auszählung verpackt, versiegelt und in den Kommunen archiviert.

Für die Briefwahl wird ein eigener Briefwahlvorstand einberufen. Schon vor dem Wahltag öffnet er den Wahlbrief, prüft die Gültigkeit der Stimmabgabe und legt den Stimmzettelumschlag ungeöffnet in die Wahlurne des Wahlbezirks, der auf dem Wahlbrief bezeichnet ist. Ungültig ist die Briefwahl, wenn der Wahlbrief nicht rechtzeitig eingegangen ist, dem Wahlbriefumschlag kein oder kein gültiger Wahlschein beiliegt, kein Stimmzettelumschlag beigefügt ist, weder der Wahlbriefumschlag noch der Stimmzettelumschlag verschlossen ist, der Wahlbriefumschlag mehrere Stimmzettelumschläge, aber nicht eine gleiche Anzahl gültiger und mit der vorgeschriebenen Versicherung an Eides statt versehener Wahlscheine enthält, der Wähler die vorgeschriebene Versicherung nicht unterschrieben hat oder kein amtlicher Stimmzettelumschlag benutzt worden ist. Die Einsender zurückgewiesener Wahlbriefe werden nicht als Wähler gezählt, ihre Stimmen gelten als nicht abgegeben. Die Feststellung des Briefwahlergebnisses im Wahlbezirk wird vom Wahlvorstand eines vom Bürgermeister bestimmten Stimmbezirks vorgenommen. Die Stimmen eines Wählers, der an der Briefwahl teilgenommen hat, werden nicht dadurch ungültig, dass er vor oder am Wahltag stirbt. Vor einem Wegzug aus dem Wahlgebiet abgegebene Stimmen sind allerdings ungültig. Dies gilt auch bei einem Wohnortwechsel innerhalb desselben Kreises für die Kreistagswahl.

Der Wahlausschuss stellt schließlich fest, wie viele Stimmen für die Bewerber in den Wahlbezirken und für die Parteien und Wählergruppen abgegeben worden und welche Bewerber in den Wahlbezirken und aus den Reservelisten gewählt sind. Der Wahlausschuss ist zwar an die vom Wahlvorstand getroffenen Entscheidungen gebunden, jedoch berechtigt, Rechenfehler zu korrigieren. Er gibt schließlich das offizielle Endergebnis der Kommunalwahl bekannt.

## 2.11 Kommunales Wahlverhalten

### 2.11.1 Wahlverhalten bei Rats- und Kreistagswahlen

In der Wahlforschung werden die Wahlen zu den nordrhein-westfälischen Gemeinderäten und Kreistagen verstärkt als Parteienwahl eingeschätzt. Demnach ist bei Kommunalwahlen weitestgehend ein ähnliches Wahlverhalten wie bei Bundes- beziehungsweise Landtagswahlen zu konstatieren. Unterschiedliche Ergebnisse zwischen lokalen und nationalen Wahlen können in erster Linie auf die unterschiedlich hohe Wahlbeteiligung bei Bundestags- und Kommunalwahlen zurückgeführt werden, wie eine Studie für die niedersächsische Stadt Osnabrück zeigte (Schmidt 2008). Hinzu kommt der starke Parteienwettbewerb besonders in Nordrhein-Westfalen, der auf die kommunale Ebene abstrahlt und dort weitergeführt wird (Eith 1997). Besonders für die 1999er Wahl wurden ein hoher Stammwähleranteil und ein starker Einfluss der Parteiorientierung auf das Wahlverhalten beobacht (Bovermann 2002). Auch gingen viele SPD-Anhänger wegen Verärgerung über die Bundesregierung nicht zur Wahl. Die 1999er Wahl gilt daher als „Denkzettelwahl" für die in Berlin regierende SPD. Sie deutete auch den Verlust der Regierungsverantwortung im Landtag in Düsseldorf sechs Jahre später bereits an.

Der Einfluss der bundespolitischen Stimmungslage auf die Kommunalwahlen könnte aber in Zukunft durch die stetig schwindende feste Parteiidentifikation der Wähler zugunsten stärkerer lokaler Effekte weiter abnehmen. Teilweise lässt sich schon jetzt ein geringer Anteil an Wechselwählern ausmachen, die aufgrund der unterschiedlichen politischer Kultur, des Parteienangebots und der Gemeindegröße bei Kommunalwahlen anders wählen als bei Landtags- oder Bundestagswahlen. Im Sinne des individualpsychologischen Erklärungsansatzes können somit auch Themen und Kandidaten für die Wahlentscheidung von Bedeutung sein (siehe Kapitel 6.2.2). Während die Rolle der Kandidaten vor allem bei der Direktwahl des Bürgermeisters eine große Rolle spielt, sind Themen nur insoweit wichtig für die personelle Wahlentscheidung bei Kommunalwahlen, wie es sie mit starker, über einzelne Stadtteile hinausgehender Bedeutung und Aufmerksamkeit auf der lokalen Ebene überhaupt gibt. Durch unterschiedliche Bedeutung in der lokalen politischen Kommunikation kann dies daher von Kommune zu Kommune stark unterschiedlich ausgeprägt sein (Marcinkowski 2001).

Das kommunale Wahlverhalten ist zudem durch eine ansteigende Nichtwahl gekennzeichnet. So ist seit der ersten Kommunalwahl in Nordrhein-Westfalen 1946 die Wahlbeteiligung kontinuierlich gesunken. Traditionell liegt die Wahlbeteiligung bei Kommunalwahlen deutlich hinter der von Bundestags- und Landtagswahlen zurück. Nur die Europawahlen müssen teilweise eine noch niedrigere Wahlbeteiligung verzeichnen. Trotz der Reformen im Kommunalwahlrecht und des Absenkens des Wahlalters hat sich an diesem Trend bislang nichts geändert. 2004 wurde mit 54,4 Prozent sogar die schwächste Wahlbeteiligung seit Ende des Zweiten Weltkriegs erreicht. Eine Fallstudie zur Kommunalwahl 2004 in Duisburg konnte beweisen, dass die Nichtwahl als ein Reflex des Verhaltens bei vergangenen Wahlen erklärt werden kann. Zudem war in Duisburg der Anteil ehemaliger SPD-Wähler unter den Nichtwählern besonders hoch, was auf eine starke Demobilisierung der sozialdemokratischen Anhängerschaft 2004 in Duisburg aufgrund kommunaler Gegebenheiten hindeutet. Ferner zeigte die Studie, dass die Wahrscheinlichkeit, sich an einer Kommunalwahl zu beteiligen, mit dem Interesse an Kommunalpolitik, der Teilhabe am politischen und sozialen Geschehen im Wohnort und mit dem Lebensalter stetig ansteigt (Schmitt-Beck u.a. 2008).

Die politische Situation im mehrheitlich großstädtisch geprägten Nordrhein-Westfalen ist seit jeher vom Gegensatz Stadt versus Land geprägt. Dieser Unterschied lässt sich besonders stark auf der Ebene der Ratswahlen erkennen, in der Kommunalwahlforschung wird daher auch von den „zwei unterschiedlichen Welten der Kommunalpolitik" (Gehne 2008: 162) gesprochen: Parteidominanz, politisches Klima und Wahlbeteiligung sind in Klein- und Großstädten des Landes gänzlich unterschiedlich. In den kleinen Städten der stark ländlich-katholisch geprägten Gebiete wird die Kommunalpolitik von der CDU dominiert und die Wählergemeinschaften spielen eine ziemlich starke Rolle. Ein komplett gegensätzliches Bild liegt in den mittleren und großen Städten des Landes vor. Hier gibt es keine eindeutige Dominanz einer Partei, im Rat liegen eher konkurrenzdemokratische Muster vor und es wird oftmals mit wechselnden Mehrheiten operiert.

Trotz dieser Unterschiede lassen sich auch einige generelle Trends für nordrhein-westfälische Kommunalwahlen konstatieren. Durch die verschiedenen Stufen der Reform der NRW-Gemeindeordnung (1994, 2007) hat sich mittlerweile eine eigenständige, nordrhein-westfälische Variante des „Süddeutschen Ratsmodells" herausgebildet. Die verschiedenen Reformstufen haben in den letzten Jahren zur Kommunalisierung und Fragmentierung des kommunalen Parteiensystems geführt. Zudem ist durch die Einführung der Direktwahl des Bürgermeisters die Bedeutung der Ratswahlen gesunken. Ferner hat sich seit Beginn der 1990er Jahre die Landkarte der nordrhein-westfälischen Kommunalpolitik stark verändert: Die SPD hat ihre historische Dominanz in vielen Großstädten des Landes verloren, während die CDU durch stabile Ergebnisse in den ländlichen Gebieten mittlerweile die Kommunalpolitik dominiert.

### 2.11.2 Wahlverhalten bei Bürgermeisterwahlen

Zur Beschreibung des Wahlverhaltens bei Bürgermeisterwahlen können für Nordrhein-Westfalen nur die Ergebnisse von 1999 und 2004 herangezogen werden. Auffällig ist zunächst die große Bedeutung des Amtsbonus der Kandidaten: 87 Prozent aller Bürgermeister wurden 2004 wiedergewählt, in nur neun Prozent aller Kommunen wurde ein Amtsinhaber abgewählt.

Es besteht zudem ein direkter Zusammenhang zwischen der Größe der Kommune und des Parteibuchs des Bürgermeisters. So gewannen 2004 in 55,6 Prozent der Städte unter 100.000 Einwohnern CDU-Kandidaten die Wahl. Die SPD stellt hingegen in 53,6 Prozent der Großstädte den Bürgermeister (Gehne 2008: 213). In Gemeinden unter 50.000 Einwohnern ist der Anteil der Bürgermeister von Wählergruppen und von Einzelbewerbern mit 20 Prozent zudem deutlich höher als der Anteil der sozialdemokratischen Bürgermeister mit nur 18 Prozent. Man kann auch einen Zusammenhang zwischen Größe der Kommune, Kandidatenangebot und Parteieneinfluss erkennen: Je kleiner die Kommune ist, desto konzentrierter ist das Kandidatenangebot. Oftmals treten nur Kandidaten der beiden großen Parteien oder teilweise sogar nur ein einzelner Kandidat an. So werden die Bürgerinnen und Bürger beispielsweise in einigen Kommunen Südwestfalens wie in Werl oder Sundern 2009 voraussichtlich keine Wahl haben: Gegen hoch favorisierte Amtsinhaber, in erster Linie Bewerber der CDU, finden sich keine Herausforderer. Je größer die Gemeinde indes ist, desto größer ist der Einfluss der Parteien auf die Bürgermeisterwahl und desto größer ist das Kandidatenangebot. So ist in Großstädten die Bürgermeisterwahl mitunter sehr parteipolarisiert, wie das Beispiel der vorgezogenen Bürgermeisterwahl 2008 in Düsseldorf zeigte (→ **siehe Infobox 11**). Einzelbewerber haben hier kaum eine Chance (Gehne 2008: 276).

Im Vergleich zu den Ratswahlen war der Einfluss der Parteiorientierung auf das Wahlverhalten bei Bürgermeisterwahlen 1999 eher gering. Die Kandidatenorientierung wurde als stärkerer Einflussfaktor ausgemacht. Dieser war wiederum von der Kandidatenkonstellation, dem taktischen und strategischen Wahlverhalten der Anhänger kleinerer Parteien und dem Kandidatenprofil abhängig. Hingegen konnte man nur einen niedrigen Stammwähleranteil beobachten, weswegen man die Bürgermeisterwahl in Abgrenzung zu den Ratswahlen eindeutig als Personenwahl einstufen kann. So konnten sich bei einer Bürgerumfrage im Vorfeld der Kommunalwahlen 1999 immerhin 74,4 Prozent der Befragten in vier nordrhein-westfälischen Fallstudienstädten (Duisburg, Essen, Hünxe, Xanten) vorstellen, bei der Bürgermeisterwahl einen Kandidaten zu wählen, der nicht der Partei angehörte, die sie bei der Ratswahl wählen wollten (Bovermann 2002: 159). Allerdings sind Bürgermeisterwahlen nicht komplett losgelöst vom bundespolitischen Trend zu betrachten – ein geringer Einfluss besteht trotzdem.

Durch die beschlossene Entkoppelung von Rats- und Bürgermeisterwahlen, die in den meisten Kommunen des Landes aber erst zum Ende der kommenden Wahlperiode 2014 erreicht wird, werden Kommunalwahlen in Zukunft aus zwei komplett voneinander verschiedenen Wahlgängen bestehen: Die Ratswahl wird wie bisher tendenziell weiter eine reine Parteienwahl bleiben. Bei Bürgermeisterwahlen wird hingegen der Einfluss der Parteien weiter sinken und das individuelle Kandidatenprofil die entscheidende Rolle spielen. Auch ist mit einer deutlich schwächeren Wahlbeteiligung als bei den Ratswahlen zu rechnen. Es wird sich somit in Zukunft um extreme Personenwahlen handeln, die aber gleichzeitig auch Seismographen für übergeordnete, generelle politische Stimmungen sein können. Zudem wird die Debatte über weitere Reformen des Kommunalwahlrechts in der Landespolitik weitergehen. Die „verspätete" Einführung von „Kumulieren und Panaschieren" ist somit auch in Nordrhein-Westfalen in Zukunft nicht auszuschließen.

## 2.12 Weiterführende Literatur


*Alemann, Ulrich von/Brandenburg, Patrick (2000): Nordrhein-Westfalen. Ein Land entdeckt sich neu, Köln.*

*Andersen, Uwe (Hrsg.) (1990): Kommunalpolitik und Kommunalwahlen in Nordrhein-Westfalen, Düsseldorf.*

*Andersen, Uwe (1998): Die kommunale Verfassungsrevolution – die neue nordrhein-westfälische Gemeindeordnung, in: Ders. (Hrsg.): Kommunalpolitik in Nordrhein-Westfalen im Umbruch, Köln, S. 46-66.*

*Andersen, Uwe (Hrsg.) (1998a): Kommunalpolitik in Nordrhein-Westfalen im Umbruch, Köln.*

*Andersen, Uwe/Bovermann, Rainer (Hrsg.) (2002): Im Westen was Neues. Kommunalwahl 1999 in NRW, Opladen.*

*Andersen, Uwe/Bovermann, Rainer/Gehne, David H. (1999): Kommunalwahlratgeber NRW, Schwalbach/Ts.*

*Andersen, Uwe/Bovermann, Rainer/Gehne, David H. (2002): Die Uraufführung – Analyse der ersten Direktwahl der Bürgermeister in Nordrhein-Westfalen 1999, in: Bogumil, Jörg (Hrsg.): Kommunalpolitische Entscheidungsprozesse im Wandel, Opladen 2002, S.183-201.*

*Bartella, Raimund/Dahlen, Hans-Josef/van Eldik, Kurt (2004): Kommunal-Wahlrecht in Nordrhein-Westfalen, Kommentar für den Praktiker, Kronach.*

*Boch, Gaby/Schumacher, Theo/Kreienbrink, Ingmar (2008): Stolperstein auf dem Weg zur Macht, in: www.derwesten.de, NRZ-Artikel vom 02.09.2008, Stand September 2008.*

*Bogumil, Jörg (Hrsg.) (2005): Bürgermeister in Deutschland, Wiesbaden.*

*Bogumil, Jörg/Holtkamp, Lars (2005): Kommunalpolitik und Kommunalverwaltung, Eine policyorientierte Einführung, FernUniversität Hagen Kurs Nr. 33919, Hagen.*

*Bovermann, Rainer (1998): Kommunalwahlen und kommunales Wahlverhalten, in: Andersen, Uwe (Hrsg.): Kommunalpolitik in Nordrhein-Westfalen im Umbruch, Köln, S. 160-183.*

*Bovermann, Rainer (2002): Kommunales Wahlverhalten zwischen Partei-, Themen- und Kandidatenorientierung, in: Andersen, Uwe/Bovermann, Rainer (Hrsg.): Im Westen was Neues. Kommunalwahl 1999 in NRW, Opladen, S. 115-159.*

*Dahme, Heinz-Jürgen/Wohlfahrt, Norbert (2003): Verwaltungsaufbau in Nordrhein-Westfalen, in: Grunow, Dieter (Hrsg.): Verwaltung in Nordrhein-Westfalen. Zwischen Ärmelschoner und E-Government, Münster, S. 73-108.*

*Eith, Ulrich (1997): Kommunales Wählerverhalten in Ost- und Westdeutschland: Brandenburg, Baden-Württemberg und Nordrhein-Westfalen im Vergleich, in: Gabriel, Oscar W. (Hrsg.): Politische Orientierungen und Verhaltensweisen im vereinigten Deutschland, Opladen, S. 377-400*

*Erdmann, Lisa (2008): Mehr Macht für Mütter und Väter, in: Spiegel-Online, 09.07.2008 (im Internet abrufbar unter: http://www.spiegel.de/politik/deutschland/0,1518,564846,00.html Stand 26.09.2008).*

*Gau, Doris (1983): Politische Führungsgruppen auf kommunaler Ebene, München.*

*Gehne, David H. (2008): Bürgermeisterwahlen in Nordrhein-Westfalen, Wiesbaden.*

*Gehne, David H./Holtkamp, Lars (2002): Wahlkampf: Nicht ohne meine Partei?, in: Andersen, Uwe/Bovermann, Rainer (Hrsg.): Im Westen was Neues. Kommunalwahl 1999 in NRW, Opladen, S. 89-113.*

*Hauser, Benedikt (1999): Kommunales Wahlrecht ab 16, Materialien für die Arbeit vor Ort, Nr. 8, herausgegeben von der Konrad-Adenauer-Stiftung, Sankt Augustin.*

*Höher-Pfeiffer, Christa (2000): Rat und Verwaltung in NRW, 2. Auflage, Düsseldorf.*

*Holtkamp, Lars (2008): Kommunale Konkordanz- und Konkurrenzdemokratie – Parteien und Bürgermeister in der repräsentativen Demokratie, Wiesbaden.*

*Holtmann, Everhard (2001): Parteien und Wählergruppen in der Kommunalpolitik, in: Gabriel, Oskar W./Niedermayer, Oskar/Stöss, Richard (Hrsg.): Parteiendemokratie in Deutschland, Bonn, S. 406-427.*

*Hofmann, Harald (2004): Kommunalrecht in Nordrhein-Westfalen, 12. Auflage, Witten.*

*Joeres, Annika (2009): Die Kandidatensuche. Die Probleme der Parteien bei der Kandidatenwahl, in: Das Parlament Nr. 1-2/2009, S. 15.*

*Korte, Karl-Rudolf (2005): Wahlen in der Bundesrepublik Deutschland, 5. Auflage, Bonn.*

*Korte, Karl-Rudolf/Florack, Martin/Grunden, Timo (2006): Regieren in Nordrhein-Westfalen. Strukturen, Stile und Entscheidungen 1990 bis 2006, Wiesbaden.*

*Kost, Andreas (2003): Kommunalpolitik in Nordrhein-Westfalen, in: Kost, Andreas/Wehling, Hans-Georg (2003) (Hrsg.): Kommunalpolitik in den deutschen Ländern. Eine Einführung, Bonn, S. 197-219.*

*Kost, Andreas (2005): Direkte Demokratie in Nordrhein-Westfalen, in: Ders. (Hrsg.): Direkte Demokratie in den deutschen Ländern. Eine Einführung, Wiesbaden, S. 183-203.*

*Kost, Andreas (2008): Direkte Demokratie, Wiesbaden.*

*Marcinkowski, Frank (2001): Kommunales Wahlverhalten zwischen Eigengesetzlichkeit und Bundestrend. Eine Fallstudie aus Nordrhein-Westfalen, in: polis Nr. 51/2001.*

*Naßmacher, Hiltrud (1998): Möglichkeiten und Formen der Bürgerbeteiligung, in: Andersen, Uwe (Hrsg.): Kommunalpolitik in Nordrhein-Westfalen im Umbruch, Köln, S. 142-159.*

*Naßmacher, Hiltrud (2007): Kommunalpolitik in Deutschland, 2. Auflage, Wiesbaden.*

*Niedzwicki, Matthias (2007): Kommunalrecht in Nordrhein-Westfalen, Aachen.*

*Saftig, Alexander (1990): Kommunalwahlrecht in Deutschland, Baden-Baden.*

*Schmidt, Carsten (2008): Wählerverhalten auf kommunaler Ebene. Eine Analyse am Beispiel der Kommunalwahl 2006 in Osnabrück, in: Zeitschrift für Parlamentsfragen (ZParl), Heft 3/2008, S. 581-594.*

*Schmitt-Beck, Rüdiger/Mackenrodt, Christian/Faas, Thorsten (2008): Hintergründe kommunaler Wahlbeteiligung. Eine Fallstudie zur Kommunalwahl 2004 in Duisburg, in: Zeitschrift für Parlamentsfragen (ZParl), Heft 3/2008, S. 561-580.*

*Schneider, Bernd (Hrsg.) (2004): Handbuch Kommunalpolitik Nordrhein-Westfalen, Stuttgart.*

*Shell Deutschland (Hrsg.) (2006): Jugend 2006, 15. Shell Jugendstudie, Frankfurt am Main.*

*Scheuch, Erwin K./Scheuch, Ute (1994): Cliquen, Klüngel und Karrieren – Über den Verfall der politischen Parteien, Hamburg.*

*Wehling, Hans-Georg (2007): Freie Wähler, in: Decker, Frank/Neu, Viola (Hrsg.): Handbuch der deutschen Parteien, Wiesbaden, S. 288-294.*

# Kapitel 3
# Landtagswahlen in Nordrhein-Westfalen

## 3.1 Länderwahlsysteme im Vergleich

Die 16 Bundesländer der Bundesrepublik Deutschland haben grundsätzlich zwar ähnliche, im Detail aber differenzierte Wahlsysteme zu den Wahlen ihrer Landtage (Mielke/Reutter 2004; Leunig 2007: 69ff). Grundlage dazu bilden neben dem Grundgesetz die einzelnen Landeswahlgesetze und Landesverfassungen, die unter dem Einfluss der jeweiligen Besatzungsmächte nach Ende des Zweiten Weltkriegs beziehungsweise nach der deutschen Wiedervereinigung zu Stande gekommen sind und somit teilweise deutliche Unterschiede aufweisen. Dies gilt besonders für die Landesverfassungen. Hier sind die Verfassungen, die vor dem Inkrafttreten des Grundgesetzes entstanden sind (Bayern, Bremen, Hessen, Rheinland-Pfalz, Saarland), von denen, die erst nach 1949 konzipiert worden sind, zu unterscheiden.

14 der 16 Landtagswahlsysteme entsprechen dem Bundestagswahlsystem (siehe Kapitel 4.3.1). Sie wenden eine personalisierte Verhältniswahl an. Nur in Bremen und im Saarland liegt im Gegensatz dazu ein Verhältniswahlsystem in Mehrpersonenwahlkreisen vor. Hier haben die Wählerinnen und Wähler nur eine Stimme, die Möglichkeit des Stimmensplittings entfällt. In den anderen Ländern mit Ausnahme Baden-Württembergs besitzen die Wählerinnen und Wähler zwei Stimmen. Neben den Direktmandaten werden die weiteren Sitze über die Landeslisten der Parteien vergeben. Das Gesamtergebnis der Zweitstimmen bildet die Grundlage für die proportionale Verteilung der Mandate. Wie bei der Bundestagswahl werden zunächst die von den Parteien gewonnenen Direktmandate verteilt. Der Rest der Sitze wird mit Listenplätzen aufgefüllt. Dabei wenden einige Länder das rechnerische Zuteilungsverfahren von Hare/Niemeyer (→ siehe Infobox 3), andere das Höchstzahlverfahren von d'Hondt (→ siehe Infobox 2) an. Das Divisorverfahren mit Standardrundung nach Sainte Laguë/Schepers (→ siehe Infobox 4) wird von vielen Wahlforschern als sehr proportional favorisiert (Trefs 2008) und findet daher immer mehr Anwendung. Zu den letzten beziehungsweise kommenden Landtagswahlen in Baden-Württemberg, Bremen, Hamburg und Nordrhein-Westfalen wurde beziehungsweise wird es erstmals eingeführt.

Überhangmandate, die bei der personalisierten Verhältniswahl entstehen können, werden in den meisten Ländern im Gegensatz zur Bundestagswahl durch zusätzliche Mandate (Ausgleichsmandate) ausgeglichen, damit die proportionale Verteilung der Stimmen insgesamt wieder gewährleistet wird. In Baden-Württemberg und Bayern geschieht dies allerdings nicht wie in den anderen Ländern landesweit, sondern nach Regierungsbezirken getrennt. Mitunter führt diese Regelung zu einer deutlichen Aufblähung der Parlamente. So umfasste der baden-württembergische Landtag von 1996 bis 2001 statt 120 dann 155 Abgeordnete. In Brandenburg wird die Vergrößerung des Parlaments durch Überhang- und Ausgleichsmandate begrenzt, indem mit 110 Sitzen eine Obergrenze festgelegt wird, die nicht überschritten werden darf.

Die Fünf-Prozent-Klausel gilt grundsätzlich bei allen Landtagswahlen. In einigen Ländern (Berlin, Brandenburg, Schleswig-Holstein, Sachsen) kann eine Partei aber auch über eine bestimmte Anzahl von Direktmandaten in das Parlament einziehen. Zudem sind Parteien der sorbischen beziehungsweise dänischen Minderheit in Brandenburg und Schleswig-Holstein von der Fünf-Prozent-Klausel befreit. Bei der Bürgerschaftswahl in Bremen gilt die Fünf-Prozent-Hürde getrennt für die Städte Bremen und Bremerhaven. In Berlin werden ferner auch die ungültigen Stimmen in die Berechnung der Stimmenanteile miteinbezogen, was Auswirkungen auf das Erreichen der Fünf-Prozent-Hürde haben kann. Die Anzahl der Direkt- und Listenmandate variiert zwischen den einzelnen Bundesländern: Nur in Hessen, Rhein-

## Infobox [13] Landesverfassung NRW

Erst vier Jahre nach der Gründung des Landes Nordrhein-Westfalen wurde seine Verfassung am 10. Juli 1950 verkündet, weshalb sie auch als „verspätete" Landesverfassung bezeichnet wird (Andersen/Bovermann 2004: 309). Grund dafür war die damalige Ungewissheit über den bleibenden Bestand der neu geschaffenen Länder, die erst durch die Verkündung des Grundgesetzes und die Gründung der Bundesrepublik Deutschland 1949 beendet wurde.

Die Landesverfassung wurde 1949 von der Landesregierung, die damals aus CDU, SPD und dem Zentrum bestand, ausgearbeitet (Dästner 2002: 13ff). Der Landtag nahm den bereits im Kabinett sehr umstrittenen Kompromissentwurf am 6. Juni 1950 mit der recht knappen Mehrheit von 110 Stimmen von CDU und Zentrum gegen 97 Stimmen von SPD, FDP und KPD an. Gleichzeitig wurde ein Volksentscheid beschlossen, der am 18. Juni 1950 im gesamten Land durchgeführt wurde. Die Bürger von Nordrhein-Westfalen sprachen sich mit einer Mehrheit von 3,6 gegen 2,2 Mio. Stimmen und damit ca. 62 Prozent für den Verfassungsentwurf aus, der seitdem nur in Details verändert wurde und bis heute Bestand hat.

Die nordrhein-westfälische Verfassung ist in eine Präambel und in drei Teile untergliedert. In der Präambel und im ersten Teil (Art. 1-3) sind die Grundlagen des Landes festgelegt. Hier werden Kernaussagen zur Eigenstaatlichkeit des Landes innerhalb des deutschen Bundesstaates, zur Gliederung des Landes in Gemeinden und Gemeindeverbände, zum Demokratieprinzip und zur Dreiteilung der staatlichen Gewalten getätigt. Teil zwei (Art. 4-29a) legt die Grundsätze der Ordnung des Gemeinschaftslebens fest. Es geht um die Grundrechte sowie um die Bereiche Familie, Schule, Kunst, Wissenschaft, Sport, Religion, Arbeit, Wirtschaft und Umwelt. Der dritte Teil (Art. 30-88) wiederum fasst die Bestimmungen der Organe und die Aufgaben des Landes zusammen. Er beinhaltet Verfassungsbestimmungen zum Landtag, zur Landesregierung, über die Gesetzgebung, über die Rechtspflege, den Verfassungsgerichtshof, die Verwaltung und über das Finanzwesen.

Aufgrund ihrer besonderen Entstehungsgeschichte knüpft die nordrhein-westfälische Landesverfassung eng an das Bonner Grundgesetz an und verzichtet bewusst auf Überschneidungen und Doppelregelungen (Dästner 2002: 5). Sie enthält aber auch eigenständige, landesspezifische Akzente wie die Anerkennung des sozialen Grundrechts auf Arbeit (Art. 24) oder den Schutz des Kleingartenwesens (Art. 29 Abs. 3). Zudem griff die Landesverfassung in ihrer weiteren Entstehung wichtige gesellschaftliche Wandlungen wie das Recht auf Datenschutz (Art. 4 Abs. 2), den Umwelt- und Tierschutz (Art. 29a) sowie die Förderung des Sports (Art. 18 Abs. 3) früher als das Grundgesetz auf. Wichtige Unterschiede sind zudem die Konstruktion, dass der Ministerpräsident aus der Mitte des Landtages stammen muss (Art. 52, siehe Kapitel 3.11), das Selbstauflösungsrecht des Landtages (Art. 35, siehe Kapitel 3.12) und die direktdemokratischen Elemente durch Volksbegehren und Volksentscheid (Art. 68, → siehe Infobox 16)

land-Pfalz und den neuen Ländern sind gleich viele Direkt- und Listenmandate zu verteilen. In der Regel gibt es mehr Direkt- als Listenmandate. Mit Ausnahme von Baden-Württemberg und Hamburg verfügen die Wählerinnen und Wähler in allen Systemen mit personalisierter Verhältniswahl über zwei Stimmen, bei einfacher Verhältniswahl (Bremen, Saarland) über eine Stimme. Unterschiede liegen auch bei der Dauer der Wahlperiode vor. In den meisten Bundesländern finden die Wahlen zu den Landtagen alle fünf Jahre statt, nur die Abgeordneten der Bremer und Hamburgischen Bürgerschaft müssen sich alle vier Jahre zur

## ABBILDUNG 11 LÄNDERWAHLSYSTEME

| Bundesland | Wahlperiode | Wahlalter aktiv/passiv | Wahlsystem | Listenform | Stimmenzahl | Mandate davon in Wahlkreisen | Fünf-Prozent Hürde | Grundmandatsklausel | Ausgleichsmandate | Sitzzuteilungsverfahren |
|---|---|---|---|---|---|---|---|---|---|---|
| Baden-Württemberg | 5 Jahre | 18/18 | Personalisierte Verhältniswahl | unterlegene Wahlkreiskandidaten | 1 | 120 (70) | landesweit | nein | getrennt nach Regierungsbezirken | Sainte-Laguë |
| Bayern | 5 Jahre | 18/18 | Personalisierte Verhältniswahl | offen | 2 | 180 (92) | landesweit | nein | getrennt nach Regierungsbezirken | Hare/Niemeyer |
| Berlin | 5 Jahre | 18/18 | Personalisierte Verhältniswahl | geschlossen | 2 | 130 (78) | landesweit (inkl. Ungültige) | ein Mandat | ja | Hare/Niemeyer |
| Brandenburg | 5 Jahre | 18/18 | Personalisierte Verhältniswahl | geschlossen | 2 | 88 (44) | landesweit; nicht Sorben | ein Mandat | ja | Hare/Niemeyer |
| Bremen | 4 Jahre | 18/18 | Verhältniswahl | geschlossen | 1 | 83 (0) | getrennt in Bremen und Bremerhaven | – | – | Sainte-Laguë |
| Hamburg | 4 Jahre | 18/18 | Personalisierte Verhältniswahl | offen/ geschlossen | 6 | 121 (71) | landesweit | – | – | Sainte-Laguë |
| Hessen | 5 Jahre | 18/21 | Personalisierte Verhältniswahl | geschlossen | 2 | 110 (55) | landesweit | nein | ja | Hare/Niemeyer |
| Mecklenburg-Vorpommern | 5 Jahre | 18/18 | Personalisierte Verhältniswahl | geschlossen | 2 | 71 (36) | landesweit | nein | ja | Hare/Niemeyer |
| Niedersachsen | 5 Jahre | 18/18 | Personalisierte Verhältniswahl | geschlossen | 2 | 135 (87) | landesweit | nein | ja | d'Hondt |
| Nordrhein-Westfalen | 5 Jahre | 18/18 | Personalisierte Verhältniswahl | geschlossen | 2 | 181 (128) | landesweit | nein | ja | Sainte-Laguë |
| Rheinland-Pfalz | 5 Jahre | 18/18 | Personalisierte Verhältniswahl | geschlossen | 2 | 101 (51) | landesweit | nein | ja | Hare/Niemeyer |
| Saarland | 5 Jahre | 18/18 | Verhältniswahl | geschlossen | 1 | 51 (0) | landesweit | – | – | d'Hondt |
| Sachsen | 5 Jahre | 18/18 | Personalisierte Verhältniswahl | geschlossen | 2 | 120 (60) | landesweit | zwei Mandate | ja | d'Hondt |
| Sachsen-Anhalt | 5 Jahre | 18/18 | Personalisierte Verhältniswahl | geschlossen | 2 | 91 (45) | landesweit | nein | ja | Hare/Niemeyer |
| Schleswig-Holstein | 5 Jahre | 18/18 | Personalisierte Verhältniswahl | geschlossen | 2 | 69 (40) | landesweit; nicht für SSW | ein Mandat | ja | d'Hondt |
| Thüringen | 5 Jahre | 18/18 | Personalisierte Verhältniswahl | geschlossen | 2 | 88 (44) | landesweit | nein | ja | Hare/Niemeyer |

Quelle: wahlrecht.de, Stand 29.09.2008.

Wahl stellen. Alle Landtage können sich im Gegensatz zum Bundestag unter bestimmten Voraussetzungen selbst auflösen. Auch ist die Größe der 16 Landtage sehr unterschiedlich. Die Zahl der Landtagssitze divergiert zwischen 187 in Nordrhein-Westfalen und 51 im Saarland. Zudem bestehen Unterschiede beim aktiven Wahlrecht. Zwar ist jeder deutsche Bürger ab 18 Jahren in allen Bundesländern bei Landtagswahlen wahlberechtigt (aktives Wahlrecht), aber zur Wahl stehen können in Hessen nur Bürgerinnen und Bürger über 21 Jahren. In den 15 übrigen Bundesländern kann man sich hingegen wie bei der Bundestagswahl schon mit dem Erreichen des 18. Lebensjahres für ein Parlamentsmandat bewerben (passives Wahlrecht).

## 3.2 Wahlrecht und Wählbarkeit

Die Prinzipien von Wahlrecht und Wählbarkeit bei Landtagswahlen in Nordrhein-Westfalen folgen im Wesentlichen den Bestimmungen für Bundestagswahlen (Korte 2005: 50). Geregelt sind sie in Artikel 31, Absatz 2 der Landesverfassung. So ist für das aktive Wahlrecht der Grundsatz der Allgemeinheit wichtig, wonach jede Bürgerin und jeder Bürger wahlberechtigt ist. Es sind allerdings zwei wichtige Aspekte zu berücksichtigen (Andersen/Gehne 2005: 19ff).

- Das Wahlrecht ist beschränkt auf die Personen, die vom Ergebnis der Wahl betroffen sind, das heißt normalerweise nur auf Staatsbürger, die im Wahlgebiet sesshaft sind.
- Der Wahlberechtigte muss in der Lage sein, eine überlegte Entscheidung zu treffen. Deshalb wird ein bestimmtes Wahlalter festgelegt. In besonderen Fällen wie Entmündigung oder gerichtliche Aberkennung kann einem Bürger das aktive und passive Wahlrecht entzogen werden.

Konkret bedeutet dies: Wahlberechtigt bei nordrhein-westfälischen Landtagswahlen ist jeder Deutsche, der sich seit mindestens drei Monaten in Nordrhein-Westfalen aufhält, sein 18. Lebensjahr vollendet hat, in Nordrhein-Westfalen seit mindestens 16 Tagen eine Wohnung besitzt oder sich sonst gewöhnlich aufhält und sein Wahlrecht nicht durch einen Richterspruch verloren hat. Alle Wählerinnen und Wähler werden im Wählerverzeichnis des zuständigen Wahlbezirks von der Kommunalverwaltung geführt. In diese Listen kann vor der Wahl Einsicht genommen werden, um sich von deren Vollständigkeit zu überzeugen und gegebenenfalls Ergänzungen vornehmen zu lassen.

Für das passive Wahlrecht gelten entsprechende Überlegungen: Somit ist jeder wählbar, der Deutscher ist, die Volljährigkeit besitzt und damit das 18. Lebensjahr vollendet hat, seit mindestens drei Monaten in Nordrhein-Westfalen wohnt und das Wahlrecht besitzt.

## 3.3 Wahl und Aufgaben des Landtags

### 3.3.1 Wahl des Landtags

Nachdem die britische Besatzungsmacht am 23. August 1946 mit der Verordnung Nr. 46 („Operation Marriage") angeordnet hatte, den nördlichen Teil der ehemaligen preußischen Provinz Rheinland mit der Westfalens zum neuen „Bindestrich-Land" Nordrhein-Westfalen zu vereinigen, kam der erste Landtag am 2. Oktober 1946 im Düsseldorfer Ständehaus zu seiner konstituierenden Sitzung zusammen (von Alemann/Brandenburg 2000: 28). Die 200 jeweils in gleichen Teilen aus Nordrhein und Westfalen stammenden Abgeordneten waren allerdings nicht gewählt, sondern noch von den Briten ernannt worden. Auch der erste Ministerpräsident, der ehemalige Oberpräsident Westfalens Rudolf Amelunxen, wurde zunächst nicht demokratisch gewählt, sondern eingesetzt. Zur ersten Landtagswahl kam es am 20. April 1947.

Die Landesverfassung, die 1950 ausgearbeitet wurde und in Kraft trat (→ **siehe Infobox 27**), definiert den Landtag als das höchste Staatsorgan des Landes. Es wird als einziges Verfassungsorgan für fünf Jahre direkt vom Volk gewählt (Art. 34 LV). Die Wahl der Abgeordneten erfolgt nach den Grundsätzen der allgemeinen, gleichen, unmittelbaren, geheimen und freien

Wahl (Art. 31 Abs. 1 LV). Die Wahlperiode beträgt seit der Landtagswahl 1970 fünf Jahre.

Das Wahlsystem folgt wie im Bund den Prinzipien der personalisierten Verhältniswahl. So werden 128 Abgeordnete des Landtages direkt in den 128 Wahlkreisen mit relativer Mehrheit, die übrigen nach Verhältniswahlgrundsätzen aus den Landeslisten der Parteien gewählt. Zum ersten Mal verfügen die Wählerinnen und Wähler bei der Landtagswahl 2010 über zwei Stimmen: Eine Erststimme für die Wahl einer beziehungsweise eines Wahlkreisabgeordneten und eine Zweitstimme für die Wahl einer Landesliste einer Partei. Der Stimmzettel sieht daher hinsichtlich der Erststimme in jedem Wahlkreis anders aus.

In den Wahlkreisen sind die Kandidaten mit den meisten Stimmen direkt in den Landtag gewählt. Ausschlaggebend für die Zahl der Mandate, die eine Partei im Landtag erhält, ist aber in erster Linie deren Anteil an den gültigen Zweitstimmen. Erreicht eine Partei landesweit nicht mindestens fünf Prozent der Stimmen, wird sie bei der Verteilung der Sitze nicht berücksichtigt (Fünf-Prozent-Klausel).

Die Sitzverteilung wird bei der Landtagswahl 2010 erstmals nach dem Verfahren nach Sainte Laguë/Schepers errechnet (→ **siehe Infobox 4**). Falls eine Partei mehr Direktmandate gewonnen hat, als ihr über die Zweitstimmen zustehen, wird die Zahl der Landtagsabgeordneten so lange auf die nächst höhere, unge-

## Infobox [14] Zweistimmenwahlrecht

**Das Zweistimmenwahlrecht wurde von der neuen Landesregierung 2007 mit der Begründung eingeführt, dem Wähler mehr wahldemokratische Entscheidungsoptionen einzuräumen. Am Grundsatz der personalisierten Verhältniswahl ändert sich dadurch aber nichts.**

**Für die Wählerinnen und Wähler ist das Zweistimmenwahlrecht zudem nichts gänzlich Neues. Bereits bei Bundestagswahlen wird dieses Verfahren seit Jahrzehnten angewandt (Nohlen 2004: 317ff). Es besteht die Möglichkeit, über das so genannte Stimmensplitting taktisch zu wählen. So kann mit der Erststimme ein aussichtsreicherer Kandidat einer großen Partei unterstützt, mit der Zweitstimme aber gleichzeitig eine Liste einer kleinen Partei gewählt werden. Die Wählerinnen und Wähler können über das Stimmensplitting indirekt einen Koalitionswunsch äußern und dem kleineren Koalitionspartner helfen, die Fünf-Prozent-Hürde zu überspringen.**

**So versprechen sich besonders die kleinen Parteien durch die Einführung der Zweitstimme bei Landtagswahlen bessere Wahlchancen. Bei vergangenen Bundestagswahlen war die Wahlkampfstrategie von FDP und Grünen daher teilweise so konzipiert, dass man gezielt nur um die Zweitstimme der Wähler geworben hatte. Für die großen Parteien ist das Zweistimmenwahlrecht hingegen kein Vorteil, da das Absichern eines Spitzenkandidaten über eine Kandidatur auf der Landesliste schwieriger wird und es auch nicht mehr eindeutig sichere Wahlkreise gibt. Weitere Nachteile sind die größere Wahrscheinlichkeit von Überhang- und Ausgleichsmandaten und die Tatsache, dass es für Parteien nun keine absolute Notwendigkeit mehr gibt, in allen Wahlkreisen zu kandidieren.**

**Bei der letzten Bundestagswahl 2005, die für ein mögliches Wahlverhalten im Zweistimmenwahlrecht bei Landtagswahlen noch am ehesten herangezogen werden kann, fiel das Stimmensplitting in Nordrhein-Westfalen aber weniger stark ins Gewicht als erwartet. Die Mehrheit der Wählerinnen und Wähler wählte mit der Erst- und Zweitstimme die gleiche Partei, nur knapp jeder vierte Wähler teilte Erst- und Zweitstimmen auf unterschiedliche Parteien auf (LDS NRW 2006: 8f). Nur 8,7 Prozent der Wähler, die mit der Zweitstimme CDU wählten, gaben ihre Erststimme einer anderen Partei. Bei den Zweitstimmen-Wählern der SPD lag dieser Anteil bei 9,9 Prozent. Anders die Situation bei den kleinen Parteien: 36,7 Prozent der Wähler der Linken, 30,5 Prozent der Wähler der Grünen und 27,5 Prozent der Wähler der FDP wählten eine andere Partei mit ihrer Erststimme. Hauptsächlich wurden die bekannten Koalitionspaare gewählt: 60,3 Prozent der Grünen-Wähler gaben ihre Erststimme einem SPD-Kandidaten und 60,9 Prozent der FDP-Wähler ihre Erststimme einem CDU-Kandidaten. So dürfte die Einführung des Zweistimmenwahlrechts bei nordrhein-westfälischen Landtagswahlen durchaus ein strategischer Vorteil für die kleineren Parteien werden.**

rade Zahl aufgestockt, bis für alle Parteien eine Sitzverteilung nach dem Verhältnis der Zweitstimmen möglich ist. Man spricht auch von Überhang- und Ausgleichsmandaten. Im derzeitigen 14. Landtag von Nordrhein-Westfalen gibt es drei Überhangmandate für die CDU und drei Ausgleichsmandate für die SPD.

Bei der Betrachtung der Ergebnisse der Landtagswahlen in Nordrhein-Westfalen fällt zunächst der Rückgang der Wahlbeteiligung seit 1975 auf, als mit 86,1 Prozent die bisher höchste Teilnahme durch die Wählerinnen und Wähler erreicht wurde. Dies gelang auch deswegen, weil in diesem Jahr Kommunal- und Landtagswahlen am gleichen Tag stattfanden. Seitdem hat sich die Anzahl der Nichtwähler (→ **siehe Infobox 40**) bei Landtagswahlen sukzessive erhöht. Im Jahr 2000 wurde die niedrigste Wahlbeteiligung seit Gründung des Landes gemessen. 43,3 Prozent der Wahlberechtigten gingen nicht zur Wahl. Die Gruppe der Nichtwähler war damit sogar stärker als die stärkste Partei, die SPD. 2005 verbesserte sich die Wahlbeteiligung aber wieder auf 63 Prozent. Damit liegt Nordrhein-Westfalen leicht über dem Durchschnitt aller Landtagswahlen in Deutschland, der momentan ca. 58,4 Prozent beträgt. Dabei weisen die neuen Länder noch eine deutlich niedrigere Wahlbeteiligung als die alten Länder auf. Bei der letzten Landtagswahl in Sachsen-Anhalt 2006 wurde mit 44,4 Prozent ein neuer Negativrekord aufgestellt. Generell ist die Wahlbeteiligung bei Landtagswahlen aber immer geringer als bei Bundestagswahlen. Nur in den 1970er Jahren übten durchschnittlich 80 Prozent der Stimmberechtigten ihr Wahlrecht auf Länderebene aus.

Die nordrhein-westfälischen Landtagswahlen wurden seit 1947 in der Regel von den beiden Volksparteien CDU und SPD dominiert, kleine Parteien wie die FDP und die Grünen spielten bislang nur eine Nebenrolle (Andersen/Bovermann 2004; Korte/Florack/Grunden 2006: 46ff). Sie traten eher als „Mehrheits-

**ABBILDUNG 12 LANDTAGSWAHLERGEBNISSE IN NRW SEIT 1947**

| Wahljahr | Wahlbeteiligung | Gültige Stimmen in % | | | | |
|---|---|---|---|---|---|---|
| | | SPD | CDU | GRÜNE | FDP | Sonstige |
| 1947 | 67,3 | 32,0 | 37,5 | | 5,9 | 24,6 |
| 1950 | 72,3 | 32,3 | 36,9 | | 12,1 | 18,7 |
| 1954 | 72,6 | 34,5 | 41,3 | | 11,5 | 12,7 |
| 1958 | 76,6 | 39,2 | 50,5 | | 7,1 | 3,2 |
| 1962 | 73,4 | 43,3 | 46,4 | | 6,9 | 3,4 |
| 1966 | 76,5 | 49,5 | 42,8 | | 7,4 | 0,3 |
| 1970 | 73,5 | 46,1 | 46,3 | | 5,5 | 2,1 |
| 1975 | 86,1 | 45,1 | 47,1 | | 6,7 | 1,1 |
| 1980 | 80,0 | 48,4 | 43,2 | 3,0 | 4,98 | 0,4 |
| 1985 | 75,2 | 52,1 | 36,5 | 4,6 | 6,0 | 0,8 |
| 1990 | 71,8 | 50,0 | 36,7 | 5,0 | 5,8 | 2,5 |
| 1995 | 64,0 | 46,0 | 37,7 | 10,0 | 4,0 | 2,3 |
| 2000 | 56,7 | 42,8 | 37,0 | 7,1 | 9,8 | 3,3 |
| 2005 | 63,0 | 37,1 | 44,8 | 6,2 | 6,2 | 5,7 |

 Quelle: Landeswahlleiterin NRW 2008.

beschaffer" für eine der beiden Volksparteien in Erscheinung. Mitunter taten sie sich sogar schwer, die Fünf-Prozent-Hürde zu überspringen und in den Landtag einzuziehen. Die FDP verpasste gleich zweimal (1980 und 1995) den Einzug ins Parlament. Und auch die Grünen etablierten sich in Nordrhein-Westfalen im Vergleich zur Bundesebene und zu den anderen Bundesländern erst verspätet (1990). Andere Parteien spielten nur in der Anfangsphase Nordrhein-Westfalens eine Rolle: Die KPD (14 Prozent) und das Zentrum (9,8 Prozent) konnten immerhin bei den ersten Landtagswahlen 1947 beachtliche Resultate erringen und waren zunächst auch an mehreren Landesregierungen beteiligt. Doch schon vor ihrem bundesweiten Verbot 1956 durch das Bundesverfassungsgericht schied die KPD 1954 aus dem Landtag aus. Das Zentrum schaffte zu diesem Zeitpunkt nur noch mit Hilfe der CDU zum letzten Mal den Sprung über die Fünf-Prozent-Hürde. Das Wählerpotenzial beider Parteien wurde schließlich von SPD und CDU aufgesogen.

Die Wahlergebnisse der nordrhein-westfälischen Landtagswahlen kann man jeweils nach der Vorherrschaft einer Partei unterteilen: Von 1947 bis 1966 bildete zunächst die CDU die stärkste Fraktion im Landtag und stellte mit einer kurzen Unterbrechung den Regierungschef. 1958 erreichten die Christdemokraten mit 50,8 Prozent der Stimmen sogar die absolute Mehrheit im Düsseldorfer Landtag. Auch die Wahlbeteiligung stieg in dieser Zeit rasant an und war der Hauptgrund für die Konzentration des Parteiensystems zugunsten von SPD und CDU. Beide Volksparteien steigerten ihren gemeinsamen Stimmenanteil von 70 Prozent (1947) auf 90 Prozent (1962).

Die anschließende Phase zwischen 1966 und 1975 war durch wechselnde Mehrheitsverhältnisse gekennzeichnet. Erst 1980 begann die Zeit der SPD-Dominanz, deren Höhepunkt 1985 und 1990 mit absoluten Mehrheiten von 52,1 und 50 Prozent unter Ministerpräsident Johannes Rau erreicht wurde. Besonders durch die abgeschlossene „Sozialdemokratisierung des Ruhrgebiets" (siehe Kapitel 7.4.2) konnte sich die SPD einen deutlichen Vorsprung gegenüber der CDU von 5 bis 15 Prozentpunkten erarbeiten. 1995 verloren die Sozialdemokraten aber ihre absolute Mehrheit wieder und mussten mit den jetzt im nordrhein-westfälischen Parteiensystem etablierten Grünen eine rot-grüne Koalition eingehen.

Nach weiteren, kontinuierlichen Verlusten der SPD bei den folgenden Wahlen wurde die CDU 2005 erstmals wieder stärkste Fraktion im Landtag. Gemeinsam mit der FDP beendeten die Christdemokraten somit die 39 Jahre dauernde SPD-Regierungszeit in Nordrhein-Westfalen (Korte/Florack/Grunden 2006: 330f). Mit 44,8 Prozent der Stimmen erhielt die CDU ihr bestes Ergebnis seit 1975. Gegenüber der Landtagswahl von 2000 konnte die Union 7,8 Prozentpunkte hinzugewinnen. Die SPD hingegen verlor 5,7 Prozentpunkte und erreichte lediglich 37,1 Prozent. Die Sozialdemokraten errangen damit das schlechteste Ergebnis bei einer nordrhein-westfälischen Landtagswahl seit 1954. Auch die FDP verlor 3,6 Prozentpunkte und erreichte nur noch 6,2 Prozent. Gleichauf lagen nun die Grünen, deren Verluste mit 0,9 Prozentpunkten jedoch geringer ausfielen. Die erstmals zur Landtagswahl angetretene WASG erreichte mit 2,2 Prozent ein durchaus beachtenswertes Ergebnis, verpasste den Einzug in den Landtag gleichwohl deutlich.

### 3.3.2 Aufgaben des Landtags

Der neu gewählte Landtag muss sich spätestens 20 Tage nach seiner Wahl konstituieren (Korte/Florack/Grunden 2006: 62ff). Mit der ersten Sitzung beginnt die neue Legislaturperiode. Die Geschäftsordnung des Landtages, in der über Verfassungs- und Gesetzesvorschriften hinaus die Arbeitsweise, die Struktur und die Gremien der Selbstverwaltung des Landtages festgelegt sind, gilt jeweils nur für die Dauer einer Wahlperiode und muss vom Landtag nach seiner Wahl erneut verabschiedet werden (Dästner 2002: 155; Andersen/Bovermann 2004: 318ff).

Die einzelnen Abgeordneten besitzen ein freies Mandat und sind nicht an Aufträge gebunden, sondern „stimmen nach ihrer freien, nur durch die Rücksicht auf das Volkswohl bestimmten Überzeugung" ab (Art. 30 Abs. 2 LV). Zudem räumt die Landesverfassung den Abgeordneten parlamentarische Indemnität, Immunität und ein Zeugnisverweigerungsrecht ein (Art. 47-49 LV).

Zwar betont die Landesverfassung die Rolle des einzelnen Abgeordneten, zentrale Bedeutung für die parlamentarische Praxis fällt jedoch vor allem den Fraktionen zu. Fraktionen sind Vereinigungen von mindestens fünf Prozent der Landtagsabgeordneten, die zumeist der gleichen Partei angehören. Wie der Bundestag ist auch der Landtag ein Fraktionenparlament. Nur durch diese Organisationsform kann der Landtag seine Handlungsfähigkeit wahren, die u.a. darin sichtbar wird, dass die jeweiligen Fraktionsmitglieder häufig geschlossen abstimmen.

Diese Fraktionsdisziplin stellt eine gewisse Einschränkung des freien Abgeordnetenmandats dar und betont zugleich die auf die Fraktionen ausgerichtete Organisation der Parlamentsarbeit. Die Fraktionen bringen beispielsweise Gesetzesentwürfe und Anträge ein, rekrutieren die Ausschussmitglieder und bestimmen die Rednerlisten im Plenum.

In der Praxis kommt dem Plenum als Kollektivorgan des Landtages nur eine untergeordnete Bedeutung zu. Der Landtag ist vor allem Arbeits-, nicht Redeparlament (Steffani 1979: 327ff). Weniger die primär auf die Öffentlichkeit zielende Debatte im Plenum, als vielmehr die Sacharbeit in den Ausschüssen macht den Kern der Parlamentsarbeit aus. Diese für die Rolle als Arbeitsparlament zentralen Landtagsausschüsse sind jedoch nur teilweise explizit in der Verfassung oder gesetzlich normiert. Dies gilt beispielsweise für den Ständigen Ausschuss (Art. 40 LV), der die Rechte der Abgeordneten gegenüber der Landesregierung wahrnimmt, solange der Landtag nicht versammelt ist. Weitere rechtlich verankerte Ausschüsse sind der Petitionsausschuss (Art. 41a LV) und der Wahlprüfungsausschuss des Landtages. Die für die parlamentarische Arbeit zentralen Fachausschüsse hingegen finden keine rechtliche Erwähnung, ihre Einrichtung liegt alleine in der Zuständigkeit des Landtags und ist in der Geschäftsordnung geregelt. In der 14. Wahlperiode hat der Landtag 19 Ausschüsse eingerichtet. Hinzu kommen in einzelnen Fällen Unterausschüsse, wie beispielsweise der für Personal im Haushalts- und Finanzausschuss. Der Zuschnitt der Ausschüsse orientiert sich zum einen an der Ressortverteilung innerhalb der Landesregierung (zum Beispiel Ausschuss für Bauen und Verkehr; Ausschuss für Arbeit, Gesundheit und Soziales). Zum anderen gibt es jedoch auch ressortübergreifende oder inhaltlich deutlich zugespitzte Zuständigkeiten. So hat beispielsweise der Hauptausschuss neben seiner Zuständigkeit für Bundes- und Verfassungsangelegenheiten die Zuständigkeit für Europa- und Medienangelegenheiten übernommen. Die im Vergleich zur Bundesebene hohe Zahl an Ausschüssen unterstreicht den Charakter des Landtags als Arbeitsparlament. Aufgabe der Fachausschüsse ist vor allem die Vorbereitung der Plenarsitzungen sowie die fachliche Arbeit an Gesetzesentwürfen. Die Zusammensetzung der Ausschüsse spiegelt die parteipolitischen Kräfteverhältnisse im Landtag wider.

Sacharbeit leisten neben den Ausschüssen aber auch Enquetekommissionen des Landtages, wenngleich in anderer Form: Die hier behandelten Problemfelder sind zumeist komplexer als die Arbeitsbereiche der einzelnen Fachausschüsse. Enquetekommissionen haben einen fest umrissenen Untersuchungsgegenstand und referieren zum Abschluss ihrer Arbeit dem Landtag in Form eines schriftlichen Berichts. Im Gegensatz zu den Fachausschüssen werden Experten hier nicht nur gehört, sondern sind gleichberechtigte Mitglieder.

### Infobox [15] Landtagspräsidentin

**In seiner konstituierenden Sitzung wählt ein neuer Landtag zunächst die Präsidentin beziehungsweise den Präsidenten, die Stellvertreter und die übrigen Mitglieder des Präsidiums (Art. 38 Abs. 1 LV). Es entspricht parlamentarischem Brauch, dass die Präsidentin der stärksten Fraktion angehört. Sie vertritt den Landtag nach außen, führt dessen Geschäfte und leitet, abwechselnd mit den Vizepräsidenten, die Landtagssitzungen. Sie hat die Würde und die Rechte des Landtags zu wahren und unparteiisch dafür zu sorgen, dass die Beratungen**

gerecht und der Geschäftsordnung des Landtags entsprechend vonstatten gehen. Zudem übt sie das Hausrecht und die Polizeigewalt aus. Die Abgeordneten der 14. Wahlperiode wählten Regina van Dinther (CDU) am 8. Juni 2005 als zweite Frau in der Geschichte Nordrhein-Westfalens zur neuen Landtagspräsidentin. Dabei war die wie ihr Vorgänger Ulrich Schmidt aus Wetter (Ruhr) stammende Christdemokratin erst durch den Mandatsverzicht des direkt gewählten CDU-Abgeordneten Günter Kozlowski in den Landtag nachgerückt (Korte/Florack/Grunden 2006: 355). Ihre Stellvertreter sind Edgar Moron (SPD), Oliver Keymis (Bündnis 90/Die Grünen) und Angela Freimuth (FDP). Zusätzlich wurden aus allen Fraktionen 15 Schriftführer beziehungsweise Schriftführerinnen gewählt, von denen bei Plenarsitzungen jeweils einer rechts und links vom Präsidentenstuhl sitzt und mit über den korrekten Ablauf der Sitzung wacht. Das Entgegennehmen von Wortmeldungen und das Feststellen von Abstimmungsergebnissen gehört u.a. zu ihren Aufgaben.

Das Präsidium, das aus der Präsidentin, den Vizepräsidenten und den Schriftführern besteht, beschließt auch über Angelegenheiten der Landtagsverwaltung, soweit sie nicht der Präsidentin vorbehalten sind.

**ABBILDUNG 13 LANDTAGSPRÄSIDENTEN VON NORDRHEIN-WESTFALEN**

| | |
|---|---|
| 1946 | Ernst Gnoß (SPD) |
| 1946-1947 | Robert Lehr (CDU) |
| 1947-1958 | Josef Gockeln (CDU) |
| 1959-1966 | Wilhelm Johnen (CDU) |
| 1966 | Josef Hermann Dufhues (CDU) |
| 1966-1970 | John van Nes Ziegler (SPD) |
| 1970-1980 | Wilhelm Lenz (CDU) |
| 1980-1985 | John van Nes Ziegler (SPD) |
| 1985-1990 | Karl Josef Denzer (SPD) |
| 1990-1995 | Ingeborg Friebe (SPD) |
| 1995-2005 | Ulrich Schmidt (SPD) |
| seit 2005 | Regina van Dinther (CDU) |

Quelle: Landtag von Nordrhein-Westfalen 2008.

Außer dem Präsidium ist der Ältestenrat als weiteres Leitungsgremium des Landtages zu nennen. Neben den Mitgliedern des Präsidiums gehören ihm mit den Spitzenakteuren der Fraktionen – den Fraktionsvorsitzenden, den Parlamentarischen Geschäftsführern sowie wichtigen fachpolitischen Sprechern – die maßgeblichen Parlamentarier an. Als politisch wichtigstes Führungsorgan für die Parlamentsarbeit nimmt der Ältestenrat eine beratende Funktion gegenüber dem Präsidium ein, vereinbart die Tagesordnung der Plenarsitzungen und die Aufteilung der Redezeit. Zudem ist er seit 1995 in der Geschäftsordnung zum Ständigen Ausschuss des Landtages bestimmt. Als politische „Clearing-Stelle" hat er maßgeblichen Einfluss auf die parlamentarische Arbeit.

**ABBILDUNG 14 ANFRAGEN UND AKTUELLE STUNDEN 8.-13. WAHLPERIODE**

| Wahlperiode | Große Anfragen | Kleine Anfragen | Mündliche Anfragen | Aktuelle Stunden |
|---|---|---|---|---|
| 8. WP (1975-1980) | 25 | 2.233 | 468 | 16 |
| 9. WP (1980-1985) | 17 | 1.570 | 842 | 15 |
| 10. WP (1985-1990) | 46 | 1.979 | 334 | 60 |
| 11. WP (1990-1995) | 41 | 3.100 | 678 | 94 |
| 12. WP (1995-2000) | 18 | 1.640 | 131 | 106 |
| 13. WP (2000-2005) | 33 | 2.338 | 165 | 115 |

Quelle: Korte/Florack/Grunden 2006: 67.

Ein Parlament erfüllt verschiedene Funktionen, so auch der Landtag von Nordrhein-Westfalen: Als erste Funktion kann die **Repräsentation** der Bürger und die Artikulation ihrer Interessen angeführt werden. Wichtigen Ausdruck findet diese im Verhältniswahlsystem, welches – nur durch die Fünf-Prozent-Hürde eingeschränkt – eine möglichst weitgehende parteipolitische Widerspiegelung der Wählerstimmen im Landtag ermöglicht.

Die zweite Parlamentsfunktion ist die der **politischen Kontrolle**, welche der Landtag vor allem gegenüber der Landesregierung wahrnimmt. Gerade im parlamentarischen Regierungssystem liegt jedoch eine Einschränkung in der Ausübung dieser Kontrollfunktion begründet. So bilden Landesregierung und die sie tragende Parlamentsmehrheit im Wesentlichen eine politische Handlungseinheit, während die institutionellen Kontrollinstrumente primär von der Opposition angewandt werden. Zu diesen Instrumenten gehören Große, Kleine und Mündliche Anfragen sowie die Aktuelle Stunde im Plenum.

Auf Seiten der Parlamentsmehrheit erfolgt die Kontrolle weitestgehend als Prozesskontrolle. Kontrollieren in diesem Sinne beinhaltet alle Prozesse der Informationsgewinnung, -verarbeitung, -bewertung und Stellungnahme. Die Parlamentsmehrheit spricht sich daher nur in Ausnahmen offen gegen Regierungsinitiativen aus, sondern versucht unmittelbar den Entscheidungsprozess zu beeinflussen und somit Kontrollmöglichkeiten wahrzunehmen. Auch das Budgetrecht des Landtages kann als klassisches Kontrollinstrument verstanden werden.

Zu diesem Zweck hat der Landtag mit dem Haushalts- und Finanzausschuss und dem Ausschuss für Haushaltskontrolle gleich zwei Gremien geschaffen. Beide Ausschüsse werden traditionell von Vorsitzenden aus den Reihen der Opposition geführt. Schließlich verfügt der Landtag mit dem Untersuchungsausschuss über ein Kontrollinstrument, welches vor allem bei öffentlichkeitswirksamen politischen Fragen zum Einsatz kommt. Laut Landesverfassung (Art. 41) kann ein solcher Untersuchungsausschuss auf Antrag von mindestens einem Fünftel der Abgeordneten eingesetzt werden. Er verfügt über besondere Rechte zur Beweisaufnahme und gilt als das schärfste Kontrollinstrument des Landtages. Nach den bisherigen Erfahrungen hat er sich über ein Kontrollinstrument hinaus zu einem parteipolitischen Machtmittel entwickelt.

Drittens stellt die **Gesetzgebung** eine parlamentarische Kernfunktion dar. Allerdings besitzt der nordrhein-westfälische Landtag kein Gesetzgebungsmonopol, da die Gesetzgebung „dem Volk und der Volksvertretung" zusteht (Art. 3 LV). Direktdemokratische Elemente kommen hier also ebenfalls zum Tragen.



## Infobox [16] Direkte Demokratie

**Direktdemokratische Beteiligungsverfahren** ermöglichen es den Bürgern, unmittelbar Einfluss zu nehmen und damit den Gedanken der repräsentativen Demokratie mit dem der direkten zu konfrontieren. So können auch die nordrhein-westfälischen Bürger in Form von Abstimmungen über Personen und Sachfragen direktdemokratisch entscheiden (Kost 2005; Dästner 2002: 203ff).

Demokratietheoretisch wird durch direktdemokratische Instrumente das repräsentativ-politische System der Bundesrepublik Deutschland erweitert und entlastet. Dabei soll die Anwendung direkter Demokratie es dem Menschen erleichtern, Veränderungen zu akzeptieren, da er auf die konkrete Ausgestaltung der Politik unmittelbar Einfluss nehmen konnte. Allerdings lässt das Grundgesetz Plebiszite auf der Bundesebene kaum zu. Nur im seltenen Fall einer Neugliederung des Bundesgebiets kann es zu Volksbegehren, Volksentscheid oder zur Volksbefragung kommen (Art. 29 GG). Zuletzt geschah dies 1996 in Berlin und Brandenburg. Doch da nur 23 Prozent der Brandenburger der geplanten Fusion der beiden Bundesländer zustimmten, scheiterte der Volksentscheid.

Hingegen ist in allen Landesverfassungen größerer Raum für Instrumente direkter Demokratie gegeben, so auch in Nordrhein-Westfalen: Die Bevölkerung kann mit den Mitteln des Volksbegehrens, Volksentscheids und der Volksinitiative unmittelbar in die Gesetzgebung des Landes eingreifen (Art. 2, 67a, 68 LV). Einen durch die Landesregierung initiierten Volksentscheid hat es in der Geschichte des Landes bislang nicht gegeben. Und auch Volksinitiativen und Volksbegehren waren bisher die Ausnahme. Seit 2002 hat es drei realisierte Volksinitiativen und seit 1950 insgesamt lediglich zwei Volksbegehren gegeben. Erfolgreich war im Jahr 1978 das Volksbegehren gegen die Einführung der kooperativen Gesamtschule. Die sozial-liberale Regierung ließ daraufhin ihre Reformpläne fallen, was einen Volksentscheid überflüssig machte.

Direktdemokratische Elemente auf der kommunalen Ebene gibt es erst seit 1994. Im Zuge der Änderung der Kommunalverfassung wurde auch die Möglichkeit von Einwohnerantrag, Bürgerbegehren und Bürgerentscheid (§25-26 GO, §25-26 KrO) auf der untersten politischen Ebene geschaffen. Ebenso zählt dazu die 1999 erstmals durchgeführte Direktwahl von (Ober-)Bürgermeister und Landräten (siehe Kapitel 2.4.1). Von der Möglichkeit eines Bürgerbegehrens wurde schon sehr häufig Gebrauch gemacht. In fast 40 Prozent der Fälle hatten die Initiatoren mit ihrem Anliegen Erfolg. Dabei ging es in erster Linie um öffentliche Einrichtungen (insbesondere Schulen und Schwimmbäder), Verkehrsfragen und Bauvorhaben. Je größer die Beachtung und der Informationsgehalt über den Sachbereich eines Bürgerentscheids in einer Kommune war, desto höher lag letztlich auch das Mobilisierungspotenzial. Allerdings scheiterte knapp die Hälfte aller Entscheide schon allein deswegen, weil die Mehrheit nicht mindestens 20 Prozent der Abstimmungsberechtigten ausmachte. So ist das Quorum neben dem Themen-Negativkatalog und dem Zwang eines Vorschlags zur Kostendeckung eine beachtliche institutionelle Hürde bei der Realisierung eines Bürgerbegehrens beziehungsweise -entscheides.

## Infobox [17] Volksinitiative

Mit der **Volksinitiative** (Art. 67a LV) können die Bürger den Landtag dazu zwingen, sich mit einem Sachverhalt zu befassen, der in die Entscheidungskompetenz der Landespolitik fällt. Dabei kann es sich auch um einen begründeten Gesetzesentwurf handeln. Voraussetzung für die Durchführung einer Volksinitiative sind mindestens 3.000 Unterstützungsunterschriften von den Bürgern des Landes. Innerhalb von sechs Wochen prüft die Landesregierung die Rechtmäßigkeit des Antrages. Die Frist kann auf sechs Monate verlängert werden, wenn innerhalb eines Monats ein entsprechender Gesetzesentwurf im Landtag zur Beratung eingereicht wird. Nach der Zulassung einer Volksinitiative müssen innerhalb von zwei Monaten mindestens 0,5 Prozent der wahlberechtigten Bevölkerung Nordrhein-Westfalens die Initiative mit ihrer Unterschrift unterstützen, was derzeit circa der Anzahl von 66.000 Bürgern entspricht. Wird diese Zahl erreicht, muss sich der Landtag mit dem Inhalt der Initiative befassen und ihre Vertreter anhören.

## Infobox [18] Volksbegehren

Ein **Volksbegehren** (Art. 68 LV) richtet sich zunächst an die Landesregierung mit dem Ziel, ein bestimmtes Gesetz zu erlassen, zu verändern oder aufzuheben. Gemeinsam mit dem Begehren muss ein ausgearbeiteter und begründeter Gesetzesentwurf vorgelegt werden. Es können jedoch nicht alle Politikfelder zum Gegenstand von Volksbegehren werden. „Über Finanzfragen, Abgabengesetze und Besoldungsordnungen sind Volksbegehren nicht zulässig" (Art. 68 Abs. 1 LV). Die Initiatoren müssen dem Antrag mindestens 3.000 Unterschriften von wahlberechtigten Bürgerinnen und Bürgern aus Nordrhein-Westfalen beifügen und beim Innenminister einreichen. Zu dem Antrag gehören ferner der ausgearbeitete Gesetzesentwurf und die Benennung einer Vertrauensperson, die die Initiatoren vertritt. Der Innenminister wird nach der Prüfung des Antrages dieser Vertrauensperson seine Entscheidung über die Zulässigkeit des Volksbegehrens mitteilen. Gegen einen negativen Bescheid kann die Vertrauensperson Beschwerde beim Landesverfassungsgericht einreichen.

Wird dem Antrag auf ein Volksbegehren stattgegeben, legen die Kommunen zwei Wochen lang Listen aus, in die sich die Befürworter des Begehrens eintragen können. Ein erfolgreiches Volksbegehren muss von mindestens 8 Prozent der wahlberechtigten Bevölkerung unterzeichnet werden. Wird diese Unterstützerzahl erreicht, muss sich der Landtag mit dem Gegenstand des Volksbegehrens befassen. Fasst er innerhalb von zwei Monaten keinen Beschluss, gilt das Begehren als abgelehnt. Stimmt der Landtag den Inhalten zu, erlangt das Volksbegehren Gesetzesrang.

## Infobox [19] Volksentscheid

Lehnt der Landtag ein Volksbegehren ab, kommt es über die Ziele des Volksbegehrens zu einem **Volksentscheid** (Art. 68 Abs.2 LV). Bei einem Volksentscheid gelten die Grundsätze der gleichen und geheimen Wahl. Es kann nur mit „Ja“ oder „Nein“ abgestimmt werden. Wenn mehr als die Hälfte der abgegebenen Stimmen dem Ziel des Volksbegehrens zustimmt, wird es Gesetz und muss von der Landesregierung ausgefertigt und verkündet werden. Voraussetzung ist allerdings, dass mindestens 15 Prozent der Wahlberechtigten dem Volksbegehren zugestimmt haben. Zielt ein Volksbegehren auf eine Verfassungsänderung, so müssen sich mindestens 50 Prozent der wahlberechtigten Bevölkerung an dem Volksentscheid beteiligen und mindestens zwei Drittel dem Begehren zustimmen.

Auch die Landesregierung kann einen Volksentscheid initiieren, sollte der Landtag eine ihrer Gesetzesinitiativen ablehnen. Erhält sie in diesem Volksentscheid eine Mehrheit für ihr Anliegen, kann die Landesregierung den Landtag auflösen. Der Landtag wiederum kann eine Auflösung abwenden, indem er durch ein konstruktives Misstrauensvotum einen neuen Ministerpräsidenten wählt. Wird das strittige Gesetz durch den Volksentscheid abgelehnt, muss die Landesregierung zurücktreten (Dästner 2002: 208).

## Infobox [20] Einwohnerantrag

Alle Einwohner, die seit drei Monaten in der Gemeinde wohnen und mindestens 14 Jahre alt sind, können einen **Einwohnerantrag** stellen. Damit verpflichten sie den Rat oder den Kreistag, sich mit einer bestimmten Fragestellung inhaltlich zu befassen. Das schließt die Beratung und eine Entscheidung über den Sachverhalt mit ein. Zuvor muss allerdings eine Mindestzahl an Unterschriften gesammelt worden sein. Das Quorum variiert hierbei zwischen 4 und 5 Prozent.

## Infobox [21] Bürgerbegehren

Alle stimmberechtigten Bürger können zudem beantragen, dass sie an Stelle des Rates über eine Angelegenheit der Gemeinde selbst entscheiden. Ein solcher Antrag ist das **Bürgerbegehren.** Es muss eine konkrete Fragestellung, eine Begründung, einen Vorschlag zur Deckung der entstehenden Kosten, die Nennung von Vertretungsberechtigten und die Unterschriften eines bestimmten Anteils aller Stimmberechtigten enthalten. Das Quorum richtet sich dabei nach der Einwohnerzahl der Kommune (zwischen 3 und 10 Prozent, in Landkreisen 3 bis 5 Prozent). Die Unterschriften müssen im Normalfall innerhalb von drei Monaten gesammelt werden, wenn sich das Bürgerbegehren gegen einen Ratsbeschluss („kassierendes Bürgerbegehren") richtet. Für Beschlüsse zu Satzungen gilt eine verkürzte Frist von sechs Wochen. Bezieht sich das Begehren nicht auf einen Ratsbeschluss („initiierendes Begehren"), ist es nicht an eine Frist gebunden. Nach der Einreichung der Unterschriften werden diese von der Verwaltung auf ihre Gültigkeit geprüft. Kernfrage ist dabei, ob das Bürgerbegehren eine Angelegenheit berührt, die per Negativkatalog (§26 GO) gesetzmäßig ausgeschlossen ist. Der Rat beziehungsweise Kreistag entscheidet dann über die formelle Zulässigkeit des Bürgerbegehrens hinsichtlich Form und Inhalt. Die Gemeindevertreter können beschließen, das Bürgerbegehren inhaltlich zu übernehmen oder abzulehnen. Im letzteren Fall kommt es dann zum Bürgerentscheid.

## Infobox [22] Bürgerentscheid

Beim **Bürgerentscheid** können die wahlberechtigten Bürgerinnen und Bürger über die zur Abstimmung gestellte Frage nur mit „Ja" oder „Nein" abstimmen. Der Bürgerentscheid ist dann erfolgreich, wenn die Mehrheit der gültigen Stimmen die Frage mit Ja beantwortet hat, sofern diese Mehrheit mindestens 20 Prozent der Bürger der Kommune ausmacht. Auch der Gemeinderat selbst kann von sich aus mit Zweidrittel-Mehrheit die Durchführung eines so genannten **Ratsbürgerentscheids** beschließen. Dieser wird dann wie ein per Bürgerbegehren initiierter Bürgerentscheid durchgeführt.

Faktisch geht die Gesetzestätigkeit jedoch fast ausschließlich von der Regierungsmehrheit aus. Das Gesetzesinitiativrecht liegt sowohl beim Landtag als auch bei der Landesregierung (Art. 65 LV). In der Regel gehen 70 bis 80 Prozent aller Initiativen von der Landesregierung aus (Dästner 2002: 201). Dies ist zum einen darin begründet, dass der Landesregierung mit den Ministerien ein personell starker und fachlich spezialisierter Apparat zu Verfügung steht. Zum anderen liegt dies im parlamentarischen Regierungssystem mit seiner Handlungseinheit von Regierungsmehrheit und Landesregierung begründet.

Die Mehrzahl der vom Landtag ausgehenden Gesetzesinitiativen wiederum wird von den Oppositionsfraktionen eingebracht. Allerdings sind diese aufgrund der Mehrheitsverhältnisse zumeist chancenlos. Der Gesetzgebungsprozess folgt einem mehrstufigen Verfahren. Dies gilt im Falle der Regierungsinitiative auch schon für den Vorbereitungsprozess. So gibt es regierungsinterne Ressortabstimmungen, die schließlich zum förmlichen Kabinettsbeschluss über einen Referentenentwurf führen. Im parlamentarischen Verfahren durchlaufen Gesetzesentwürfe in der Regel zwei, manchmal auch drei Lesungen sowie die Fachausschussberatungen.

Grundlage für den Gesetzgebungsprozess ist die Geschäftsordnung des Landtages, da die Landesverfassung hierzu keine konkreten Vorgaben enthält. Allerdings sieht diese die Möglichkeit eines suspensiven Vetos für die Landesregierung vor: „Gegen ein vom Landtag beschlossenes Gesetz kann die Landesregie-

ABBILDUNG 15 DAS GESETZGEBUNGSVERFAHREN DES LANDES NORDRHEIN-WESTFALEN

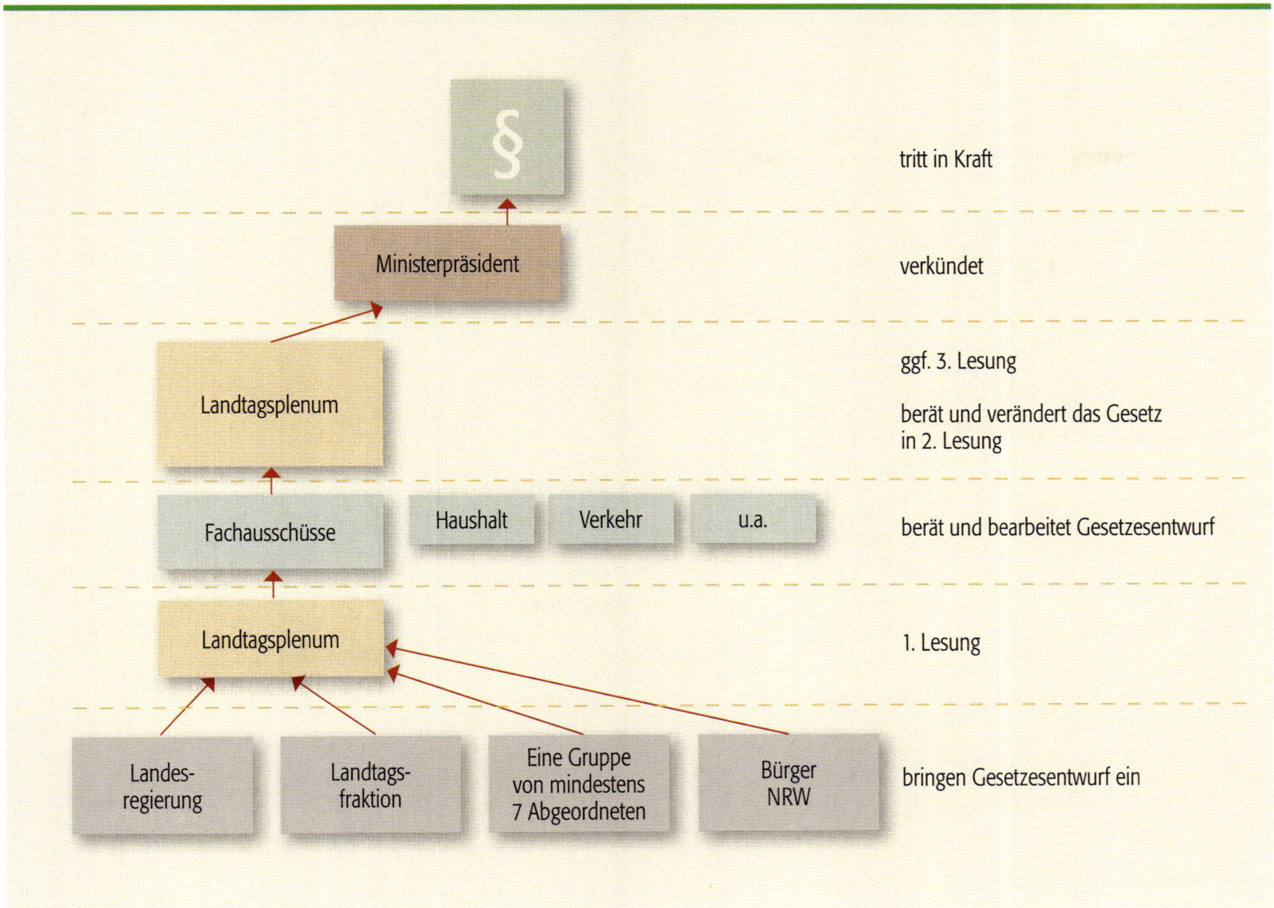


Quelle: Korte/Florack/Grunden 2006: 69.

rung innerhalb von zwei Wochen Bedenken erheben. Der Landtag entscheidet sodann, ob er den Bedenken Rechnung tragen will" (Art. 67 LV). Aufgrund der im parlamentarischen Regierungssystem angelegten Handlungseinheit von Landesregierung und Landtagsmehrheit spielt dieses Veto jedoch de facto keine Rolle. Die Gesetzestätigkeit des Landtages ist zunehmend von der Änderung bestehender Gesetze geprägt, die Zahl neuer Gesetze ist hingegen deutlich zurückgegangen. Dies ist vor allem auf die von Bund und europäischer Ebene weitgehend dominierte Gesetzgebungskompetenz zurückzuführen.

Vierte Funktion des Landtags ist die **Wahlfunktion**. Sie erstreckt sich nicht nur auf die Wahl des Ministerpräsidenten aus der Mitte des Landtages (siehe Kapitel 3.11), sondern schließt auch die Wahl der Richter des nordrhein-westfälischen Verfassungsgerichtshofs mit ein. Vier der sieben Richter werden vom Landtag für eine Amtsdauer von sechs Jahren direkt gewählt. Die drei anderen Positionen werden vom Präsidenten des Oberverwaltungsgerichts und den beiden ältesten Präsidenten der drei Oberlandesgerichte besetzt (Art. 76 LV).

ABBILDUNG 16 GESETZESTÄTIGKEIT DES LANDTAGES NRW (1947-2000)

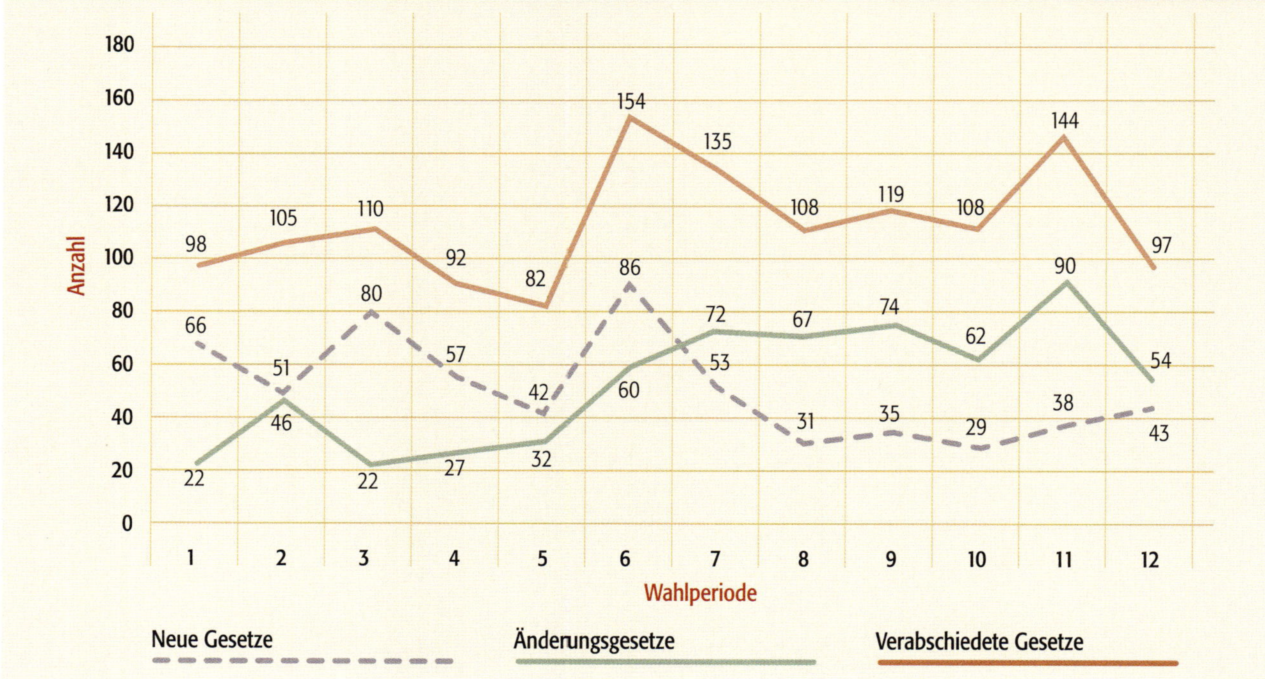


Quelle: Korte/Florack/Grunden 2006: 70.

## 3.4 Kandidatenaufstellung

Die Kandidatenaufstellung für die Landtagswahl läuft nach ähnlichen Prinzipien wie die Nominierung von Kandidaten für die Kommunal-, Bundestags- oder Europawahl ab. Gesetzlich geregelt ist sie im Landeswahlgesetz (§17a-23 LWahlG). Demnach können Wahlvorschläge in den einzelnen Wahlkreisen von Parteien, einzelnen Wahlberechtigten und Gruppen von Wahlberechtigten eingereicht werden. Landeslisten können allerdings nur von Parteien aufgestellt werden, weswegen Einzelkandidaturen beziehungsweise Kandidaturen von Wählergemeinschaften praktisch aussichtslos sind. Nur über den Gewinn eines Direktmandates könnten Einzelbewerber beziehungsweise Wählergruppen in den Landtag einziehen, in der Geschichte Nordrhein-Westfalens ist dies aber noch nie passiert. So besitzen die Parteien auch bei Landtagswahlen in Nordrhein-Westfalen praktisch ein Monopol bei der Aufstellung von Kandidaten (Andersen 1985: 183ff). Ein Nominierter, der sich zur Wahl stellt, kann nur für die Landesliste derselben Partei benannt werden, die ihn auch in einem Wahlkreis als Direktkandidat aufgestellt hat. Eine Kandidatur für mehrere Parteien ist also nicht möglich. Das gleiche gilt für die Verbindung von Wahlvorschlägen mehrerer Parteien – dies ist ebenfalls ausgeschlossen.

Etwa ein Jahr vor der Landtagswahl beginnt die Kandidatennominierung in den Landesverbänden der Partien. Das Aufstellen von Kandidaten („Elitenrekrutierung") und das Antreten zu Wahlen sind rechtlich verankerte Kennzeichen und Aufgaben von Parteien (§1-2 ParteiG). Bei Landtagswahlen gibt es zwei verschiedene Kandidaturmöglichkeiten: entweder um ein Direktmandat im Wahlkreis oder über die Landesliste der Parteien (Andersen/Gehne 2005: 24ff). In beiden Fällen müssen die

Kandidaten im Sinne der innerparteilichen Demokratie zunächst auf einer Mitglieder- beziehungsweise Delegiertenversammlung ihrer Partei in geheimer Wahl nominiert werden. Diese innerparteilichen Wahlen sind innerhalb der letzten 15 Monate vor Ablauf der Wahlperiode durchzuführen und müssen hinsichtlich der erschienenen wahlberechtigten Mitglieder und des Ergebnisses der Abstimmung dokumentiert werden.

Die Direktkandidaten der Wahlkreise werden auf Parteiversammlungen, die jeweils den Wahlkreis repräsentieren, gewählt. Die Landesliste wird hingegen während einer Delegiertenversammlung auf Landesebene aufgestellt. An erster Stelle der Landeslisten stehen in der Regel die jeweiligen Spitzenkandidaten der Parteien, deren Einzug ins Parlament so abgesichert wird, falls das angestrebte Direktmandat wider Erwarten verpasst wird. Die Listenplätze 1 bis 3 sind auf allen Stimmzetteln bei der Zweitstimme vermerkt. Die Spitzenkandidaten sollen demnach als „Stimmmagneten" das Zweitstimmenergebnis ihrer Partei erhöhen. Während es bei den großen Parteien sogar vorkommen kann, dass durch viele gewonnene Direktkandidaturen nur wenige bis gar keine Kandidaten über die Landesliste in den Landtag einziehen (2005 gewann die CDU drei Direktmandate mehr, als ihr vom Zweitstimmenergebnis eigentlich zustanden, so dass zunächst kein Bewerber über die Landesliste in den Landtag einziehen konnte), ist es für Nominierte der kleinen Parteien aufgrund von chancenlosen Direktkandidaturen oftmals die einzige Möglichkeit.

Durch das letzte Wahlergebnis und die Prognosen kann bereits im Vorfeld des Nominierungsprozesses ungefähr eingeschätzt werden, bis zu welchem Listenplatz der Einzug als sicher gelten kann. Diese mittleren Listenplätze sind deshalb auf den Nominierungsversammlungen der kleinen Parteien besonders hart umkämpft. Bei der Besetzung der Liste spielt aber auch der Regional- und Gruppenproporz eine Rolle. Allerdings nimmt das Selbstbewusstsein der Delegierten, selbst Einfluss auf den Nominierungsprozess zu nehmen, gegenüber dem Landesparteivorstand, der in der Regel bereits im Vorfeld in informellen Runden einen Listenvorschlag erarbeitet hat, immer stärker zu. So kommt es auf den Landesdelegiertenkonferenzen oftmals zu

**ABBILDUNG 17 ÜBERSICHT ZEITPLAN LANDTAGSWAHL 2010**

| Zeitpunkt | Thema | Rechtsnorm |
|---|---|---|
| 15 Monate vor der Wahl | Beginn der Nominierungsfrist für Kandidaten und Parteien in den Wahlkreisen und auf der Landesreserveliste | § 18, Abs. 5 LWahlG |
| 48. Tag vor der Wahl, 18 Uhr | Spätester Zeitpunkt zur Einreichung von Wahlvorschlägen für die Wahlkreise beim Kreiswahlleiter | § 19, Abs. 1 LWahlG |
| 39. Tag vor der Wahl | Spätester Zeitpunkt für die Entscheidung des Kreiswahlausschusses über die Zulassung der Kreiswahlvorschläge und des Landeswahlausschusses über die Zulassung der Landesreservelisten | § 21, Abs. 3 LWahlG |
| 35. Tag vor der Wahl | Stichtag für die Eintragung aller wahlberechtigter Personen im Wählerverzeichnis | § 16, Abs. 1 LWahlG |
| 34. bis 20. Tag vor der Wahl | Zeitraum für die Zusendung der Wahlbenachrichtigungen | |
| 33. Tag vor der Wahl | Bekanntgabe der zugelassenen Landeslisten durch den Landeswahlleiter | § 22, Abs. 2 LWahlG |
| 26. Tag vor der Wahl | Bekanntgabe der zugelassenen Wahlvorschläge in den Wahlkreisen durch die Kreiswahlleiter | § 22, Abs. 1 LWahlG |
| Zwei Tage vor der Wahl | Letzter Tag für die schriftliche Beantragung der Briefwahl | § 28, Abs. 1 LWahlG |
| Wahltag (vorauss. Mai 2010), 8 bis 18 Uhr | Landtagswahl 2010 | |
| Spätestens 20 Tage nach der Wahl | Konstituierende Sitzung des 15. Landtages | Art. 37 LV |

© Wochenschau Verlag. Quelle: Landeswahlgesetz (LWahlG), Landesverfassung (LV).

Kampfkandidaturen mehrerer Kandidaten. Die Platzierung auf der Landesliste spielt nicht nur bei der Wahl eine Rolle, sondern auch in der Legislaturperiode, falls ein Abgeordneter aus verschiedenen Gründen aus dem Landtag ausscheiden sollte. In diesem Fall rückt automatisch der nächste noch nicht berücksichtigte Listenkandidat nach.

Ist der Kandidat gewählt, muss er gegenüber dem Kreiswahlleiter eidesstattlich versichern, dass er Mitglied der Partei ist, für die er sich bewirbt, beziehungsweise dass er keiner weiteren oder keiner Partei angehört (§18-22 LWahlG). Beim Kreiswahlleiter können bis zum 48. Tag vor der Wahl um 18 Uhr Wahlvorschläge für die Wahl im Wahlkreis eingereicht werden. Parteien, die nicht im Deutschen Bundestag oder in einem Landtag ununterbrochen seit der letzten Wahl vertreten sind, müssen zudem nachweisen, dass sie einen nach demokratischen Grundsätzen gewählten Vorstand, eine schriftliche Satzung und ein Programm haben. Die Wahlvorschläge dieser Parteien müssen ferner von mindestens 100 Wahlberechtigten des Wahlkreises und die Landesliste von 1.000 Wahlberechtigen des Landes unterzeichnet sein. Der zuständige Wahlleiter prüft die Wahlvorschläge sofort. Falls er Mängel feststellt, haben die Parteien kurzfristig die Möglichkeit, diese zu beseitigen. Der Kreiswahlausschuss und der Landeswahlausschuss entscheiden dann spätestens am 39. Tag vor der Wahl über die Zulassung der Wahlvorschläge.

Wahlvorschläge werden zurückgewiesen, wenn sie verspätet eingereicht wurden, den gesetzlichen Anforderungen nicht entsprechen oder auf Grund des Grundgesetzes und der Landesverfassung unzulässig sind. Abschließend gibt der Kreiswahlleiter die zugelassenen Kreiswahlvorschläge spätestens am 26. Tag vor der Wahl öffentlich bekannt. Der Landeswahlleiter macht die zugelassenen Landeslisten spätestens am 33. Tag vor der Wahl öffentlich.

Idealtypisches Ziel des Nominierungsprozesses ist es, im Sinne des repräsentativen Demokratieverständnisses ein möglichst genaues Spiegelbild der Gesellschaft im Landtag zu erreichen (Andersen/Bovermann 2004). Innerhalb der Parteien gibt es verschiedene Kriterien, um dieses Ziel zu verfolgen. Besonders die großen Parteien nehmen daher bei der Vergabe der Kandidaturen im Wahlkreis und der Reihenfolge der Listenplätze auf die Repräsentation von Schichten, Gruppen oder regionalen Unterorganisationen Rücksicht. So gibt es beispielsweise Frauenquoten unterschiedlichster Art bei SPD, CDU, Grünen und der Linken (siehe Kapitel 4.5). Beim Blick auf die gewählten Abgeordneten des 14. Landtages fällt aber auf, dass ein möglichst genaues Abbild der Gesellschaft im Parlament noch keinesfalls erreicht ist: So sind trotz der angesprochenen Frauenquoten Frauen mit derzeit 28,3 Prozent deutlich unterrepräsentiert, wobei die Unterschiede zwischen den Fraktionen teilweise gravierend sind, die Frauenquote insgesamt aber in den letzten Jahrzehnten stark angestiegen ist. Bei den Berufsgruppen dominieren Beschäftigte des öffentlichen Dienstes mit 31 Prozent. Noch stärker vertreten sind im 14. Landtag von Nordrhein-Westfalen Angestellte aus Wirtschaft und Verbänden mit 41,2 Prozent. Schließlich kann auch hinsichtlich der Altersstruktur nicht von einer spiegelbildlichen Repräsentation der Bevölkerung die Rede sein. Sowohl die unter 30-Jährigen als auch die über 60-Jährigen sind im Landtag unterdurchschnittlich vertreten.

Allerdings sollte dieses vermeintliche Repräsentationsdefizit nicht überbewertet werden. Kein Abgeordneter wird als Vertreter einer Berufs- oder Altersgruppe in den Landtag gewählt, sondern in der Parteiendemokratie der Bundesrepublik Deutschland in erster Linie als Vertreter seiner Partei. Dies ist bei Landtagswahlen in Nordrhein-Westfalen nicht anders als bei Bundestagswahlen.

20 bis 30 Abgeordnete des Landtags wollen 2009 bei den Kommunal-, Europa- und Bundestagswahlen kandidieren. Im Extremfall könnten daher zahlreiche Volksvertreter bereits ein Jahr vor Ablauf der Legislaturperiode den Landtag verlassen. In diesem Fall würden nur für die letzten zwölf Monate bis zur Landtagswahl 2010 noch einige neue Abgeordnete ins Landesparlament nachrücken. Als prominenteste Landespolitiker kandidieren die beiden Generalsekretäre Christian Lindner (FDP) und Michael Groschek (SPD) für ein Bundestagsmandat. Bei den Sozialdemokraten strebt zudem der stellvertretende Fraktionsvorsitzende

**ABBILDUNG 18 ANTEIL FRAUEN IM 14. LANDTAG NRW**

| | CDU | SPD | FDP | Grüne | fraktionslos | Gesamter Landtag |
|---|---|---|---|---|---|---|
| Anzahl der Abgeordneten | 89 | 74 | 12 | 11 | 1 | 187 |
| Anteil in % bezogen auf die Gesamtzahl der Abgeordneten | 47,59 | 39,57 | 6,42 | 5,88 | 0,53 | 100 |
| Anzahl der Frauen | 13 | 32 | 2 | 6 | 0 | 53 |
| Frauenteil in % bezogen auf die jeweilige Fraktion | 14,61 | 43,42 | 16,67 | 54,55 | | |
| Frauenteil in % bezogen auf die Gesamtzahl der Abgeordneten | 6,95 | 17,11 | 1,07 | 3,21 | | 28,34 |

**ABBILDUNG 19 ALTERSSTRUKTUR IM 14. LANDTAG NRW**

| Alter in Jahren | CDU | Anteil in % | SPD | Anteil in % | FDP | Anteil in % | Grüne | Anteil in % | fraktions-los | Anteil in % | Gesamter Landtag | Anteil in % |
|---|---|---|---|---|---|---|---|---|---|---|---|---|
| bis 30 | 0 | 0 | 0 | 0 | 1 | 8,33 | 0 | 0 | 0 | 0 | 1 | 0,53 |
| 31 - 40 | 9 | 10,11 | 8 | 10,81 | 4 | 33,33 | 0 | 0 | 0 | 0 | 21 | 11,23 |
| 41 - 50 | 18 | 20,22 | 27 | 36,49 | 3 | 25 | 6 | 54,55 | 0 | 0 | 54 | 28,88 |
| 51 - 60 | 42 | 47,19 | 33 | 44,59 | 4 | 33,33 | 5 | 45,45 | 1 | 100 | 85 | 45,45 |
| über 60 | 20 | 22,47 | 6 | 8,11 | 0 | 0 | 0 | 0 | 0 | 0 | 26 | 13,9 |
| Durch-schnitts-alter | 54,04 | | 50,57 | | 45 | | 49,36 | | 52 | | 51,8 | |

Quelle Abb. 18 und 19: Landtag von Nordrhein-Westfalen. Stand: September 2008.

Karsten Rudolph nach Berlin. Der sozialpolitische Sprecher der CDU-Landtagsfraktion, Norbert Post, tritt hingegen in Mönchengladbach als Oberbürgermeisterkandidat an. Gleiches gilt für seinen Parteikollegen Josef Hovenjürgen. Der Sprecher der CDU-Ruhrgebietsabgeordneten im Düsseldorfer Landtag bewirbt sich um das Amt des Landrates im Kreis Recklinghausen (Voogt 2008). Mandatsträger, die zu Bürgermeister oder Landräten gewählt worden sind, müssen ihr Landtagsmandat niederlegen. Dies gilt jedoch nicht für Kandidaten, die in den Bundestag gewählt worden sind. In diesem Fall ist ein „Doppelmandat" gesetzlich nicht ausgeschlossen.

ABBILDUNG 20 BERUFE DER ABGEORDNETEN IM 14. LANDTAG NRW

**I. Angestellte in der Wirtschaft und in Verbänden**

| | CDU | SPD | FDP | Grüne | Summe |
|---|---|---|---|---|---|
| Wirtschaft, Handel, Gewerbe | 20 | 15 | 2 | 1 | 38 |
| Parteien, Fraktionen | 2 | 10 | – | 3 | 15 |
| Verbände, Stiftungen, Vereine | 1 | 5 | 1 | 1 | 8 |
| Gewerkschaften | – | 4 | – | – | 4 |
| Kirchen | 4 | 2 | – | – | 6 |
| Post, Telekommunikation | 2 | 2 | – | – | 4 |
| Sonstige | 1 | 1 | – | – | 4 |
| **Summe** | 30 | 39 | 3 | 5 | 77 |

**II. Öffentlicher Dienst**

| | CDU | SPD | FDP | Grüne | Summe |
|---|---|---|---|---|---|
| Bildung, Forschung, Lehre | 11 | 8 | – | 1 | 20 |
| Verwaltung | 8 | 14 | 2 | 3 | 27 |
| Gesundheit | 1 | 2 | 1 | – | 4 |
| Polizei | 3 | – | 1 | – | 4 |
| Sonstige | 2 | – | 1 | – | 3 |
| **Summe** | 25 | 24 | 5 | 4 | 58 |

**III. Selbstständige**

| | CDU | SPD | FDP | Grüne | Summe |
|---|---|---|---|---|---|
| Unternehmer, Kaufleute | 5 | 1 | 2 | – | 8 |
| Rechtsanwälte, Notare, Steuerberater | 11 | 4 | 2 | – | 17 |
| Landwirte | 6 | – | – | – | 6 |
| Architekten, Ingenieure | 1 | – | – | – | 1 |
| Handwerk | 4 | – | – | – | 4 |
| Beratende Berufe | 2 | 1 | – | 1 | 4 |
| Gesundheitswesen | 1 | – | – | – | 1 |
| Sonstige | 1 | 1 | – | 1 | 3 |
| **Summe** | 31 | 7 | 4 | 2 | 44 |

**IV. Hausfrauen**

| | CDU | SPD | FDP | Grüne | Summe |
|---|---|---|---|---|---|
| Hausfrauen | 2 | 4 | – | – | 6 |

**V. Rentner/Pensionäre**

| | CDU | SPD | FDP | Grüne | Summe |
|---|---|---|---|---|---|
| Rentner/Pensionäre | 1 | – | – | – | 1 |

Quelle: Landtag von Nordrhein-Westfalen. Stand: September 2008.

## 3.5 Wahlkreiseinteilung

Ähnlich wie bei Kommunalwahlen differenziert das Landeswahlgesetz zwischen Wahlgebiet, Wahlbezirk und Stimmbezirk (§13-15 LWahlG). Das **Wahlgebiet** ist das gesamte Land Nordrhein-Westfalen, das in **Wahlkreise** unterteilt wird. Wegen der Verkleinerung des Landtags gibt es seit der letzten Wahl 2005 nur noch 128 statt vorher 151 Wahlkreise (Andersen/Gehne 2005: 35f). Jeder Wahlkreis soll eine annähernd gleich große Einwohnerzahl umfassen. Beträgt die Abweichung der Einwohnerzahl von der durchschnittlichen Einwohnerzahl der Wahlkreise mehr als 20 Prozent, muss eine Neuabgrenzung vorgenommen werden. Auf die Grenzen der Kreise und kreisfreien Städte soll bei der Wahlkreiseinteilung nach Möglichkeit Rücksicht genommen werden. Zudem dürfen Gemeindegrenzen nur in Ausnahmefällen durchschnitten werden (→ **siehe Abbildung 21**).

Jeder Wahlkreis unterteilt sich wiederum weiter in **Stimmbezirke**, die von den Gemeindebehörden vor Ort festgelegt werden. Dabei ist Folgendes zu beachten: Die Stimmbezirke sollen so gebildet werden, dass allen Wahlberechtigten die Teilnahme an der Wahl möglichst erleichtert wird. Dabei soll kein Stimmbezirk mehr als 2.500 Einwohner umfassen. Die Zahl der Wahlberechtigten eines Stimmbezirks darf aber auch nicht so gering sein, dass erkennbar wird, wie jeder einzelne Wahlberechtigte gewählt hat. Die Gemeindebehörde hat zudem die Möglichkeit, Sonderstimmbezirke zu bilden. Dies wird vor allem in öffentlichen Einrichtungen mit einer großen Zahl von Wahlberechtigten, die keinen Wahlraum außerhalb der Einrichtung aufsuchen können, wie Altenwohnheime, Erholungsheime, Krankenhäuser oder Pflegeheime praktiziert.

## 3.6 Wahlkampf

Landtagswahlkämpfe verfolgen grundsätzlich die gleichen Ziele wie Wahlkämpfe zu anderen Wahlen. Die Parteien versuchen durch Darstellung und Vermittlung von Wahlprogrammen und der zur Wahl stehenden Personen, möglichst viele Wählerstimmen auf sich zu vereinigen. Dazu müssen sowohl die eigenen Anhänger mobilisiert, als auch neue Stimmen hinzugewonnen werden. Ähnlich wie auf Bundesebene kann man die Tendenz beobachten, dass sich Landtagswahlkämpfe immer stärker durch → **Personalisierung**, → **Mediatisierung** und → **Professionalisierung** kennzeichnen. In der Wahlkampfforschung wird dies auch mit dem Begriff „Amerikanisierung der Wahlkämpfe" bezeichnet (Korte 2005: 112ff; Geisler/Tenscher 2002):

**Personalisierung** meint die starke Fokussierung des Wahlkampfes auf die Spitzenkandidaten der Parteien zu Lasten von Sachthemen. Auf Landesebene, wo der Ministerpräsident als „Landesvater" eine besonders starke Prominenz erreichen kann, ist dies im Vergleich zu Bundestagswahlkämpfen noch verstärkt zu erwarten. Vom Amtsbonus des Ministerpräsidenten kann in der Regel auch seine Partei im Wahlkampf profitieren. Generell gilt dabei folgende Regel: Je näher der Wahltermin rückt, desto größer wird der Personalisierungsgrad des Wahlkampfes (Marcinkowski/Nieland 2002). Die erstmalige Austragung zweier TV-Duelle zwischen dem amtierenden Ministerpräsidenten Peer Steinbrück und Herausforderer Jürgen Rüttgers im Landtagswahlkampf 2005 nach dem Vorbild der TV-Duelle im Bundestagswahlkampf 2002 stärkt die Personalisierungsthese zusätzlich. Die kleineren Parteien, die bei einem TV-Duell in der Regel nicht vertreten sind, verlieren dadurch an Wählerstimmen, wie eine Analyse zur Landtagswahl 2005 beweisen konnte (Feist/Hoffmann 2006: 171).

Unter **Mediatisierung** wird die immer stärkere Bedeutung der Massenmedien im Wahlkampf verstanden. Nicht mehr direkte Wahlwerbung über Wahlversammlungen auf der Straße wie im Kommunalwahlkampf (siehe Kapitel 2.7) ist entscheidend für den Wahlausgang, sondern die Präsentation der Parteien, Kandidaten und Themen im Fernsehen, Internet, der Presse und im Radio. Der persönliche Internetauftritt der Kandidaten, TV-Duelle der Spitzenkandidaten, Auftritte in Talkshows und nicht zuletzt Wahlwerbespots sollen die Wählerinnen und Wähler überzeu-

**ABBILDUNG 21 WAHLKREISEINTEILUNG NRW**

Quelle: Innenministerium NRW 2008.

gen. Eine immer größere Bedeutung spielt dabei das Internet. So versuchte die SPD im Landtagswahlkampf 2005 erstmals mit einem Mitmach-Center, einem wöchentlichen Webvideo des Spitzenkandidaten, einer E-Mail-Kampagne, einer Online-Spendenkampagne und mit dem ersten dauerhaften Webblog einer deutschen Partei, die Wählerinnen und Wähler zu überzeugen. Auch passen die Parteien ihre Wahlkampf- und PR-Strategien speziell an die Logik der Medien an. So werden beispielsweise eigens fernsehgerechte Ereignisse kreiert, um das „Leitmedium Fernsehen" gezielt zu bedienen. Man spricht in diesem Zusammenhang auch von politischen Inszenierungen. Gerade in Nordrhein-Westfalen wird die Bedeutung der Medien in Landtagswahlkämpfen als besonders groß erachtet, da die Medienwirtschaft im „Medienland NRW" mittlerweile als wichtiger Standortfaktor der Region gilt (von Alemann/Brandenburg 2000: 170ff; Sarcinelli/Schatz 2002).

Allerdings kommt dem Fernsehen in NRW-Landtagswahlkämpfen eine weniger große Bedeutung zu als in Bundestagswahlkämpfen. So nutzten im Landtagswahlkampf 2000 immerhin noch 39,8 Prozent primär die Tageszeitung, um sich über den Wahlkampf zu informieren. Hierbei geht es vor allem um lokale Zeitungen, die nur in Ausschnitten über die Landespolitik berichten. Bei der Benutzung des Fernsehens liegen öffentlich-rechtliche Medien deutlich vor den Angeboten der Privaten, wenngleich die Bürgerinnen und Bürger überregionalen Sendungen wie beispielsweise der „Tagesschau" gegenüber regionalen Programmen wie der „Aktuellen Stunde" auch im Landtagswahlkampf den Vorzug gaben (Marcinkowski/Nieland 2002: 89ff). So ist festzuhalten, dass Landtagswahlkämpfe trotz ihrer teilweise bundespolitischen Bedeutung oftmals keineswegs im Mittelpunkt des regionalen Medieninteresses stehen, sondern parallel mit politischen Debatten in der Bundespolitik um die Aufmerksamkeit in den Medien streiten müssen.

Unter **Professionalisierung** des Wahlkampfes wird abschließend der Ausbau der Öffentlichkeits- und PR-Arbeit der Parteien durch Unterstützung seitens professioneller Experten aus unterschiedlichen Arbeitsbereichen verstanden. So werden Werbeagenturen, Umfrageinstitute und Wissenschaftler als externe Berater in die Planung, Organisation und Durchführung der Landtagswahlkämpfe miteinbezogen. Bei der Kampagnenplanung werden Marketing-Konzepte aus Wirtschaftsunternehmen adaptiert, man spricht auch von Politischem Marketing, gleichwohl die Orientierung an Marketingkonzepten von Partei zu Partei unterschiedlich stark ausgeprägt ist (Diermann 2007:

117ff). So konnte festgestellt werden, dass bei der Kampagnenplanung der Grünen im Landtagswahlkampf 2005 keine Marketingorientierung vorlag. Während sich die Kampagnen von FDP und SPD zumindest tendenziell an Marketingkonzepten orientierten, lag lediglich bei der CDU eine klare Marketingdenkweise vor. Der Einsatz professioneller PR-Techniken und der Meinungsforschung dient den Parteien nicht nur zur eigenen Lageeinschätzung, sondern ist auch ein berichtenswertes Thema für die Medien. Darüber hinaus richten die Parteien analog zur Bundestagswahl verstärkt eigene Wahlkampfzentralen ein, von wo aus der Landtagswahlkampf zentral organisiert, koordiniert und gesteuert wird. So wurde beispielsweise der Wahlkampf der CDU 2005 von der Zukunftswerkstatt NRW, einer Wahlkampfzentrale innerhalb der Landesgeschäftsstelle, mit circa 15 bis 20 festangestellten Mitarbeitern geführt. Unterstützt wurden sie dabei durch einen externen Medienberater und personelle Hilfe der Bundespartei. Zu den Aufgaben dieser mehrköpfigen Wahlkampfteams gehört aber nicht nur das Führen des eigenen Wahlkampfes, sondern beispielsweise auch die Gegnerbeobachtung oder die Beratung der Direktkandidaten im Wahlkreis, die meistens ihren eigenen Wahlkampf vor Ort führen.

Trotzdem finden auch immer noch klassische Wahlkampfmittel Anwendung: Wahlkampfveranstaltungen, Informationsstände, Plakate, Flugblätter und die Verteilung von Werbeartikeln wie Aufkleber und Kugelschreiber dienen dazu, die Wähler vor Ort direkt anzusprechen und die Wahlkreiskandidaten der Parteien bekannt zu machen. Dabei sind alle Parteien auf die ehrenamtliche Mithilfe der Parteimitglieder vor Ort angewiesen, da sonst ein Wahlkampf in dieser Form nicht durchführbar wäre.

### Der Landtagswahlkampf 2005

Die Bundespolitik spielt für Landtagswahlkämpfe in Nordrhein-Westfalen traditionell eine wichtige Rolle. Sowohl 2000 als auch 2005 können Einflüsse ausgemacht werden. So verhinderte 2000 zunächst die Spendenaffäre der Bundespartei ein gutes Landtagswahlergebnis für die CDU und damit die Ablösung der rot-grünen Landesregierung. Erst fünf Jahre später konnten die Christdemokraten die starke Wechselstimmung im Land ausnutzen, um die 39-jährige SPD-Regierungszeit in Nordrhein-Westfalen zu beenden (Korte/Florack/Grunden 2006: 327ff). Die Stärke der CDU 2005 war in erster Linie auf die große Unzufriedenheit der Bevölkerung mit der rot-grünen Bundesregierung in Berlin zurückzuführen. Besonders die Grünen hatten damit zu kämpfen, dass das öffentliche Ansehen ihres Außenministers Joschka Fischers wegen der so genannten Visa-Affäre im Frühjahr 2005 rapide gesunken war. Auch spielte die Einführung der Agenda 2010 und der Hartz-Reformen seitens der Bundesregierung eine große Rolle (Feist/Hoffmann 2006: 167ff). Neben dem Arbeitsmarkt waren aber auch die Wirtschafts-, Bildungs- und Schulpolitik sowie Fragen der sozialen Gerechtigkeit zentrale Themen des Landtagswahlkampfes. Dieser wurde von allen beteiligten Parteien gezielt als Lagerwahlkampf geführt: Auf der einen Seite versuchten die Regierungsparteien SPD und Grüne die positiven Effekte ihrer Regierungspolitik zu betonen, auf der anderen Seite kritisierten die Oppositionsparteien CDU und FDP diese Politik und versuchten sich als bessere Alternative, als „Regierung im Wartestand", zu positionieren. Den Wählerinnen und Wählern konnte so der Eindruck vermittelt werden, bei der Landtagswahl handele es sich um eine wichtige Richtungsentscheidung für die Zukunft des Landes.

Um den Wahlkampf finanzieren zu können, erhalten die Landesverbände der Parteien im Rahmen der staatlichen Teilfinanzierung, deren Höhe sich nach einer komplizierten Berechnung unter Berücksichtigung weiterer Einnahmen einer Partei (zum Beispiel Mitgliedsbeiträgen und Spenden) richtet, auch einen am eigenen Wahlerfolg gemessenen Anteil ihrer jährlichen Zuwendungen (Andersen/Gehne 2005 und Kapitel 4.6.4). Wenn eine Partei bei einer Landtagswahl demnach mehr als ein Prozent der gültigen Stimmen erhalten hat, bekommt ihr Landesverband in den folgenden Jahren bis zur nächsten Landtagswahl jährlich 50 Cent für jede gültige Wählerstimme. Für die Festsetzung der Höhe der Beträge ist der Bundestagspräsident zuständig, für die Auszahlung der wahlbezogenen staatlichen Mittel an die Landesverbände der Parteien die Präsidentin des Landtags.

**ABBILDUNG 22 ÜBERSICHT WAHLKAMPFSTRATEGIEN CDU UND SPD 2005**

| | CDU | SPD |
|---|---|---|
| **Grundsatz-entscheidung** | Keine Personalisierung, Vermittlung der Inhalte, Mobilisierung der eigenen Stammwählerschaft | Personalisierung auf den Spitzenkandidaten Peer Steinbrück, Konzentration auf vier Themen, Mobilisierung der eigenen Stammwählerschaft |
| **Phasen der Kampagne** | 1. Angriff auf Rot-Grün<br>2. Vermittlung der eigenen Kompetenzen<br>3. Person Jürgen Rüttgers<br>(alle Phasen dauerten ca. zwei bis drei Wochen) | 1. Identifikation mit dem Land: NRW und SPD sind ein klasse Team!<br>2. Profilierung: SPD ist der Motor für das Kraftzentrum NRW.<br>3. Konfrontation gegen Schwarz-Gelb/Rüttgers<br>4. Mobilisierung: Wählen gehen! |
| **Themen** | Innere Sicherheit, Schule, Arbeitsmarkt, Haushalt | Schule und Betreuung, Energie, Arbeit und Innovation, starke Kommunen, Gesellschaft des langen Lebens |
| **Zentrale Slogans** | „Genug ist genug", „NRW kommt wieder" | „Klarer Kurs. Peer Steinbrück", „Kinder fördern – Zukunft sichern!", „Starke Schulen – Starke Perspektiven", „Starke Menschen. Starkes Land", „Für eine friedfertige Gesellschaft!" |
| **Werbemittel** | **Spots:**<br>Kino/Radio („Neustart für NRW", 48 Sekunden), TV („Arbeit statt Rot-Grün", eine Minute)<br>**Großflächenplakate:**<br>6 Motive auf 2000 Großflächenplakaten<br>**Flyer:**<br>Wahlprogramm, Kandidatenflyer des Spitzenkandidaten, Flyer auf Russisch (Zielgruppe Russland-Deutsche)<br>**Veranstaltungen:**<br>Auftaktveranstaltung in Oberhausen, Neujahrsempfang in Düsseldorf, Vorstellung Sofort-Programm in Wuppertal, Wahlkampfabschluss in Düsseldorf<br>**Sonstiges:**<br>Briefe an alle Wählerinnen und Wähler über 65 Jahren, NRWin-Team (landesweites Netzwerk von ehrenamtlichen Helfern vor Ort) | **Großflächenplakate:**<br>4500 Sonder-Großflächenplakate (Wesselmänner)<br>**Flyer:**<br>Flugblattserie zu TV-Duellen, Themenfaltblätter, Image-Broschüre Steinbrück, Flugblattaktion: Wer NRWSPD wählt, hat 6 Richtige!<br>**Veranstaltungen:**<br>Programmkonvent November 2004 in Bochum, Auftaktveranstaltung März 2005 in Essen, Familienfest April 2005 „Durchstarten für NRW", Schlussspurt regional mit Kundgebung in Dortmund Mai 2005, Zelttournee, Steinbrück-Tour<br>**Sonstiges:**<br>Diverse Internet-Formate (Mitmach-Center, wöchentliches Web-Video des Spitzenkandidaten, E-Mail-Kampagne, Online-Spendenkampagne, Planung von TV-Partys), Kandidatenbetreuung (Telefon-Hotline, Training) |
| **Wahlkampf-organisation** | Zukunftswerkstatt NRW in der Landesgeschäftsstelle mit 15 bis 20 festangestellten Mitarbeitern, vier Mitarbeitern der Agentur Barten & Barten, Michael Spreng (externer Berater bis Dez. 04), Michael Thielen (Bundespartei) und dem NRWin-Team | Wahlkampfleitung und Kampagnenbüro im Landesbüro der NRWSPD mit insgesamt 20 Personen, Agentur Butter, Organisation über Schaltkonferenzen |
| **Internet** | www.cdu-nrw.de<br>www.juergen-ruettgers.de<br>www.nrwinteam.de<br>(keine Blogs oder Podcasts) | www.nrwspd.de<br>www.peer-steinbrueck.de<br>http://spenden.nrwspd.de<br>http://blog.nrwspd.de (erster dauerhafter Webblog einer deutschen Partei) – Aufrufe (Visits): 1,8 Mio. |
| **Kosten** | Ca. 9 Mio. Euro (geschätzt) | Ca. 8,5 Millionen Euro |

 Quelle: Interview mit dem stellvertretenden Pressesprecher der NRW-CDU, Dr. Thomas Breuer, am 05.08.2008 und Informationen von Wolfgang Helmich, stellvertretender Landesgeschäftsführer der NRWSPD, auf Anfrage.

Wie hoch jedoch die tatsächlichen Wahlkampfkosten der Parteien bei einer Landtagswahl sind, ist trotz der Angaben über Parteiausgaben in den jährlichen Rechenschaftsberichten nicht genau zu ermitteln. Die von der staatlichen Teilfinanzierung nicht gedeckten Ausgaben für den Wahlkampf müssen die Parteien aus Mitgliedsbeiträgen und Spenden bestreiten.

## 3.7 Wahltermin

Der Termin für die Landtagswahl wird durch die Landesregierung festgesetzt und bekannt gemacht (§7 LWahlG). Nur in dem Fall, dass die Landesregierung ihrer gesetzlichen Pflicht nicht rechtzeitig nachkommt, kann der Landtag selbst durch ein Gesetz den Wahltermin bestimmen.

Die Wahl findet in der Regel im letzten Vierteljahr der fünfjährigen Wahlperiode statt (Art. 34 LV). Nur im Ausnahmefall der vorzeitigen Auflösung des Landtages (siehe Kapitel 3.12), den es in der Geschichte des Landes aber noch nie gegeben hat, könnte der Wahltermin auch frühzeitiger angesetzt werden. Die nächste Landtagswahl in Nordrhein-Westfalen findet voraussichtlich im Frühjahr 2010 statt, der genaue Termin steht noch nicht fest.

Damit möglichst viele Wahlberechtigte teilnehmen können, ist der Wahltag wie bei allen anderen Wahlen immer ein Sonntag oder ein gesetzlicher Feiertag. Die Wahlzeit dauert in der Regel von 8 bis 18 Uhr. Allerdings kann der Landeswahlleiter, falls besondere Gründe vorliegen, auch einen früheren Beginn festsetzen.

## 3.8 Wahlhandlung

Dafür, dass die Landtagswahl ordnungsgemäß durchgeführt werden kann, sorgen die unterschiedlichen Wahlorgane: Für das Land ist dies der Landeswahlleiter und der Landeswahlausschuss, für den Wahlkreis der Kreiswahlleiter und der Kreiswahlausschuss sowie für den Stimmbezirk der Wahlvorsteher und der Wahlvorstand (§8-12 LWahlG). Die wichtigste Person ist dabei der von der Landesregierung ernannte Landeswahlleiter. Er trägt die Hauptverantwortung für die ordnungsmäßige Vorbereitung und Durchführung der Wahl. Die anderen Wahlorgane, die bis auf den Kreiswahlleiter jeweils nur ehrenamtlich tätig sind, sind bei der Überwachung und Durchführung der Wahlhandlung unterstützend tätig.

Zum ersten Mal hat jede Wählerin und jeder Wähler bei der Landtagswahl 2010 zwei Stimmen. Die Stimmabgabe erfolgt geheim in einer Wahlkabine im Wahllokal des jeweiligen Stimmbezirks. Mit der Erststimme wählt der Wähler einen Direktkandidaten im Wahlkreis und mit der Zweitstimme die Landesreserveliste einer Partei. Seine Wahl macht der Wähler durch Ankreuzen auf dem Stimmzettel kenntlich (Andersen/Gehne 2005: 37). Die Stimmzettel werden für jeden Wahlkreis amtlich hergestellt. Sie enthalten zum einen eine Liste über die aufgestellten Direktkandidaten des Wahlkreises, sowie zum anderen eine Liste mit den Reservelisten der kandidierenden Parteien. Die Reihenfolge richtet sich nach der Zahl der Zweitstimmen, die die Parteien bei der letzten Landtagswahl erreicht haben. Die übrigen Landeslisten schließen sich in der Reihenfolge ihres Eingangs beim Landeswahlleiter an, bei gleichzeitigem Eingang in alphabetischer Reihenfolge. Ist der Wahlakt vollzogen, faltet die Wählerin beziehungsweise der Wähler den Stimmzettel und wirft ihn in die Wahlurne.

Die Wählerinnen und Wähler können ihre Stimmen nur persönlich abgeben. Falls eine Person des Lesens unkundig oder aufgrund einer körperlichen Beeinträchtigung nicht in der Lage ist, die Wahl allein zu vollziehen, kann sie sich der Hilfe einer anderen Person (Hilfsperson) bedienen. Blinde oder Sehbehinderte können zudem zur Kennzeichnung des Stimmzettels auch eine Stimmzettelschablone zur Hilfe nehmen. Ferner kann das Innenministerium zulassen, dass an Stelle von Stimmzetteln amtlich zugelassene Wahlgeräte verwendet werden (→ **siehe Infobox 12**).

### Infobox [23] Landeswahlleiterin

**Die Landeswahlleiterin für Europa-, Bundestags-, Landtags- und Kommunalwahlen und ihre Stellvertretung werden von der Landesregierung auf unbestimmte Zeit ernannt. Beide verrichten ihre Arbeit im Innenministerium. Ihre Aufgaben sind:**

- → Bildung der Landeswahlausschüsse,
- → Vorsitz in den Landeswahlausschüssen,
- → Entscheidung über die Bestellung gemeinsamer Kreiswahlorgane für mehrere Wahlkreise,
- → Beschaffung von Formblättern und Vordrucken,
- → Aufforderung zur Einreichung von Landeslisten,
- → Entgegennahme und Vorprüfung der Landeslisten,
- → Überprüfung der Wahlbewerberinnen und -bewerber auf unzulässige Doppelkandidaturen,
- → Kontrolle der Entscheidungen des Landeswahlausschusses über die Zulassung von Landeslisten mit dem Recht der Beschwerde an den Bundeswahlausschuss,
- → Bekanntmachung der zugelassenen Landeslisten,
- → Festlegung der Reihenfolge der zugelassenen Landeslisten und der Namen der ersten fünf beziehungsweise zehn Bewerber jeder Liste auf den Stimmzetteln,
- → Beobachtung der Wahlhandlung und Bereithaltung für Anfragen anderer Wahlorgane,
- → Ermittlung und Bekanntgabe der vorläufigen Stimmenergebnisse im Land,
- → Vorbereitung der endgültigen Feststellung des Stimmenergebnisses der Landeslistenwahl durch den Landeswahlausschuss,
- → Weiterleitung einer Ausfertigung der Niederschrift des Landeswahlausschusses und bei Bundestagswahlen einer Zusammenstellung des endgültigen Ergebnisses in den Wahlkreisen des Landes an den Bundeswahlleiter,
- → Benachrichtigung der nach Landeslisten Gewählten,
- → Bekanntmachung des endgültigen Wahlergebnisses im Land,
- → Überprüfung der Wahl im Land auf ihre Ordnungsmäßigkeit mit dem Recht des Einspruchs im Wahlprüfungsverfahren,
- → Bestimmung des Tages einer etwaigen Nach-, Wiederholungs- oder Ersatzwahl,
- → Berufung von Listennachfolgerinnen und -nachfolgern.

**Amtierende Landeswahlleiterin ist die Ministerialdirigentin Helga Block. Ihr Stellvertreter ist der leitende Ministerialrat Dr. Peter Schoenemann.**

Falls eine Wählerin oder ein Wähler am Wahltag nicht ins Wahllokal kommen kann oder will, kann auch Briefwahl beantragt werden (Andersen/Gehne 2005: 38). Dazu müssen mit Hilfe der Wahlbenachrichtigung der Wahlschein sowie die Briefwahlunterlagen bei der Gemeindeverwaltung persönlich oder schriftlich beantragt werden. Der Wahlschein berechtigt einerseits zur Briefwahl, andererseits aber auch dazu, in einem anderen Wahllokal des Wahlkreises zu wählen als in der Wahlbenachrichtigung angegeben.

Die Briefwahlunterlagen umfassen:

eine umfangreiche Gebrauchsanweisung zur Durchführung der Briefwahl,

- den Stimmzettel und einen amtlichen Wahlumschlag,
- den Wahlschein mit einer eidesstattlichen Erklärung, dass der Wähler den Stimmzettel selbst gekennzeichnet hat und
- den Wahlbriefumschlag, in dem die Unterlagen zurückgesandt werden.

Haben die Briefwählerinnen und Briefwähler ihre Wahl getroffen, müssen sie ihren Wahlschein und in einem besonderen verschlossenen Stimmzettelumschlag ihren Stimmzettel dem Bürgermeister spätestens am Wahltag bis 18 Uhr mit Hilfe des Wahlbriefumschlages zu senden. Auf dem Wahlschein müssen sie dem Bürgermeister an Eides statt versichert haben, dass der Stimmzettel von ihnen persönlich gekennzeichnet worden ist. Ansonsten ist die Briefwahl ungültig. Die Wahlbriefe werden im Rathaus gesammelt und nach Schließung der Wahllokale von eigens gebildeten Briefwahlvorständen ausgezählt. Das Ergebnis wird vom Bürgermeister an den Kreiswahlleiter weitergeleitet und zusammen mit den Ergebnissen der Wahllokale veröffentlicht.

Die Erfahrungen der letzten Wahlen zeigen, dass der Anteil der Briefwählerinnen und Briefwähler stetig zugenommen hat. Die Gründe dafür sind vielfältig: Einerseits scheint es vor allem für ältere Menschen bequemer, zu Hause zu wählen, andererseits kann dadurch der Wahlsonntag für andere Freizeitaktivitäten genutzt werden.

## 3.9 Feststellung des Wahlergebnisses

Wenn am Wahltag um 18 Uhr das Wahllokal schließt und die Wahlzeit offiziell zu Ende ist, beginnt der Wahlvorstand sofort mit der Stimmenauszählung (§29-30 LWahlG; Andersen/Gehne 2005: 53). Dabei ist zunächst die Gesamtzahl der Wähler anhand des Wählerverzeichnisses und der eingenommenen Wahlscheine festzustellen und mit der Zahl der in den Urnen befindlichen Stimmzettel zu vergleichen. Erst dann wird die Zahl der gültigen Erst- und Zweitstimmen sowie der auf jeden Direktkandidaten entfallenen gültigen Erststimmen und der auf jede Landesliste entfallenen gültigen Zweitstimmen ermittelt. Über die Gültigkeit der Stimmen entscheidet der Wahlvorstand. Stimmen gelten als ungültig, wenn mehr als zwei oder gar kein Wahlvorschlag angekreuzt wurde oder zusätzliche Bemerkungen und Vorbehalte auf den Wahlzettel geschrieben wurden. Enthält der Stimmzettel nur eine Stimmabgabe, so ist nur die nicht abgegebene Stimme ungültig. Für die Auszählung der Briefwahl-Stimmen ist der zusätzlich eingesetzte Briefwahlvorstand zuständig. Um Wahlergebnisse nachträglich überprüfen zu können, werden alle Stimmzettel nach der Auszählung verpackt, versiegelt und in den Kommunen archiviert.

Sind alle Stimmen ausgezählt und an den Landeswahlleiter weitergeleitet worden, stellt der Landeswahlausschuss das endgültige Ergebnis der Wahl fest (§33-34 LWahlG). Der Kreiswahlleiter gibt das Ergebnis daraufhin im Wahlkreis, der Landeswahlleiter im Land öffentlich bekannt. Die Aufgabe, die Landtagssitze anhand des Wahlergebnisses durch das Stimmenverrechnungsverfahren nach Sainte Laguë/Schepers auf alle Parteien zu verteilen, obliegt dem Landeswahlausschuss. Der Landeswahlleiter benachrichtigt zudem die Kandidaten, die über die Landeslisten in den Landtag rücken. Die gewählten Direktkandidaten werden hingegen von den jeweiligen Kreiswahlleitern über ihre Wahl benachrichtigt.

Falls begründete Einwände gegen die Rechtmäßigkeit der Wahl bestehen, kann jeder Wahlberechtigte mit der Zustimmung von mindestens 50 weiteren Wahlberechtigten oder auch eine betroffene Partei Einspruch gegen die Gültigkeit der Wahl einlegen (Andersen/Gehne 2005: 39). Über den Einspruch entscheidet der Landtag und in letzter Instanz das Landesverfassungsgericht. Berechtigte Einwände sind zum Beispiel rechnerische Fehler bei der Feststellung des Wahlergebnisses oder Behinderungen der Wahlhandlung, wenn Auswirkungen auf die Sitzverteilung zu erwarten sind.

## 3.10 Wahlverhalten bei Landtagswahlen

Das Wahlverhalten bei nordrhein-westfälischen Landtagswahlen ist bis heute entscheidend von der Zugehörigkeit der Wähler zu bestimmten sozialen Gruppen geprägt (Andersen/Bovermann 2004). So wählen gewerkschaftlich gebundene Arbeiter auch heute noch zu rund 60 Prozent die SPD, regelmäßige katholische Kirchgänger zu über 70 Prozent die CDU (Forschungsgruppe Wahlen: 2005). Doch das Stammwählerreservoir schwindet: Wie die Wahl 2005 zeigte, können sich beide Volksparteien immer weniger auf ihre Stammklientel verlassen. So ist aufgrund des Strukturwandels in der Region der Anteil von gewerkschaftlich gebundenen Arbeitern an der Bevölkerung in den letzten Jahren stark geschrumpft. Bei der letzten Landtagswahl machte er daher nur noch 11 Prozent der SPD-Wählerschaft aus. Ähnliches gilt für die CDU: Gesellschaftlicher Wertewandel und der Anstieg der Konfessionslosigkeit führen dazu, dass nur noch 19 Prozent der CDU-Wähler Katholiken mit regelmäßigem Kirchgang sind (Forschungsgruppe Wahlen: 2005). Dafür gewinnen im Sinne des individualpsychologischen Erklärungsansatzes (siehe Kapitel 6.2.2) kurzfristige Einflüsse wie die Themen- und Kandidatenorientierung immer mehr an Bedeutung. Auch bei Landtagswahlen ist daher ein Trend zur Personalisierung zu erkennen. Wahlkampfstrategien und Medienberichterstattung konzentrieren sich immer stärker auf die Spitzenkandidaten der Parteien, der Wahlkampf wird auch wegen der TV-Duelle zu einem Zweikampf zwischen dem Amtsinhaber und dem Herausforderer der anderen großen Partei. Der amtierende Ministerpräsident und seine Partei können dabei in der Regel von einem klaren Popularitätsvorsprung aus dem Amt heraus gegenüber dem Kandidaten der Oppositionspartei profitieren (siehe Kapitel 3.6).

Ferner können aber auch bundespolitische Einflüsse für Landtagswahlen entscheidend sein (Decker 2006). Demnach schneiden Parteien, die auf der Bundesebene an der Regierung beteiligt sind, bei Landtagswahlen oft schlechter ab als die Oppositionsparteien in Berlin. Dies ist eine Folge der unterschiedlichen Mobilisierungschancen der Parteien und hat Folgen für die Wahlbeteiligung und für die Stimmverhältnisse. Während Anhänger der Regierungsparteien im Bund meist aufgrund nicht eingehaltener Wahlversprechen enttäuscht sind und am Tag der Landtagswahl vermehrt zu Hause bleiben, sind Anhänger der Oppositionsparteien besonders motiviert, ihren Unmut über die Bundesregierung an der Wahlurne zu äußern. In der Geschichte der nordrhein-westfälischen Landtagswahlen bestätigt sich diese These anhand der Ergebnisse der beiden Volksparteien weitestgehend. Zudem hat sich in der Öffentlichkeit zunehmend der Eindruck verfestigt, dass Landtagswahlen immer mehr den Charakter von „Zwischen-" beziehungsweise „Testwahlen" angenommen haben und als Stimmungsbarometer für die Bundespolitik fungieren (Decker/von Blumenthal 2002). In der Politikwissenschaft wird in diesem Zusammenhang auch von einer „Wahlverflechtungsfalle" (Florack/Hoffmann 2006) gesprochen. Diesem Konzept zur Folge nehmen die Wählerinnen und Wähler eine Landtagswahl durch den Mangel an direktdemokratischen Elementen auf Bundesebene auch als einzige Chance wahr, zwischen zwei Bundestagswahlen die Arbeit der Bundesregierung durch ihr Wahlverhalten bei einer Landtagswahl zu bewerten. Dieses Verhalten wird mitunter durch das strategische Handeln politischer Akteure verstärkt, die Landtagswahlen auch gerne zu Abstimmungen über bundespolitische Personal- und Sachfragen ausrufen. Das Ergebnis kann so ein auch auf die Bundespolitik abzielendes Wahlverhalten bei Landtagswahlen und dadurch ein durch quasi-plebiszitäre Zwischenwahlen verstärkter Dauerwahlkampf auf der Bundesebene sein.

Die Geschichte nordrhein-westfälischer Landtagswahlen beweist allerdings, dass auch landespolitische Themen für einen Wahlausgang entscheidend sein können. Zu nennen sind in diesem Zusammenhang beispielsweise der Streit um die Montanmitbestimmung 1950, die kommunale Gebietsreform 1974, die Debatte um die kooperative Schule 1978 und der Umgang mit der Bergbau- und Stahlkrise in den 1980er Jahren – allesamt landespolitische Themen, die den Ausgang nordrhein-westfälischer Landtagswahlen maßgeblich beeinflusst haben. Auch neueste politikwissenschaftliche Untersuchungen bestätigen diesen Eindruck empirisch: So schätzen besonders die Wählerinnen und Wähler in Westdeutschland die Landespolitik für ihre Wahlentscheidung bei Landtagswahlen als deutlich wichtiger als die Bundespolitik ein (Krumpal/Rauhut 2008).

Die Wahlbeteiligung bei Landtagswahlen in Nordrhein-Westfalen liegt auf einem ähnlichen Niveau wie die bei Landtagswahlen in anderen Bundesländern. Seit der Rekordbeteiligung 1975 (86,1 Prozent) hat sich die Anzahl der Nichtwähler sukzessive erhöht. Im Jahr 2000 wurde gar die niedrigste Wahlbeteiligung seit Gründung des Landes gemessen. 43,3 Prozent der Wahlberechtigten gingen nicht zur Wahl. Die Gruppe der Nichtwähler war damit sogar stärker als die erfolgreichste Partei, die SPD. Diese Tendenz, die auch bei Wahlen in den anderen Bundesländern beziehungsweise auf den anderen politischen Ebenen ausgemacht werden kann, wird sich wohl auch in den kommenden Jahren so schnell nicht umkehren.

## Wahlverhalten bei der Landtagswahl 2005

Das Wahlergebnis der Landtagswahl 2005 führte zu einem triumphalen Sieg für die Union und ihren Spitzenkandidaten Jürgen Rüttgers (Korte/Florack/Grunden 2006: 330ff). Mit 44,8 Prozent der Stimmen erhielt die CDU ihr bestes Ergebnis seit 1975. Damals hatte die Partei 47,1 Prozent erhalten. Gegenüber der Landtagswahl von 2000 konnte die Union 7,8 Prozentpunkte hinzugewinnen. Die SPD hingegen verlor 5,7 Prozentpunkte und erreichte lediglich 37,1 Prozent. Die Sozialdemokraten errangen damit das schlechteste Ergebnis bei einer nordrhein-westfälischen Landtagswahl seit 1954. Auch die FDP verlor mit ihrem Spitzenkandidaten Ingo Wolf 3,6 Prozentpunkte und erreichte nur noch 6,2 Prozent. Gleichauf lagen nun die Grünen, deren Verluste mit 0,9 Prozentpunkten jedoch geringer ausfielen. Die erstmals zur Landtagswahl angetretene WASG erreichte mit 2,2 Prozent ein durchaus beachtenswertes Ergebnis, verpasste den Einzug in den Landtag gleichwohl deutlich. Die Wahlbeteiligung stieg gegenüber der von 2000 an. Nach 56,7 Prozent fünf Jahre zuvor machten nun 63 Prozent der Wähler von ihrem Wahlrecht Gebrauch. Vor allem die CDU profitierte von diesem deutlichen Anstieg. Sie erreichte nun mit 3.696.506 Stimmen 984.330 Stimmen mehr als noch im Jahr 2000. Die Zahl der absoluten Wählerstimmen für die SPD hingegen blieb beinahe stabil. Sie verlor lediglich 84.191 Stimmen gegenüber ihrem Ergebnis von 2000. Auch die Grünen blieben mit Blick auf die absoluten Wählerstimmen stabil, sie büßten lediglich 9.002 Stimmen ein. Die Stimmenverluste für die Liberalen fielen hingegen deutlich aus. 213.292 Wähler weniger sprachen ihnen das Vertrauen aus als noch bei der vorangegangenen Landtagswahl (LDS 2005b: 9). Waren im Wahljahr 2000 viele CDU-Sympathisanten unter dem Eindruck des CDU-Parteispendenskandals den Urnen fern geblieben oder zur FDP gewechselt, gewann sie 2005 per saldo 490.000 Stimmen ehemaliger Nichtwähler hinzu. Hinzu kamen circa 290.000 ehemalige SPD-Wähler. Schließlich gelang es der CDU, die 2000 an die FDP verloren gegangenen Stimmen zurückzugewinnen. Im Saldo circa 180.000 Wähler, die 2000 noch die Liberalen gewählt hatten, wechselten nun zur Union. Auch die SPD konnte von der gestiegenen Wahlbeteiligung profitieren, jedoch nicht im gleichen Ausmaß wie die CDU. Aus dem Lager der Nichtwähler gewannen die Sozialdemokraten 130.000 Stimmen hinzu, weitere 70.000 ehemalige Grünen-Wähler wechselten ebenfalls zur SPD (Feist/Hoffmann 2006: 175). Trotz des klaren Sieges der Union konnte die SPD ihr Stimmenergebnis von 2000 weitgehend stabil halten.

Allerdings offenbarte der Blick auf ihr Wählerpotenzial die ganze Dramatik des Wahlergebnisses aus Sicht der Sozialdemokraten. Nach Berechnungen der „Arbeitsgruppe Wahlen Freiburg" konnte die SPD nur noch 60 Prozent ihres Wählerpotenzials mobilisieren. Dem Trend bei vorangegangenen Wahlen seit 1999 entsprechend, verloren die Sozialdemokraten vor allem bei ihren Stammwählern, der unteren Mittelschicht. Die Verluste von jeweils elf Prozentpunkten bei Arbeitern und Arbeitslosen fielen fast doppelt so hoch aus wie in der Gesamtheit. Auch konnte die SPD die Popularität ihres Spitzenkandidaten Peer Steinbrück, der durchgehend bessere Sympathiewerte als Herausforderer Jürgen

**ABBILDUNG 23 WÄHLER NACH BERUFSGRUPPEN UND GEWERKSCHAFTSMITGLIEDSCHAFT 2005 (IN PROZENT)**

| | SPD | CDU | FDP | Grüne |
|---|---|---|---|---|
| **Gesamt** | 37,1 | 44,8 | 6,2 | 6,2 |
| **Erwerbsstatus** | | | | |
| Berufstätige | 35 | 43 | 7 | 9 |
| Rentner | 40 | 50 | 4 | 2 |
| Arbeitslos | 36 (-11) | 34 (+9) | 7 (-1) | 8 (-5) |
| **Berufsgruppen** | | | | |
| Arbeiter | 45 (-11) | 39 (+9) | 5 | 3 |
| Angestellte | 38 | 43 | 6 | 7 |
| Beamte | 31 | 49 | 6 | 10 |
| Selbständige | 23 | 55 | 11 | 7 |
| **Gewerkschaftsmitgliedschaft** | | | | |
| Ja | 54 (-7) | 28 (+6) | 4 | 7 |
| Nein | 34 | 48 | 7 | 6 |
| **Gewerkschaftsmitgliedschaft + Arbeiter** | | | | |
| Mitglied | 61 (-11) | 25 | 4 | 2 |
| Kein Mitglied | 40 | 44 | 5 | 4 |

Quelle: Korte/Florack/Grunden 2006: 332.

Rüttgers aufwies und auch die beiden TV-Duelle am 5. und 17. Mai 2005 im Gesamteindruck für sich entscheiden konnte, nicht in eigene Wählerstimmen ummünzen.

Die CDU legte vor allem in der Gruppe der Arbeiter mit neun Prozentpunkten deutlich zu und erreichte hier nun 39 Prozent. Bei den Arbeitslosen gewann die Union mit ebenfalls neun Prozentpunkten deutlich hinzu und rückte mit 34 Prozent nah an die SPD heran, die hier 36 Prozent der Stimmen erreichte. Zwar schnitt die SPD bei ihrer Stammklientel, den gewerkschaftlich organisierten Arbeitern, mit 61 Prozent weiterhin überdurchschnittlich ab, aber auch hier verlor sie sieben Prozentpunkte gegenüber 2000. Die CDU hingegen konnte auch hier sechs Punkte hinzugewinnen.

Zudem konnte die CDU in fast allen Altersgruppen Stimmen hinzugewinnen. Besonders stark waren die Zuwächse mit elf Prozentpunkten bei den 35- bis 45-Jährigen. Lediglich bei den 18- bis 25-Jährigen verlor die Union einen Prozentpunkt und lag nur in dieser Altersgruppe hinter der SPD. Klar überdurchschnittlich schnitten die Konservativen bei den über 60-Jährigen ab, wo sie 52 Prozent der Stimmen erreichten (LDS 2005b: 8). Schließlich gelang es der Union, bei den Wählerinnen erfolgreich zu sein. Mit 51,3 Prozent stellten die Frauen die Mehrheit der CDU-Wähler (LDS 2005b: 12), was Jürgen Rüttgers in seiner Wahlanalyse besonders würdigte.

Regional betrachtet konnte die SPD lediglich im Ruhrgebiet ihre traditionellen Hochburgen halten. Jedoch büßte sie auch in den meisten Revierstädten an Stimmen ein, wie beispielsweise im

Wahlkreis Oberhausen I. Dort verlor sie 7,7 Prozentpunkte. Die CDU hingegen konnte landesweit in allen Wahlkreisen zulegen. Sie hielt ihre ländlichen Hochburgen, konnte die SPD aber auch in einigen Großstädten auf Distanz halten. Neben dem Ruhrgebiet blieb die SPD nur in Bielefeld (Wahlkreis I), Köln und dem Wahlkreis Minden-Lübbecke II stärkste Partei. Während die SPD im Wahlkreis von Peer Steinbrück mit 55,9 Prozent das beste Ergebnis landesweit erzielte, erreichte die CDU in sieben Wahlkreisen mehr als 60 Prozent (LDS 2005a: 160ff).

Der Landtag hatte im März 2002 die Zahl der Wahlkreise von 151 auf 128 verringert. Der CDU gelang es, 89 dieser Wahlkreise direkt zu gewinnen. Angesichts dieses herausragenden Ergebnisses wurden keine weiteren Mandate über die Reserveliste der Partei vergeben. Die SPD hingegen, die bei der Wahl 2000 noch 102 Wahlkreise direkt für sich entscheiden konnte, kam nur noch auf 39 direkt errungene Mandate. Die verbleibenden 35 Sitze wurden über die Reserveliste vergeben. FDP und Grüne kamen jeweils auf zwölf Mandate. Alle Mandatsträger beider Parteien zogen über die Reserveliste in den Landtag ein (LDS 2005a: 150).

ABBILDUNG 24 MANDATSVERTEILUNG LANDTAGSWAHL 2005

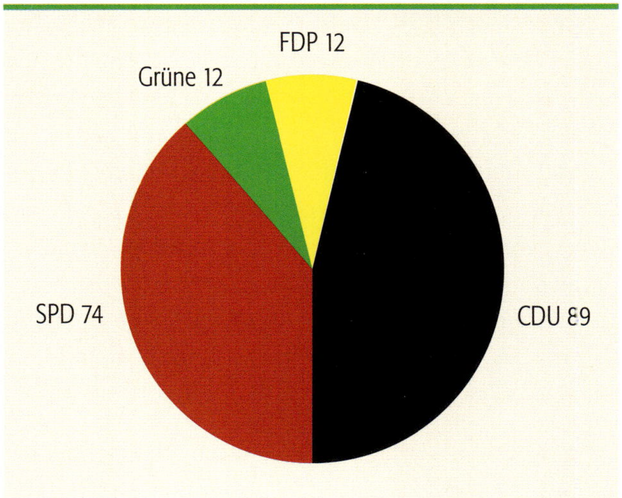


Quelle: Korte/Florack/Grunden 2006: 333.

Trotz der Verkleinerung des Landtages auf insgesamt 187 Sitze gelang es der Union damit, ein Mandat hinzuzugewinnen. Allerdings führten der Wahlerfolg und das gute Abschneiden der Partei hinsichtlich der Direktmandate zu einigen personellen Verschiebungen innerhalb der CDU-Fraktion. Das in der vorangegangenen 13. Legislaturperiode durch 19 Abgeordnete vertretene Ruhrgebiet wurde nun lediglich noch durch drei Mandatsträger repräsentiert. Einigen prominenten Landespolitikern der CDU blieb der Einzug in den Landtag verwehrt. So gelang weder dem Landesschatzmeister und stellvertretenden Fraktionsvorsitzenden Lothar Hegemann noch dem ehemaligen Gelsenkirchener Oberbürgermeister Oliver Wittke, der stellvertretenden Fraktionsvorsitzenden Regina van Dinther und der designierten Wirtschaftsministerin Christa Thoben der Einzug in den Landtag. In der Fraktion gab es bereits kurz nach der Wahl Befürchtungen, zahlreiche Kabinettsposten müssten nun als Kompensation für die Unterrepräsentation in der Fraktion mit Ruhrgebietsvertretern besetzt werden. Zudem waren die Frauen in der Fraktion deutlich unterrepräsentiert. Nur elf der 89 Mandate entfielen auf Frauen. Die Frauenunion beklagte dieses Ergebnis, was den Wahlsieger Rüttgers in der Fraktionssitzung am 24. Mai 2005 dazu veranlasste, den Frauen eine angemessene Kompensation in Aussicht zu stellen.

Dennoch war das Wahlergebnis ein herausragender Triumph vor allem für die CDU. Durch die Ankündigung des SPD-Vorsitzenden Franz Müntefering am Wahlabend, Bundestagsneuwahlen anzustreben, war zudem die bundespolitische Bedeutung der Landtagswahl offensichtlich geworden. Die beiden Spitzenkandidaten von CDU und FDP in Nordrhein-Westfalen unterstrichen dies noch einmal nachdrücklich. Sowohl Andreas Pinkwart als auch Jürgen Rüttgers verwiesen explizit auf die Signalwirkung Nordrhein-Westfalens für den Bund und die angekündigte Bundestagswahl. Der Wahlerfolg stärkte nun auch Rüttgers innerparteilich den Rücken. Angesichts der Größe Nordrhein-Westfalens wurde Rüttgers darüber hinaus beinahe automatisch zu einem wichtigen bundespolitischen Machtfaktor. Nordrhein-Westfalen stellt rund ein Drittel der Delegierten bei CDU-Bundesparteitagen und Rüttgers konnte künftig als Ministerpräsident den Nimbus der Regierungsmacht einbringen.

Entscheidend für den Wahlausgang war aber in erster Linie die Wechselstimmung im Land, die auch mit einer deutlichen Unzufriedenheit mit der Bundesregierung einherging. So schaffte es die schwarz-gelbe Opposition im Wahlkampf, sich sowohl als bessere Alternative in Düsseldorf, wie aber auch in Berlin darzustellen. Nach dem LänderTrend von infratest dimap wünschten sich daher kurz vor der Wahl 50 Prozent der Wahlberechtigten einen politischen Wechsel in Nordrhein-Westfalen (Neu 2005: 4). So war zwar ein gewisser Einfluss der Bundespolitik auf die Landtagswahl 2005 auszumachen, entschieden wurde sie dadurch aber nicht. Denn immerhin 46 Prozent der Wahlberechtigten gaben an, dass für ihre Wahlentscheidung primär die Landespolitik entscheidend gewesen sei (Feist/Hoffmann 2006: 170).

## 3.11 Wahl des Ministerpräsidenten

Die Wahl des Ministerpräsidenten durch den Landtag ist detailliert in der Landesverfassung geregelt. Darin heißt es: „Der Landtag wählt aus seiner Mitte in geheimer Wahl ohne Aussprache den Ministerpräsidenten mit mehr als der Hälfte der gesetzlichen Zahl seiner Mitglieder" (Art. 52 Abs. 1 LV; Dästner 2002: 180ff). Im Unterschied zu anderen Landesverfassungen ist damit die Mitgliedschaft des Ministerpräsidenten im Landtag Vorbedingung für seine Wahl, was einmalig im deutschen Parlamentarismus ist. Diese Verfassungsvorschrift führte beispielsweise im Jahr 2002 dazu, dass die Suche nach einem Nachfolger für Ministerpräsident Wolfgang Clement, der als „Superminister" für Wirtschaft und Arbeit ins Bundeskabinett nach Berlin wechselte, für die SPD schwierig wurde. Eigentlich war der SPD-Landesvorsitzende Harald Schartau als neuer Ministerpräsident auserkoren, doch dem damaligen Arbeitsminister fehlte das nötige Landtagsmandat. Finanzminister Peer Steinbrück, der im Gegensatz zu Schartau Landtagsabgeordneter war, wurde daher praktisch als „zweite Wahl" zum neuen Ministerpräsidenten gewählt (Korte/Florack/Grunden 2006: 272ff).

Bei der Ministerpräsidentenwahl gibt es weitere gesetzliche Regeln, die zu befolgen sind: Falls eine Ministerpräsidentenmehrheit im ersten Wahlgang nicht gegeben ist, kann es innerhalb von 14 Tagen bis zu drei weitere Wahlgänge geben, zu denen auch neue Kandidaten vorgeschlagen werden können. Nur wenn auch diese Wahlgänge scheitern, sieht die Landesverfassung eine Stichwahl zwischen den beiden stimmenstärksten Kandidaten vor (Art. 52 Abs. 2 LV). In der Praxis wird allerdings ähnlich wie bei der Kanzlerwahl im Bundestag nur der aussichtsreichste Kandidat von der aus den Landtagswahlen als Sieger hervorgegangenen Partei beziehungsweise Koalition für die Wahl nominiert. So steht in der Regel schon lange vor der Wahl im Landtag fest, wer zum Ministerpräsident gewählt werden wird (Leunig 2007: 212ff).

Der gewählte Ministerpräsident hat das alleinige Recht, die Landesminister zu ernennen und zu entlassen (Art. 52 Abs. 3 LV). So schreibt im Gegensatz zu anderen Landesverfassungen die nordrhein-westfälische Verfassung keine Bestätigung der Landesminister durch den Landtag vor. Anders als der Ministerpräsident müssen die Landesminister kein Landtagsmandat besitzen, sie dürfen allerdings auch nicht gleichzeitig Mitglied des Bundestages sein. Aus dem Recht zur Berufung der Minister ergibt sich für den Ministerpräsidenten indirekt auch das Recht zur Organisation der Landesregierung. So kann der Ministerpräsident die Zahl und den Ressortzuschnitt der Landesministerien selbst festlegen. Allerdings wurde das Organisationsrecht durch ein Urteil des Landesverfassungsgerichts 1999 begrenzt. Die von Ministerpräsident Wolfgang Clement vorgenommene Zusammenlegung von Justiz- und Innenministerium wurde für verfassungswidrig erklärt, da der Landtag in dieser wichtigen Frage nicht konsultiert worden war (Andersen/Bovermann 2004: 324).

Das im Grundgesetz vorgesehene Instrument der Vertrauensfrage für den Bundeskanzler steht dem nordrhein-westfälischen Ministerpräsidenten nicht zur Verfügung. Nur die für ein parlamentarisches Regierungssystem konstitutive Abberufbarkeit ist analog zur Bundesebene geregelt. Demnach kann der Ministerpräsident nur über ein konstruktives Misstrauensvotum abge-

## Infobox [24] Regierungsbildung

Mit der Wahl eines Landtagsabgeordneten zum Ministerpräsidenten beginnt die Bildung der Landesregierung (Korte/Florack/Grunden 2006: 71). Diese besteht aus dem Ministerpräsidenten und den Ministern. Die Regierungsbildung und Regierungsorganisation ist allein dem Ministerpräsidenten vorbehalten (Art. 52 Abs. 3 LV). Ohne die Zustimmung des Landtages ernennt und entlässt er die Mitglieder des Kabinetts. Als Regierungschef legt er ferner die Anzahl der Ministerien fest, weist ihnen Kompetenzen und Aufgaben zu und ernennt seinen Stellvertreter. Die einzige Verpflichtung des Ministerpräsidenten gegenüber dem Parlament besteht in der Information der Abgeordneten über die von ihm vorgenommene Zusammensetzung und Kompetenzverteilung im Kabinett. Scheidet der Ministerpräsident aus seinem Amt aus, sei es durch Rücktritt oder durch ein konstruktives Misstrauensvotum, verlieren auch alle anderen Kabinettsmitglieder ihr Ministeramt. Ihr politisches Schicksal ist somit direkt an die Person des Ministerpräsidenten gebunden.

In der Realität ist ein Ministerpräsident bei der Regierungsbildung aber nicht vollkommen frei in seiner Entscheidung (Leunig 2007: 212ff). Handelt es sich um eine Koalitionsregierung, muss er zunächst die Interessen des kleineren Koalitionspartners berücksichtigen. Im Koalitionsvertrag ist meistens bereits festgelegt, wie viele und welche Ressorts die kleinere Partei in eigener Regie besetzen darf. Bei der Besetzung der restlichen Ministerposten muss der Ministerpräsident zudem innerparteiliche Abstimmungen vornehmen. Demnach sollten alle Flügel, regionale Untergliederungen und Vorfeldorganisationen der Partei gleichmäßig berücksichtigt werden. Auch Alter und Geschlecht spielt bei der Minister-Nominierung eine entscheidende Rolle. Ferner kann ein Ministerpräsident auch versuchen, innerparteiliche Gegenspieler durch Berufung ins Kabinett in die Kabinettsdisziplin einzubinden und deren politisches Störpotenzial zu neutralisieren (Korte/Fröhlich 2009). Einige Posten, wie zum Beispiel den des Chefs der Staatskanzlei, besetzt der Ministerpräsident in der Regel aber zwecks Amtes nur mit engen persönlichen Vertrauten.

**ABBILDUNG 25 DIE AMTIERENDE LANDESREGIERUNG VON NORDRHEIN-WESTFALEN (STAND 18.03.2009)**

| |
|---|
| Ministerpräsident: Jürgen Rüttgers (CDU) |
| Minister für Innovation, Wissenschaft, Forschung und Technologie, stellvertretender Ministerpräsident: Andreas Pinkwart (FDP) |
| Finanzminister: Helmut Linssen (CDU) |
| Ministerin für Wirtschaft, Mittelstand und Energie: Christa Thoben (CDU) |
| Innenminister: Ingo Wolf (FDP) |
| Minister für Arbeit, Gesundheit und Soziales: Karl-Josef Laumann (CDU) |
| Ministerin für Schule und Weiterbildung: Barbara Sommer (CDU) |
| Minister für Bauen und Verkehr: Lutz Lienenkämper (CDU) |
| Ministerin für Justiz: Roswitha Müller-Piepenkötter (CDU) |
| Minister für Umwelt und Naturschutz, Landwirtschaft und Verbraucherschutz: Eckhard Uhlenberg (CDU) |
| Minister für Generationen, Familie, Frauen und Integration: Armin Laschet (CDU) |
| Minister für Bundesangelegenheiten, Europa und Medien: Andreas Krautscheid (CDU) |

Quelle: Staatskanzlei NRW.

wählt werden, indem gleichzeitig ein neuer Ministerpräsident gewählt wird (Art. 61 LV). Dies ist in Nordrhein-Westfalen in Verbindung mit einem Koalitionswechsel bislang zweimal geschehen: 1956 und 1966 verließ jeweils die FDP eine Koalition mit der CDU und wechselte zur SPD. So wurde am im Februar 1956 Karl Arnold (CDU) von Fritz Steinhoff und im Dezember 1966 Franz Meyers (CDU) von Heinz Kühn (SPD) als Ministerpräsident abgelöst.

## 3.12 Vorzeitige Auflösung des Landtages

Der nordrhein-westfälische Landtag kann auf zwei verschiedene Arten aufgelöst werden: Durch Selbstauflösung oder nach einem von der Landesregierung initiierten Volksentscheid. So besitzt der Landtag anders als der Bundestag ein Selbstauflösungsrecht (Art. 35 Abs. 1 LV; Dästner 2002: 156). Sein ausschließliches Ziel ist die Erzwingung von Neuwahlen. Die Selbstauflösung muss mit der Mehrheit der gesetzlichen Mitgliederzahl des Landtages, also mit absoluter Mehrheit beschlossen werden. Die Neuwahl muss dann binnen 60 Tagen nach der Auflösung des Landtages erfolgen. Von diesem Recht hat der Landtag bislang aber noch nie Gebrauch gemacht.

Der zweite Fall einer Landtagsauflösung kann bei einem Konflikt zwischen Landesregierung und Landtag im Gesetzgebungsprozess auftreten. Denn falls der Landtag ein Gesetz der Landesregierung ablehnt, hat die Landesregierung laut der Landesverfassung die Möglichkeit, die Bürgerinnen und Bürgern des Landes in einem Volksentscheid über das Gesetz abstimmen zu lassen (Art. 68 Abs. 3 LV, → **siehe Infobox 16**). Erhält dieses Gesetz eine Mehrheit, hat die Landesregierung das Recht, den Landtag aufzulösen. Falls die Mehrheit der Bürgerinnen und Bürger aber dem Gesetz ihre Zustimmung verweigert, muss der Ministerpräsident zurücktreten und alle Minister verlieren automatisch ihr Amt. Auch diese rein verfassungstheoretische Regelung fand in der Geschichte Nordrhein-Westfalens noch keine Anwendung.

## 3.13 Nordrhein-Westfalen im Bundesrat

Die indirekt aus den Landtagswahlen hervorgegangene Regierung von Nordrhein-Westfalen ist über den Bundesrat auch an der bundesstaatlichen Gesetzgebung und der Europapolitik beteiligt. Der Bundesrat ist eines der fünf ständigen Verfassungsorgane der Bundesrepublik Deutschland. Neben Bundespräsident, Bundestag, Bundesregierung und Bundesverfassungsgericht ist der Bundesrat als Vertretung der Länder das föderative Bundesorgan (Reuter 2006: 4ff). Er entscheidet mit über die Politik des Bundes und bildet damit zum einen ein verfassungsrechtliches Gegengewicht zum Bundestag sowie zur Bundesregierung und zum anderen das Bindeglied zwischen dem Bund und den 16 Bundesländern. In Artikel 50 des Grundgesetzes ist seine Funktion und Stellung detailliert beschrieben:

*„Durch den Bundesrat wirken die Länder bei der Gesetzgebung und Verwaltung des Bundes und in Angelegenheiten der Europäischen Union mit" (Art. 50 GG).*

Der Bundesrat nimmt zwar bei der Gesetzgebung parlamentarische Funktionen wahr, ist allerdings von seiner Struktur her kein Parlament (Korte/Fröhlich 2009). Zwar hat er in funktionaler Hinsicht durchaus die Befugnisse einer zweiten Parlamentskammer, doch die Mitglieder des Bundesrates – allesamt Mitglieder der 16 Landesregierungen – haben kein von ihnen persönlich zu verantwortendes, sondern ein imperatives Mandat: Artikel 51 des Grundgesetzes regelt, dass der Bundesrat „aus Mitgliedern der Regierungen der Länder" besteht, „die sie bestellen und abberufen". Jedes Land hat zwischen drei und sechs Stimmen, insgesamt gibt es 69 (Reuter 2006: 16). Das Stimmengewicht hängt von der Einwohnerzahl des Landes ab, so dass Nordrhein-Westfalen als einwohnerstärkstes Bundesland genau wie Bayern, Baden-Württemberg und Niedersachsen über sechs Stimmen verfügt. Da kleine Länder wie Bremen oder das Saarland aber immerhin drei Stimmen besitzen, ist die Bevölkerung von Nordrhein-Westfalen im Bundesrat stark unterrepräsentiert. Die Landesregierung hat die Besetzung ihrer Sitze im Koalitionsvertrag geregelt. Demnach wird Nordrhein-Westfalen durch den Ministerpräsidenten (Jürgen Rüttgers), die Justizministerin (Roswitha Müller-Piepenkötter), den Arbeitsminister (Karl-Josef Laumann), den Innovationsminister (Andreas Pinkwart), den Finanzminister (Helmut Linssen) und den Minister für Bundes- und Europaangelegenheiten (Andreas Krautscheid) vertreten. Als Stellvertreter fungieren die restlichen sechs Minister des Kabinetts. So entscheiden die Wählerinnen und Wähler von Nordrhein-Westfalen bei den Landtagswahlen auch indirekt über die Besetzung eines Teils des Bundesrates mit.

Die Länder müssen ihre Stimmen bei Abstimmungen im Bundesrat geschlossen abgeben. Da es sich bei den meisten Länderregierungen um Koalitionen handelt, kann es bei Streitfragen durchaus zu unterschiedlichen Ansichten der beteiligten Parteien kommen. Für diesen Fall findet sich in der Regel im Koalitionsvertrag eine so genannte „Bundesratsklausel": Demnach enthält sich das Land komplett seiner Stimmen, falls keine Einigung zwischen den Parteien zu Stande gekommen ist. Dies gilt auch für die amtierende Landesregierung von Nordrhein-Westfalen (Koalitionsvertrag 2005: 63).

Das Grundgesetz weist dem Bund und den Ländern auf den Gebieten der Legislative, Exekutive und Judikative jeweils bestimmte Aufgaben zu. Generell kann man sagen, dass für die Gesetzgebung auf den meisten Gebieten der Bund die Zuständigkeit hat, die Verwaltung grundsätzlich Ländersache ist und die Rechtsprechung zwischen Bund und Ländern aufgeteilt wurde. Nur im Bereich der Kultur-, Medien- und Bildungspolitik, dem Gemeinderecht und dem Polizeiwesen obliegt den Ländern eine eigene Gesetzeskompetenz.

ABBILDUNG 26 BILDUNG DES BUNDESRATES

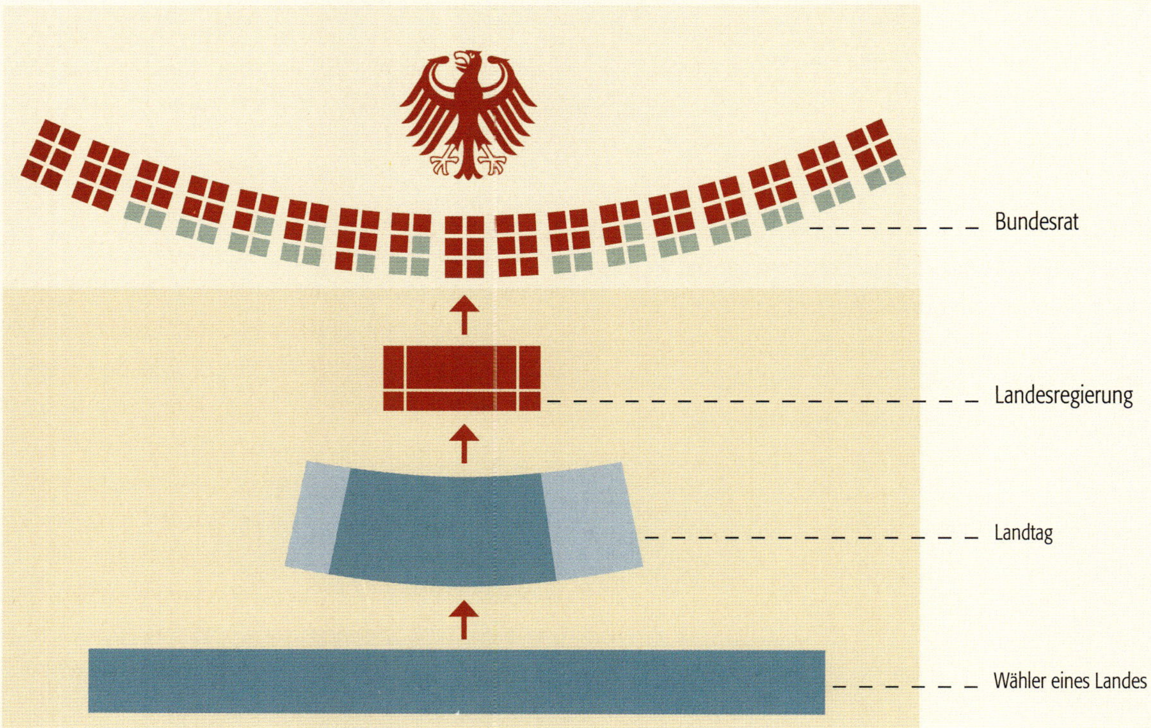


Quelle: Reuter 2006: 15.

ABBILDUNG 27 DOPPELTE GEWALTENTEILUNG IM BUNDESSTAAT

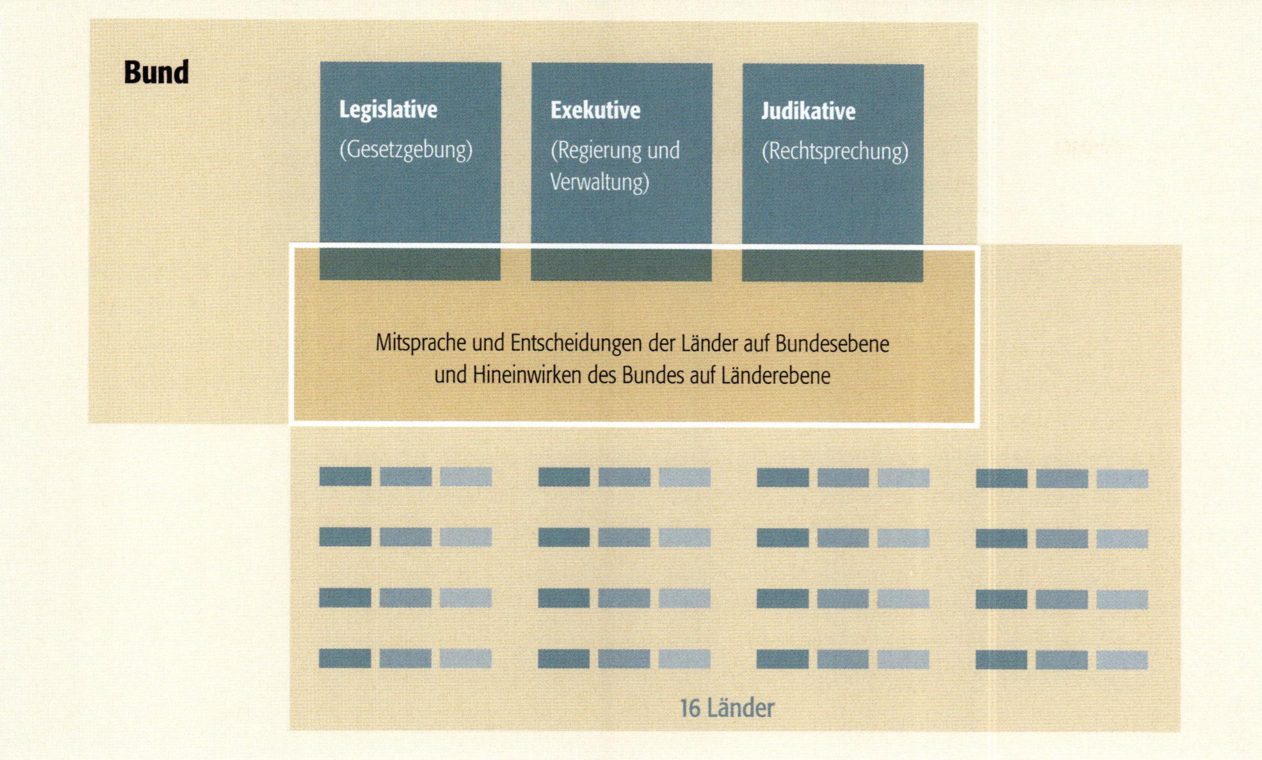


Quelle: Reuter 2006: 6.

Diese Aufgabenverteilung gibt dem Bund eine starke Stellung, denn mit der umfassenden Gesetzgebungshoheit kann er bundeseinheitliche Normen für alle Länder und alle Bürger setzen. Als Ausgleich können die Länder allerdings über den Bundesrat an der Gesetzgebung des Bundes direkt mitwirken: Bundesgesetze, die die Belange der Länder in besonderer Weise berühren, sind nur mit ausdrücklicher Zustimmung des Bundesrates möglich.

Man spricht daher auch von Zustimmungsgesetzen, der Bundesrat besitzt ein absolutes Vetorecht. Übt er dieses Recht aus, muss der Vermittlungsausschuss angerufen werden, um einen Kompromiss zwischen Bundestag und Bundesrat auszuhandeln. Der Bundesrat kann aber auch eigene Gesetzesinitiativen in den Gesetzgebungsprozess des Bundes einbringen. Zudem ist er bei der Richterbestellung des Bundesverfassungsgerichts beteiligt. Die Hälfte der Bundesrichter wird vom Bundesrat ausgewählt.

Wegen der traditionellen Verzahnung von Bundesrat und Bundestag bei der Gesetzgebung wird das politische System der Bundesrepublik oftmals auch als „kooperativer Föderalismus" beschrieben, der ferner zu einer starken „Politikverflechtung" aller politischen Ebenen geführt hat. Erst durch die Föderalismusreform I sollte diese „Politikverflechtungsfalle" (Scharpf/Reissert/Schnabel 1976) aufgelöst werden. Die Föderalismusreformkommission, die paritätisch aus Mitgliedern des Bundestages und des Bundesrates besetzt wurde, verständigte sich 2006 darauf, die Zahl der Zustimmungsgesetze von 60 auf 35 bis 40 Prozent zu verringern. Als Gegenleistung wurde die ausschließliche Gesetzgebungskompetenz der Länder in Bereichen des Bildungswesens, der Hochschul- und Forschungspolitik, des Besoldungsrechts sowie des Ladenschlussrechts gestärkt. Die Rahmengesetzgebung des Bundes wurde damit abgeschafft. Der Bundesrat muss aber weiterhin Gesetzen zustimmen, die erhebliche Kosten für die Länder verursachen. Durch diese Maßnahmen soll sich die Bundesrepublik zukünftig weg vom „kooperativen" hin zu einem „Wettbewerbsföderalismus" entwickeln.

Das Zusammenspiel von Bundesrat und -regierung wird in Artikel 53 des Grundgesetzes geregelt. Danach haben Mitglieder der Regierung das Recht beziehungsweise auf Verlangen die Pflicht, an Sitzungen des Bundesrates und seiner Ausschüsse teilzunehmen beziehungsweise gehört zu werden. Zudem gilt: „Der Bundesrat ist von der Bundesregierung über die Führung der Geschäfte auf dem Laufenden zu halten." Im Dreiecksverhältnis von Bundesregierung, Bundestag und Bundesrat ist mit zwei möglicherweise unterschiedlichen Mehrheiten, verschiedenen Wahlverfahren, Abhängigkeiten und Interessenkonstellationen zu rechnen (Korte/Fröhlich 2009). Je nach parteipolitischer Ausrichtung ist die Regierung zu einer Art informeller großer Koalition mit einem oppositionell dominierten Bundesrat gezwungen.

Die Landesregierungen von Nordrhein-Westfalen haben in ganz unterschiedlichen politischen Konstellationen versucht, über den Bundesrat das Gewicht des Landes auch bundespolitisch auszuspielen. Dabei standen landesspezifische Interessen immer im Vordergrund, so beispielsweise bei den verschiedenen europapolitischen (Vertrag über die Europäische Gemeinschaft für Kohle und Stahl 1951, Vertrag über die Europäische Wirtschaftsgemeinschaft 1957, Ratifizierung der Einheitlichen Europäischen Akte 1987) und kulturpolitischen (Gründung der Stiftung Preußischer Kulturbesitz 1957) Entscheidungen (Düwell 2007). Die Ministerpräsidenten Arnold, Meyers und Rau unterstrichen die besondere Bedeutung des Bundesrates für ihre Politik zudem darin, dass sie in Personalunion neben der Rolle des Ministerpräsidenten zeitweilig auch noch die Aufgabe des Bundesratsminis-

## Infobox [25] Landesvertretung beim Bund

**Die „Vertretung des Landes Nordrhein-Westfalen beim Bund", so der offizielle Titel, befindet sich im Berliner Diplomatenviertel Tiergarten in der Nachbarschaft der Botschaften Japans, Italiens und der Vereinigten Arabischen Emirate. Die Landesvertretung ist die Drehscheibe aller bundespolitischen Aktivitäten Nordrhein-Westfalens.**

**Der „Bevollmächtige des Landes beim Bund", der an der Spitze der Landesvertretung steht, koordiniert die politischen Positionen Nordrhein-Westfalens mit denen der anderen Bundesländer. Zurzeit übt diese Aufgabe der ehemalige Abteilungsleiter im Bundeskanzleramt, Michael Mertes, im Range eines Staatssekretärs aus. Zu seinen Aufgaben zählt in erster Linie das Überwachen von Fristen und Terminen im Bundesrat (Düwell 2007): So muss der Bevollmächtige die rechtzeitige Bestellung von Mitgliedern des Landes beziehungsweise von deren Stellvertretern in die Vollversammlung und in die Ausschüsse des Bundesrates regeln. Seine Aufgabe bringt es zudem mit sich, gute Kontakte zum Direktor des Bundesrates zu unterhalten. Dabei wird er maßgeblich von den Mitarbeitern der Landesvertretung unterstützt, die als Spiegelreferenten organisatorisch alle Ministerien der Landesregierung abbilden.**

**Jährlich finden aber auch rund 800 öffentliche Veranstaltungen in der Landesvertretung statt. In den Sälen, die u.a. die Namen „Rheinland", „Westfalen, „Lippe" tragen, finden politische Gespräche, Diskussionen mit Besuchergruppen oder Veranstaltungen von nordrhein-westfälischen Unternehmen und Organisationen statt. Höhepunkt des Jahres ist das traditionelle Sommerfest im September, zu dem mehrere tausend geladene Gäste erscheinen. Im Jahr begrüßt die Vertretung ungefähr 25.000 Besucher. Der 2002 eröffnete Neubau der Architekten Petzinka und Pink ist in großen Teilen nur aus Holz, Stahl und Glas gebaut und steht für Transparenz und Offenheit.**

ters übernahmen. Besonders Johannes Rau konnte so in den 1990er Jahren Einfluss auf die europapolitischen Entscheidungen der Bundesrepublik nehmen. Auch durch sein Engagement im Bundesrat wurde schließlich im Vertrag von Maastricht 1992 mit dem Ausschuss der Regionen (→ **siehe Infobox 35**) eine Ländervertretung auf der Ebene der Europäischen Union geschaffen. Diese Beobachtungen gehen auch mit der generellen Annahme einher, dass die Ministerpräsidenten der Bundesländer in den letzten Jahren immer stärker die Bundes- und Europapolitik zur „Chefsache" erklären und durch Ressortzuschnitt und Ämtervergabe die Entscheidungszentren in ihren Staatskanzleien bündeln (Grasl 2008). So auch in Nordrhein-Westfalen, wo der direkt zur Staatskanzlei zugeordnete Andreas Krautschreit den Ministerposten für Bundesratsangelegenheiten, Europa und Medien seit dem 24. Oktober 2007 innehat. Zur effizienten Koordination der Bundesratssitzungen vor Ort in Berlin dienen dem Ministerpräsidenten und dem Minister die 2002 eröffnete Landesvertretung beim Bund, die vom „Bevollmächtigten des Landes beim Bund" im Range eines Staatssekretärs geleitet wird und organisatorisch ebenfalls der Staatskanzlei untergeordnet ist.

Für Nordrhein-Westfalen war der Bundesrat schon immer ein idealer Ort, um seine bundespolitische Bedeutung in der deutschen Öffentlichkeit zu unterstreichen. Aufgrund seiner institutionellen Ausprägung steht das Gremium allerdings nur dem Ministerpräsidenten beziehungsweise den restlichen Mitgliedern der Landesregierung als Instrument zur Verfügung, um sich bundespolitisch zu präsentieren. Der Opposition im Landtag ist dies hingegen nicht möglich.

## 3.14 Weiterführende Literatur


*Alemann, Ulrich von (Hrsg.) (1985): Parteien und Wahlen in Nordrhein-Westfalen, Köln.*

*Alemann, Ulrich von/Brandenburg, Patrick (2000): Nordrhein-Westfalen. Ein Land entdeckt sich neu, Köln.*

*Andersen, Uwe (1985): Die Wahl als Teilhabe. Wahlrecht und Kandidatenaufstellung, in: Alemann, Ulrich von (Hrsg.): Parteien und Wahlen in Nordrhein-Westfalen, Köln, S. 175-188.*

*Andersen, Uwe (2000): NRW im Bundesrat, in: Landeszentrale für politische Bildung Nordrhein-Westfalen (Hrsg.): NRW-Lexikon, 2. Auflage, Düsseldorf, S. 228-229.*

*Andersen, Uwe/Bovermann, Rainer (2004): Der Landtag von Nordrhein-Westfalen, in: Mielke, Siegfried/Reutter, Werner (Hrsg.): Länderparlamentarismus in Deutschland. Geschichte – Struktur – Funktionen, Wiesbaden, S. 307-330.*

*Andersen, Uwe/Gehne, David H. (2005): Landtagswahlratgeber NRW 2005, Schwalbach/Ts.*

*Boldt, Hans (Hrsg.) (1989): Nordrhein-Westfalen und der Bund, Köln/Stuttgart/Berlin.*

*Dästner, Christian (2002): Die Verfassung des Landes Nordrhein-Westfalen. Kommentar, 2. Auflage, Stuttgart.*

*Decker, Frank (2006): Höhere Volatilität bei Landtagswahlen? Die Bedeutung bundespolitischer „Zwischenwahlen", in: Bayerische Landeszentrale für politische Bildungsarbeit (Hrsg.): Bilanz der Bundestagswahl 2005. Voraussetzungen, Ergebnisse, Folgen, München, S. 259-279.*

*Decker, Frank/von Blumenthal, Julia (2002): Die bundespolitische Durchdringung der Landtagswahlen. Eine empirische Analyse von 1970 bis 2001, in: ZParl, Jg. 33, 1/2002, S. 144-165.*

*Diermann, Melanie (2007): Politisches Marketing: Relevanz des Marketingkonzeptes für politische Parteien als Managementstrategie für Wahlkämpfe. Eine vergleichende Fallanalyse am Beispiel der Landtagswahl 2005 in NRW, Marburg.*

*Düwell, Kurt (2007): Nordrhein-Westfalens Minister für Bundesangelegenheiten. Ihr Wirken zwischen Landeskabinett, Bundesrat und europäischer Ebene, in: Brautmeier, Jürgen (Hrsg.): Mythen – Möglichkeiten – Wirklichkeiten. 60 Jahre Nordrhein-Westfalen, Essen, S. 131-152.*

*Feist, Ursula/Hoffmann, Hans-Jürgen (2006): Die nordrhein-westfälische Landtagswahl vom 22. Mai 2005. Schwarz-Gelb löst Rot-Grün ab, in: ZParl, Jg. 37, 1/2006, S. 163-182.*

*Florack, Martin/Hoffmann, Markus (2006): Die Bundesrepublik in der „Wahlverflechtungsfalle". Wahlen in der föderativen Politikverflechtung, in: Derichs, Claudia/Heberer, Thomas (Hrsg.): Wahlsysteme und Wahltypen. Eine kontextualisierte Analyse am Beispiel von 5 Weltregionen. Wiesbaden, 2006, S. 100-121.*

*Forschungsgruppe Wahlen e.V. (Hrsg.) (2005): Wahl in Nordrhein-Westfalen. Eine Analyse zur Landtagswahl vom 22. Mai 2005, Mannheim.*

*Geisler, Alexander/Tenscher, Jens (2002): „Amerikanisierung" der Wahlkampagne(n)? Zur Modernität von Kommunikationsstrukturen und -strategien im nordrhein-westfälischen Landtagswahlkampf 2000, in: Sarcinelli, Ulrich/Schatz, Heribert (Hrsg.): Mediendemokratie im Medienland. Inszenierungen und Themensetzungsstrategien im Spannungsfeld von Medien und Parteieliten am Beispiel der nordrhein-westfälischen Landtagswahl 2000, S. 53-117.*

*Gösmann, Sven (Hrsg.) (2008): Unsere Ministerpräsidenten in Nordrhein-Westfalen. Neun Porträts von Rudolf Amelunxen bis Jürgen Rüttgers, Düsseldorf.*

*Grasl, Maximilian K. (2008): Trennen sich die Wege? Die Bundes- und Europapolitik der Länder, in: Hildebrandt, Achim/Wolf, Frieder (Hrsg.): Die Politik der Bundesländer. Staatstätigkeit im Vergleich, Wiesbaden, S. 311-329.*

*Grunow, Dieter (Hrsg.) (2003): Verwaltung in Nordrhein-Westfalen. Zwischen Ärmelschoner und E-Government, Münster.*

*Hoffmann, Markus (2006): Regierungsstile von Ministerpräsident Johannes Rau 1990 bis 1998 – Versöhnen als Machtinstrument, Marburg.*

*Klein, Markus/Ohr, Dieter (2008): Der Einfluss der Bundespolitik auf Landtagswahlen: Das Beispiel Nordrhein-Westfalen, in: Gabriel, Oscar W./Holtmann, Everhard/Schnapp, Kai-Uwe/Völkl, Kerstin (Hrsg.): Landtagswahlen in der Bundesrepublik seit 1960, Baden-Baden (im Erscheinen).*

*Klose, Hans-Ulrich (2007): Das Wort hat der Abgeordnete. Der Landtag als Schauplatz politischer Entscheidungen, in: Brautmeier. Jürgen (Hrsg.): Mythen – Möglichkeiten – Wirklichkeiten. 60 Jahre Nordrhein-Westfalen, Essen, S. 123-130.*

*Koalitionsvertrag von CDU und FDP zur Bildung einer neuen Landesregierung in Nordrhein-Westfalen, Düsseldorf 2005.*

*Korte, Karl-Rudolf (2005): Wahlen in der Bundesrepublik Deutschland, 5. Auflage, Bonn.*

*Korte, Karl-Rudolf/Florack, Martin/Grunden, Timo (2006): Regieren in Nordrhein-Westfalen. Strukturen, Stile und Entscheidungen 1990 bis 2006, Wiesbaden.*

*Korte, Karl-Rudolf/Fröhlich, Manuel (2009): Politik und Regieren in Deutschland. Strukturen, Prozesse, Entscheidungen, 3. Auflage, Paderborn.*

*Kost, Andreas (2005): Direkte Demokratie in Nordrhein-Westfalen, in: Ders. (Hrsg.): Direkte Demokratie in den deutschen Ländern. Eine Einführung, Wiesbaden, S. 183-203.*

*Krumpal, Ivar/Rauhut, Heiko (2008): Zum Ausmaß der bundespolitischen Parteipolitikverflechtung bei Landtagswahlen in Deutschland 1996 bis 2000, in: ZParl, Jg. 39, Heft 2/2008, S. 249-269.*

*Landesamt für Datenverarbeitung und Statistik Nordrhein-Westfalen (Hrsg.) (2005a): Landtagswahl 2005. Heft 4: Ergebnisse nach Wahlkreisen und Gemeinden in NRW, Düsseldorf.*

*Landesamt für Datenverarbeitung und Statistik Nordrhein-Westfalen (Hrsg.) (2005b): Landtagswahl 2005. Heft 5: Ergebnisse nach Alter und Geschlecht in NRW, Düsseldorf.*

*Landesamt für Datenverarbeitung und Statistik Nordrhein-Westfalen (Hrsg.) (2006): Bundestagswahl 2005. Ergebnisse nach Alter und Geschlecht in Nordrhein-Westfalen, Düsseldorf.*

*Leunig, Sven (2007): Die Regierungssysteme der deutschen Länder im Vergleich, Opladen.*

*Marcinkowski, Frank/Nieland, Jörg-Uwe (2002): Medialisierung im politischen Mehrebenensystem – Eine Spurensuche im nordrhein-westfälischen Landtagswahlkampf, in: Alemann, Ulrich von/Marschall, Stefan (Hrsg.): Parteien in der Mediendemokratie, Wiesbaden, S. 81-115.*

*Menge, Hans (1987): 40 Jahre Wahlen in Nordrhein-Westfalen, Düsseldorf.*

*Mielke, Siegfried/Reutter, Werner (2004): Länderparlamentarismus in Deutschland – Eine Bestandsaufnahme, in: Dies. (Hrsg.): Länderparlamentarismus in Deutschland. Geschichte – Struktur – Funktionen, Wiesbaden, S. 19-51.*

*Mittag, Jürgen/Tenfelde, Klaus (Hrsg.) (2007): Versöhnen statt spalten. Johannes Rau: Sozialdemokratie, Landespolitik und Zeitgeschichte, Oberhausen.*

*Neu, Viola (2005): Landtagswahl in Nordrhein-Westfalen am 22. Mai 2005. Eine Wahlanalyse, Onlinepublikation, herausgegeben von der Konrad-Adenauer-Stiftung, Berlin.*

*Nohlen, Dieter (2004): Wahlrecht und Parteiensystem. Zur Theorie und Empirie der Wahlsysteme, 4. Auflage, Opladen.*

*Oberndörfer, Dieter/Mielke, Gerd/Eith, Ulrich (2005): Das Ende der Ära Schröder, Analyse der Landtagswahl in Nordrhein-Westfalen, Freiburg.*

*Pukelsheim, Friedrich/Maier, Sebastian (2008): Parlamentsvergrößerung als Problemlösung für Überhangmandate, Pattsituationen und Mehrheitsklauseln, in: ZParl, Jg. 39, Heft 2/2008, S. 312-322.*

*Reuter, Konrad (2006): Bundesrat und Bundesstaat. Der Bundesrat der Bundesrepublik Deutschland, 13. Auflage, Berlin.*

*Sarcinelli, Ulrich/Schatz, Heribert (Hrsg.) (2002): Mediendemokratie im Medienland? Inszenierungen und Themensetzungsstrategien im Spannungsfeld von Medien und Parteieliten am Beispiel der nordrhein-westfälischen Landtagswahl im Jahr 2000, Opladen.*

*Scharpf, Fritz W./Reissert, Bernd/Schnabel, Fritz (1976): Politikverflechtung. Theorie und Empirie des kooperativen Föderalismus der Bundesrepublik, Kronberg/Ts.*

*Steffani, Winfried (1979): Parlamentarische und präsidentielle Demokratie. Strukturelle Aspekte westlicher Demokratien, Opladen.*

*Trefs, Matthias (2008): Die Wahlsysteme der Länder, in: Hildebrandt, Achim/Wolf, Frieder (Hrsg.): Die Politik der Bundesländer. Staatstätigkeit im Vergleich, Wiesbaden, S. 331-344.*

*Voogt, Gerhard (2008): Aderlass bei der NRW-CDU, in: Rheinische Post vom 27.10.2008.*

# Kapitel 4

# Nordrhein-Westfalen und Bundestagswahlen

## 4.1 Geschichte des Bundestages

Zu Beginn der zweiten deutschen Demokratie wurde vor der Wiedereinführung der Verhältniswahl eindringlich gewarnt. Es wurde vorausgesagt, dass sich die Entwicklung der Weimarer Republik mit Parteienzersplitterung, Koalitionsquerelen, Instabilität und Radikalisierung wiederholen könnte. Trotzdem entschied man sich wieder für die Verhältniswahl. Es wurde aber ein Kompromiss gefunden, nach welchem ein Teil der Abgeordneten nach relativer Mehrheitswahl in Einpersonenwahlkreisen gewählt, der Mandatsanteil jedoch ausschließlich nach einer Methode der Verhältniswahl ermittelt wird.

Das Wahlrecht der Bundesrepublik unterscheidet sich damit deutlich von dem der Weimarer Republik (Korte 2005b: 39). Grundsätzlich handelte es sich bei diesem Wahlrecht, das nur für die Wahl zum ersten Deutschen Bundestag 1949 Gültigkeit besaß, um ein Verhältniswahlrecht, das man jedoch mit dem Prinzip der relativen Mehrheitswahl verknüpfte: So wurden rund 60 Prozent der – ohne Überhangmandate – 400 Abgeordnetensitze (plus 19 „Abgeordnete" aus Berlin) in 242 Wahlkreisen und 158 Mandate (rund 40 Prozent) über Listen der Parteien in den damals elf Ländern der drei Westzonen vergeben. Im Gegensatz zu allen späteren Wahlen hatten die Wähler nur eine einzige Stimme, mit der sie gleichzeitig ihren Direktkandidaten und die Landesliste seiner Partei unterstützten. Von größerer Bedeutung war aber bereits bei dieser Wahl der Teil der Stimmen, der die Parteienpräferenz zum Ausdruck brachte, da der Bundestag schon damals nach dem Gesamtstimmenverhältnis der Parteien besetzt wurde und die erreichten Direktmandate einer Partei von den ihr zustehenden Mandaten abgezogen wurden. Im Unterschied zum heutigen Wahlrecht wurde der bei der Mandatsvergabe ausschlaggebende Gesamtstimmenanteil der Parteien bis zur Wahlrechtsänderung von 1956 nur innerhalb der einzelnen Länder und nicht im Gesamtgebiet der Bundesrepublik summiert, bevor die Stimmenanteile der Parteien nach dem Verfahren von d'Hondt (→ siehe Infobox 16) in Mandate umgerechnet wurden. Das hatte zur Folge, dass keine so genaue Repräsentation wie nach der neuen Methode erreicht werden konnte, da für jedes der elf Länder Rundungen bei der Umrechnung vorgenommen werden mussten und ein Ländergrenzen überschreitender Ausgleich der Stimmenanteile nicht möglich war.

Ein anderes Merkmal des bundesdeutschen Wahlgesetzkompromisses war die Einführung einer Sperrklausel, die das Eindringen von Splitterparteien in den Bundestag verhindern und so die Gefahren eines reinen Verhältniswahlrechts mindern sollte. Hierbei war es besonders schwierig, diese Hürde in angemessener Höhe anzulegen. Eine hohe Hürde würde auch relativ große „Splitterparteien" und damit ganze Bevölkerungsgruppen vom politischen Prozess ausschließen, was die Stabilität des Systems gefährdet hätte. Eine zu niedrig gelegte Schranke hätte andererseits ihren Sinn nicht erfüllen können, Systemstabilität durch Parteienkonzentration zu gewährleisten. Der Parlamentarische Rat legte daher 1949 eine Fünf-Prozent-Hürde fest, die allerdings nur in einem Bundesland übersprungen zu werden brauchte. Gleichzeitig war jedoch auch schon eine Umgehung dieser Hürde vorgesehen, um das Entstehen neuer Parteien nicht allzu sehr zu erschweren: Auf Parteien, die 1949 bei den ersten Bundestagswahlen immerhin ein Direktmandat in einem Land erreichten, wurde die Fünf-Prozent-Hürde nicht angewendet. Sie sollten mit allen erreichten Zweitstimmen an der Verteilung der Mandate beteiligt werden. An dieser Sperrklausel, die sich in der Höhe von fünf Prozent der gültigen Stimmen bewährt hat, hat man (trotz bisweilen heftiger Diskussion um eine Verzerrung des Wählerwillens) bei Bundestagswahlen bis heute festgehalten. Das lag auch daran, dass sich eine Parlamentsmehrheit, die die

Höhe der Sperrklausel durch einfaches Gesetz erhöhen könnte, dem Vorwurf aussetzen würde, sich kleinerer Parteien auf diese Weise bewusst zu entledigen, um die eigene Macht zu sichern.

Die ersten Bundestagswahlen bestätigten zunächst den Eindruck, dass sich das Parteiensystem der Bundesrepublik auf der „Fahrt in Richtung Weimar" (Ferdinand A. Hermens) befand. Die CDU/CSU wurde knapp vor der SPD zur stärksten Parteigruppierung. Beide zusammen erreichten nur knapp 60 Prozent der Stimmen. Neben CDU/CSU, SPD und FDP wählten die Bundesbürger Abgeordnete von weiteren sieben Parteien in den Deutschen Bundestag. Nachdem neue Parteien ab 1950 keiner Zulassung durch die Alliierten mehr bedurften und sich daher das Parteienspektrum zu zersplittern begann, versuchte man diesem Prozess entgegenzuwirken, indem man mit der Wahlrechtsreform von 1953 die Fünf-Prozent-Klausel auf das ganze Bundesgebiet bezog, womit für das Überspringen dieser Hürde bedeutend mehr Stimmen notwendig waren als zuvor innerhalb eines einzigen Bundeslandes. Als diese Maßnahme allein nicht den gewünschten Erfolg zeigte und sich das Parteienspektrum nur langsam konzentrierte, beschloss der Bundestag im Jahr 1956 auch die zur Umgehung der Fünf-Prozent-Klausel nötige Anzahl der Direktmandate von einem auf drei zu erhöhen.

1953 setzte bereits eine erste Konzentration innerhalb des Parteiensystems ein. Als „Wahlwunder" wird in der Literatur häufig der triumphale Wahlsieg der Union 1953 bezeichnet. Mit 45,2 Prozent der Stimmen erreichte die Union eine knappe absolute Mehrheit der Mandate. Bis zu Beginn der sechziger Jahre hielt dieser Konzentrationstrend an. Die vielen kleineren Parteien wurden durch die CDU/CSU aufgesogen. Die Sozialdemokratie konnte ihre Stimmenanteile parallel kontinuierlich ausbauen. Das Bundeswahlgesetz von 1956 gilt in seinen Grundzügen unverändert bis zum heutigen Tag.

Im vierten Bundestag von 1961 gab es nur noch drei Fraktionen: CDU/CSU, SPD und FDP. Neben den gesellschaftspolitischen Veränderungen und den Erfolgen der ökonomischen Aufbaujahre wird gemeinhin auch der Einführung der Fünf-Prozent-Klausel die Verantwortung für diesen Konzentrationsprozess zugebilligt. Als 1966 die Große Koalition zustande kam, war eine realistische Chance für eine Wahlrechtsreform gegeben. Sie war Teil der Koalitionsvereinbarung zwischen SPD und Union. Die Kontroverse über die Wahlrechtsfrage wurde zudem durch neue Erkenntnisse der Wissenschaft gefördert. Die Bedingungen für die Einführung der Mehrheitswahl schienen aus Sicht der großen Parteien günstig. Alles deutete auf eine erfolgreiche Wahlrechtsreform hin. Der Bundesinnenminister berief einen Beirat für die Wahlrechtsreform ein. Dieser legte im Jahr 1968 seine Empfehlungen vor. Sie liefen eindeutig auf die Einführung der relativen Mehrheitswahl hinaus. Der Unmut der FDP, die sich in ihrer Existenz bedroht sah, blieb aber nicht ungehört. Sie prangerte an, dass die Wahlrechtsreform bloß ein Mittel zur Ausschaltung der unbequemen kleinen Partei sei und sprach vom „Ende der Freiheit". Zudem wurden negative Folgen bei der Einführung der Mehrheitswahl vorhergesagt. Eine Verstädterung der SPD und eine Verländlichung der Union wären wahrscheinlich gewesen. Als schließlich wissenschaftliche Untersuchungen der SPD keinerlei Machtchancen bei einer Einführung der Mehrheitswahl prophezeiten, unterstützte sie das Vorhaben nicht weiter, und die Wahlrechtsreform scheiterte. Viele Argumente für die Einführung der Mehrheitswahl verloren dann in den 1970er Jahren ihre Gültigkeit.

1969 kam es zum Regierungswechsel in Bonn. Bis dahin hatte man daran gezweifelt, ob auf der Basis des Verhältniswahlrechts überhaupt ein Regierungswechsel zustande kommen könnte. Die kontinuierlich zunehmende Stimmenanzahl der SPD – 1972 schaffte sie es, mehr Stimmen auf sich zu vereinigen als CDU/CSU – und die Umorientierung der FDP von der Union zur Sozialdemokratie ermöglichten den „Machtwechsel". Schließlich erwies sich das bundesdeutsche Wahlsystem als krisenfest. Trotz schlechter Konjunktur und zunehmender Arbeitslosigkeit war es nicht zu einer Zersplitterung der Parteienlandschaft in der Bundesrepublik gekommen.

Die nächsten Änderungen am Wahlgesetz fanden erst 1985 statt, als das bisher verwendete Verrechnungsverfahren nach d'Hondt von der Methode Hare/Niemeyer abgelöst wurde. Das Verrechnungsverfahren nach d'Hondt ist zwar heute noch das weltweit häufigste Verrechnungsverfahren, jedoch bestätigte sich der Verdacht, dass dabei kleinere Parteien benachteiligt werden (→ **siehe Infobox 16**).

Für die erste gesamtdeutsche Bundestagswahl 1990 galt folgende Sonderregelung: Bundesrepublik Deutschland und ehemalige DDR galten als getrennte Wahlgebiete. Das hatte zur Folge, dass die kandidierenden Parteien nur in einem Gebiet mit ihren Stimmen die Fünf-Prozent-Marke überschreiten mussten, um in den Bundestag einziehen zu können. Diese Regelung, die dazu gedacht war, Parteien, die nur in den neuen Bundesländern kandidierten oder sich dort besonders engagierten, den Einzug in den Bundestag zu erleichtern, wurde zum Rettungsanker für eine Partei, die in den alten Bundesländern schon etabliert war: Da Bündnis 90/Die Grünen aus Ostdeutschland und die westdeutschen Grünen keine Listenverbindung eingegangen waren und die West-Grünen im Gegensatz zu ihren Parteifreunden die Fünf-Prozent-Hürde nicht bewältigen konnten, war die Bundestagspolitik von Bündnis 90/Die Grünen ausschließlich eine Sache ostdeutscher Abgeordneter.

Das Bundesverfassungsgericht hat mit seinem am 2. Juli 2008 gefällten Urteil zur Rechtmäßigkeit der so genannten „Überhangmandate" eine Reform des Wahlrechts erzwungen. Es sieht die Gleichheit der Wählerstimmen nicht mehr gewährleistet und fordert eine Änderung der gesetzlichen Bestimmungen bis spätestens Mitte 2011 (genaueres dazu in Kapitel 4.3.1). Welchen Weg die Politik bei der Umgestaltung einschlägt, ist allerdings noch unklar.

Das Wahlsystem in seiner heutigen Gestalt hat, trotz nie ganz verstummender Diskussionen um eine grundlegende Reform, in seinen Grundzügen als „personalisierte Verhältniswahl mit Fünf-Prozent-Sperrklausel" seit Bestehen der Bundesrepublik Deutschland seine Funktionalität vielfach unter Beweis gestellt und sich große Akzeptanz verschafft.

Die Diskussionen um das Wahlrecht in der Geschichte der Bundesrepublik Deutschland lassen sich folgendermaßen kategorisieren:

- → Wahlrecht ist immer auch **politisches Recht**: Seine Ausgestaltung hängt an Machtfragen, durch die eine Besetzung höchster Staatsämter erst möglich wird. Das Wahlrecht muss politisch zweckmäßig sein; es muss einen Wechsel möglich machen.
- → Wahlrecht ist nur **im Kontext der Verfassung** zu sehen: Das Grundgesetz regelt die demokratischen Rahmenbedingungen des Wahlaktes. Sie dürfen durch keine Bestimmungen des Bundeswahlgesetzes ausgehebelt werden.
- → Wahlrecht ist immer auch **technisches Recht**: Die Umsetzung von Wählerstimmen in Mandate muss geregelt sein. Zielkonflikte treten zwangsläufig auf zwischen der Sicherung einer stabilen Mehrheit und dem Wunsch nach einem getreuen Abbild der Wählerschaft.

Neu entfacht wurde die Diskussion um eine grundlegende Reform des Wahlrechts in Richtung Mehrheitswahl durch das Ergebnis der Bundestagswahl 2005 und der folgenden Landtagswahlen. Es zeichnet sich eine Entwicklung in Richtung eines Fünf-Parteien-Systems ab, in dem die Regierungsbildung schwieriger wird. Nach der Bundestagswahl 2005 musste mangels durchführbarer Alternativen eine zweite Große Koalition gebildet werden. In Hessen arbeitete nach der Landtagswahl 2008 zunächst die vorherige Regierung weiter, d.h. die CDU verblieb trotz einer faktischen Wahlniederlage als Minderheitsregierung weiterhin geschäftsführend im Amt, da sich für die Wahl des Ministerpräsidenten im Landtag keine neue Mehrheit abzeichnete. Diese als „hessische Verhältnisse" charakterisierte Sondersituation wurde erst durch Neuwahlen im Januar 2009 aufgehoben. Seitdem regiert mit CDU und FDP wieder eine stabile Mehrheit im Wiesbadener Landtag. Doch auch andere Landtagswahlen sowie eine Vielzahl von Prognosen und Umfragen zeigen, dass sich zumindest mittelfristig die Partei „Die Linke" neben CDU, SPD, FDP und Bündnis 90/Die Grünen als zusätzliche Kraft

**ABBILDUNG 28 ERGEBNISSE DER BUNDESTAGSWAHLEN 1949-2005**

| | | 1949 | 1953 | 1957 | 1961 | 1965 | 1969 | 1972 | 1976 | 1980 | 1983 | 1987 | 1990 | 1994 | 1998 | 2002 | 2005 |
|---|---|---|---|---|---|---|---|---|---|---|---|---|---|---|---|---|---|
| Wahlbeteiligung | % | 78,5 | 86,0 | 87,8 | 87,7 | 86,8 | 86,7 | 91,1 | 90,7 | 88,6 | 89,1 | 84,3 | 77,8 | 79,0 | 82,2 | 79,1 | 77,7 |
| CDU/CSU | % | 31,0 | 45,2 | 50,2 | 45,3 | 47,6 | 46,1 | 44,9 | 48,6 | 44,5 | 48,8 | 44,3 | 43,8 | 41,5 | 35,2 | 38,5 | 35,2 |
| | Sitze | 141 | 249 | 278 | 251 | 251 | 250 | 234 | 254 | 237 | 255 | 234 | 319 | 294 | 245 | 248 | 226 |
| SPD | % | 29,2 | 28,8 | 31,8 | 36,2 | 39,3 | 42,7 | 45,8 | 42,6 | 42,9 | 38,2 | 37,0 | 33,5 | 36,4 | 40,9 | 38,5 | 34,2 |
| | Sitze | 136 | 162 | 181 | 203 | 217 | 237 | 242 | 224 | 228 | 202 | 193 | 239 | 252 | 298 | 251 | 222 |
| FDP | % | 11,9 | 9,5 | 7,7 | 12,8 | 9,5 | 5,8 | 8,4 | 7,9 | 10,6 | 7,0 | 9,1 | 11,0 | 6,9 | 6,2 | 7,4 | 9,8 |
| | Sitze | 53 | 53 | 43 | 67 | 50 | 31 | 42 | 40 | 54 | 35 | 48 | 79 | 47 | 43 | 47 | 61 |
| B 90/Die Grünen | % | | | | | | | | | 1,5 | 5,6 | 8,3 | 5,1[a] | 7,3 | 6,7 | 8,6 | 8,1 |
| | Sitze | | | | | | | | | – | 28 | 44 | 8 | 49 | 47 | 55 | 51 |
| PDS/Die Linke | % | | | | | | | | | | | | 2,4 | 4,4 | 5,1 | 4,0 | 8,7 |
| | Sitze | | | | | | | | | | | | 17 | 30 | 36 | 2 | 54 |
| Deutsche Partei DP | % | 4,0 | 3,3 | 3,4 | | | | | | | | | | | | | |
| | Sitze | 17 | 15 | 17 | | | | | | | | | | | | | |
| GB/BHE[b] (1961 GDP) | % | – | 5,9 | 4,6 | 2,8 | | | | | | | | | | | | |
| | Sitze | – | 27 | 0 | 0 | | | | | | | | | | | | |
| Sonstige | % | 23,9 | 7,3 | 2,3 | 2,9 | 3,6 | 5,4 | 0,9 | 0,9 | 0,5 | 0,4 | 1,3 | 4,2 | 3,5 | 5,9 | 3,0 | 3,8 |
| | Sitze | 63[c] | 3 | 0 | 0 | 0 | 0 | 0 | 0 | 0 | 0 | 0 | 0 | 0 | 0 | 0 | 0 |
| Gesamt | Sitze | 410 | 509 | 519 | 521 | 518 | 518 | 518 | 518 | 519 | 520 | 519 | 662 | 672 | 669 | 603 | 614 |

Mandate mit Berliner Abgeordneten (1949-1987) und Überhangmandaten zu Beginn der Wahlperiode
a: 3,9 Prozent in den alten und 1,2 Prozent in den neuen Bundesländern, b: Gesamtdeutscher Block/Bund der Heimatvertriebenen und Entrechteten,
c: Unter anderem 15 Mandate KPD, 17 Bayernpartei (BP), 10 Zentrum (ZP), 12 Wirtschaftliche Aufbauvereinigung (WAV), 5 DKP/DRP (Deutsche Konservative Partei/Deutsche Reichspartei)

 Quelle: Bundeswahlleiter 2008.

etabliert. Bisher wurden allerdings noch keine ernsthaften Anstrengungen unternommen, ein Mehrheitswahlrecht einzuführen oder die Fünf-Prozent-Hürde für die kleineren Parteien zu erhöhen.

## 4.2 Wahlrecht und Wählbarkeit

Für das aktive Wahlrecht ist der Grundsatz der Allgemeinheit wichtig, wonach jede Bürgerin und jeder Bürger wahlberechtigt ist. Hierbei sind allerdings zwei Aspekte zu berücksichtigen (Korte 2005b: 50):

- Das Wahlrecht ist beschränkt auf die Personen, die vom Ergebnis der Wahl betroffen sind, das heißt normalerweise auf Staatsbürger, die im Wahlgebiet sesshaft sind (Ausnahmen bestehen im Kommunalwahlrecht, siehe Kapitel 2.2 und im Europawahlrecht, siehe Kapitel 5.3).
- Der Wahlberechtigte muss in der Lage sein, eine überlegte Entscheidung zu treffen. Deshalb wird ein bestimmtes Wahlalter festgelegt. Personen, deren Angelegenheiten von einem gerichtlich bestellten Betreuer geregelt werden oder die sich in einem psychiatrischen Krankenhaus befinden, sind von der Wahl ausgeschlossen.

Dies bedeutet, dass jeder Deutsche wahlberechtigt ist, der sich seit mindestens drei Monaten in Deutschland aufhält, sein 18. Lebensjahr vollendet hat und sein Wahlrecht nicht durch einen Richterspruch verloren hat (Andersen/Gehne 2005: 29ff). Alle Wähler werden im Wählerverzeichnis des zuständigen Wahlbezirks von der Kommunalverwaltung geführt. In diese Listen kann vor der Wahl Einsicht genommen werden, um sich von deren Vollständigkeit zu überzeugen und gegebenenfalls Ergänzungen vornehmen zu lassen. Für das passive Wahlrecht gelten entsprechende Überlegungen: Somit ist jeder wählbar, der seit mindestens einem Jahr Deutscher ist, das 18. Lebensjahr vollendet hat und das aktive Wahlrecht besitzt.

## Infobox [26] Bundestagsabgeordnete in Zahlen

**Top-10 Berufe der Abgeordneten**

| Beruf | Prozent | Anzahl |
|---|---|---|
| Juristen | 23,4 | 144 |
| Lehrer | 10,3 | 63 |
| Ingenieure | 5,8 | 34 |
| Politologen | 4,6 | 28 |
| Diplom-Volkswirte | 4,2 | 26 |
| Verwaltungsfachleute | 4,1 | 25 |
| Sozialarbeiter | 2,4 | 15 |
| Diplom-Betriebswirte | 2,0 | 12 |
| Geistliche | 2,0 | 12 |

| Frauen | Männer | Gesamt |
|---|---|---|
| 197 | 417 | 614 |

| Zugehörigkeit der Abgeordneten zum Bundestag in Wahlperioden | |
|---|---|
| 1 Wahlperiode (WP) | 146 |
| 2 WP | 164 |
| 3 WP | 108 |
| 4 WP | 83 |
| 5 WP | 56 |
| 6 WP | 28 |
| 7 WP | 5 |
| 8 WP | 12 |
| 9 WP | 8 |
| 10 WP | 2 |

| Alter der Mitglieder des Bundestags | |
|---|---|
| 76-73 | 2 |
| 72-68 | 13 |
| 67-63 | 68 |
| 62-58 | 138 |
| 57-53 | 122 |
| 52-48 | 89 |
| 47-43 | 74 |
| 42-38 | 48 |
| 37-33 | 45 |
| 32-28 | 11 |
| 27-23 | 2 |

 Quelle: Deutscher Bundestag 2008b.

Je nach angestrebtem Amt oder Mandat gelten allerdings bestimmte Mindestaltersgrenzen, nicht jedoch bei der Wahl zum Bundestag oder zum Bundeskanzler. Ebenso müssen nichtgesetzliche Hürden genommen werden, näheres wird in Kapitel 4.5 erläutert.

## 4.3 Wahl und Aufgaben des Bundestages

### 4.3.1 Das personalisierte Verhältniswahlrecht

Jeder Wähler hat zwei Stimmen zu vergeben (Andersen/Gehne 2005: 47). Der Deutsche Bundestag zählt seit 2002 – ohne Überhangmandate – 598 Abgeordnete. Die Hälfte von ihnen, also 299, wird nach relativer Mehrheitswahl direkt in Wahlkreisen gewählt. Diesen Direktmandaten gilt die Erststimme. Die Erststimme macht den „personalisierten" Teil des Wahlsystems aus, weil der Wähler damit eine bestimmte Person seines Wahlkreises wählt. Mit der Zweitstimme werden Parteien gewählt. Sie entscheidet über die Zusammensetzung des Bundestages. Sie ist daher eindeutig wichtiger als die Erststimme. Die meisten Parteien (die CSU als Regionalpartei ausgenommen) sind zwar bundesweite Organisationen, treten aber zur Wahl mit Landeslisten an. Die Wähler ein und derselben Partei kreuzen daher in unterschiedlichen Bundesländern verschiedene Landeslisten an.

Die Zusammensetzung des Bundestages geschieht wie folgt (Korte 2005b: 43f):

*1. Ausschluss kleiner Parteien durch die Fünf-Prozent-Klausel*

Zunächst werden alle Zweitstimmen zusammengezählt, die eine Partei über die Landeslisten erhalten hat. Das ist die Anzahl ihrer Zweitstimmen. Wird sie durch die Gesamtzahl der gültigen Zweitstimmen geteilt, ergibt sich ihr Anteil an den Zweitstimmen aller Parteien. Dieser muss mindestens fünf Prozent betragen, sonst scheidet die Partei für die Vergabe von Sitzen grundsätzlich aus. Allerdings gilt bei dieser Regelung folgende Ausnahme: Eine Partei erringt mindestens drei Direktmandate bei der Wahl (Grundmandatsklausel).

*2. Feststellung der Mandatszahl jeder Partei*

Nun wird nach dem Verfahren Sainte Laguë/Schepers berechnet, wie viele Mandate jede Partei im Bundestag erhält. Dabei werden nur noch die Zweitstimmen für Parteien berücksichtigt, die an der Mandatsvergabe überhaupt teilnehmen, indem sie die Fünf-Prozent-Hürde geschafft oder mindestens drei Direktmandate errungen haben.

*3. Aufteilung der Sitze auf Landeslisten*

Nachdem feststeht, wie viele Sitze eine Partei insgesamt im Bundestag hat, werden sie auf die verschiedenen Landeslisten aufgeteilt. Jedes Bundesland erhält entsprechend dem Anteil der Zweitstimmen für ihre Landesliste Mandate. Die Berechnung erfolgt auch hier nach dem Verfahren Sainte Laguë/Schepers.

*4. Berücksichtigung der Direktmandate*

Von der Anzahl der Sitze, die auf eine Landesliste im Bundestag entfallen, wird die Anzahl der Direktmandate abgezogen. Die ihr verbleibenden Sitze werden mit Listenkandidaten besetzt. Es kann vorkommen, dass eine Landesgruppe mehr Direktmandate gewonnen hat, als ihr Mandate zustehen. Es ziehen trotzdem alle erfolgreichen Direktkandidaten in den Bundestag ein. Die Mandate, die „zu viel" vergeben werden, heißen „Überhangmandate". Die Anzahl der Bundestagsabgeordneten nimmt um die Überhangmandate zu. Ein proportionaler Ausgleich zugunsten von Parteien, die keine Überhangmandate erringen, findet bei Bundestagswahlen im Gegensatz zu Landtags- und Kommunalwahlen nicht statt. Dieses Verfahren wird häufig missverstanden und als Mischung von Mehrheitswahl und Verhältniswahl dargestellt, was nicht richtig ist. Zwar werden die Direktkandidaten nach relativer Mehrheitswahl bestimmt. Wie viele Sitze eine Partei im Bundestag erhält, hängt aber allein (Ausnahme: Überhangmandate) vom Anteil der Zweitstimmen ab. Das bundesdeutsche Wahlrecht ist daher eindeutig ein Verhältniswahlrecht. Durch die direkte Wahl von Abgeordneten in Einpersonenwahlkreisen mit der Erststimme soll die Verbindung zwischen Abgeordneten und Wählern gestärkt werden. Man wollte die starke Trennung der Abgeordneten vom Wähler, wie sie in der Weima-

## Infobox [27] Überhangmandate

Überhangmandate entstehen, wenn eine Partei mehr Direktwahlkreise als Zweitstimmen gewinnt. Da alle direkt gewählten Abgeordneten in den Bundestag einziehen, entstehen Überhangmandate. Dies sind also die Mandate, die über das Zweitstimmenergebnis nicht gedeckt werden. Die folgende Modellrechnung verdeutlicht dies:

100 Bundestagssitze, je 50 werden über Wahlkreise (Erststimme) und über Landeslisten (Zweitstimme) besetzt.

| **Wahlergebnis** | **Partei** | **Zweitstimmen in Prozent** | **Direkt gewählte Kandidaten (Erststimmen)** |
|---|---|---|---|
| | A | 45% | 47 |
| | B | 35% | 3 |
| | C | 20% | 0 |

| **Sitzverteilung nach Zweitstimmen** | **Partei** | **Sitze** |
|---|---|---|
| | A | 45 |
| | B | 35 |
| | C | 20 |

47 Direktkandidaten von Partei A sind gewählt worden und ziehen in den Bundestag ein. Da der Partei nach dem Zweitstimmenergebnis aber nur 45 Sitze zustehen, werden die restlichen 2 Sitze als Überhangmandate bezeichnet. Der fiktive Bundestag hätte also 102 statt 100 Sitze.

| **Tatsächliche Sitzverteilung** | **Partei** | **Sitze** |
|---|---|---|
| | A | 47 |
| | B | 35 |
| | C | 20 |

Am 3. Juli 2008 hat das Bundesverfassungsgericht in Karlsruhe den Gesetzgeber jedoch aufgefordert, das Wahlrecht bis spätestens zum 30. Juni 2011 zu reformieren. Ursache ist der Effekt des „negativen Stimmgewichts“, der im Zusammenhang mit der Berechnung der Überhangmandate entstehen kann.

Grundsätzlich wird die Mandatszahl pro Bundesland für eine Partei nach der Anzahl der Zweitstimmen berechnet. Gewonnene Überhangmandate beziehungsweise Direktmandate werden in diese Rechnung aber nicht mit einbezogen. Es kann also für eine Partei günstiger sein, in einem Land weniger Zweitstimmen und dafür mehr Direktmandate zu gewinnen (was zu Überhangmandaten führt), um dann in einem anderen Bundesland dank der nun günstigeren Zweitstimmenberechnung mehr Listenmandate zugesprochen zu bekommen. Zur Verdeutlichung ein Beispiel:

| Bundestagswahl 1998: Unterverteilung SPD | | | | | | |
|---|---|---|---|---|---|---|
| **Landesliste** | **Zweitstimmen** | **Sitzzahl** | **Sitze nach Hare/Niemeyer** | **Direktmandate** | **Überhangmandate** | **Mandate gesamt** |
| Hamburg | 445.276 | 6,288 | 6 | 7 | 1 | 7 |
| | (465.276) | (6,564) | (7) | (7) | (0) | (7) |
| Rheinland-Pfalz | 1.028.866 | 14,529 | 15 | 10 | 0 | 15 |
| | (1.028.866) | (14,515) | (14) | (10) | (0) | (14) |

Quelle: www.wahlrecht.de, in Klammern fiktive Auswirkung bei einem Gewinn von zusätzlichen 20.000 Stimmen in Hamburg.

**Der Grundsatz der Stimmengleichheit wird also durch dieses Verfahren verletzt, was vom Bundesverfassungsgericht als verfassungswidrig eingestuft wurde. Die Stimmabgabe des Wählers kann sich so in einigen Fällen nämlich nicht in seinem Sinne auswirken, sie kann seiner Partei bundesweit gesehen sogar schaden. In welche Richtung das bisherige Wahlrecht nun reformiert wird, ist noch unklar. Auch der Zeitpunkt der Reform steht noch nicht fest. Zwar hat das Gericht dem Parlament einen langen Zeitraum zur Reform eingeräumt. Ob Änderungen jedoch noch vor der Bundestagswahl 2009 beschlossen werden, ist noch unklar. Es stehen verschiedene Reformvorschläge im Raum, einer orientiert sich beispielsweise am System der Ausgleichsmandate.**

rer Republik die reine Verhältniswahl mit starrer Liste nach sich gezogen hatte, vermeiden. Ob in der Bundesrepublik die Bindung der Abgeordneten an die Wähler im gewünschten Umfang gelungen ist, bleibt fraglich. Auch mit der Erststimme werden mehr Parteien als Personen gewählt. Doch gegenüber der Weimarer Republik ist das Wahlsystem der Bundesrepublik eindeutig mehr auf Personen zugeschnitten. Es wird daher als „personalisierte Verhältniswahl" bezeichnet.

### 4.3.2 Funktionen und Aufgaben

Da die Bundesrepublik Deutschland ein parlamentarisches Regierungssystem ist, spielt das Parlament als oberste Instanz eine zentrale Rolle im politischen Willensbildungs- und Entscheidungsprozess (Schmidt 2007: 134). Als einziges Verfassungsorgan wird es, anders als Bundesrat, Bundesverfassungsgericht und Bundesregierung, direkt vom Volk auf die Dauer von vier Jahren gewählt, zuletzt im September 2005 (→ siehe Abbildung 29).

Der Bundestag besteht laut Gesetz aus 598 Mitgliedern, aktuell gibt es aufgrund diverser Überhangmandate aber 612 Abgeordnete (siehe Kapitel 4.3.1). Präsident des Deutschen Bundestages ist der Bochumer CDU-Politiker Norbert Lammert, der von je einem weiteren Vizepräsidenten pro Fraktion unterstützt wird.

Der Deutsche Bundestag übt vier Funktionen aus (Ismayr 2006):

→ **Wahlfunktion:** Der Bundespräsident macht dem Bundestag bezüglich der Wahl des Bundeskanzlers einen Wahlvorschlag (Art. 63 GG Abs. 1), der sich am Wahlausgang der Bundestagswahl orientiert. Die vorgeschlagene Person wird dann von den Fraktionen der aus der Bundestagswahl erfolgreich hervorgegangenen Parteien gewählt. Zuvor haben Koalitionsverhandlungen stattgefunden, in denen sich nicht nur über die Person des Bundeskanzlers, sondern auch über die inhaltliche Regierungsarbeit sowie die Besetzung der verschiedenen Bundesministerien verständigt wurde. Die Bundesminister

ABBILDUNG 29 VERFASSUNG DER BUNDESREPUBLIK DEUTSCHLAND

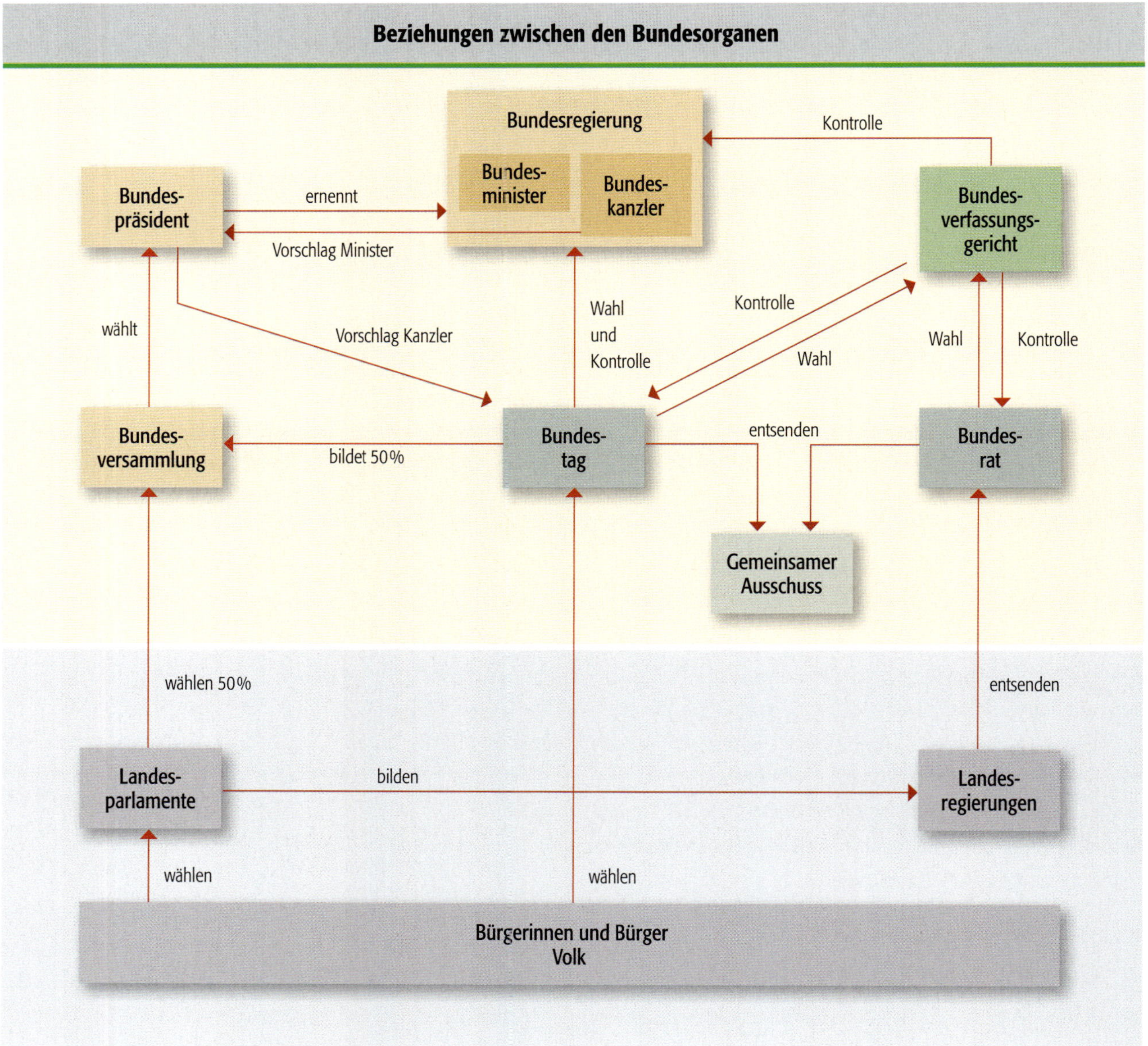


Quelle: Michael Honikel, http://staatsrecht.honikel.de (Stand 29.09.2008).

werden dem Bundespräsidenten vom Bundeskanzler zur Ernennung vorgeschlagen (Art. 64 GG Abs. 1). Sie werden von den Koalitionspartnern nach fachlichen und innerparteilichen Gesichtspunkten ausgewählt und stammen zumeist aus der Mitte des Bundestages. Weiterhin wirkt der Bundestag an der Wahl des Bundespräsidenten (Art. 54 GG Abs. 3) und an der Wahl der Richter des Bundesverfassungsgerichtes (Art. 94 GG Abs. 1) mit.

- **Gesetzgebung:** Der Bundestag weist Merkmale eines „Redeparlaments" auf, in dem sich Politiker in parlamentarischen Debatten profilieren. Dennoch gehört der Bundestag zum Typus des „Arbeitsparlaments". Der Gesetzgebungsprozess sowie die Kontrolle der Regierung erfolgen zunächst in einer Vielzahl von Ausschüssen. Im Plenum werden deren Entscheidungen abschließend präsentiert, diskutiert und verabschiedet.
- **Kontrollfunktion:** Dem Parlament stehen verschiedene Instrumente der Regierungskontrolle zur Verfügung, welche aber meistens von der Opposition genutzt werden. Dazu gehören die verschiedenen Anfrageformen (Große, Kleine und Schriftliche Anfrage an die Bundesregierung), die Erarbeitung von Anträgen und Gesetzesinitiativen, die Abhaltung Aktueller Stunden zu bestimmten Themen und die Herbeirufung von Mitgliedern der Bundesregierung. Als schärfste Instrumente

## Infobox [28] Wahl des Bundespräsidenten

**Der Bundespräsident wird von der Bundesversammlung gewählt, die sich aus allen Mitgliedern des Bundestags sowie einer gleichen Anzahl von Vertretern der Länder zusammensetzt (Art. 54 GG Abs. 1 und 3). Letztere werden von den Landtagen nach unterschiedlichen Verfahren gewählt. Wie viele Vertreter dabei auf die einzelnen Länder entfallen, legt das Bundesinnenministerium einige Monate vor der Wahl auf Grundlage der Bevölkerungszahlen fest.**

**Die nächste Wahl findet am 23. Mai 2009 im Reichstagsgebäude in Berlin statt. Gewählt wird ohne Aussprache. In den ersten beiden Wahlgängen ist die absolute Stimmenmehrheit nötig, im dritten und letzten Wahlgang genügt die relative Stimmenmehrheit.**

**Zum ersten Mal in der Geschichte der Bundesrepublik Deutschland könnte es 2009 zur Abwahl des amtierenden Bundespräsidenten kommen. Denn bisher stellte sich ein amtierender Bundespräsident immer nur dann zur Wiederwahl, wenn diese auch gesichert war. Aufgrund möglichen Ausscheidens von Bundestagsabgeordneten mit Überhangmandat, Losentscheiden in den Landtagen über die Landesvertreter in der Bundesversammlung und eventuellen Austritten aus Fraktionen ist die Mehrheit für die Wiederwahl von Horst Köhler noch nicht sicher. Er könnte gegen Gesine Schwan, die Kandidatin der SPD, unterliegen. Auch die Linke hat einen eigenen Kandidaten für das Amt des Bundespräsidenten nominiert: Es handelt sich um den Schauspieler Peter Sodann, einen ehemaligen „Tatort"-Kommissar des Mitteldeutschen Rundfunks (MDR).**

**Sitzverteilung in der 13. Bundesversammlung**

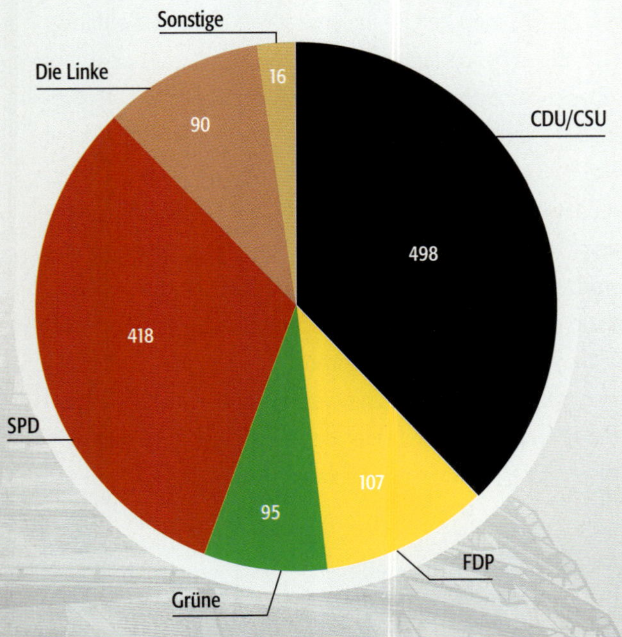


Quelle: www.wahlrecht.de (Stand: 19.3.2009)

gelten der Parlamentarische Untersuchungsausschuss, das konstruktive Misstrauensvotum (siehe Kapitel 4.12) und die Anrufung des Bundesverfassungsgerichts.

- **Interessenartikulation und Kommunikation (Artikulationsfunktion):** Diese Funktion ist von verschiedenen Spannungsfeldern dominiert. Ein Abgeordneter ist nicht nur seinem Wahlkreis und damit den Bürgern dort verpflichtet, sondern auch seiner Partei. Dies kann zu Konflikten hinsichtlich der Interessenwahrnehmung führen. Zum anderen fordert der Bundestag als Arbeitsparlament ein breites Expertenwissen von seinen Mitgliedern, während nicht nur Medien und Öffentlichkeit, sondern auch das „Redeparlament" von Abgeordneten erfolgreiche Darstellungspolitik erwarten. Diese beschriebenen Spannungsfelder zwischen Partei und Abgeordneten und Sach- und Darstellungspolitik können zu Konflikten führen.

Gerade in Zeiten einer Großen Koalition, die über eine verfassungsändernde Mehrheit im Parlament verfügt, sind die Rechte der Opposition besonders wichtig. Neben den bereits oben beschriebenen Kontrollfunktionen gehören dazu auch die Möglichkeiten, die sich der Opposition durch die konstruktive Mitwirkung in einem Arbeitsparlament in einer konsensual geprägten Demokratie wie der deutschen bieten. Dazu gehört die Einbringung eigener Gesetzesanträge, aber auch das Vorschlagsrecht für Änderungen an Vorhaben der Regierung und der Koalitionsfraktionen. In der Bundesrepublik Deutschland muss sich das Parlament die politischen Gestaltungsmöglichkeiten mit zahlreichen anderen Institutionen beziehungsweise „Nebenregierungen" teilen, die wie der Bundesrat oder das Bundesverfassungsgericht teilweise Vetospielerfunktion ausüben.

## 4.4 Wahlkreiseinteilung

Wie viele Bundestagsmandate insgesamt verteilt werden, hängt von der Zahl der Wahlkreise im Bundesgebiet ab. Bis Juni 1990, also vor der deutschen Einheit, war das Bundesgebiet in 248 Wahlkreise eingeteilt. Dazu kamen noch 22 Vertreter West-Berlins, die vom Berliner Abgeordnetenhaus delegiert wurden und im Bundestag nur über eingeschränktes Stimmrecht verfügten. Unter Sonderbedingungen fand die Wiedervereinigungs-Wahl 1990 statt. Es blieb bei der Einteilung von 248 Wahlkreisen in den alten Bundesländern. Hinzu kamen in den fünf neuen Ländern weitere 67 Wahlkreise. Zusammen mit den 13 Wahlkreisen des wieder vereinigten Berlins ergab sich daraus die Gesamtzahl von 328 Wahlkreisen (Korte 2005b: 46f).

In Paragraph 3 des Bundeswahlgesetzes (BWG) ist festgelegt, was bei der Einteilung der Wahlkreise von der dafür zuständigen Wahlkreiskommission zu beachten ist. Diese Regelungen sind wichtig, weil der Zuschnitt der Wahlkreise einen großen Einfluss auf die Vergabe der Direktmandate haben kann (Andersen/Gehne 2005: 46).

- **Bevölkerungszahl eines Wahlkreises:** Wenn es zu große Unterschiede in der Bevölkerungszahl gibt, kann ein unterlegener Kandidat in einem sehr großen Wahlkreis mehr Stimmen errungen haben als der Gewinner eines kleinen Wahlkreises. Anders ausgedrückt kann in einem kleinen Wahlkreis eine Stimme ein größeres Gewicht haben als in einem großen – das aber widerspricht dem Gleichheitsgrundsatz. Deshalb legt das Bundeswahlgesetz in Paragraph 3 Absatz 1 fest, dass die Abweichung von der durchschnittlichen Größe nur 15 Prozent betragen soll und nicht mehr als 25 Prozent ausmachen darf. Dafür ist die Beobachtung der Bevölkerungsentwicklung durch die Wahlkreiskommission notwendig (ausländische Einwohner werden dabei nicht berücksichtigt); ein entsprechender Bericht wird in jeder Wahlperiode dem Innenministerium vorgelegt.

- **Zuschnitt der Wahlkreise:** Das Bundeswahlgesetz schreibt in Paragraph 3 Absatz 1 vor: *„Der Wahlkreis soll ein zusammenhängendes Gebiet bilden".* Hinter dieser trivial klingenden Vorschrift steckt folgender Gedanke: Unterschiedliche Wählerschichten sind geographisch oft sehr unterschiedlich verteilt. Dies könnte man auf zweierlei Art ausnutzen, um ein gewünschtes Ergebnis zu begünstigen: Man kann mittels Wahlkreisbildung die Wählerhochburg einer Partei „zerschneiden" in der Hoffnung, dass so in keinem der Wahlkreise ihre Stimmenanzahl zu einem Mandatsgewinn ausreichen wird. Falls die Gefahr besteht, dass eine Partei auf diese Weise doch mehrere Wahlkreise gewinnen könnte, kann man eine Hochburg bilden. Dort wird die Partei mit einem großen Stimmenüberschuss gewinnen, die Stimmen fehlen ihre aber dann in den umliegenden Wahlkreisen, so dass sie in diesen verlieren wird.

### Infobox [29] Wahlkreiskommision

**Die Wahlkreiskommission besteht laut Paragraph 3 Absatz 2 des Bundeswahlgesetzes aus dem Präsidenten des Statistischen Bundesamtes, einem Richter des Bundesverwaltungsgerichtes und fünf weiteren Mitgliedern, zumeist Ministerialbeamte der Länder. Ernannt wird die Kommission vom Bundespräsidenten.**

Die letzte Parlamentsreform betraf in Teilbereichen die Wahlkreiseinteilung. Am 29. Juni 1995 hatte der Bundestag beschlossen: Ab der 15. Legislaturperiode, also von 2002 an, soll die Zahl der Abgeordneten von 669 (die Zahl ergibt sich durch die Überhangmandate) um höchstens 100, mindestens aber auf unter 600 gesenkt werden. In einem ergänzenden Bericht der Reformkommission zur Größe des Deutschen Bundestages heißt es präzisierend:

*„Der Deutsche Bundestag wird mit Wirkung ab der 15. Wahlperiode auf 598 Mitglieder verkleinert. Dazu ist eine Neueinteilung des Bundesgebietes in 299 Wahlkreise erforderlich, die bis zum Ablauf der 13. Wahlperiode in einem die Anlage zu § 2 Abs. 2 des Bundeswahlgesetzes ändernden Gesetz festgelegt werden muss".*

Quelle: Deutscher Bundestag, Drucksache 13/8270.

Zugleich votierte das Parlament gegen eine grundsätzliche Veränderung des Wahlrechts (Korte 2005b). Die damalige Kommission machte folgende Vorschläge, die per Gesetz am 13. Februar 1998 umgesetzt wurden:

- Für die Wahl des Jahres 1998 wurden 29 Wahlkreise neu abgegrenzt, deren Bevölkerung um mehr als ein Drittel nach oben oder unten vom Durchschnitt abwich. Dagegen verzichtete die Kommission darauf, die Neuverteilung der Wahlkreise auf die Bundesländer bereits für die Wahl 1998 zu empfehlen. Zugleich gab die Kommission die Empfehlung, ab dem Zeitpunkt der Verkleinerung des Bundestags (im Jahr 2002) die Grenzen der zulässigen Ungleichgewichte bei der Wahlkreiseinteilung enger zu ziehen (maximal 25 Prozent).
- Die Reformkommission hatte außerdem einen Vorschlag unterbreitet, der die zukünftige Neueinteilung des Bundesgebietes in 299 Wahlkreise regelt. Die vorgeschlagenen Wahlkreise weichen hinsichtlich ihrer Einwohnerzahl jeweils um höchstens 25 Prozent vom allgemeinen Durchschnitt ab und haben bis zum Jahre 2006 diese Grenze nicht überschritten.

Tatsächlich hat sich seit der letzten Wahlkreisreform erneuter Änderungsbedarf ergeben. Aufgrund der zum 31. Dezember 2006 erhobenen Bevölkerungszahlen sah die Wahlkreiskommission die Notwendigkeit, in einigen Ländern zusätzliche Wahlkreise einzurichten, während andere Länder Wahlkreise verlieren. Sie empfahl, in den Ländern Niedersachsen und Baden-Württemberg je einen zusätzlichen Wahlkreis einzurichten und in den Ländern Sachsen und Sachsen-Anhalt je einen Wahlkreis abzuschaffen. Außerdem sollen die Grenzen von 33 Wahlkreisen den Richtlinien zur Bevölkerungszahl nach dem Bundeswahlgesetz

## Infobox [30] Wahlkreise

**Größte und kleinste Bundestagswahlkreise im Bundesgebiet** [1]

| Größte | | | Kleinste | | |
|---|---|---|---|---|---|
| **Wahlkreis** | **Abweichung in Prozent** | **Einwohner** | **Wahlkreis** | **Abweichung in Prozent** | **Einwohner** |
| WK 261 Böblingen | +21,0 | 303.766 | WK 239 Coburg | -22,1 | 195.621 |
| WK 178 Wetterau | +20,8 | 303.281 | WK 117 Duisburg II | -21,7 | 196.444 |
| WK 138 Paderborn | +20,6 | 302.839 | WK 238 Bayreuth | -21,2 | 198.030 |

**Größte und kleinste Bundestagswahlkreise Nordrhein-Westfalens**

| Größte | | | Kleinste | | |
|---|---|---|---|---|---|
| **Wahlkreis** | **Abweichung in Prozent** | **Einwohner** | **Wahlkreis** | **Abweichung in Prozent** | **Einwohner** |
| WK 138 Paderborn | +20,6 | 302.839 | WK 117 Duisburg II | -21,7 | 196.444 |
| WK 93 Euskirchen-Erftkreis II | +19,5 | 300.279 | WK 106 Mettmann II | -18,9 | 203.739 |
| WK 133 Bielefeld | +18,5 | 297.812 | WK Essen II | -17,4 | 207.679 |

**Anzahl der Bundestagswahlkreise 2005 und 2009 in den Ländern**

| | 2005 | 2009 |
|---|---|---|
| Schleswig-Holstein | 11 | 11 |
| Niedersachsen | **30** | **31** |
| Mecklenburg-Vorpommern | 7 | 7 |
| Hamburg | 6 | 6 |
| Bremen | 2 | 2 |
| Sachsen | **17** | **16** |
| Sachsen-Anhalt | **10** | **9** |
| Thüringen | 10 | 10 |
| Brandenburg | 10 | 10 |
| Berlin | 12 | 12 |
| Hessen | 21 | 21 |
| Rheinland-Pfalz | 15 | 15 |
| Nordrhein-Westfalen | 64 | 64 |
| Saarland | 4 | 4 |
| Baden-Württemberg | **37** | **38** |
| Bayern | 44 | 44 |

[1] Die durchschnittliche Einwohnerzahl eines Wahlkreises in Deutschland liegt bei 251.033.

angepasst werden. Diesen Empfehlungen folgte der Bundestag und beschloss eine Änderung des Bundeswahlgesetzes, die am 19. März 2008 in Kraft trat und somit bereits für die kommende Bundestagswahl gilt.

## 4.5 Kandidatenaufstellung

Das Verfahren der Kandidatenaufstellung dokumentiert anschaulich, wie innerparteiliche Demokratie funktionieren kann (Korte 2005b). Hierbei wird deutlich, dass sich die Willensbildung in den Parteien nicht, wie häufig unterstellt wird, ausschließlich von oben nach unten vollzieht. Die Kandidaten brauchen die Unterstützung der Basis, was zu Überraschungen bei der Nominierung führen kann. Grundsätzlich besitzen die Parteien ein Monopol bei der Aufstellung von Kandidaten. Für einen parteilosen Kandidaten, der nach dem Nachweis von 200 Unterschriften in einem Wahlkreis zu einer Abstimmung antritt, wird es schwer, gegen seine Konkurrenten, die die Infrastruktur und Ressourcen einer Organisation hinter sich haben, zu bestehen. Etwa anderthalb Jahre vor der geplanten Bundestagswahl beginnt die Kür der Kandidaten auf allen Ebenen der Parteiorganisationen. Das Aufstellen von Kandidaten („Elitenrekrutierung") und das Antreten zu Wahlen sind rechtlich verankerte Kennzeichen und Aufgaben von Parteien (siehe § 1 und 2 Parteiengesetz).

Obwohl das Parteiengesetz von Parteien grundsätzlich eine innere demokratische Struktur fordert, werden Parteien speziell zur Kandidatennominierung vom Bundeswahlgesetz besonders detaillierte Vorschriften gemacht, um sicherzustellen, dass die Auswahl der Kandidaten innerhalb der Parteien nach den gleichen demokratischen Grundsätzen erfolgt wie die eigentliche Wahl. Das Bundeswahlgesetz sieht in seiner gegenwärtigen Form keine Urwahl aller Parteimitglieder für die Bundestagskandidaten vor. Da eine Versammlung von mehreren tausend Parteimitgliedern auch wenig sinnvoll ist, werden die Parteien durch das Wahlgesetz auf eine Delegiertenversammlung festgelegt. Hier kommt das repräsentative Demokratieprinzip zum Tragen.

Eine Partei, die einen Wahlvorschlag einreichen will, muss entweder in der letzten Legislaturperiode mit mindestens fünf Abgeordneten in einem Parlament vertreten gewesen sein (damit sind etablierte Parteien automatisch wieder zu einem Wahlvorschlag berechtigt) oder bis spätestens 90 Tage vor der Wahl dem Bundeswahlausschuss die Beteiligung an der Wahl angezeigt haben. Der Bundeswahlausschuss stellt bis spätestens 72 Tage vor der Wahl fest, ob sie für die Wahl als Partei anzuerkennen ist.

Entsprechend den beiden Stimmen, die der Wähler in zwei verschiedenen Abstimmungen abgibt (Erst- und Zweitstimme), gibt es bei Bundestagswahlen zwei unterschiedliche Kandidaturen (Andersen/Gehne 2005: 34f; Korte 2005b: 53):

- Die erste Kategorie ist eine Kandidatur in einem Wahlkreis, um dort das **Direktmandat** zu erringen: Paragraph 20 und folgende des Bundeswahlgesetzes erlauben jeder Partei, nur einen Kreiswahlvorschlag einzureichen, über den die Parteimitglieder des Wahlkreises (oder einer gewählten Vertreterversammlung) in geheimer Wahl entscheiden.

  Die Nominierung eines Kandidaten durch die Parteimitglieder ist in vielen Fällen schon die Vorwegnahme seiner Wahl zum Direktmandatsträger: Rund zwei Drittel aller Wahlkreise gelten nämlich als so genannte sichere Wahlkreise, in denen eine Partei schon seit längerer Zeit immer wieder das Direktmandat erringen konnte. Bereits seit Juni 2008 wählen die Parteien ihre Direktkandidaten für die Wahl 2009.

  Für die CDU ist ein solch sicherer Wahlkreis beispielsweise Paderborn, für die SPD Hamm-Unna II. Entsprechend der hohen Wahlchance, die mit einer Nominierung in einem „sicheren" Wahlkreis einhergeht, sind die Auseinandersetzungen innerhalb der Parteien um die Vergabe oft sehr groß: Immer wieder versuchen so genannte Spitzenpolitiker, ihren Platz im neuen Parlament über eine sichere Direktkandidatur zu behalten. Dabei unterschätzen die Spitzen der Parteien oft die Selbstständigkeit der Parteibasis in den Wahlkreisen, die gerne lokalen Parteispitzen mit regionalem Engagement den

## ABBILDUNG 30 ÜBERSICHT ZEITPLAN BUNDESTAGSWAHL 27. SEPTEMBER 2009

| Zeitpunkt | Thema | Rechtsnorm |
|---|---|---|
| Frühestens 32 Monate nach Beginn der Wahlperiode des Deutschen Bundestages<br>**18. Juni 2008** | Beginn der Nominierungsfrist der Wahlkreiskandidaten und der Landeslistenkandidaten | § 21 (3) BWG |
| Bis 90 Tage vor dem Wahltermin<br>**28. Juni 2009** | Frist zur Einreichung von Unterlagen durch Parteien beim Bundeswahlleiter | § 18 (2) BWG |
| Bis 72 Tage vor dem Wahltermin<br>**14. Juli 2009** | Entscheidung des Bundeswahlausschusses über die Zulassung von Parteien | § 18 (4) BWG |
| Bis zum 66. Tag vor der Wahl, 18 Uhr<br>**20. Juli 2009** | Spätester Zeitpunkt zum Einreichen von Vorschlägen für Wahlkreise und Landeslisten | § 19 BWG |
| Am 58. Tag vor der Wahl Entscheidung über die Zulässigkeit, dann drei Tage Beschwerdefrist.<br>**28. Juli 2009** | Entscheidung der Kreiswahlausschüsse und des Landeswahlausschusses über die Zulässigkeit von Kreiswahlvorschlägen und die Landeslisten | § 26 BWG |
| Endgültige Entscheidung am 52. Tag vor der Wahl<br>**4. August 2009** | | |
| Bekanntgabe spätestens am 48. Tag vor der Wahl<br>**8. August 2009** | Bekanntgabe der zulässigen Vorschläge durch die Wahlleiter | |
| Vier Wochen vor dem Wahltermin<br>**August 2009** | Start der „heißen Phase" des Bundestagswahlkampfes | |
| Am 35. Tag vor der Wahl<br>**21. August 2009** | Stichtag für die Eintragung aller wahlberechtigten Personen in das Wählerverzeichnis durch die zuständige Behörde | § 16 (1) BWO |
| Bis zum 21. Tag vor der Wahl<br>**4. September 2009** | Stichtag für die Eintragung in das Wählerverzeichnis auf Antrag wahlberechtigter Personen | § 18 BWO |
| Bis zum 21. Tag vor der Wahl<br>**4. September 2009** | Versendung von Wahlbenachrichtigungen | § 19 BWO |
| 20. bis 16. Tag vor der Wahl<br>**5.-9. September 2009** | Öffentliche Auslegung des Wählerverzeichnisses | § 17 (1) BWG |
| Bis zum 2. Tag vor der Wahl, 18 Uhr;<br>in Härtefällen bis 15 Uhr am Wahltag<br>**25. September 2009** | Letzter Tag für die schriftliche Beantragung der Briefwahl mit Hilfe der Wahlbenachrichtigungen | § 27 BWO |
| Frühestens 46 und spätesten 48 Monate nach Beginn der Wahlperiode<br>**27. September 2009** | Tag der Bundestagswahl | Artikel 39 (1) GG |
| Mitte Oktober 2009, spätestens 30 Tage nach der Wahl<br>**27. Oktober 2009** | Konstituierende Sitzung des neu gewählten Bundestages | Artikel 39 (2) GG |

© Wochenschau Verlag. Quellen: BWO, BWG, GG, Andersen/Gehne 2005.

Vorzug gibt. Einig sind sich alle Glieder einer Partei in dem Anliegen, mit ihrem Direktkandidaten eine möglichst große Zahl der Erststimmen zu erreichen. Sie sind deshalb bemüht, im Wahlkreis den zugkräftigsten Bewerber zu nominieren, da knapp 75 Prozent der Wähler die Erst- und die Zweitstimme derselben Partei geben (→ **siehe Infobox 14**). So kann die Nominierung eines regional engagierten Politikers, der einen intensiven Wahlkampf im Wahlkreis führt und damit neben dem Direktmandat zusätzliche Zweitstimmen für seine Partei gewinnt, sich auf das Wahlergebnis besser auswirken, als die eines Spitzenpolitikers, der in Berlin arbeitet und in seinem ohnehin sicheren Wahlkreis den Wahlkampf zwangsläufig vernachlässigen muss.

Bei der Auswahl der Kandidaten für die Direktmandate ist grundsätzlich der Wahlkreischarakter zu berücksichtigen. So finden sich immer wieder besonders in den Medien herausgestellte Show-Wahlkreise, in denen gezielt populäre Kandidaten gegeneinander nominiert werden. In Nordrhein-Westfalen kann der Wahlkreis Hamm-Unna II als ein Show-Wahlkreis gelten. Hier traten 2005 Dieter Wiefelspütz (SPD), Innenexperte der SPD-Fraktion, Laurenz Meyer (CDU), ehemaliger Generalsekretär und Jörg van Essen (FDP), Parlamentarischer Geschäftsführer, gegeneinander an. Wiefelspütz konnte den Wahlkreis erwartungsgemäß gewinnen, während die beiden anderen Politiker ihren Einzug in den Bundestag über die Landesliste schafften.

→ Über die zweite Art der Kandidatur, die **Landeslisten**, können die für eine Partei besonders wichtigen Kandidaten neben einer Direktkandidatur zusätzlich abgesichert werden: Obwohl populäre Kandidaten ohnehin große Chancen haben, über ihre Direktmandate in den Bundestag einzuziehen, werden sie außerdem auf den obersten Plätzen der Landesliste aufgestellt, um als „Stimmenmagneten" das Zweitstimmenpotenzial der Partei zu erhöhen. Bei der nordrhein-westfälischen SPD sind dies Franz Müntefering auf dem ersten und Peer Steinbrück auf dem dritten Platz der Landesliste. Auch Michael Groschek, bisher Generalsekretär der SPD Nordrhein-Westfalens, möchte in den Bundestag einziehen, ebenso sein FDP-Kollege Christian Lindner. Bei den Grünen strebt der ehemalige Landesvorsitzende und jetzige Europaparlamentarier Frithjof Schmidt ein Mandat an.

Auch die Wahl der Bewerber für die Landesliste muss auf einer Mitglieder- oder Vertreterversammlung geheim erfolgen. Die Reihenfolge der Bewerber auf den Landeslisten, die ja letztendlich entscheidet, wer Chancen auf einen Sitz im Bundestag hat, wird in geheimer Abstimmung festgelegt. Manchmal nutzen die Delegierten die Chance, populären Bewerbern um „sichere" Listenplätze einen Denkzettel zu verpassen. Eine Partei kann zwar nicht wissen, wie viele Kandidaten sie über die Liste entsenden wird, trotzdem ist aber die Verteilung der Plätze auf der Liste nicht weniger umkämpft als die Vergabe der Direktkandidaturen: Es sind jedoch nicht nur die ersten Plätze für Wahlbewerber auf der Landesliste interessant, die ohnehin oft von aussichtsreichen Direktkandidaten belegt sind. Da nach der Wahl die siegreichen Direktkandidaten bei der Vergabe der Listenmandate übersprungen werden, sind die mittleren Listenplätze bei großen Parteien durchaus viel versprechend.

Insbesondere bei den kleineren Parteien, die erfahrungsgemäß keine oder nur sehr wenige Direktmandate erringen können, spielt die Besetzung der Landesliste eine bedeutende Rolle. Die Absicherung von Spitzenpolitikern über ein „sicheres" Direktmandat existiert nicht, weshalb mögliche Konflikte zwischen Parteiführung und Parteibasis sowie persönliche Konflikte zwischen den verschiedenen Bewerbern um die „sicheren" vorderen Listenplätze besonders hartnäckig ausgetragen werden.

## Infobox [31] Bundestagsabgeordnete aus Nordrhein-Westfalen 2008

| Partei | Wahlkreis | Landesliste |
|---|---|---|
| SPD | 40 | 14 |
| CDU | 24 | 22 |
| FDP | – | 13 |
| Bündnis 90/Die Grünen | – | 10 |
| Die Linke | – | 8 |



Die Platzierung eines Kandidaten spielt nicht nur bei der Wahl eine Rolle, sondern auch im Laufe der Legislaturperiode, wenn ein Abgeordneter aus welchem Grund auch immer aus dem Bundestag ausscheidet: In diesem Fall rückt automatisch der nächste noch nicht berücksichtigte Listenkandidat des Landes nach, in dem der Abgeordnete gewählt wurde.

Innerhalb der Parteien gibt es verschiedene Kriterien, nach denen die Reihenfolge der Listenplätze vergeben wird: So versuchen die großen Parteien vor allem auf die Repräsentation von Schichten, Gruppen oder regionalen Unterorganisationen Rücksicht zu nehmen.

Besonders deutlich wurden in den 1980er Jahren die Bemühungen der Parteien, die Repräsentation von Frauen im Bundestag zu verbessern: Die Grünen führten eine Frauenquote unter anderem für die Mandatsvergabe ein, wenigstens 50 Prozent der Mandate der Grünen sollten mit Frauen besetzt werden. In der SPD setzte sich eine abgeschwächte Quotenlösung mit langen Übergangsfristen durch, wonach bis 1998 beide Geschlechter jeweils mindestens 40 Prozent der Mandate innehaben sollten. Auf dem Bundesparteitag in Hannover beschloss die CDU 1996 ein Frauenquorum. Es legt fest, dass bei allen Wahlen von der Kreisverbandsebene aufwärts der erste Wahlgang nur dann gültig ist, wenn das Frauenquorum von einem Drittel erreicht wird. Für alle weiteren Wahlgänge findet das Quorum keine Anwendung mehr. Bei der Aufstellung von Wahllisten für Mandate soll von den vorschlagsberechtigten Verbänden auf drei aufeinander folgenden Listenplätzen jeweils mindestens eine Frau vorgeschlagen werden. Gegenkandidaten sind jedoch auf allen Plätzen möglich. Diese komplizierte, aber moderate Quorumsregel findet weder in der CSU noch in der FDP eine Entsprechung. Die Linke verfährt ähnlich wie Bündnis 90/Die Grünen: Abweichungen vom fünfzigprozentigen Frauenanteil bei innerparteilichen Ämtern bedürfen einer besonderen Begründung.

Der hier deutlich gewordene große Einfluss der Parteimitglieder, der zu Lasten der Auswahlmöglichkeiten der Bevölkerung geht, war vielfach Ziel heftiger Kritik und Anlass zu Überlegungen darüber, Mitentscheidungsmöglichkeiten der Bürger zu vergrößern. Als Möglichkeiten, den Bürgern mehr Auswahl zu bieten, werden vor allem die *primaries* nach us-amerikanischem Vorbild (Vorwahlen, bei denen sich neben Parteimitgliedern auch Nichtmitglieder ab der Auswahl des Kandidaten beteiligen können) sowie Methoden des Kumulierens („Häufen" von Stimmen auf einen Bewerber) und des Panaschierens (das Verteilen von Stimmen auf Bewerber verschiedener Listen), die bei einigen Kommunal- und Landtagswahlen Anwendungen finden, genannt

(→ siehe Infobox 1). In jüngster Zeit werden auch immer wieder Forderungen laut, über Parteivorsitzende oder Spitzenkandidaten per Urwahl zwischen allen Parteimitgliedern abstimmen zu lassen. Bislang geschieht dies vor allem in der SPD. In Thüringen hat die Partei über Christoph Matschie als Spitzenkandidaten für die Landtagswahl 2009 abgestimmt und ihn mit über 70 Prozent der Stimmen gekürt. 1993 wünschte sich eine relative Mehrheit aller SPD-Mitglieder in einer Urwahl zwar Rudolf Scharping als Bundesvorsitzenden. Gewählt wurde er aber letztendlich von einem Sonderparteitag in Essen. Und auch in Hessen wurde Andrea Ypsilanti 2007 von einem Parteitag zur Spitzenkandidatin gekürt, obwohl sie zuvor von einer Mehrheit der Unterbezirks-Versammlungen (18 von 26) abgelehnt worden war.

## 4.6 Wahlkampf

Wahlkampf bedeutet konkurrierende Werbung der Parteien um Wählerstimmen (Schoen 2005: 503ff). Ein Wahlkampf ist in der Regel auf drei Aspekte ausgerichtet, wobei natürlich der Wahlsieg das Hauptziel darstellt: das eigene Stammwählerpotenzial optimal zu mobilisieren, Wechselwähler zu binden und den Anteil von Nichtwählern bei der gegnerischen Stammwählerschaft zu erhöhen.

Sachfragen und Politikfelder, bei denen man in den Augen der Bürgerinnen und Bürger am besten abschneidet, werden in den Wahlkampfzeiten besonders in den Vordergrund gerückt (beispielsweise 1972 die Ostpolitik von SPD und FDP, 1990 die CDU mit der Wiedervereinigung) und der Amtsbonus des Regierungschefs genutzt („Auf den Kanzler kommt es an" CDU/CSU 1969; „Kanzler des Vertrauens" SPD 1972; „Kanzler der Einheit" CDU/CSU 1990).

Knappe Wahlslogans sollen die Themen auf Kernaussagen reduzieren und die Identifikation mit den Kandidaten erhöhen. Dennoch ist die Bevölkerung der herkömmlichen Wahlkämpfe mit Kundgebungen und Postwurfsendungen immer überdrüssiger geworden. Die Auftritte der Politiker im Fernsehen gelten als schlechte Unterhaltung trotz wahrnehmbarer Tendenzen zum Politainment. Im Prinzip sollte ein Wahlkampf die Chance bieten, die politische Situation eines Landes zu analysieren und über die Zukunft nachzudenken. Wahlkampf ist zunächst einmal besonders verdichtete politische Kommunikation. Sie stellt immer ein Beziehungsgeflecht zwischen dem politischen System, den Medien und der Öffentlichkeit als Publikum der Medien her. Politische Kommunikation ergänzt zugleich die staatliche Gewaltenteilung (Korte 2005b: 112).

Das Buhlen um den Wahlbürger ist in den 1990er Jahren für die Parteien schwieriger geworden. Das hängt sowohl mit der veränderten Medienstruktur als auch mit der Mediennutzung zusammen. Die zahlreichen Fernsehkanäle und das „Zappen" der Zuschauer erschweren es den Parteien, zielgerichtet zu werben.

Aber auch der Wandel des Wahlverhaltens macht es den Parteien schwerer. Parteibindungen haben nachgelassen, das Vertrauen zu den Spitzenkandidaten ist für die Wähler wichtiger geworden als die politische Programmatik. Die Zahl der Nichtwähler und der Wechselwähler ist deutlich angestiegen (→ siehe Infoboxen 39 und 40), die Stimmabgabe erfolgt häufig spontan, wechselhaft und von persönlichen kurzfristigen Stimmungen beeinflusst.

### 4.6.1 Die Amerikanisierung der Wahlkämpfe

Einen Ausweg aus dieser oben geschilderten Problematik bietet eine stärkere Amerikanisierung der Wahlkämpfe (Korte 2005b: 112ff; Geisler/Tenscher 2002; Kamps 2007). Gemeint ist damit dreierlei: Personalisierung, Mediatisierung, Professionalisierung. Alle drei Komponenten sind nicht völlig neu für die Bundestagswahlkämpfe, doch ihre Bedeutung ist in den 1990er Jahren dramatisch gewachsen. Vieles wird dabei von Dick Morris, dem wohl bekanntesten amerikanischen Politikberater, abgeleitet. In „Behind the Oval Office" (Morris 1997) hat er die Geheimnisse der erfolgreichen Clinton-Wahlkampagnen gelüftet. Auf Begeisterung stieß bei vielen Politikern die Art und Weise der Wahlkampfführung des demokratischen Präsidenten Barack Obama.

In der Mobilisierung der Massen abseits klassischer Parteistrukturen wird ein Mittel zur Überwindung der Politikverdrossenheit gesehen. Man verkürzt jedoch die so genannte Amerikanisierung der Wahlkämpfe, wenn man in ihr nur eine populistische Verflachung sieht.

### *Personalisierung*

Wahlkämpfe werden zunehmend auf die Spitzenkandidatin beziehungsweise den Spitzenkandidaten einer Partei ausgerichtet. Die Sachthemen treten immer mehr in den Hintergrund, die Spitzenkandidaten verkörpern die Politik und die Ziele ihrer Parteien. Strategisch ist hier die Person des Amtsinhabers im Vorteil. Personen repräsentieren politische Botschaften. Je größer das Potenzial an Wechselwählern ist, desto stärker ist der Drang zur Personalisierung. Die Spitzenkandidaten stecken dabei in einer Doppelrolle: Sie sind Hauptdarsteller und zugleich Inhalt der Kampagne. Zu den strategischen Vorbedingungen gehört, dass die Kandidatin oder der Kandidat die geschlossene Unterstützung der Partei und der Anhängerschaft besitzen. Zum ersten Mal kam es im Jahr 2002 zu einem Fernsehduell zwischen dem amtierenden Bundeskanzler und seinem Herausforderer. Inzwischen werden diese Duelle auch auf Landesebene ausgetragen, in Nordrhein-Westfalen zuletzt je einmal auf RTL und im ZDF/WDR zwischen dem damaligen Ministerpräsidenten Peer Steinbrück und seinem Gegner Jürgen Rüttgers, dem seit 2005 amtierenden Ministerpräsidenten.

### *Mediatisierung*

Die meisten Bürgerinnen und Bürger erleben Politik nur noch in den Medien. Direkte Parteiwerbung wird kaum beachtet, Parteiprogramme und Wahlveranstaltungen erreichen zumeist nur eine kleine, ohnehin überzeugte Minderheit. Deshalb kommt den klassischen Massenmedien besondere Bedeutung zu. 68 Prozent der Wählerinnen und Wähler bezogen 2005 ihre Informationen über Parteien und Kandidaten aus der Tageszeitung, 88 Prozent aus den Fernsehnachrichten (Maurer 2005: 175).

Der Amtsinhaber hat bei der Mediatisierung stets einen Vorsprung. Media Control ermittelte, dass im Wahljahr 1994 Helmut Kohl 21 Stunden und Rudolf Scharping 13,5 Stunden im Fernsehen präsent waren: „Der Amtsbonus ist ein Fernsehbonus" (Radunski 1996: 42). 2005 jedoch war die Herausforderin Angela Merkel im Fernsehen häufiger zu sehen als der Bundeskanzler, lässt man nicht-wahlbezogene Berichterstattung außer Acht. In den 18 Wochen des Wahlkampfes war Gerhard Schröder nur in sieben Wochen häufiger im Fernsehen als seine Herausforderin. Gleiches gilt auch für eine Analyse des Bildmaterials von Tageszeitungen. Vor allem in der Anfangsphase wurde Angela Merkel häufiger und positiver als der Bundeskanzler dargestellt, erst in der Endphase des Wahlkampfes glich sich die Darstellung beider Politiker an (Ballensiefen 2009).

Der Fernsehwahlkampf beschränkt sich jedoch nicht nur auf Nachrichtensendungen und politische Magazine, erst recht nicht auf Wahlspots der Parteien. Wirkungsvoller ist der Auftritt in Unterhaltungssendungen, dort gilt das Motto: mehr Infotainment als seriöse Information. Bislang wird jedoch diese in den US-Wahlkämpfen bewährte Methode nur zögernd von den politischen Parteien in ihr Konzept aufgenommen.

Als neues Wahlkampfmedium entpuppt sich das Internet (Merz/Rhein/Vetter 2008; Moorstedt 2008). Alle Parteien entwickeln Konzepte, wie sich das neue Medium strategisch in ihre Wahlkampagnen einpassen lässt. Schwer zugängliche Wählergruppen scheinen so leichter erreichbar zu sein. Das Konrad-Adenauer-Haus zählte 2008 monatlich 370.000 Aufrufe der Seite des CDU-Bundesverbands. Die Linke verzeichnete im ersten Halbjahr 2008 pro Monat etwa 120.000 Besucher auf ihrer Internetpräsenz, die CSU circa 65.000 Besucher pro Monat auf ihrer Homepage. Diese Zahl steigt kurz vor einer Wahl um mehr als das Doppelte an. 348.000 Zugriffe registrierten die Grünen 2007 monatlich auf ihre Homepage. Im Schnitt besuchten 2007 285.000 Nutzer pro Monat die Seite der SPD-Bundespartei. Abrufen kann man neben Veranstaltungsterminen auch aktuelle Reden und Parteiprogramme. Die Mehrheit der Internetbesucher ist jedoch daran interessiert, mit den politischen Akteuren zu kommunizieren. Deshalb sind besonders die Diskussionsforen der Parteien erfolgreich, die sich zu Wahlkampfzeiten auch auf den beliebten Seiten der Spitzenkandidaten finden. Neben klassischen Internetformaten gewinnen so genannte Web 2.0-Formate an Bedeutung. Hier muss unterschieden werden zwischen Diskussionsforen, Blogs, und Podcasts, kleinen Videobotschaften, die von den Parteien und Kandidaten zur Gewinnung von Wählerstimmen ins Netz gestellt werden, und zum anderen zwischen solchen Blogs und Podcasts, die von parteiungebundenen Bürgern verfasst werden. Bei Letzteren besteht die Chance, Ideen und Sachverhalte interaktiv zu diskutieren, die in den klassischen Massenmedien keinen Raum finden. Trotzdem werden auch in Zukunft diese neuen Instrumente „klassische" Wahlkampfarbeit und -techniken nicht verdrängen, sondern allenfalls ergänzen (Abold 2008: 232f).

### *Professionalisierung*

Wahlkampf ist nicht mehr allein Sache der Partei oder der Parteizentralen, die eine Wahlkampfkommission einsetzen. Die Parteien ziehen externe Experten hinzu, die ihnen und ihren Kandidaten beratend zur Seite stehen (Korte 2005b: 116). Neben Demoskopen und Sozialwissenschaftlern kommen diese Fachleute zunehmend aus Werbung, Journalismus und Marketing. Diese Entwicklung eines eigenen Dienstleistungsmarktes führte in den USA zur Herausbildung von Wahlkampfberatern, die Spin doctors („Hexenmeister") genannt werden. Sie stellen ein Team professioneller Wahlkampfmanager zusammen. Sie sind die „Einflüsterer", die den Reden und den Ereignissen im Umfeld des Spitzenkandidaten einen bestimmten Drall geben, in der Tennissprache einen „spin". Spin doctors kommen von außen, sind nicht Teil der Parteien. Aus deutscher Sicht liegt hier das Problem: Parteien sind in Deutschland, anders als in den USA, nicht ausschließlich Wahlmaschinen, sondern wichtige Träger der politischen Willensbildung in einer Parteiendemokratie. Einen Wahlkampf in Deutschland zu führen, ohne innerparteiliche Tuchfühlung zu halten und die Strömungen innerhalb der Parteien zu kennen, ist bislang problematisch. Tony Blair verzichtete bei seinem Wahlkampf in Großbritannien monatelang darauf, den Parteivorstand einzuberufen. Unbürokratisch und schnell entschied Blair alleine mit seinem externen Wahlkampfteam; ein solches Vorgehen ist in der Bundesrepublik bislang undenkbar. Die deutschen Parteien sind dazu übergegangen, PR-Agenturen zu beauftragen, um den Wahlkampf zu steuern sowie das Image der Kandidaten und die Kontakte zu den Medien zu verbessern.

Nicht nur organisatorisch gibt es in Europa immer mehr Parallelen zum US-Wahlkampf. Die Parteien bieten verstärkt Hoffnung und Angriff zugleich als Leitthemen an. Wer als Politiker vertrauenswürdig ist, dem traut man auch zu, dass er bessere ökonomische Verhältnisse schaffen wird. Entscheidend ist der positive Kontrast zum politischen Gegner, da dies eine Atmosphäre der Hoffnung entstehen lässt. Das Negative-Campaigning, den Angriffswahlkampf, konnte man beispielsweise bei Tony Blair beobachten: Zweifel sind am Gegner zu wecken, da bekanntlich nicht nur für etwas, sondern auch gegen eine Partei oder einen Spitzenkandidaten votiert wird.

Grundsätzlich muss eine Partei für die Durchführung eines professionellen Wahlkampfes über die folgenden Möglichkeiten verfügen (Tenscher 2007: 68):

- → Strukturelle, finanzielle und personelle Ressourcen für ein dauerhaft geplantes und kapitalintensives Kommunikationsmanagement;
- → Professionelles Kampagnenmanagement, welches die Beteiligung wahlkampfspezifischer Politikvermittlungsexperten und externer, kommerzieller Agenturen beinhaltet;
- → Planung und Durchführung der Kampagne basierend auf Situations- und Presseanalysen, Meinungsumfragen und ständiger Selbst- und Gegnerbeobachtung;
- → Nutzung der Berichterstattung der Massenmedien, vor allem der vielfältigen Fernsehformate, basierend auf einem professionellen, medienwirksamen Ereignis- und Newsmanagement;

- Begleitende Nutzung massenmedialer Plattformen, um der Öffentlichkeit die jeweilige Parteienwerbung in Form von Anzeigen, Spots u. Ä. nahe zu bringen;
- Unterteilung der Wähler in für die jeweilige Partei relevante Zielgruppen und Ansprache derselben durch geeignete Kommunikationsinstrumente;
- Zuschnitt der Kampagne auf den jeweiligen Spitzenkandidaten.

### 4.6.2 Massenmedien und Wahlkampf

Zwei Funktionen soll der Wahlkampf besonders prägnant erfüllen: Information und Mobilisierung (Korte 2005b: 116ff; Sarcinelli 2009; Kamps 2007). Beides ist mit Hilfe der Massenmedien erreichbar. Die Informationsflut der Parteien über ihre Leistungsbilanz, ihre Kandidaten und ihre Programmatik scheint uferlos zu sein. In den Fußgängerzonen der Einkaufsviertel ist die Vielfalt der Informationsangebote wenige Wochen vor dem Wahltag nicht zu übersehen. Hier trifft das persönlich erlebbare Bild der Partei in der Realität auf das Bild der Partei in den Massenmedien. Doch gemessen an der möglichen Informationsleistung des Fernsehens ist die der lokalen Einzelveranstaltungen eher gering. Darüber hinaus sollen die Wähler mobilisiert werden, vorzugsweise in den eigenen Hochburgen. Den Mitgliedern der Parteien und deren Sympathisanten sollen durch die verstärkte Außendarstellung der Parteien weitere Identifikationsmöglichkeiten geboten werden. Auch kann dabei das Medium Fernsehen eine Leitfunktion ausüben.

Massenmedien nehmen deshalb in der modernen Wahlkampfplanung einen zentralen Platz ein (Brettschneider 2005a: 20). Die große Mehrheit der Bevölkerung sieht täglich Fern, liest Zeitung und hört Radio. Politische Botschaften erreichen die Menschen daher vor allem über diese Medien in der genannten Reihenfolge. Dass sich die Medienberichterstattung infolgedessen auch auf die Wahlentscheidung auswirkt, ist unbestritten (Brettschneider 2005b: 473). Dazu zählen jedoch nicht vorrangig die speziellen Informationsbeiträge zur Wahl (zum Beispiel Fernsehwerbespots der Parteien) oder zum Wahlkampf. Wichtiger sind die langfristigen Wirkungen, die von den Massenmedien auf die politischen Einstellungen der Wähler ausgehen. Die Antworten besagen auch nichts über die Richtung der Entscheidungsfindung. Langfristig hat das Fernsehen eine indirekte Wirkung auf das Wahlkampfgeschehen. Angesichts der selektiven Wahrnehmung der Zuschauer kann es, wie die Kommunikationsforschung herausgefunden hat, die vorhandenen Meinungen verstärken, aber nur in seltenen Fällen die politischen Einstellungen verändern.

Die öffentlich-rechtlichen Medien sind gesetzlich verpflichtet, den Parteien im Wahlkampf Sendezeit zur Verfügung zu stellen, in der sie mit Hilfe eigener Spots für sich werben können. Deren Wirkung ist in der Wissenschaft sehr umstritten. Die Fernsehanstalten haben dabei keinerlei Einfluss auf den Inhalt, so dass

selbst extremistische Parteien mit ihren Aussagen werben können. Solche Spots sind zudem nur in den letzten Wochen vor der Wahl erlaubt. Für die Parteien ist das Fernsehen ein günstiges Vermittlungsmedium: Es hat eine konkurrenzlose Reichweite; image- und zielgruppengerecht lässt es Selbstdarstellungen mittels szenischen Bildmaterials zu; es erreicht auch die Gruppen, die sich den traditionellen politischen Wahlkampfstrategien entziehen.

Doch welche Wirkung üben die Medien auf das politische Verhalten von Wählern und Eliten konkret aus, einmal abgesehen von der allgemeinen Verstärkung von vorhandenen Einstellungen? Über die Antwort wird in der Wahl- und Medienwirkungsforschung heftig gestritten (Korte 2005b: 117). Es ist auch verwunderlich, dass in dem individualpsychologischen Erklärungsansatz des Wahlverhaltens der Faktor „Kommunikationsverhalten" keine Rolle spielt. Denn Partei-, Kandidaten- und Themenpräferenzen werden durch die Medienberichterstattung wahrgenommen. Die Wähler informieren sich in den Medien über die Themen und die Kandidaten. Dazu gehören heute auch wie selbstverständlich die Berichte über Beliebtheit von Spitzenpolitikern, über die Zufriedenheit mit der Arbeit von Regierung und Opposition.

Daneben spielen die Prozesse der interpersonalen Kommunikation eine wichtige Rolle: Im persönlichen Austausch über politische Themen und Personen mit Familienangehörigen, Freunden und Kollegen findet die Koordinierung von Meinungsbildung statt. Alles, was die weitaus meisten Wähler über die Politiker zu wissen glauben, beruht auf Gesprächen mit anderen Menschen und auf der Darstellung in den Massenmedien. Doch die Wähler übernehmen die Informationen nicht einfach. Die meisten nehmen die Informationen durch die Brille ihrer eigenen Werte und Kenntnisse wahr. Während die Wissenschaft noch über die politische und die öffentliche Wirkung von Medien und Wahlforschung streitet, haben sich die Parteistrategen längst darauf eingestellt. Die Parteien gehen vom Einfluss dieser Informationen auf die politischen Einstellungen der Zuschauer aus. Sozialwissenschaftliche Planungsstäbe in den Parteizentralen greifen die Erkenntnisse über angenommene Medieneffekte auf das Wählerverhalten auf und setzen sie in Wahlkampfstrategien um.

Trotz der kontroversen Diskussion über den Zusammenhang zwischen Medien und Wahlverhalten liegen einige gesicherte Ergebnisse vor (Korte 2005b: 119f):

- Die entscheidende Wirkung der Massenmedien liegt in der Bestätigung des gesellschaftlichen Status quo. Dabei spielt besonders das Gespräch mit Freunden, Arbeitskollegen und der Familie eine verstärkende Rolle. Aber welche Themen dort aktuell erörtert werden, hängt durchaus mit den Medien zusammen, wie der zweite Befund deutlich macht.
- Einer der bekanntesten Ansätze in der Medienwirkungsforschung ist der Agenda-Setting-Ansatz. Hierbei steht die Thematisierungsfunktion der Medien bei der Informationsver-

mittlung im Mittelpunkt. Die Massenmedien bestimmen, über was wann diskutiert wird. Aufgrund seiner Reichweite spielt bei der Informationsvermittlung das Fernsehen die größte Rolle. In jedem Wahlkampf, aber auch in der Zeit dazwischen, legen die Medien die Themen fest, die einen politischen Handlungsbedarf begründen. Damit ist nicht gesagt, dass die Medien in jedem Einzelfall politische Einstellungen individuell beeinflussen. Doch sie erzielen Wirkungen, indem sie über die öffentliche Bedeutung von Themen entscheiden. Die Parteien versuchen deshalb, in der Wahlkampfzeit ihre Anliegen in die Medien zu bringen. Dabei nützt es den Parteien, wenn es genau jene Themen sind, bei denen sie einen Vertrauensvorsprung bei den Wählern besitzen, beispielsweise Wirtschaftsthemen bei den Unionsparteien und gesellschaftspolitische Themen bei der SPD. Was in den Medien nicht präsent ist, kann nicht wirken. Das besagt nicht, dass sich dadurch Einstellungen ändern, aber es kann für die Wahl ausreichend sein, wenn überhaupt etwas Bestimmtes aktualisiert wird. Den Versuch, Themen von der Tagesordnung zu nehmen, bezeichnet man als Agenda-Cutting. Dies geschieht insbesondere dann, wenn ein aktuelles Thema einer Partei schadet beziehungsweise sie in diesem weniger kompetent bewertet wird als der Gegner (Brettschneider 2005a: 21).

- Die Aussagen über die Medieneffekte bei der Berichterstattung über Kandidaten sind weniger deutlich. Die Spanne zwischen Medienliebling und Medienopfer ist groß. Der Ex-Bundeskanzler Helmut Kohl war hierfür ein gutes Beispiel. Wurde er noch 1989 „unbeholfen, provinziell" genannt, so pries man ihn ein Jahr später als Staatsmann und Vollender der deutschen Einheit. Daraus kann man aber keine Motive für das Wahlverhalten ableiten. Allgemein lässt sich sagen, dass Einstellungen zu Politikern über die Medien leichter zum Schlechteren als zum Besseren verändert werden können. Darüber hinaus ist bewiesen, dass das Fernsehen erfolgreicher die Charaktereigenschaften der Kandidaten vermittelt, als es die Tageszeitungen können. Die Printmedien stehen dagegen im Vergleich zum Fernsehen beim Wähler für eine höhere Sachkompetenz.
- Grundsätzlich bleibt noch die zum Teil sehr unterschiedliche Mediennutzung zu berücksichtigen, was auch die Aussagen über die Eindeutigkeit der Wirkungsrichtung noch zusätzlich erschwert. Tendenziell werden beispielsweise in den neuen Bundesländern die Massenmedien häufiger genutzt als in den alten Bundesländern.

Wenngleich die Auswirkungen der Medien auf das konkrete Wahlverhalten nicht in allen Facetten messbar sind, ergibt sich für die Parteien dennoch ein schlüssiges Bild: Die Parteizentralen müssen an Stelle eines traditionellen Parteienwahlkampfes auf einen Medienwahlkampf abzielen. Wer keinen Fernsehwahlkampf organisieren kann, ist relativ chancenlos.

### 4.6.3 Wahlkampfmanagement

*Zeitplanung*

In den Wahlkampfstrategien der politischen Parteien unterscheidet man drei Abschnitte (Korte 2005b: 120; Kamps 2007): Vorbereitungsphase, Vorwahlkampfzeit und Schlussphase. Diese beginnt in der Regel nach der Sommerpause und geht in den letzten sechs Wochen vor der Wahl in eine so genannte heiße Phase über. In der Vorbereitungszeit erarbeiten die Parteien eine eher allgemeine politisch-organisatorische Planung, wie beispielsweise Terminierung der Parteitage oder innerparteiliche Wahlen. Etwa zwei Jahre vor dem Wahltag geht der Wahlkampf in eine aktivere Phase über. Die Parteispitzen stehen nun vor der schwierigen und anspruchsvollen strategischen Aufgabe, eine Grundphilosophie für den Wahlkampf zu entwickeln: Welche Sachthemen und welche Kommunikationsstrategie sollen die Auseinandersetzung bestimmen? In dieser Zeit halten die Parteien auch Ausschau nach einem möglichen Spitzenkandidaten. Die Werbeagenturen werden beauftragt, erste Ansätze einer Werbestrategie zu entwickeln. Der zeitliche Ablauf einer derartigen Werbekampagne kann folgendermaßen aussehen (Sarcinelli 2003: 649ff):

- Erarbeitung erster Überlegungen innerhalb des Parteiapparats,
- Diskussion eines Entwurfspapiers in den Führungsgremien einschließlich der Wahlkampfkommission,
- Ausgabe einer konzeptionellen Anweisung an Werbeagenturen,
- Präsentation erster Entwürfe vor der Wahlkampfkommission,
- Perfektionierung der Entwürfe,
- Abstimmung mit den Führungsgremien,
- Festlegung eines Zeitpunkts für den Beschluss über den zentralen Wahlslogan,
- endgültiger Beschluss der zuständigen Gremien über Werbelinie und Slogan,
- Produktionsfahrpläne für die Werbemittel,
- Auslieferung der Materialien an nachgeordnete Parteigliederungen,
- Belegplan für Anzeigen und für die kommerzielle Plakatierung,
- Einsatz der Werbemittel.

Im letzten Drittel der Legislaturperiode erfolgt dann die detaillierte Planung des Wahlkampfes, das heißt, alle organisatorischen Termine werden festgelegt und Wahlkampfaktionen präzise geplant. Nach der parlamentarischen Sommerpause läuft der Wahlkampf fast wie ein Ritual in gewohnten Bahnen ab. Die Parteien müssen bis dahin der Wählerschaft die großen Linien ihrer Themen vermittelt haben. In der heißen Phase können angesichts der Emotionalisierung der politischen Stimmung kaum noch Korrekturen vorgenommen werden. Die Parteien konzentrieren sich nun darauf, die Wählerinnen und Wähler zur Wahl zu bewegen. Das Hauptaugenmerk der Wahlkampfmanager richtet sich besonders auf die nochmalige Motivierung und Mobilisierung von Mitgliedern und parteinahen Gruppierungen.

### *Die Spitzenkandidaten*

Die Ergebnisse der Wahlforschung lassen für die Parteiführungen vor allem einen Schluss zu (Korte 2005b: 121): Mit den Spitzenkandidaten und ihrer werbewirksamen Vermarktung steht und fällt der Wahlkampf. Sie müssen Glaubwürdigkeit, Sachkompetenz und Vertrauen ausstrahlen. Die Bewertung des Images gründet besonders auf dem Sympathie- und dem Leistungsbereich. Die Spitzenkandidaten sind eine Art Werbesymbol. Sie erhöhen die Chancen, die Stammwähler zu mobilisieren und vergrößern die Einsatzbereitschaft der Anhänger. Dennoch sollte nicht ausgeblendet werden, dass auch die Spitzenkandidaten die Wahl nicht allein entscheiden.

Es geht immer noch um die Wahl einer politischen Partei. Wie wären auch sonst die Wahlerfolge von Helmut Kohl 1983 und 1987 zu erklären? Die Wahlforscher ermittelten damals, dass der Bundeskanzler keineswegs über einen Amtsbonus verfügte. Kohls Image und Popularität in der Öffentlichkeit waren bis zur Bundestagswahl 1990 nicht die eines strahlenden Siegertyps. Dass er dennoch die Wahlen gewann, hing mit dem gesamten Umfeld, der Mannschaft, dem Programm sowie dem jeweiligen Gegenkandidaten der SPD zusammen. Diese Aufzählung und die Erinnerung an zurückliegende Wahlkämpfe relativierten ein wenig die Personaldebatte. Deutlich werden dabei die Grenzen der Amerikanisierung von Wahlkämpfen. Nichts geht in Deutschland ohne die politischen Parteien, relativ wenig ohne ein dazugehöriges politisches Programm.

Neben dem Image der Kandidaten ist ihr Bekanntheitsgrad ein wichtiges Kriterium für die Auswahl der Spitzenkandidaten. Dieses Kriterium muss auch von Kanzlerkandidaten erfüllt werden. Doch nicht nur Bekanntheit ist ein Kriterium für die Kür zum Kandidaten. Die Machtbalance zwischen Partei und Fraktion muss ebenfalls beachtet werden. Zumeist wird in hochrangigen informellen Zirkeln über die Person des Kandidaten verhandelt, bevor sie öffentlichkeitswirksam inszeniert wird. Als beispielhaft kann die Ernennung Frank-Walter Steinmeiers zum Kanzlerkandidaten der SPD gelten. Bereits Ende August 2008 wurde zwischen dem Vizekanzler und Außenminister Steinmeier und dem Parteivorsitzenden Beck vereinbart, ersteren zum Kandidaten zu ernennen. Aber erst nach Abflauen der Georgien-Krise hätte sich diese Personalie inszenieren lassen. Allerdings wurde mit der Rückkehr Franz Münteferings auf die politische Bühne, gezielter Indiskretion über die Berufung Steinmeiers und dem damit verbundenen Rücktritt Becks vom Parteivorsitz dieses Ziel verfehlt. Eines jedoch darf nicht außer Acht gelassen werden: Zwar ist die Kanzlerkandidatur das höchste Ehrenamt, welches eine Partei zu vergeben hat. Gleichzeitig ist es aber auch das chancenloseste.

Wenn sich jemand zum Kandidaten küren lässt, beginnt die Medienoffensive. Die Redaktionen möchten im Wettlauf mit der Zeit und der großen Konkurrenz möglichst vieles – politisch wie privat – über die Person publizieren. Angesichts dieser Dynamik fällt es immer schwerer, künstliche Politikerimages mit modernen Werbemethoden aufzubauen.

In der Schlussphasendramatisierung des Wahlkampfes spielt das Duell der Spitzenkandidaten in der Öffentlichkeit eine besondere Rolle (Korte 2005b: 122). Es bietet für die Wählerinnen und Wähler eine weitere Möglichkeit der Bewertung. Dazu wurde bei den zurückliegenden Bundestagswahlen häufig eine große Fernsehdiskussion mit den Spitzenkandidaten wenige Tage vor der Wahl durchgeführt (Maurer/Reinemann/Maier/Maier 2007). Zumeist umgibt sich der Spitzenkandidat der Opposition mit einem so genannten Schattenkabinett, neuerdings Kompetenzteam genannt. Damit wird der Blick auf die künftige Regierungsarbeit gelenkt und dokumentiert, dass man für alle wichtigen Sachbereiche kompetente Anwärter bereithält. Für dieses Schattenkabinett organisiert die Partei gemeinsame Auftritte und Dokumentationen in verschiedenen Werbeträgern.

### *Wahlkampfthemen, Wahlprogramm und Slogans*

Das Themenmanagement des Programmwahlkampfes ist ebenso wichtig wie die Personalisierung (Korte 2005b: 122ff). Die Parteien können sich auch hierbei der Agenda-Setting-Funktion der Medien geschickt bedienen. Sie müssen äußere Stimuli zum richtigen Zeitpunkt aussenden, um ihre Themen ins Gespräch zu bringen. Durch intensive Vorbereitung kann es den Parteistrategen gelingen, dass ein Thema auch auf das Interesse der Medien stößt.

Das ist jedoch leichter gesagt als getan. Denn der Aktualitätszwang und unvorhergesehene Ereignisse machen häufig einen Strich durch die Themenplanung für den Wahlkampf. Die Themen sollten einen aktuellen Hintergrund haben, die Sachkompetenz der jeweiligen Partei unterstreichen und als politisch spannend angesehen werden. Damit es möglichst dem Wahlkampfzweck dient, wird das aktuelle politische Tagesgeschehen von den Parteien aufbereitet. Zunächst muss die Partei jedoch über ihre Kommunikationsexperten herausfinden, was die Öffentlichkeit besonders interessiert. Danach ist zu prüfen, was die höchste Glaubwürdigkeit besitzt. Am besten ist es, wenn die Prioritätenliste der Wähler mit dem Kompetenzprofil der Partei übereinstimmt. Das ist eine der wichtigsten und zugleich schwierigsten Aufgaben, die bei einer Wahlkampagne zu erledigen ist. Traditionell gibt es bei den bundesdeutschen Wahlkämpfen zwei große Themenbereiche: wirtschaftliche Entwicklung und soziale Sicherung. Seit den 1980er Jahren spielt auch die Umweltpolitik für die Wahlkampfführung eine besondere Rolle. Heute kann zudem kein Politiker mehr Wahlkampf machen, ohne die Arbeitslosigkeit anzusprechen. Die Angst um den Arbeitsplatz sowie die Auseinandersetzungen um die wirtschaftliche und um die finanzielle Zukunft beherrschen die Wahlkämpfe. Zuweilen wird aber auch die Außenpolitik zu einem zentralen Wahlkampfthema, wie etwa die neue Ostpolitik 1972 oder die deutsche Haltung zur amerikanischen Irak-Politik im Wahljahr 2002.

Wie die empirische Wahlforschung belegt, verfügen Volksparteien in den Augen der Wähler über jeweils typische Kompetenzvorsprünge (Korte 2005b: 123). Damit ist gemeint, dass es einer Partei gelingt, bei einem bestimmten Programmpunkt nicht nur die eigene Anhängerschaft von der Leistungsfähigkeit zu überzeugen, sondern darüber hinaus die Anhänger aus dem Lager des politischen Gegners. Diese Einstellungsmerkmale sind in aller Regel das Ergebnis langjähriger Erfahrungen des Wählers mit der jeweiligen Partei. So galt die SPD klassisch als Anwalt des

**ABBILDUNG 31 WIRTSCHAFTSKOMPETENZ WIRD AM EHESTEN VERMUTET BEI ...**

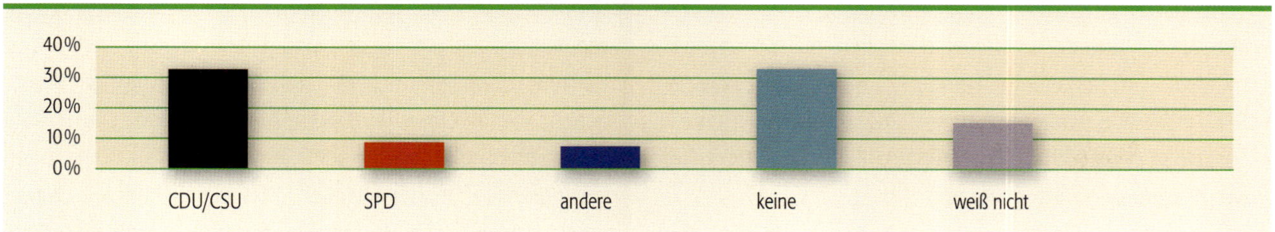


In Prozent. © Wochenschau Verlag. Quelle: ZDF-Politbarometer vom 15.08.2008.

„kleinen Mannes". Sie hatte einen eindeutigen Kompetenzvorsprung bei den sozialen und umweltpolitischen Themen. Der Union traut der Wähler hingegen eher die Lösung ökonomischer und europapolitischer Probleme zu.

Die Parteien beschränken sich in der Regel auf zwei bis drei zentrale Themen, um die Durchschlagskraft des Wahlkampfes zu erhöhen. Meist werden solche gewählt, die über die Stammwählerschaft hinaus wirken. Sie werden in den Wahlprogrammen behandelt. Beispiele hierfür sind etwa innere Sicherheit, europäische Integration oder Bekämpfung der Arbeitslosigkeit. Die Programme enthalten darüber hinaus noch weitere Informationen. Sie dienen der Orientierung der Wähler und der Identifikation der Mitglieder. Wesentliche Zielvorstellungen und Handlungsperspektiven der nächsten Legislaturperiode sollen darin enthalten sein, und sie müssen auch innerparteilich wirken: Möglichst viele verschiedene Strömungen sollen sich darin wieder erkennen können. Die Wahlprogramme gleichen deshalb häufig unverbindlichen Warenkatalogen mit Absichtserklärungen zu einem ganzen Panorama von Politikbereichen, damit möglichst viele Menschen zustimmen können. Zumindest trifft dies für die Volksparteien zu.

Entscheidender als die Programme selbst ist für die innerparteiliche Verständigung und den internen Interessenausgleich deren Entstehungskontext. Bis das Programm gedruckt vorliegt, haben zahlreiche innerparteiliche Abstimmungen und damit ein umfassender Diskussionsprozess stattgefunden. Das Ringen um politische Inhalte mobilisiert die Mitglieder. Schließlich soll ein Höchstmaß an interner Integrationsleistung von diesem Programm ausgehen. Eine empirische Analyse der programmatischen Entwicklung der Parteien zwischen 1998 und 2005 kam zu folgenden Ergebnissen (Debus 2007: 48ff):

- Die SPD versteht sich als Garant des sozialen Ausgleichs, sie vertritt in der Wirtschaftspolitik linke Positionen, die sich seit dem Regierungsantritt 1998 kontinuierlich von der Mitte ausgehend in diese Richtung bewegten. Auch in der Gesellschaftspolitik lässt sich feststellen, dass die SPD, – von einer moderaten Position der Mitte aus – deutlich progressiver wird.
- Die CDU vertritt einen gemäßigt liberalen Kurs in der Sozial- und Wirtschaftspolitik, während sie sich in der Gesellschaftspolitik bis 2005 langsam, aber deutlich in eine „konservativere" Richtung bewegte (Debus 2007: 49).
- Bei den Grünen ist auffällig, dass sie, nachdem sie 2002 wirtschafts- und sozialpolitisch rechts der SPD standen, nun einen leicht liberaleren Weg als diese beschreiten. Auch gesellschaftspolitisch schwächen die Grünen ihre äußerst progressiven Positionen leicht ab.
- Die FDP bleibt wirtschafts- und sozialpolitisch rechts, während sie sich gesellschaftspolitisch in eine konservativere Richtung bewegt. Lediglich 2002 vertrat sie kurzzeitig progressivere gesellschaftspolitische Position aufgrund ihres von der CDU unabhängigen Wahlkampfes.
- Wirtschafts- und sozialpolitisch verharrt Die Linke weit links, während sie gesellschaftspolitisch nach ihrem Zusammenschluss mit der WASG zur Bundestagswahl 2005 deutlich progressiver wird.

- Insgesamt bleiben alle Parteien auf ihrer ideologisch vorgegebenen Linie. Tiefgreifende programmatische Einschnitte werden vermieden, um keine weitreichenden inhaltlichen Überschneidungen mit anderen Parteien zu verursachen. Lediglich SPD und Grüne machten seit ihrem Regierungsantritt bemerkbare programmatische Veränderungen durch, sie entwickelten sich in eine eher linke Richtung.

Der Polarisierungsgrad, der von den Programmen ausgeht, ist relativ gering. Schwerpunktthema und Kandidat sind möglichst durch eine griffige, leicht verständliche Formel zu charakterisieren. Ein guter Slogan steht im Zentrum der Wahlkampagne. Er muss besagen, worum es bei der Wahl gehen soll. Häufig präsentieren die Parteien Slogans mit unterschiedlicher Funktion, wie die Beispiele aus dem Bundestagswahlkampf im Jahr 2005 dokumentieren:

- Mobilisierungsslogans: Grüne: „Gemeinsam gegen Genfood – mach mit!"; FDP: „Mehr FDP, mehr Bildung"; Die Linke: „Bundesweit wählbar"; CDU: „Gemeinsam für Deutschland".
- Personalisierungsslogans: SPD: Foto Schröder – „Kraftvoll. Mutig. Menschlich"; CDU: Foto Merkel – „Ein neuer Anfang"; Grüne: Foto Fischer – „Ja zu Joschka".
- Profilierungsslogans: CDU: „Deutschlands Chancen nutzen"; Grüne: „Neue Ideen für neue Jobs"; Die Linke: „Stur gegen Krieg, fantasievoll für Frieden"; SPD: „Vertrauen in Deutschland".
- Provokationsslogans: SPD: Roter Plakathintergrund, schwarze Balken mit weißer Schrift – „Merkel/Kirchhof: Radikal Unsozial"; CDU: Roter Plakathintergund, weiße Schrift – „5 Mio. Menschen ohne Arbeit", darunter ein orangefarbener Kasten mit weißer Schrift – „Deutschland braucht den Wechsel".

Die Wirkung derartiger Slogans sollte zwar nicht überschätzt werden, doch ist der gelungene Slogan in der Einschätzung der Wahlkämpfer geradezu ein Synonym für das, worüber im Wahlkampf gestritten wird. Ganz selten gelingen Slogans, die auch noch über den Wahltag hinaus eine prägnante Ausstrahlung besitzen.

Mit einer Multiplikatorenkampagne zielte die SPD im Bundestagswahlkampf 2005 wie schon 1998 auf eine visuell inszenierte Verbindung von Slogan und Effekt. Vor der Partei- und Wahlkampfzentrale errichtete sie jeweils drei große Plakatflächen, die in unregelmäßigem Rhythmus originelle Plakate präsentierten, die tagesaktuell Geschehnisse kommentierten oder politische Gegner angriffen. Die Vorgabe für die Werbeagentur bestand darin, zu einem bestimmten Termin die Plakate so interessant zu gestalten, dass die in Berlin versammelten Pressefotografen und Fernsehteams an einer Berichterstattung darüber nicht vorbeikamen. Die Medienaufmerksamkeit wurde durch Unkonventionalität und Originalität erreicht. Mit geringem finanziellem Aufwand konnte so eine optimale Sekundärkommunikation erreicht werden. Die Print- und elektronischen Medien berichteten über eine Vielzahl dieser Plakate.

### 4.6.4 Wahlkampfkosten

Die Amerikanisierung der Wahlkämpfe hat ihren Preis (Korte 2005b: 125ff). Die Anforderungen an die Parteien zur Professionalisierung der Wahlkämpfe sind auf allen Ebenen gestiegen. Der Ausbau der hauptamtlichen Parteiapparate bedarf ebenso wie die Diversifikation der Werbematerialien neuer Einnahmequellen. Andererseits wird der Wahlkampf auch von Seiten des Bundesverfassungsgerichts als staatspolitische Aufgabe anerkannt. Die Parteien sollen deshalb auch weiterhin öffentliche Gelder für Wahlkampfzwecke erhalten. In westlichen Demokratien ist die Parteienfinanzierung aus öffentlichen Mitteln die Regel. Die Bundesrepublik Deutschland bildet also darin keine Ausnahme. Das Urteil des Bundesverfassungsgerichts vom 9. April 1992 hat schließlich den Weg für eine zukunftsorientierte Mischfinanzierung der Parteitätigkeit aus privaten und aus öffentlichen Mitteln freigemacht. Das Gericht hielt darin zwar am Grundsatz der Unabhängigkeit der Parteien vom Staat fest, erklärte jedoch – entgegen der bisher vertretenen Auslegung – eine staatliche Finanzierung der „allgemein ihnen nach dem Grundgesetz obliegenden Tätigkeit" für zulässig. Eine Bedingung muss jedoch gelten: Die staatlichen Zuwendungen sollen die von der Partei selbst erwirtschafteten Einnahmen nicht übersteigen. Außerdem müssen alle Einnahmequellen wie Mitgliedsbeiträge und Spenden in die Berechnung einfließen. Dies alles führt dazu, dass es für die Wahlkampfkostenerstattung nicht mehr so entscheidend ist, wie die Partei bei den Wahlen abgeschnitten hat. Die Mehrheit der im Bundestag vertretenen Parteien und der Bundesrat setzten mit der Parteigesetznovelle vom 28. Januar 1994 dieses Urteil um.

Für die Wahlkampfkostenerstattung bedeutet dies (Andersen/Gehne 2005: 43):

- Die Parteien erhalten bei Bundestags- und Europawahlen für die ersten vier Millionen gültigen Listenwählerstimmen jährlich jeweils 85 Cent pro Stimme erstattet. Voraussetzung: Die Parteien haben einen Stimmenanteil von über 0,5 Prozent (bei Europa- und Bundestags-) beziehungsweise über 1,0 Prozent (bei Landtagswahlen). Jede weitere Stimme bringt jährlich 70 Cent. Für die Kommunalwahlen gibt es wie bisher keine Kostenerstattung. Gruppierungen ohne Landesliste, die lediglich mit Direktkandidaten in den Wahlkreisen antreten, erhalten die entsprechenden Beträge pro Wähler, sofern sie wenigstens 10 Prozent der im Wahlkreis abgegebenen gültigen Stimmen erreicht haben. Die Auszahlung der Mittel erfolgt nach Vorlage des Rechenschaftsberichts der Partei jeweils zum 1. Dezember eines jeden Jahres.
- Zusätzlich zu diesem Grundaufwand wird ein vom Wahlkampf unabhängiger Zuschuss eingeführt. Die Parteien erhalten 38 Cent für jeden von ihnen eingenommenen Beitrags- und Spendeneuro, sofern die Zuwendungen von natürlichen Personen stammen und pro Person und Jahr 3.300 Euro nicht übersteigen.
- Mit Gesetz vom 3. Dezember 1998 ist die absolute Obergrenze für den staatlichen Zuschuss auf 133 Millionen Euro heraufgesetzt worden. In einem gemeinsamen Entwurf hatten sich SPD, CDU/CSU, Bündnis 90/Die Grünen und FDP fraktionsübergreifend verständigt. Die Anhebung der Staatszu-



ABBILDUNG 32 PARTEIENFINANZIERUNG

Quelle: Korte 2005b: 123.

ABBILDUNG 33 EINNAHMEQUELLEN DER PARTEIEN 2006

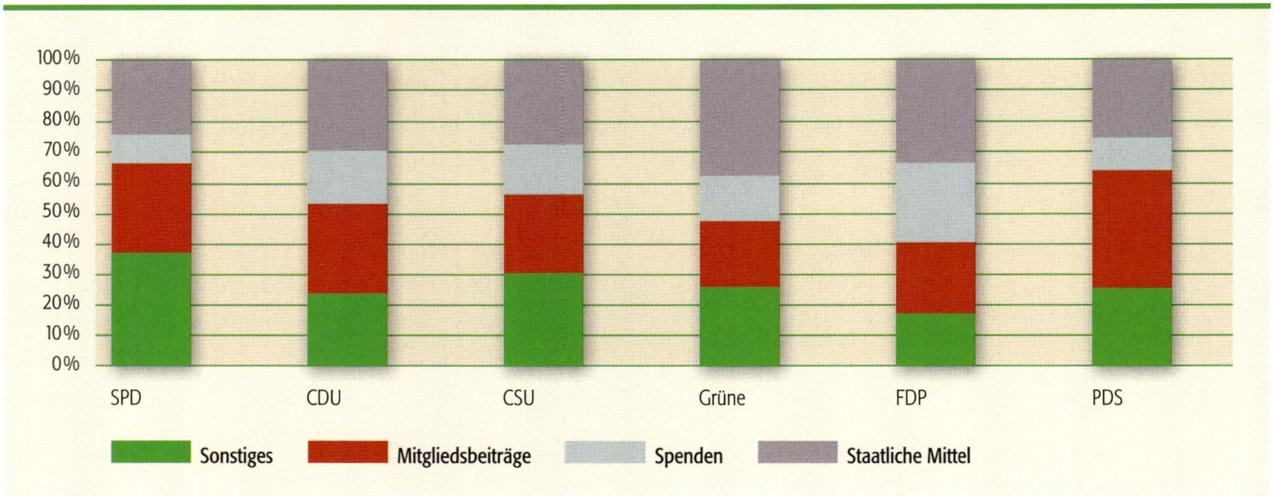


 Quelle: Deutscher Bundestag 2008a.

schüsse für die Parteien ist rückwirkend zum 1. Januar 1998 in Kraft getreten. Von den Parteien 2008 informell begonnene Verhandlungen über eine Erhöhung der Zuschüsse sind bisher zu keinem Abschluss gekommen.

Die SPD veranschlagte ihre Wahlkampfkosten im Jahr 2005 auf etwa 27,2 Millionen Euro. Die Unionsparteien investierten rund 22,9 Millionen Euro in ihre Wahlkampagne. Die kleineren Parteien folgen mit deutlichem Abstand. Die Linke ließ sich den Wahlkampf 4,25 Millionen Euro kosten, die Grünen 3,8 Millionen Euro und die FDP 3,5 Millionen Euro. Die Ausgaben der Landes-, Bezirks- und Ortsverbände sind dabei noch gar nicht berücksichtigt, der „normale" Wahlkampf 2002 kostete die Parteien nur unwesentlich mehr.

Da die Mitgliedsbeiträge und die damit verbundenen staatlichen Zuschüsse konstant sinken, werben die Schatzmeister vehement um Privatspenden. Nicht alle Parteien sind jedoch in diesem Bereich erfolgreich. Vor allem die wirtschaftsnahen Parteien CDU, CSU und FDP liegen bei der Spendenakquise vorn, während die linken Parteien hier das Nachsehen haben. Insbesondere die SPD und die Linke bestreiten ihren Etat nach wie vor zu einem beträchtlichen Teil aus Mitgliedsbeiträgen, ebenso die CDU als zweite Volkspartei, während bei den Grünen die staatlichen Mittel die größte Rolle spielen. Die SPD kann erhebliche sonstige Finanzmittel aus ihren Unternehmensbeteiligungen gewinnen, keine andere Partei ist in diesem Bereich so erfolgreich.

Doch die Mitgliederzahlen sinken vor allem bei den großen Parteien teils dramatisch. Dabei ist der Staatszuschuss an die Höhe der Mitgliedsbeiträge und Spenden gekoppelt. Durch die Begrenzung der Gesamtzuschüsse an die Parteien auf 133 Millionen Euro erhalten diese nicht die theoretisch vorgesehenen 38 Cent pro Beitragszahler, sondern nur circa 29 Cent. Zudem sinkt die tatsächliche Zuwendung für Wählerstimmen von theoretisch 85 Cent beziehungsweise 65 Cent auf 54 Cent je Stimme. Darum nehmen lokale oder regionale Spitzenkandidaten die Finanzierung ihrer Wahlkämpfe selbst in die Hand. Dabei kommen die aus den USA importierten „Fundraising"-Methoden zunehmend zum Einsatz. Finanzkräftige Unterstützer werden zum Beispiel zum Abendessen eingeladen und zahlen dafür „Eintrittsgelder", es werden aber auch vermehrt Gelder für konkrete Aktionen und Projekte eingeworben.

#### 4.6.5 Parteien im Bundestagswahlkampf 2005

Im Folgenden wird die Wahlkampforganisation, die Kandidatenlage und die thematische Aufstellung der etablierten Parteien im Bundestagswahlkampf 2005 beleuchtet (Niedermayer 2007):

##### SPD

*Organisation*

Die SPD führte 1998 mit der Ausgliederung der Wahlkampfzentrale aus dem Ollenhauer-Haus in Bonn ein neues organisatorisches Konzept ein. Die nach britischem New-Labour-Vorbild entworfene „Kampa" wurde zur Kommandobrücke des Wahlkampfes und aufgrund ihrer Einzigartigkeit selbst zu einer Wahlkampfattraktion. Um die Erfolge von 1998 und 2002 zu wiederholen, wurde 2005 wiederum eine Kampagnenzentrale ins Leben gerufen, diesmal allerdings in enger organisatorischer Anbindung an die Parteizentrale und unter der Leitung des Bundesgeschäftsführers der SPD, Kajo Wasserhövel. So sollten organisatorische Probleme vermieden werden, die in den vorangegangenen Wahlkämpfen zwischen Wahlkampfzentrale, Parteizentrale und Bundeskanzleramt aufgetreten waren. Die „Kampa im WBH" (Willy-Brandt-Haus) koordinierte politisch wie technisch den Wahlkampf und hielt Kontakt zum Bundeskanzler, zu den Parteigliederungen, zu Medien und Wahlforschern, aber auch zur Konkurrenz durch eine eigene Unterabteilung „Gegnerbeobachtung". Für die Wahl wurden eine Vielzahl zusätzlicher Mitarbeiter eingestellt und zudem vier externe Agenturen engagiert.

*Kandidat*

Der Kanzler war unumstrittener Spitzenkandidat der SPD, denn nicht zuletzt durch die überraschende Neuwahlankündigung konnte es keinem potenziellen Gegenbewerber gelingen, mit dem amtierenden Kanzler zu konkurrieren. Gerhard Schröder stand nicht von Anfang an im Mittelpunkt des sozialdemokratischen Wahlkampfes. Zunächst wurde in einem ersten Wahlkampfabschnitt versucht, über verschiedene Themen Aufmerksamkeit zu erlangen. Erst ab dem zweiten Abschnitt wurde der Spitzenkandidat eingesetzt, zunächst in Verbindung mit den gewählten Themenschwerpunkten, dann als Persönlichkeit mit der Überschrift „Kraftvoll. Mutig. Menschlich.". Zudem dominierte er in Zeitungsanzeigen und Fernsehspots, absolvierte über 100 öffentliche Auftritte und kommunizierte beispielsweise über Mailings mit den Wählern. Es war eine deutliche Personalisierungstendenz erkennbar, die nicht zuletzt den besseren Umfragewerten Schröders gegenüber seiner Herausforderin Angela Merkel geschuldet war (siehe Kapitel 4.10).

*Themen*

Die vorgezogene Bundestagswahl stellte die SPD, wie alle anderen Parteien auch, vor das Problem, in relativ kurzer Zeit ein ausgewogenes, abgestimmtes und erfolgversprechendes Wahlprogramm vorzustellen. Dies gelang in der Verknüpfung klassisch sozialdemokratischer Themen mit einer Weiterführung der begonnen Reformen. Drei Hauptthemen zogen sich so durch den Wahlkampf der SPD: Soziale Gerechtigkeit, Friedens- und Reformpolitik. Diese Hauptthemen wurden verknüpft mit den Erfolgen der Bundesregierung unter Schröder und konnten deshalb positiv in allen Medien vermittelt werden. Hinzu kam eine deutliche Negativkampagne der Partei: So wurden sozialdemokratische Positionen unmittelbar mit Positionen vor allem der CDU verglichen, was letztere in einem schlechten Licht erscheinen ließ. Mitglieder des CDU-Kompetenzteams wurden direkt und dauerhaft angegriffen, wie zum Beispiel Paul Kirchhof. Außerdem versuchte die SPD, ihrem Ansehensverlust in der Bevölkerung und der Kampagne der CDU mit dem Slogan „Vertrauen in Deutschland" zu begegnen und so bei den Wählern wieder Vertrauen zu schaffen.

##### CDU/CSU

*Organisation*

In Anlehnung an die Kampa gründete die CDU die „ARENA 05" in ihrer Parteizentrale im Konrad-Adenauer-Haus. Geleitet wurde diese Wahlkampfzentrale vom Generalsekretär der CDU Volker

Kauder, dem Bundesgeschäftsführer Johannes von Tadden, und dem Bereichsleiter Strategische Planung Michael Thielen. Sie arbeitete in enger Abstimmung mit der Spitzenkandidatin und Parteivorsitzenden Angela Merkel zusammen. Auch die CDU ließ sich von zwei Kreativagenturen und einer Medienagentur unterstützen, zusätzlich zu den 115 Mitarbeitern der Parteizentrale. Zur Abstimmung telefonierte Volker Kauder regelmäßig mit dem Generalsekretär der CSU, Markus Söder. In der Hochphase des Wahlkampfes wurde eigens eine Steuerungsgruppe geschaffen, der Angela Merkel, Edmund Stoiber, beide Generalsekretäre, Norbert Röttgen (Fraktionsgeschäftsführer CDU), Michael Glos (CSU-Landesgruppenchef), Christian Wulff (Ministerpräsident Niedersachsen), Roland Koch (Ministerpräsident Hessen), Erwin Huber (Leiter der Staatskanzlei Bayern) und Alois Glück (Landtagspräsident Bayern) angehörten. Trotz dieser Steuerungsgruppe kam es während des Wahlkampfes zu Kommunikationsschwierigkeiten zwischen beiden Parteien, zum Beispiel in der Frage des Wechsels von Edmund Stoiber nach Berlin. Unterstützt wurde die Partei von den ehrenamtlichen, jugendlichen Mitarbeitern des „teAM Zukunft" sowohl in der Parteizentrale wie auch in den Kreisverbänden, die nicht nur bei der Organisation von Veranstaltungen mithalfen, sondern auch direkt Wähler ansprachen. Vorbild war das NRWin-Team aus dem NRW-Landtagswahlkampf (siehe Kapitel 3.6).

### *Kandidatin*

Der Streit um die geeignete Person für die Kanzlerkandidatur der CDU/CSU wiederholte sich 2005 nicht. Zum Zeitpunkt der Neuwahlankündigung war zwar offiziell noch kein Kandidat auf Seiten der CDU/CSU gekürt, doch Angela Merkel nahm unangefochten die Spitzenposition ein und wurde am 30. Mai 2005 nominiert. Etwaige Konkurrenten, wie die Ministerpräsidenten Hessens und Niedersachsens, traten nicht auf den Plan. Der Herausforderin zur Seite stand ein so genanntes Kompetenzteam, dem zahlreiche prominente CDU-Politiker, beispielsweise amtierende Ministerpräsidenten wie Dieter Althaus und Peter Müller, aber auch parteilose Experten wie der Finanzexperte Paul Kirchhof angehörten. Zu bemerken war, dass bis auf den relativ kurzen Zeitraum um die Neuwahlankündigung herum Angela Merkel durchweg schlechtere Sympathiewerte als Gerhard Schröder entgegen dem langfristig zu betrachtenden Parteienwert aufwies (siehe Kapitel 4.10).

### *Themen*

Hauptthemen des CDU-Wahlkampfes waren die Bereiche Wirtschaft und Arbeit. Weiterhin versuchte man, die bisherigen Reformen der rot-grünen Koalition als ungenügend darzustellen und entwickelte umfangreiche Vorstellungen im Bereich der Steuer- und Gesundheitspolitik. Man spricht in diesem Zusammenhang auch von „reality campaigning". Jedoch präsentierte die CDU ihre Botschaften zu detailliert und teils mit den falschen Personen, was die Wähler irritierte. Außerdem führte sie keinen Angriffswahlkampf, sondern agierte quasi als Regierungspartei, sie tauschte mit der SPD die Rollen. Mit protestantischer Armutsästhetik versuchte sie, rational zu überzeugen. Die Wähler fühlten im Konzept der Union eine Aufkündigung von Sozialstaatlichkeit in der bundesrepublikanischen Staatsräson (Korte 2005d: 16). Schaut man sich das Ergebnis der Bundestagswahl an, so muss man feststellen, dass die Union nicht nur mit ihrer Themenstrategie, sondern mit ihrer gesamten Wahlkampfstrategie nicht erfolgreich gewesen ist. Es gelang ihr nicht, sich deutlich als stärkste Partei durchzusetzen und eine schwarz-gelbe Koalition zu bilden.

## FDP

FDP
Die Liberalen

### *Organisation*

Die Wahlkampfzentrale der FDP, „Freiraum 05", wurde von Bundesgeschäftsführer Hans-Jürgen Beerfeltz und dem Parteivorsitzenden Guido Westerwelle geleitet. Nach eigenen Angaben wurden zusätzlich zu einer hauptverantwortlichen Agentur 40 weitere engagiert, zudem fünf externe Berater. 26 hauptamtliche und 25 ehrenamtliche Mitarbeiter unterstützten die Arbeit der Wahlkampfzentrale. Wie alle anderen Parteien auch verfügte die FDP nicht nur über eine eigene Stelle zur Gegnerbeobachtung, sondern zudem über einen professionellen, tagesaktuellen Kommunikationsstrang mittels E-Mail und Mobiltelefon zu Parteimitgliedern und Wahlkampfhelfern und -mitarbeitern.

### *Themen*

Im Gegensatz zum „Spaßwahlkampf" 2002 setzte die FDP 2005 ganz auf die Seriosität und Solidität einer wirtschaftsliberal ausgerichteten, bürgerlichen Reformpartei mit Schwerpunkt auf den Bereichen Arbeit, Wirtschaft, Steuern und Bildung. Trotz einer deutlichen Koalitionsaussage zugunsten der Union kam es in einigen Bereichen zum Dissens. Beispielsweise entwickelten die Liberalen ein eigenes Steuermodell, lehnten aber auch die Erhöhung der Mehrwertsteuer nachdrücklich ab.

## Bündnis 90/Die Grünen

### *Organisation*

Die Parteizentrale der Grünen wurde zu Wahlkampfzeiten von der politischen Bundesgeschäftsführerin Steffi Lemke und dem damaligen Parteivorsitzenden Fritz Kuhn in enger Abstimmung mit dem Spitzenkandidaten Joschka Fischer geleitet. Dieser vollzog ähnlich wie sein Regierungspartner Gerhard Schröder im „Joschka-kämpft"-Bus ein umfangreiches Reiseprogramm durch die Republik. Nur 15 Mitarbeiter unterstützten die Arbeit der Wahlkampfzentrale, hinzu kamen eine Werbe- und eine Internetagentur. Erschwerend für die Partei wirkte sich im Laufe des Jahres 2005 die Tatsache aus, dass sie aus den letzten verbliebenen rot-grünen Landesregierungen in Nordrhein-Westfalen und Schleswig-Holstein ausscheiden musste und so wichtige Ressourcen für ein Aufmerksamkeitsmanagement in einem erfolgreichen Wahlkampf fehlten. Die Grünen verfügten damit, auch angesichts der geringen Geldmittel, über die strukturell wie finanziell schwächste Zentrale unter den im Bundestag vertretenen Parteien.

### *Themen*

Der grüne Spitzenkandidat Joschka Fischer konnte im Wahlkampf 2005 nicht mehr so erfolgreich wie drei Jahre zuvor die Unterstützung weiter Teile der Bevölkerung gewinnen, hatte sein Ansehen doch durch die Visa-Affäre erheblichen Schaden genommen. Dieser mangelnden Personalisierungsmöglichkeit stand zudem ein ungenügendes Themenmanagement zur Seite. Es gelang der Partei kaum, eigene Themen zu setzen. Vielmehr musste sie sich auf ihr eher nicht vertrautes sozialpolitisches Terrain begeben und ermöglichte damit den Wählern den direkten Vergleich mit den Volksparteien, der für die Grünen schlechter ausfiel. Erst in der zweiten Phase des Wahlkampfs, begünstigt durch unvorhersehbare Naturereignisse wie die Flutkatastrophe in New Orleans, konnte sie die Aufmerksamkeit der Wähler wieder auf ihre ökologische Kernkompetenz lenken. Zudem fuhr man in der Endphase des Wahlkampfs einen klaren Oppositionskurs und grenzte sich so deutlich zum bisherigen Koalitionspartner SPD ab.

## Die Linke

### *Organisation*

Die Linke nutzte die Erfahrungen der PDS im Wahlkampf und übertrug die Leitung der ausgelagerten Wahlkampfzentrale Claudia Gohde. Bodo Ramelow verantwortete die Gesamtwahlkampfleitung. 50 Mitarbeiter unterstützten die Wahlkampfarbeit, hinzu kamen zwei externe Agenturen und sieben Berater. Überwunden werden mussten die Schwierigkeiten, die durch den gemeinsamen Antritt der westdeutschen Partei WASG, die erst im Mai 2005 gegründet worden war, mit der ostdeutschen Partei PDS einhergingen. So trafen beide Parteien miteinander verschiedene Kooperationsvereinbarungen, zudem organisierten beide Vorstände gemeinsam die Besetzung der Landeslisten.

### *Themen*

Die Wahlallianz der beiden Parteien setzte konsequent auf die Popularität ihrer beiden Spitzenkandidaten Gregor Gysi und Oskar Lafontaine. Letzterer sollte vor allem bei der enttäuschten SPD-Klientel Wählerstimmen gewinnen. Zudem wurde ein Arbeitsschwerpunkt auf diejenigen fünf Wahlkreise gelegt, die den Gewinn eines Direktmandats versprachen. In drei Berliner Wahlkreisen führte diese Strategie zum Erfolg. Inhaltlich geprägt wurde der Wahlkampf von WASG und PDS durch den Protest gegen das Agenda 2010-Reformprogramm der Bundesregierung. Durch diese klare sozialpolitische Positionierung, aber auch klassische linke Programmatik beispielsweise in der Friedenspolitik, gelang es der Wahlallianz, sich als fünfte politische Kraft zu positionieren und eine gute Grundlage für die am 16. Juni 2007 erfolgte Fusion beider Parteien zu legen.

### 4.6.6 Ausblick: Bundestagswahl 2009

Die SPD wird den Wahlkampf erneut aus einer „Kampa" im Willy-Brandt-Haus unter der Leitung des Generalsekretärs Hubertus Heil sowie des Bundesgeschäftsführers und Wahlkampfmanagers Kajo Wasserhövel führen. Unterstützend tätig sein wird dabei unter anderem der McKinsey-Manager Markus Klimmer, der als wirtschaftspolitischer Berater den Wahlkampf begleiten soll. Die SPD-Spitze kürte am 7. September 2008 den Außenminister und Vizekanzler Frank-Walter Steinmeier zum Kanzlerkandidaten, nachdem dieser sich bereits Ende August mit dem Parteivorsitzenden Kurt Beck auf diese Lösung geeinigt hatte. Mit der Ernennung Steinmeiers zum Kandidaten trat Beck aber aufgrund innerparteilicher Auseinandersetzungen überraschend zurück. Der auf die politische Bühne zurückgekehrte ehemalige Parteivorsitzende Franz Müntefering soll nun die SPD aus ihrem Umfragetief führen. Bereits 1998 hatte er erfolgreich den Wechsel nach 16 Jahren schwarz-gelber Regierungszeit organisiert.

Für die CDU/CSU wird Bundeskanzlerin Angela Merkel als unangefochtene Spitzenkandidatin ins Rennen gehen. Sie wird wie 2005 wieder von vielen ehrenamtlichen Parteimitgliedern bzw. Sympathisanten unterstützt, die sich diesmal im teamDeutschland zusammengeschlossen haben. Angesichts der steigenden Anzahl der sich spät entscheidenden Wechselwähler soll im letzten Monat vor der Wahl ein besonders intensiver Wahlkampf geführt werden. Vorbild sind die Kampagnen von Ole von Beust in Hamburg 2008 und der SPD im Bundestagswahlkampf 2005.

Für die FDP wird wieder Guido Westerwelle als Spitzenkandidat antreten. Die Kampagne wird erneut von Bundesgeschäftsführer Hans-Jürgen Beerfeltz im Thomas-Dehler-Haus koordiniert. Die Liberalen haben beispielsweise eine Mitmach-Arena im Internet eingerichtet, über die sich die Bürgerinnen und Bürger interaktiv am Wahlkampf beteiligen können.

Die Grünen werden erneut von einem Duo in den Bundestagswahlkampf 2009 geführt: Die Fraktionsvorsitzende Renate Künast und der frühere Bundesumweltminister Jürgen Trittin treten gemeinsam als Spitzenkandidaten an. Ihnen zur Seite steht ein fünfköpfiges Wahlkampfteam, benannte Mitglieder sind bisher Katrin Göring-Eckardt, Bärbel Höhn und Fritz Kuhn. Wahlkampfmanager ist Rudi Hoogvliet, der schon 2005 die Kampagne der Grünen managte. Das Kampagnenbüro trägt den Namen „Triebwerk".

Die Linke wird wohl ebenfalls mit einem bekannten Duo den Wahlkampf bestreiten: Gregor Gysi und Oskar Lafontaine.

Hauptthema des Wahlkampfes wird die Bewältigung der Wirtschafts- und Finanzkrise sein. Ferner wird natürlich auch die Arbeits- und Sozialpolitik eine Rolle spielen. So könnte es beispielsweise eine harte Auseinandersetzung um die Einführung von Mindestlöhnen geben. Aber auch die Energiepolitik, hier insbesondere der Atomausstieg und die hohen Energiepreise, wird die Agenda bestimmen.

## 4.7 Wahltermin

Den Wahltermin vier Jahre nach der letzten Bundestagswahl bestimmt der Bundespräsident (Andersen/Gehne 2005: 2). In der Regel erfolgt dies auf Vorschlag des Bundeskanzlers beziehungsweise in Abstimmung mit der Bundesregierung (Woyke 2005: 76).

Das Wahlverfahren wird in seinen technischen Einzelheiten durch ein Bundesgesetz geregelt. Dieses gliedert sich in Wahlvorbereitung, Wahlhandlung und die Feststellung des Wahlergebnisses. Paragraph 16 des Bundeswahlgesetzes schreibt vor, dass als Wahltag ein Sonntag oder ein gesetzlicher Feiertag festgelegt wird. Damit soll im Sinne der Allgemeinheit der Wahl gewährleistet sein, dass möglichst viele Wahlberechtigte Zeit haben, zur Wahl zu gehen. Sobald der Wahltermin feststeht, beginnen die Behörden mit den rechtlichen Vorbereitungen der Wahl. Die Meldebehörden der Städte erstellen die Wählerverzeichnisse, die vom 20. bis zum 16. Tag vor der Wahl öffentlich ausgelegt werden. Man kann Einspruch einlegen, falls das Verzeichnis fehlerhaft oder unvollständig ist.

Den Zeitrahmen, in dem Wahlen stattfinden sollen, nennt Artikel 39 Absatz 1 des Grundgesetzes:

*„Der Bundestag wird (...) auf vier Jahre gewählt. Seine Wahlperiode endet mit dem Zusammentritt eines neuen Bundestages. Die Neuwahl findet frühestens sechsundvierzig, spätestens achtundvierzig Monate nach Beginn der Wahlperiode statt. Im Falle einer Auflösung des Bundestages findet die Neuwahl innerhalb von sechzig Tagen statt".*

## 4.8 Wahlhandlung

Die zugelassenen Wahlvorschläge sind mit Angabe der Namen der Bewerber sowie der Partei auf dem amtlichen Stimmzettel aufzuführen (Andersen/Gehne 2005: 46f). Jeder Wahlberechtigte kann entweder persönlich am Wahltag in seinem Wahlbezirk oder bei Verhinderung durch Briefwahl wählen. Die Stimmabgabe in den Wahllokalen kann entweder per Stimmzettel oder mit einem Wahlgerät (→ **siehe Infobox 12**) erfolgen. Entscheidend ist, dass die Wahl geheim und frei abläuft. Deshalb ist in Paragraph 33 des Bundeswahlgesetzes festgeschrieben, dass „Vorkehrungen dafür zu treffen (sind), dass der Wähler den Stimmzettel unbeobachtet kennzeichnen kann". Werden Wahlgeräte verwendet, so müssen diese die „Geheimhaltung der Stimmabgabe gewährleisten" (Paragraph 35).

Um sicherzustellen, dass der Wahlberechtigte seine Stimme frei abgeben kann, ist es nach Paragraph 32 verboten, dass während der Wahlzeit in der näheren Umgebung des Wahllokals Wahlkampfaktivitäten betrieben werden. Dazu zählen auch Unterschriftensammlungen jeglicher Art. Aus dem gleichen Grund dürfen Umfragergebnisse am Wahlsonntag nicht vor Schließung der Wahllokale bekannt gegeben werden. Möglich wäre sonst die Stimmabgabe für Parteien, die noch einige Stimmen zum Überspringen der Fünf-Prozent-Klausel brauchen, oder die Unterstützung der führenden Partei, nur um das Gefühl zu haben, zu den Gewinnern zu gehören.

Auch die Stimmabgabe durch Briefwahl ist so geregelt, dass sie geheim und frei stattfindet. Der Wahlbriefumschlag muss einen Wahlschein, den sich der Wahlberechtigte zuvor ausstellen lassen muss, als Nachweis des Wahlrechts enthalten. Der Stimmzettel muss in einem eigenen Umschlag beiliegen – so kann der Stimmzettel ungelesen vom Wahlschein, der ja den Namen des Wählers trägt, getrennt werden; das Wahlgeheimnis bleibt gewahrt. Dass die Wahl frei ist, wird dadurch sichergestellt, dass auf dem Wahlschein an Eides statt erklärt wird, dass die Stimmen möglichst persönlich, auf jeden Fall aber nach dem erklärten Willen des Wählers abgegeben wurden. Die Briefwahl stellt ein besonderes Entgegenkommen des Gesetzgebers an die Wähler dar, das der Allgemeinheit der Wahl dienen soll. Dieses Angebot wird von den Bürgern zunehmend genutzt. Die Zahl der Briefwähler stieg von 9,4 Prozent im Jahr 1990 auf 18,6 Prozent im Jahr 2005 an.

## 4.9 Feststellung des Wahlergebnisses

Für das Ergebnis spielen nur gültige Stimmen eine Rolle. Stimmen sind ungültig, wenn die Art der Stimmabgabe das Wahlgeheimnis verletzt (etwa durch eine handschriftliche Bemerkung oder einen Appell auf dem Wahlzettel), wenn zu viele oder keine Wahlvorschläge gekennzeichnet sind oder der Wahlumschlag mehr als einen ausgefüllten Stimmzettel enthält. Um 18 Uhr am Wahltag werden sämtliche Wahlurnen geöffnet (Andersen/

Gehne 2005: 65). Die ehrenamtlichen Wahlvorstände zählen die Stimmzettel aus. Der Wahlvorstand stellt fest, wie viele gültige Stimmen im Wahlbezirk auf die einzelnen Kreiswahlvorschläge und Landeslisten abgegeben wurden und welcher Bewerber letztlich als Abgeordneter gewählt ist.

Gewählt ist der Bewerber, der die meisten Stimmen auf sich vereinigt. Bei Stimmengleichheit wird keine Stichwahl durchgeführt, der Kreiswahlleiter zieht stattdessen ein Los, das über die Besetzung des Mandats entscheidet. Der Landeswahlausschuss stellt fest, wie viele Stimmen auf die einzelnen Landeslisten entfallen sind. Schließlich stellt der Bundeswahlausschuss fest, wie viele Sitze auf die einzelnen Landeslisten entfallen und welche Bewerber als Abgeordnete gewählt sind. Erst nachdem die Landeswahlleiter schriftlich die Gewählten zur Annahme ihrer Wahl aufgefordert haben, wird nach einer Woche das Wahlergebnis amtlich bekannt gemacht. Um Wahlergebnisse auch nachträglich überprüfen zu können, werden alle Stimmzettel verpackt, versiegelt und in den Kommunen archiviert.

## 4.10 Wahlverhalten

Die herausgehobene Stellung Nordrhein-Westfalens im Bezug auf Bundestagswahlen zeigte sich im Jahr 2005. Kurz nach Schließung der Wahllokale zur Landtagswahl in Nordrhein-Westfalen kündigte der SPD-Parteivorsitzende Franz Müntefering in Berlin Neuwahlen zum Deutschen Bundestag in 2005 an (Feldkamp 2006). Um 20 Uhr wiederholte Bundeskanzler Gerhard Schröder diese Absichtserklärung. Beide hatten bereits nach den ersten Prognosen zum nordrhein-westfälischen Wahlergebnis beschlossen, diesen Weg einzuschlagen. Vor der öffentlichen Erklärung Münteferings wurden auch der Koalitionspartner und der Bundespräsident über das Vorhaben informiert.

Die Ankündigung von Neuwahlen durch den SPD-Vorsitzenden hing mit dem Wahlergebnis in Nordrhein-Westfalen zusammen. Dort verlor die SPD nach 39 Jahren Regierungszeit ihre Mehrheit und wurde gemeinsam mit den Grünen von einer schwarz-gelben Regierungskoalition abgelöst (siehe Kapitel 3.10). So war die Landtagswahl in Nordrhein-Westfalen, wie schon so oft, Vorzeichen für eine bundespolitisch veränderte Machtkonstellation (siehe Kapitel 3 und 7). Doch trotz ihrer Niederlage bei den Landtagswahlen konnte die SPD bei den Bundestagswahlen 2005 in Nordrhein-Westfalen erneut die Stimmenmehrheit gewinnen, was ihr seit 1969 mit einer Ausnahme (1983) immer gelang (→ **siehe Abbildung 35**).

Noch am Wahlabend der Landtagswahl verbreitete sich die Nachricht vom Vorhaben der SPD wie ein Lauffeuer. Sofort richteten sich die Interpretationen des Wahlergebnisses auf die Bundesebene. Unmittelbar nach Schließung der Wahllokale in

**ABBILDUNG 34 GLIEDERUNG DER WAHLORGANE BUNDESTAGSWAHL**

| Wahlorgan | Gebiet | Aufgabe |
|---|---|---|
| Bundeswahlleiter (jeweiliger Präsident des Statistischen Bundesamtes) und Bundeswahlausschuss | Bundesrepublik | Parteienzulassung; stellt fest, wie viele Sitze auf die einzelnen Landeslisten entfallen und welche Bewerber gewählt sind; zieht bei Bruchteilgleichheit das Los |
| Landeswahlleiter und Landeswahlausschuss | Bundesland | Landeslisten müssen eingereicht werden; stellt fest, wie viele Stimmen im Land für die einzelnen Landeslisten abgegeben wurden |
| Kreiswahlleiter und Kreiswahlausschuss | Wahlkreis | Kreiswahlvorschläge müssen eingereicht werden; Kreiswahlleiter stellt fest, wer als Wahlkreisabgeordneter gewählt ist, zieht bei Stimmengleichheit ein Los |
| Wahlvorsteher und Wahlvorstand | Wahlbezirk | Entscheidung: Stimmen gültig oder nicht, Auszählung |

© Wochenschau Verlag. Quelle: BWG, Andersen/Gehne 2005.

| ABBILDUNG 35 | BUNDESTAGSWAHLERGEBNISSE IN NORDRHEIN-WESTFALEN 1949-2005 | | | | | |
|---|---|---|---|---|---|---|
| **Wahljahr** | **SPD** | **CDU** | **FDP** | **GRÜNE** | **Die Linke** | **Sonstige** |
| **1949** | 31,4 | 36,9 | 8,6 | – | – | 23,1 |
| **1953** | 31,9 | 48,9 | 8,5 | – | – | 10,7 |
| **1957** | 33,5 | 54,4 | 6,3 | – | – | 5,8 |
| **1961** | 37,3 | 47,6 | 11,7 | – | – | 3,4 |
| **1965** | 42,6 | 47,1 | 7,6 | – | – | 2,7 |
| **1969** | 46,8 | 43,6 | 5,4 | – | – | 4,2 |
| **1972** | 50,4 | 41,0 | 7,8 | – | – | 0,8 |
| **1976** | 46,9 | 44,5 | 7,8 | – | – | 0,8 |
| **1980** | 46,8 | 40,6 | 10,9 | 1,2 | – | 0,5 |
| **1983** | 42,8 | 45,2 | 6,4 | 5,2 | – | 0,4 |
| **1987** | 43,8 | 40,1 | 8,4 | 7,5 | – | 0,8 |
| **1990** | 41,1 | 40,5 | 11,0 | 4,3 | 0,3 | 2,8 |
| **1994** | 43,1 | 38,0 | 7,6 | 7,4 | 1,0 | 2,8 |
| **1998** | 46,9 | 33,8 | 7,3 | 6,9 | 1,2 | 4,0 |
| **2002** | 43,0 | 35,1 | 9,3 | 8,9 | 1,2 | 2,5 |
| **2005** | 40,0 | 34,4 | 10,0 | 7,6 | 5,2 | 2,8 |
| Angaben in Prozent | | | | | | |

Quelle: Innenministerium NRW 2008.

Nordrhein-Westfalen startete somit der Bundestagswahlkampf (Korte/Florack/Grunden 2005: 334f).

Formal ist es allerdings nicht möglich, durch Selbstausrufung Neuwahlen zu provozieren. Vielmehr kann nur der Bundespräsident Neuwahlen ansetzen. Allerdings muss zuvor die Mehrheit der Mitglieder des Deutschen Bundestages dem Bundeskanzler ihr Vertrauen entzogen haben. Dies geschah nach einer Rede des Bundeskanzlers zur politischen Situation im Land vor dem Bundestag am 1. Juli 2005. Am 13. Juli bat Gerhard Schröder den Bundespräsidenten, das Parlament aufzulösen. Horst Köhler verkündete am 21. Juli seine Entscheidung, so zu handeln (siehe Kapitel 4.12). Er setzte Neuwahlen für den 18. September 2005 an. Das Bundesverfassungsgericht bestätigte einige Wochen später das Verfahren, so dass die Bundestagswahlen wie geplant im Herbst 2005 stattfinden konnten.

Die kleinen Parteien profitierten bei der Bundestagswahl von der Schwäche der großen Volksparteien. FDP und Linke/PDS legten deutlich zu, die Grünen stabilisierten sich auf dem Niveau von 2002. Deutlicher als jemals zuvor stehen sich nun zwei konträr konturierte Politikmodelle im Bundestag an den Rändern gegenüber: altsoziale Besitzstandswahrung bei der Linken/PDS und neoliberale Marktbefreiung bei der FDP (Korte 2005d: 13). Zum

Triumph der Kleinen bei der Wahl gehört der Konzentrationsprozess der Großen. Die erste Große Koalition im Bund von 1966 konnte noch 86,9 Prozent der Wähler auf sich vereinigen. Nach der vergangenen Wahl waren es nur noch 69,4 Prozent Dahinter steht nicht nur eine Schwächung der Volksparteien auf dem komplexen Wählermarkt (Korte/Fröhlich 2009). Wichtiger ist der Erosionsprozess der Volksparteiendemokratie, der zeitgleich damit einhergeht. Denn die Schwächung der Volksparteien hängt nicht primär mit abnehmender Mitgliederzahl und Kampagnenfähigkeit angesichts zunehmender Überalterung zusammen. Vielmehr sind die Volksparteien weitgehend basislos geworden und damit immer weniger gesellschaftlich verankert. Ihnen fehlt die notwendige Repräsentativität, um konfliktsensibel agieren zu können. Sie sind immer weniger Bindeglied in der Funktionslogik des repräsentativen parlamentarischen Systems, kein Resonanzraum für Stimmungen. Solche Organisationen sind ohne eigenen Standort Spielball für alles, witterungsabhängig (Schmid/Zolleis 2005).

Bislang einzigartig in ihrer Wirkung ist die Bundestagswahl 2005 auch deshalb, weil sie zu den folgenden Ergebnissen geführt hat (Hilmer/Hilmer-Müller 2006; Korte 2005d; Jung/Wolf 2005; Brettschneider 2005a):

- Zum ersten Mal steht an der Spitze der Bundesregierung eine Frau. Außerdem stammte der Bundeskanzler bisher immer aus Westdeutschland.
- Zwar gehört der Bundeskanzler nicht immer der stärksten Fraktion im Bundestag an. Allerdings stellte niemals eine Fraktion mit schlechteren Wahlergebnissen als die Union 2005 den Bundeskanzler. CDU/CSU erzielten mit 35,2 Prozent der Stimmen ihr schlechtestes Bundestagswahlergebnis, lässt man die erste Wahl 1949 außer acht.
- Gleichzeitig mit der Union erzielte auch die SPD eines ihrer schlechtesten Bundestagswahlergebnisse. Niemals war die Zustimmung zu den Volksparteien so gering wie 2005.
- Zum zweiten Mal in der Geschichte der Bundesrepublik Deutschland regiert eine Große Koalition. Allerdings kann diese sich nur auf 69,4 Prozent der Wählerstimmen stützten, im Gegensatz zu 86,9 Prozent der Stimmen unter Kiesinger 1966.
- Die Bildung der Großen Koalition verdeutlichte, dass sich die Bundesrepublik Deutschland zu einem Fünf-Parteien-System entwickelt hat. Die fast identische Größe der beiden gegensätzlichen Lager führte dazu, dass die Bildung einer klassischen Koalition nach der Bundestagswahl nicht mehr möglich war. Eine rot-rot-grüne Dreierkoalition ist vor allem aufgrund der Verweigerungshaltung der SPD gegenüber der Linken nicht gebildet worden. Die Grünen hingegen verweigerten sich einer Jamaika-Koalition aus CDU, FDP und Grünen, während die FDP eine Ampelkoalition ablehnte.

Die Bedeutung Nordrhein-Westfalens und seiner Wähler bei Bundestagswahlen lässt sich an verschiedenen qualitativen und quantitativen Punkten beispielhaft erläutern:

- Nordrhein-Westfalen ist das einwohnerstärkste Bundesland und stellt damit bei Bundestagswahlen auch die meisten Wähler. Etwa 13,2 Millionen Menschen sind 2005 wahlberechtigt gewesen, circa 10,2 Millionen nahmen dieses Recht auch wahr. Bundesweit waren dies 48 Millionen Bürger, aus Nordrhein-Westfalen kamen also bei der letzten Wahl mehr als ein Fünftel der Wählerstimmen. Daher stellt das Land mit 130 auch die meisten Bundestagsabgeordneten, 19 mehr als alle ostdeutschen Länder (ohne Berlin) zusammen.
- Der Einfluss nordrhein-westfälischer Abgeordneter im Bundestag kann als einigermaßen groß gelten. Gleiches gilt auch für den Einfluss innerhalb der Bundestagsfraktionen. In allen Fraktionen bis auf die der Linken bilden nordrhein-westfälische Abgeordnete die stärkste Landesgruppe. So haben diese Abgeordneten besonderen Einfluss auf Sach- und Machtfragen, sowohl innerhalb des Parlaments und seiner Ausschüsse als auch in der Bundesregierung.

- Drei Bundesminister mit zentralen Ressorts stammen aus Nordrhein-Westfalen: Gesundheitsministerin Ulla Schmidt (SPD) aus Aachen, Finanzminister Peer Steinbrück (SPD) als ehemaliger Ministerpräsident Nordrhein-Westfalens aus Bonn (wenn auch gebürtig aus Hamburg) und Frank-Walter Steinmeier, Außenminister, Vizekanzler und Kanzlerkandidat der SPD aus Detmold. Der ehemalige Vizekanzler und Arbeitsminister Franz Müntefering und jetzige Vorsitzende der SPD kommt aus dem sauerländischen Sundern.
- Nicht nur die Bundestagsabgeordneten Nordrhein-Westfalens können als einflussreich und mit der Landesebene über teils informelle Netzwerke verflochten gelten, auch in den verschiedenen Parteien nehmen nordrhein-westfälische Mitglieder eine starke Stellung ein und beeinflussen so das politische Leben der Republik. Alle Parteien bis auf die Linke haben in Nordrhein-Westfalen ihre stärksten Landesverbände, die bei Bundesparteitagen teilweise mehr als ein Fünftel der Delegierten stellen.

Im Folgenden soll genauer auf das Wählerverhalten bei Bundestagswahlen eingegangen werden – mit Berücksichtigung Nordrhein-Westfalens. Wie hoch ist die Wahlbeteiligung, welche Rolle spielen Nicht-, Wechsel-, Protest- und Stammwähler? Wie sah die Parteiidentifikation und die Kandidatenorientierung aus, welche politischen Streitfragen waren für die Bundestagswahl 2005 maßgeblich?

## Wahlbeteiligung: Nichtwähler, Wechselwähler und Protestwähler

Die Wahlbeteiligung bei Bundestagswahlen geht kontinuierlich zurück. Lag sie in den 1970er Jahren noch bei über 90 Prozent (1972: 91,1 Prozent), so sank sie in den 1980ern auf Werte knapp unter 90 Prozent und schließlich auf nur noch 77,1 Prozent bei der letzten Bundestagswahl 2005. Sie erreichte damit einen historischen Tiefstand. Bei allen Bundestagswahlen war die Wahlbeteiligung in Nordrhein-Westfalen um ein Prozent höher als im Bundesdurchschnitt.

- Die Nichtwähler machten 2005 etwas mehr als ein Fünftel (22,3 Prozent) der Wahlberechtigten aus.
- Die Zahl der Wechselwähler nimmt weiter zu (→ **siehe Infobox 39**). 28 Prozent der Wähler gaben ihre Stimme nicht der-

**ABBILDUNG 36 WAHLBETEILIGUNG BEI DEN WAHLEN ZUM DEUTSCHEN BUNDESTAG 1949-2005**

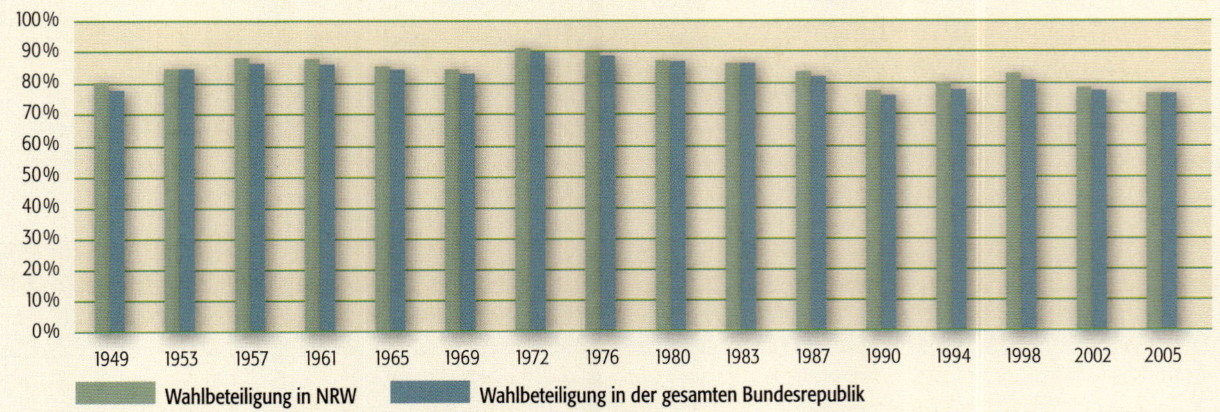


In Prozent. Bis 1987 Bundesrepublik Deutschland nach dem Gebietsstand vor dem 3. Oktober 1990, ohne Berlin (West). 1949 und 1953 ohne das Saarland.

 Quelle: Korte 2005b: 102; Bundeswahlleiter 2008.

selben Partei wie 2002, 29 Prozent der Wähler entschieden sich erst sehr spät für eine Partei, 24,4 Prozent der Wähler splitteten ihre Stimmen (Hilmer/Hilmer-Müller 2006: 183).

- 3,9 Prozent der Wähler entschieden sich für eine so genannte „andere Partei". Zusammen mit dem Ergebnis von PDS/Linke macht dies deutlich, dass die Zahl der Protestwähler steigt.
- Vor allem junge männliche Ostdeutsche vergeben ihre Stimmen an extreme Parteien Der unmittelbare Zusammenhang zur schwierigen sozialen Situation in den neuen Bundesländern ist hierin erkennbar.

**Sozialstruktur und Milieus: Stammwähler**

In der Vergangenheit konnten Wahlanalysen in der Tradition des soziologischen Ansatzes ihre Bedeutung immer wieder unter Beweis stellen. Auch für die Bundestagswahl 2005 lässt eine entsprechende Untersuchung der Wahlergebnisse wichtige Rückschlüsse auf die Existenz unterschiedlicher Stammwählerschaften der Parteien zu. Unter der Oberfläche des Gesamtergebnisses verbergen sich jedoch eine Reihe regionaler Unterschiede.

Nach wie vor existiert in Deutschland ein geographisch unterschiedliches Wahlverhalten:

- So war die Union 2005 im Westen deutlich stärker als im Osten.
- Die SPD musste in Ostdeutschland starke Verluste hinnehmen. Sie erzielte, anders als noch 2002, im Westen ein besseres Wahlergebnis.
- Die FDP konnte im gesamten Bundesgebiet Stimmen hinzu gewinnen. Im Westen wurde sie erstmals wieder zweistellig.
- Die Grünen hingegen waren im Osten nach wie vor schwach, sie übersprangen nur knapp die Fünf-Prozent-Hürde.
- Die Linke steigerte in Ost und West ihre Stimmenanteile. Während sie im Westen knapp an der Fünf-Prozent-Hürde scheiterte, konnte sie im Osten das Ergebnis der CDU erreichen und war somit zweitstärkste Kraft.

ABBILDUNG 37 WAHLERGEBNIS IN WEST- UND OSTDEUTSCHLAND BEI DEN BUNDESTAGSWAHLEN 2002 UND 2005 (IN PROZENT)

| | SPD | | CDU/CSU | | Grüne | | FDP | | PDS/Linke | | Andere | |
|---|---|---|---|---|---|---|---|---|---|---|---|---|
| | **2002** | **2005** | **2002** | **2005** | **2002** | **2005** | **2002** | **2005** | **2002** | **2005** | **2002** | **2005** |
| **West** | 38,3 | 35,1 | 40,8 | 37,5 | 9,4 | 8,8 | 7,6 | 10,2 | 1,1 | 4,9 | 2,8 | 3,5 |
| **Ost** | 39,8 | 30,4 | 28,3 | 25,3 | 4,8 | 5,2 | 6,4 | 8 | 16,8 | 25,3 | 3,9 | 5,8 |
| **Gesamt** | 38,5 | 34,2 | 38,5 | 35,2 | 8,6 | 8,1 | 7,4 | 9,2 | 4,0 | 8,7 | 3,0 | 3,9 |

© Wochenschau Verlag. Quelle: Bundeswahlleiter 2008; Korte 2005b: 105.

ABBILDUNG 38 BUNDESTAGS- UND LANDTAGSWAHLERGEBNISSE NRW 2002/2005 IM VERGLEICH (IN PROZENT)

| | CDU | SPD | Grüne | FDP | PDS/Linke |
|---|---|---|---|---|---|
| **Bundestagswahl 2002** | 35,0 | 43 | 8,9 | 9,3 | – |
| **Landtagswahl 2005** | 44,8 | 37,1 | 6,2 | 6,2 | 3,1 (WASG + PDS) |
| **Bundestagswahl 2005** | 34,3 | 40,0 | 7,6 | 10,0 | 5,2 |

© Wochenschau Verlag. Quelle: Innenministerium NRW 2008.

Die Wahlniederlage der SPD in Nordrhein-Westfalen war für Bundeskanzler Gerhard Schröder die Begründung, Neuwahlen anzusetzen. Abbildung 38 zeigt jedoch:

- Die SPD war trotz der Niederlage im Landtagswahlkampf bei Bundestagswahlen noch immer die stärkste Kraft. Insbesondere im Ruhrgebiet wurde dies deutlich, hier konnte die SPD alle Direktwahlkreise gewinnen (Regionalverband Ruhr 2005).
- Die Akzeptanz der Volksparteien sank in Nordrhein-Westfalen bei weitem nicht so stark wie im gesamten bundesdeutschen Wahlgebiet. Union und SPD konnten in den 1970er Jahren im gesamten Bundesgebiet noch über 90 Prozent Stimmenanteile gewinnen, zuletzt waren es nur noch 69,4 Prozent. CDU und SPD erreichten erst bei der Bundestagswahl 2002 in Nordrhein-Westfalen weniger als 80 Prozent der Wählerstimmen. 2005 wurden sie immer noch von 74,3 Prozent der Wähler gewählt.

ABBILDUNG 39 PARTEIANTEILE NACH ALTER UND GESCHLECHT BEI DER BUNDESTAGSWAHL 2005 (IN PROZENT)

| | SPD | CDU/CSU | Grüne | FDP | Die Linke | andere |
|---|---|---|---|---|---|---|
| **Geschlecht** | | | | | | |
| Männlich | 33 | 35 | 7 | 10 | 10 | 5 |
| Weiblich | 35 | 35 | 9 | 9 | 8 | 4 |
| **Alter** | | | | | | |
| 18-29 Jahre | 35 | 29 | 10 | 11 | 8 | 7 |
| 30-44 | 33 | 31 | 11 | 10 | 9 | 5 |
| 45-59 | 35 | 34 | 8 | 9 | 11 | 3 |
| 60 und älter | 34 | 43 | 5 | 9 | 7 | 2 |
| **Alter und Geschlecht** | | | | | | |
| 18-29 Mann | 34 | 29 | 10 | 12 | 8 | 7 |
| 18-29 Frau | 36 | 29 | 11 | 11 | 8 | 6 |
| 30-44 Mann | 32 | 32 | 9 | 11 | 10 | 6 |
| 30-44 Frau | 35 | 30 | 12 | 10 | 9 | 5 |
| 45-59 Mann | 34 | 34 | 7 | 10 | 12 | 3 |
| 45-59 Frau | 36 | 33 | 11 | 9 | 9 | 3 |
| 60+ Mann | 34 | 42 | 4 | 10 | 8 | 3 |
| 60+ Frau | 35 | 43 | 5 | 9 | 6 | 2 |
| **Gesamt** | 34,2 | 35,2 | 8,1 | 9,8 | 8,7 | 3,9 |

 Quelle: Statistisches Bundesamt und Forschungsgruppe Wahlen 2005.

→ Mit der Nominierung Angela Merkels zur Kanzlerkandidatin gingen keine besonderen Stimmengewinne der Union bei den Wählerinnen einher. Nur über 60-jährige Frauen wählten häufiger die Unionsparteien als die SPD, in allen anderen weiblichen Altersgruppen dominierte die SPD oder lag gleichauf mit der Union.

→ Je älter die Wähler waren, desto besser war das Wahlergebnis für die Union.

→ Kleine Parteien waren in der Regel Männerparteien. Nur die Grünen wurden häufiger von Frauen als von Männern gewählt.

ABBILDUNG 40 PARTEIANTEILE NACH ALTER UND GESCHLECHT BEI DER BUNDESTAGSWAHL 2005 IN NORDRHEIN-WESTFALEN (IN PROZENT)

| | SPD | CDU | Grüne | FDP | Die Linke | andere |
|---|---|---|---|---|---|---|
| **Geschlecht** | | | | | | |
| Männlich | 38,8 | 35,3 | 6,3 | 10,5 | 6,3 | 2,8 |
| Weiblich | 41,0 | 36,2 | 7,5 | 8,9 | 3,7 | 2,7 |
| **Alter** | | | | | | |
| 18-25 Jahre | 44,3 | 26,0 | 9,2 | 11,2 | 4,3 | 5,1 |
| 25-35 | 39,6 | 29,1 | 9,2 | 13,0 | 4,8 | 4,4 |
| 35-45 | 41,0 | 30,9 | 9,9 | 9,8 | 5,2 | 3,1 |
| 45-60 | 40,9 | 33,7 | 7,6 | 8,9 | 6,7 | 2,3 |
| 60+ | 37,6 | 45,1 | 3,3 | 8,7 | 3,6 | 1,6 |
| **Alter und Geschlecht** | | | | | | |
| 18-25 Mann | 42,5 | 26,0 | 8,7 | 12,5 | 4,6 | 5,7 |
| 18-25 Frau | 46,2 | 25,9 | 9,6 | 9,8 | 3,9 | 4,5 |
| 25-35 Mann | 37,7 | 29,4 | 8,6 | 14,4 | 5,4 | 4,5 |
| 25-35 Frau | 41,5 | 28,8 | 9,7 | 11,5 | 4,3 | 4,1 |
| 35-45 Mann | 40,0 | 31,3 | 8,4 | 10,9 | 6,4 | 3,0 |
| 35-45 Frau | 41,9 | 30,6 | 11,3 | 8,8 | 4,1 | 3,2 |
| 45-60 Mann | 39,9 | 33,6 | 6,8 | 9,1 | 8,4 | 2,2 |
| 45-60 Frau | 41,8 | 33,9 | 8,4 | 8,6 | 5,0 | 2,4 |
| 60+ Männer | 36,2 | 44,7 | 2,9 | 9,4 | 5,1 | 1,8 |
| 60+ Frauen | 38,8 | 45,4 | 3,7 | 8,1 | 2,5 | 1,5 |
| **Gesamt** | 39,9 | 35,8 | 7,0 | 9,7 | 5,0 | 2,7 |

 Quelle: Landesamt für Datenverarbeitung und Statistik 2005.

→ Auch in Nordrhein-Westfalen wurde die Union häufiger von älteren Wählergruppen gewählt als von jüngeren.

→ Bei den jüngeren Wählergruppen war die SPD besonders stark, ebenso die FDP.

→ Es blieb auch für Nordrhein-Westfalen dabei, dass kleine Parteien (bis auf die Grünen) Männerparteien sind.

→ Die Volksparteien, insbesondere aber die SPD, erzielten hier höhere Ergebnisse als im Bundesdurchschnitt.

**ABBILDUNG 41 PARTEIANTEILE NACH KONFESSION BEI DER BUNDESTAGSWAHL 2005 IN WESTDEUTSCHLAND (IN PROZENT)**

| | SPD | CDU/CSU | Grüne | FDP | Die Linke | Andere |
|---|---|---|---|---|---|---|
| **Konfession** | | | | | | |
| Katholisch | 28 | 48 | 7 | 10 | 4 | 3 |
| Evangelisch | 40 | 34 | 9 | 10 | 4 | 3 |
| Keine | 38 | 23 | 13 | 12 | 10 | 5 |
| **Kirchgang** | | | | | | |
| Jeden Sonntag | 18 | 67 | 4 | 8 | 1 | 2 |
| Ab und zu | 32 | 45 | 7 | 11 | 3 | 3 |
| Selten oder nie | 39 | 33 | 9 | 10 | 5 | 3 |
| **Konfession und Kirchgang** | | | | | | |
| Kath., jeden Sonntag | 15 | 72 | 3 | 8 | 1 | 2 |
| Kath., ab und zu | 26 | 51 | 7 | 10 | 2 | 4 |
| Kath., selten oder nie | 35 | 36 | 9 | 11 | 6 | 4 |
| Evang., jeden Sonntag | 30 | 47 | 10 | 7 | 3 | 4 |
| Evang., ab und zu | 37 | 38 | 7 | 19 | 3 | 3 |
| Evang., selten oder nie | 43 | 13 | 9 | 10 | 5 | 3 |
| **Gesamt** | 35,1 | 37,5 | 8,8 | 10,2 | 4,9 | 3,9 |

© Wochenschau Verlag. Quelle: Statistisches Bundesamt und Forschungsgruppe Wahlen 2005.

- Die Union konnte sich bisher immer auf eine, wenn auch schrumpfende, Stammwählerschaft aus dem katholischen Kirchgängermilieu stützen. Mit der Kanzlerkandidatur Angela Merkels, einer protestantischen, kinderlosen und bereits einmal geschiedenen weiblichen Ostdeutschen, brach die Partei mit der Tradition des männlichen, katholischen und westdeutschen Spitzenkandidaten. Dies führte jedoch zu keinem massiven Stimmenverlust (Roßteutscher 2007: 321). Auch wenn Angela Merkel nicht in dem Maße katholisches Wählerpotenzial erschließen konnte, wie dies Edmund Stoiber 2002 gelang, so vermochte sie doch ähnlich viele kirchlich gebundene Katholiken zu mobilisieren wie Helmut Kohl 1998.
- Die SPD hatte besonderen Rückhalt im evangelischen Milieu, hier spielt die Häufigkeit der Kirchgänge jedoch keine Rolle.
- Bei den kleinen Parteien überwog die konfessionslose Wählerschaft.

**ABBILDUNG 42 PARTEIANTEILE NACH BERUFSGRUPPEN BEI DER BUNDESTAGSWAHL 2005 (IN PROZENT)**

| | SPD | CDU/CSU | Grüne | FDP | Die Linke | Andere |
|---|---|---|---|---|---|---|
| **Berufstätig** | | | | | | |
| Berufstätig | 34 | 34 | 9 | 11 | 8 | 5 |
| Rentner | 36 | 41 | 5 | 9 | 8 | 2 |
| Arbeitslos | 37 | 20 | 7 | 7 | 25 | 8 |
| **Berufsgruppe** | | | | | | |
| Arbeiter | 37 | 32 | 5 | 8 | 12 | 6 |
| Angestellte | 35 | 35 | 9 | 9 | 9 | 3 |
| Beamte | 33 | 38 | 11 | 10 | 5 | 3 |
| Selbstständige | 22 | 41 | 10 | 20 | 5 | 3 |
| Landwirte | 13 | 65 | 2 | 9 | 6 | 5 |
| **Gewerkschaftsmitglied** | | | | | | |
| Ja | 47 | 22 | 8 | 6 | 12 | 5 |
| Nein | 32 | 38 | 8 | 11 | 8 | 4 |
| Arbeiter und Gewerkschaft | | | | | | |
| Mitglied | 50 | 21 | 6 | 5 | 12 | 6 |
| Kein Mitglied | 34 | 36 | 5 | 8 | 12 | 6 |
| **Angestellte und Gewerkschaft** | | | | | | |
| Mitglied | 45 | 21 | 11 | 6 | 14 | 3 |
| Kein Mitglied | 34 | 37 | 9 | 10 | 8 | 3 |
| **Gesamt** | 34,2 | 35,2 | 8,1 | 9,2 | 8,7 | 3,9 |

 Quelle: Statistisches Bundesamt 2005 und Forschungsgruppe Wahlen 2005.

- Die SPD errang ihr bestes Wahlergebnis bei den Arbeitern; seit Regierungsantritt 1998 hatten die Sozialdemokraten in diesem Bereich aber massive Verluste hinnehmen müssen. Sie lagen in dieser Bevölkerungsgruppe nur knapp vor der Union. Gewerkschaftlich gebundene Arbeiter waren jedoch weiterhin treue Wähler der SPD. Da ihre Zahl schrumpfte, sank somit auch der Anteil dieser traditionellen Klientel am Anteil aller SPD-Wähler.
- Gleiche Stimmenanteile erzielten die beiden Volksparteien in der Gruppe der Angestellten.
- Die FDP erreichte ihr bestes Ergebnis bei den Selbstständigen, jedoch hinter Union und SPD.
- Die Linke konnte bei den Arbeitslosen zahlreiche Stimmen gewinnen, lag aber hinter der SPD. Die Zahlen zeigen auch, dass die Linke von der Schwäche der SPD im Bereich der Gewerkschaftsmitglieder profitieren konnte.
- Die stärkste Gruppe bei den Wählern der Grünen waren Beamte und gewerkschaftlich gebundene Angestellte.

Grundsätzlich sind die traditionellen Wählermilieus noch nicht verschwunden und haben nach wie vor eine gewisse Bedeutung für die Parteien. Insbesondere bei Reformschritten wie der Agenda 2010 sind die jeweiligen Stammwähler besonders zu pflegen (Korte 2005d: 18). Dies sind immer noch die basisverwurzelten und extrem enttäuschungsresistenten Aktivisten. Wer sich nur tagesorientiert an Wechselwählern ausrichtet, verliert am Ende auch die sesshaften Stammwähler. Doch gerade sie wären bereit, unpopuläre Entscheidungen mitzutragen, wenn man sie einbindet und überzeugt. Zeitgleich wird die Gewinnung von Wechselwählern immer wichtiger. Deutliche Veränderungen gehen von der sinkenden Zustimmung der Wähler zu den Volksparteien aus. Hiervon können die kleinen Parteien profitieren, insbesondere die Linke im Osten als Alternative zur SPD, aber auch die FDP, die die Union 2005 in Süddeutschland viele Stimmen kostete.

### Parteiidentifikationen

Zusätzliche Facetten der Wahlentscheidung vom 16. September 2005 ergeben sich aus der Perspektive der individualpsychologischen und der rationalistischen Erklärungsmodelle. Zu untersuchen sind hierbei besonders die Auswirkungen der Parteibindungen sowie des Kandidaten- und des Parteienimages. Allen drei Variablen kommt eine Wahl erklärende Bedeutung zu (Korte 2005b: 107ff).

Verschiedene Befragungen seit der deutschen Einheit haben übereinstimmend ergeben, dass nach wie vor etwa zwei Drittel der deutschen Wähler eine stabile persönliche Bindung an eine politische Partei besitzen. Sie gehören damit eher zu den Stamm- als zu den Wechselwählern. Wer bei zwei aufeinander folgenden gleichen Wahlen für verschiedene Parteien gestimmt hat, wird zu den Wechselwählern gerechnet. Sie haben in den letzten zehn Jahren zugenommen (→ **siehe Infobox 39**). Diese Parteiidentifikation von rund zwei Dritteln der deutschen Wählerschaft wirkt gemäß dem zugrunde gelegten Modell als Filter bei der persönlichen Wahrnehmung und bei der Bewertung von politischen Ereignissen. Die stabile Bindung an Parteien stellt eine Art Orientierungshilfe bei der Wahrnehmung des gesamten politischen Systems dar. Betroffen sind hiervon sowohl die Ausstrahlung und die Führungsqualitäten der einzelnen Kandidaten als auch die Problemlösungskompetenzen von Regierung und Opposition. Durchgängig erscheinen dabei die eigene Partei und ihr politisches Personal in einem günstigeren Licht.

Allerdings hat das Ausmaß dieser Parteiidentifikation während der letzten Jahre abgenommen, im Osten sogar deutlicher als im Westen (Korte 2005b: 106). Dieses Phänomen wird durch den Mitgliederschwund in den Parteien verschärft. Seit Mitte der 1970er Jahre haben alle Parteien deutlich Mitglieder verloren. Abgesehen von der Problematik, in einer Parteiendemokratie mit schwindenden Mitgliederzahlen zu leben, führt dieser Befund auch zu einer Aufwertung kurzfristig wirksamer Determinanten des Wahlverhaltens. Damit steigt gleichzeitig das Potenzial an Wechselwählern. Wiederum lassen sich Unterschiede zwischen Ost und West feststellen. In den westlichen Bundesländern sind eher eine allmähliche Abschwächung und teilweise sogar eine Auflösung längerfristiger Parteibindungen zu beobachten. Zum einen hat sich bei einem Teil der Wähler zunehmend eine distanziertere Haltung gegenüber den Parteien herausgebildet. Zum anderen hat sich aber auch die Angebotsstruktur geändert. Das Aufkommen neuer Parteien und Koalitionsoptionen hat fast zwangsläufig zu einer Umorientierung auf dem Wählermarkt geführt. Traditionelle Loyalitäten, wie sie sich besonders in der Frühphase der Bundesrepublik Deutschland ausgebildet hatten, verlieren damit tendenziell ihren bislang beherrschenden Einfluss auf die Wahlentscheidung. Im Osten hingegen entwickeln sich solche Beziehungsmuster zwischen Parteien und Wählern noch beziehungsweise erst gar nicht. Es besteht kein Zweifel daran, dass vorhandene Parteibindungen in den östlichen Bundesländern weniger fest sind. Entsprechend schwächer ist ihr Einfluss auf die individuelle Wahlentscheidung. Die Wähler im Osten orientieren sich bislang stärker an kurzfristigen Faktoren wie dem Erscheinungsbild der Kandidaten und der Kompetenz der Parteien. Insgesamt verlieren die Politiker in Ost und West deutlich an Sympathien.

ABBILDUNG 43 LIEBER ALS BUNDESKANZLER … (2005)

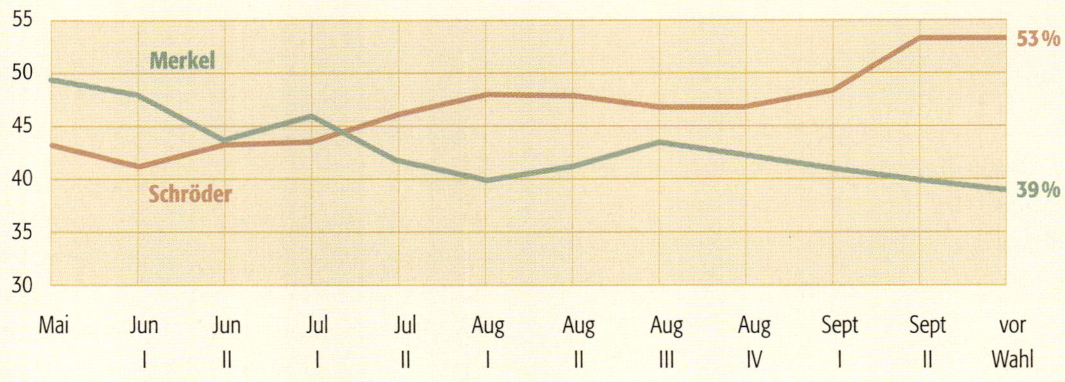


Quelle: Forschungsgruppe Wahlen: Politbarometer und Umfrage Woche vor der BTW 09/05

**Kandidatenorientierung**

Die CDU/CSU stellte 2005 mit einer ostdeutschen, protestantischen Frau eine Kanzlerkandidatin auf, die nicht dem üblichen Schema eines Unionsbewerbers entsprach. Bis auf den Zeitraum um die verlorene nordrhein-westfälische Landtagswahl herum erzielte Gerhard Schröder dauerhaft höhere Popularitätswerte als Angela Merkel. Je näher der Wahltermin rückte, desto größer wurde sein Vorsprung, wenn auch nicht ganz so groß wie gegenüber Edmund Stoiber 2002. Kurz vor der Wahl befürworteten 53 Prozent der Befragten eine erneute Kanzlerschaft Schröders, nur 39 Prozent unterstützten Merkel. Auch deshalb nahm insbesondere in der Endphase der sozialdemokratischen Wahlkampagne die Darstellung des Spitzenkandidaten breiten Raum ein. So erklärt sich auch der Auftritt Gerhard Schröders in der „Elefantenrunde" am Wahlabend des 18. Septembers 2005 (Ditz 2005). Sein Verhalten gegenüber den Medienvertretern und der Spitzenkandidatin der Union resultierte aus der Überzeugung, nur durch persönliches Engagement eine Wahlniederlage der SPD verhindert zu haben.

Angela Merkel musste hingegen nicht nur mit ihren eigenen Umfragewerten kämpfen. Für ihr Kompetenzteam wählte sie Personen aus, die den Wählern nur schwer zu vermitteln waren (siehe Kapitel 4.6.5). Zudem setzte die SPD auf eine starke Angriffstrategie sowohl gegen die Spitzenkandidatin wie auch gegen ihr Team.

Die deutlichen Popularitätsunterschiede zwischen den beiden Kandidaten weisen aber auf etwas anderes hin: Wäre das Personalangebot der Parteien das einzig und allein entscheidende Kriterium bei der Wahl gewesen, wie von einigen Medien suggeriert wurde, hätte das Ergebnis für die SPD ein Triumph sein müssen. Tatsächlich aber gibt es kein monokausales Wählerverhalten, was auch die vorangegangenen Kapitel deutlich gemacht haben.

**Politische Streitfragen**

Wichtigstes zu lösendes Problem war für die Deutschen kurz vor der Bundestagswahl 2005 die Bekämpfung der Arbeitslosigkeit. Hierin spiegelten sich die für die Deutschen wichtigen Wahlkampfthemen Wirtschaft und Soziales wider (siehe Kapitel 4.6.3). An zweiter und dritter Stelle rangierten die Probleme „(steigende) Preise, (sinkende) Löhne" und „Wirtschaftslage". Diese stehen ebenfalls mit dem Themengebiet der Wirtschafts- und Sozialpolitik in Verbindung.

**ABBILDUNG 44 WICHTIGSTE PROBLEME AUS WÄHLERSICHT VOR DER BUNDESTAGSWAHL 2005**

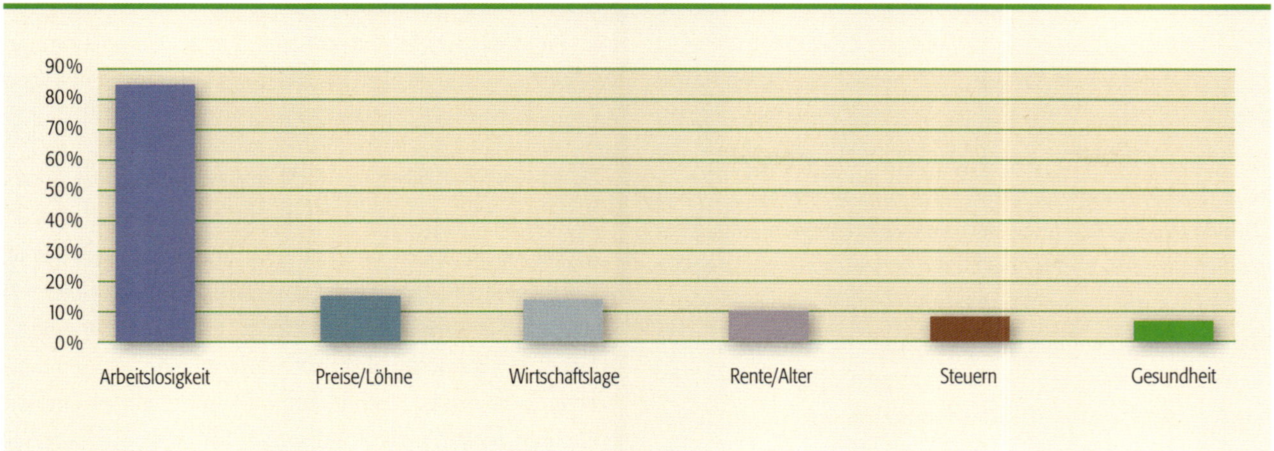


In Prozent. © Wochenschau Verlag. Quelle: Forschungsgruppe Wahlen: Umfrage vor der Wahl 09/05.

**ABBILDUNG 45 WELCHE PARTEI KANN AM BESTEN NEUE ARBEITSPLÄTZE SCHAFFEN? (2005)**

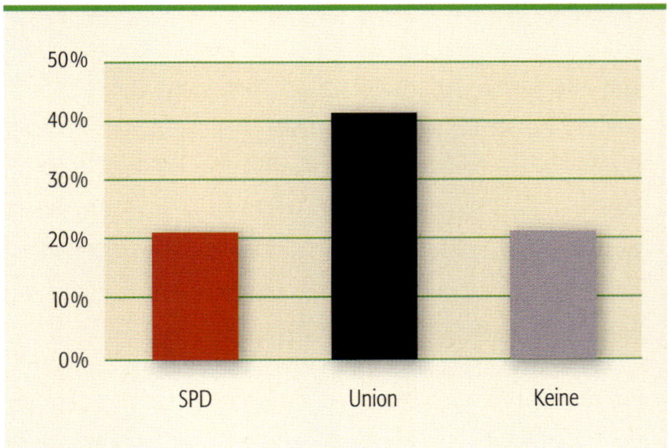


In Prozent. © Wochenschau Verlag.
Quelle: Forschungsgruppe Wahlen: Umfrage vor der Wahl 09/05.

**ABBILDUNG 46 PARTEIKOMPETENZ WIRTSCHAFT (2005)**

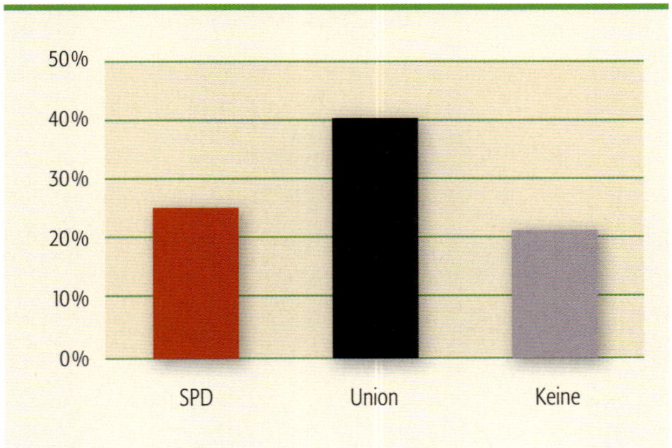


In Prozent. © Wochenschau Verlag.
Quelle: Forschungsgruppe Wahlen: Umfrage vor der Wahl 09/05.

Jede Partei konkurriert im Wahlkampf mit eigenen Konzepten für die Lösung politischer Streitfragen beziehungsweise Probleme um Wählerstimmen. Als besonders kompetent bei der Behebung des Problems der Arbeitslosigkeit gilt die Union.

41 Prozent der Befragten trauen ihr die Schaffung neuer Arbeitsplätze zu, während dies der SPD nur 21 Prozent zutrauen.

Gleiches gilt für die Parteikompetenz im gesamten Bereich der Wirtschaftspolitik. Auch hier hat die Union mit 40 Prozent einen deutlichen Vorsprung vor den Sozialdemokraten (25 Prozent).

Es wird aber deutlich, dass die den Parteien zugeschriebenen Problemlösungskompetenzen noch kein Garant für den Gewinn der Wahlen sind. Zwar kann die Union in den wichtigen Fragen der Wirtschaftspolitik einen deutlichen Vorsprung vor der SPD verzeichnen. Wirtschaftskompetenz ist aber keine hinreichende Voraussetzung für den Erfolg im Wahlkampf. Die Union büßte an Zustimmung ein, weil sie wie 2002 erneut die ökonomische Effizienz ins Zentrum ihrer Kampagne rückte, ohne allerdings bis zu deren Ende noch in ausreichendem Maße über zugeschriebene Kompetenzen in diesem Bereich zu verfügen (Korte 2005d: 16). Die SPD litt an dem von vielen Bürgern erfahrenen Widerspruch zwischen alltäglich erlebter sozialer Ungerechtigkeit und dem Anspruch, immerwährende Schutzmacht der kleinen Leute zu sein. Die Wähler haben sich bei der Bundestagswahl mehrheitlich gegen eine weitere kommunikative Ökonomisierung der Lebenswelten entschieden (Walter 2005). Die Bürger votierten nicht gegen eine Agenda-Politik, aber gegen die sich ausbreitende Macht einer primär kaufmännischen Sichtweise.

Die Agenda 2010 kam in ihrer Ausrichtung einem Paradigmenwechsel gleich. Sie bedeutete das Ende einer „Sozialdemokratisierung der Gesellschaft“ (Mielke 2005) – eines Allparteien-Konsenses: der Hinwendung zum Sozialstaat und einer Orientierung an der Verteilungsgerechtigkeit als Verheißung einer demokratischen Gesellschaft. Die Abkehr von dieser Tradition wurde durch den Umbau des Sozialstaates überparteilich eingeleitet (Hennecke 2005). Die rhetorische und klassenkämpferisch angelegte Re-Traditionalisierung im Wahlkampf der SPD entlarvten die Bürger hingegen als Kampagne. Sie widersprach der Alltagserfahrung der Bürger mit den rot-grünen Gesetzen. Auch die eindimensionale Reduzierung der Botschaft der Union im Wahlkampf auf Steuerfragen führte unmittelbar in eine Ökonomisierungsfalle. Beide Angebote der großen Parteien wurden vom Wähler abgestraft: die gefühlte Aufkündigung von Sozialstaatlichkeit und Staatsräson im Konzept der Union ebenso wie die negative Gerechtigkeitsbilanz von Rot-Grün. Dahinter steckt mehr als nur der Wunsch nach einem verklärenden Sozialstaat. Vielmehr lässt sich dahinter das Anliegen entdecken, nicht alle Lebenswelten nur ökonomisch zu definieren: nach Leistungsparametern der Wettbewerbsgesellschaft, nach Output-Effizienz.

Verschiedene Politikfelder sind für die Bürgerinnen und Bürger Nordrhein-Westfalens besonders wichtig. Dies erfordert von allen Parteien spezielle Aufmerksamkeit in der Umsetzung ihrer Positionen, wenn sie im bevölkerungsreichsten Bundesland erfolgreich sein wollen (Korte 2005a):

- → So ist Nordrhein-Westfalen nicht nur aufgrund seiner hohen Einwohnerzahl, sondern auch wegen verschiedener strukturschwacher Regionen und des noch immer nicht vollständig bewältigten Strukturwandels insbesondere im Ruhrgebiet von relativ hoher Arbeitslosigkeit betroffen. Ein Viertel aller Arbeitslosen der Bundesrepublik lebt in Nordrhein-Westfalen. Verknüpft mit dieser Tatsache kommt somit auch zahlreichen Themen der Wirtschafts- und Sozialpolitik eine besondere Bedeutung zu: Sozialpolitik, Renten- oder Gesundheitspolitik und Energiepolitik (Korte 2008b).
- → Nordrhein-Westfalen bezeichnet sich selbst als Energieland Nr. 1, was mit der hohen Dichte von Stein- und Braunkohleförderungsanlagen, aber auch mit der Vielzahl der vorhandenen Kraftwerke zusammenhängt. Außerdem befindet sich hier der Firmensitz von zwei der vier großen Energieversorger Deutschlands, nämlich E.on (Düsseldorf) und RWE (Essen). Da Nordrhein-Westfalen über keine laufenden Atomkraftwerke verfügt, spielen sich die Konflikte vor allem im Bereich der Energiepreispolitik, der Umweltpolitik und der von der Energiewirtschaft abhängigen Arbeitsplätze ab.
- → Auf all diese Aspekte können die Bürger des Landes mit Hilfe der Bundestagswahlen Einfluss nehmen, unter anderem auch auf den Bereich Verkehrspolitik. Aufgrund seiner heterogenen Landesstruktur aus Ballungsgebieten und ländlichen Räumen sowie seiner hohen Einwohnerzahl hat Nordrhein-Westfalen mit besonderen Mobilitätsherausforderungen zu kämpfen, sowohl im Individualverkehr wie auch im öffentlichen Personennahverkehr. Hinzu kommt die Bedeutung des Landes als Transitland zwischen Ost- und Westeuropa. Da 60 Prozent aller nordrhein-westfälischen Exporte in europäische Nachbarländer gehen und hier zehn Prozent des europäischen BIP er-

zeugt werden, wird die Bedeutung der Verkehrspolitik ersichtlich. Auch deshalb und wegen der traditionell engen nachbarschaftlichen Anbindung an die Benelux-Staaten spielt Europa-Politik für das Land eine große Rolle.

- Besondere Bedeutung kommt auch der Bildungspolitik zu, obwohl der Bund in diesem Gebiet bisher eine eher untergeordnete Rolle spielt. In Nordrhein-Westfalen findet sich die dichteste Hochschullandschaft Europas, eine halbe Millionen Studierende besuchen 59 Hochschulen. Damit leben ein Viertel aller Studierenden der Republik in Nordrhein-Westfalen.
- Eine Herausforderung stellt die Integrationspolitik dar. Nordrhein-Westfalen kann historisch als ein Einwanderungsland gelten, circa zehn Prozent seiner Einwohner haben keinen deutschen Pass.

## 4.11 Wahl des Bundeskanzlers

Der Wahlentscheid für die Abgeordneten des Deutschen Bundestages legt die Voraussetzungen der Parlamentsfunktionen fest, zu denen man die Artikulationsfunktion, die gesetzgeberische Funktion, die Kontrollfunktion und die Wahlfunktion rechnen kann (siehe Kapitel 4.3.2). Mittels letzterer wählen die Abgeordneten auf Vorschlag des Bundespräsidenten einen Bundeskanzler (Andersen/Gehne 2005: 72f). Der Bundespräsident schlägt einen der konkurrierenden Kanzlerkandidaten zur Wahl des Bundeskanzlers vor (Art. 63 GG). Faktisch kann er sich aber nur für den Kandidaten der Partei oder der Koalition, die als Sieger bei den Bundestagswahlen hervorgegangen ist, entscheiden (Korte 2005b: 62). Der Kanzler wird ohne Aussprache vom Bundestag gewählt. Im ersten Wahlgang muss die absolute Mehrheit der Mitglieder des Bundestages erreicht werden. Ist sie erreicht (im 16. Deutschen Bundestag beträgt die Kanzlermehrheit mindestens 308 Stimmen), muss der Bundespräsident den Gewählten zum Kanzler ernennen. Verfehlt der Kandidat die absolute Mehrheit, läuft eine 14-tägige Frist, innerhalb derer beliebig viele Wahlvorgänge möglich sind. Gewählt ist immer nur derjenige, der die absolute Stimmenmehrheit auf sich vereinigt. Erst nach Ablauf dieser Frist genügt bei einem neuen Wahlgang die relative Mehrheit. Bisher wurden jedoch alle Bundeskanzler seit 1949 bereits im ersten Wahlgang gewählt.

Trotz seiner Größe, seiner Einwohnerzahl und seiner bundespolitischen Bedeutung kam bisher erst ein Bundeskanzler aus Nordrhein-Westfalen, nämlich Konrad Adenauer (CDU, amtierte 1949 bis 1963). Nordrhein-westfälische Kanzlerkandidaten waren bisher Rainer Barzel (CDU, 1972) und Johannes Rau (SPD, 1987), die beide scheiterten. Die Kanzlerkandidatur des Parteivorsitzenden der FDP 2002, Guido Westerwelle (Bonn), die bisher einzige Kanzlerkandidatur einer kleineren Partei, blieb bedeutungslos.

## 4.12 Vorzeitige Auflösung des Bundestages

Im Gegensatz zum nordrhein-westfälischen Landtag gibt es kein Selbstauflösungsrecht des Deutschen Bundestages. Aus Gründen der politischen Stabilität ist für vorzeitige Neuwahlen ein kompliziertes Verfahren in Gang zu setzen, an dem mehrere Verfassungsorgane beteiligt sein müssen (Korte 2005b: 51f; Andersen/Gehne 2005: 2ff). Die Möglichkeit vorzeitiger Neuwahlen besteht demnach nur, wenn nach Artikel 68 des Grundgesetzes der Bundespräsident auf Vorschlag des Bundeskanzlers den Bundestag innerhalb von 21 Tagen auflöst, nachdem die Mehrheit der Abgeordneten dem amtierenden Bundeskanzler das Vertrauen verweigert (Vertrauensfrage). Solange der Bundespräsident dies jedoch nicht verfügt hat – er ist an den Vorschlag des Kanzlers keineswegs gebunden –, kann der Bundestag von der Möglichkeit des konstruktiven Misstrauensvotums Gebrauch machen: Mit absoluter Mehrheit muss der Bundestag den amtierenden Kanzler abwählen und zugleich einen neuen Bundeskanzler wählen. Ist dieses Verfahren nicht erfolgreich, wird der Bundestag nicht aufgelöst. Nach bisheriger Rechtslage ist eine vorzeitige Beendigung der Wahlperiode nur möglich, wenn es um die Wahl oder um das Vertrauen des Bundeskanzlers geht:

beim Scheitern der Kanzlerwahl (Art. 63 GG Abs. 1) oder beim Scheitern der Vertrauensfrage (Art. 68 GG Abs. 1).

Zweimal kam es in der Geschichte des Deutschen Bundestages zum konstruktiven Misstrauensvotum und in dessen Kontext zur Auflösung des Bundestages (Korte 2005b). Am 27. April 1972 scheiterte das Misstrauensvotum gegen Bundeskanzler Willy Brandt. Der Gegenkandidat Rainer Barzel (CDU) erhielt nicht die notwendige Mehrheit. In den folgenden Monaten entwickelte sich eine Pattsituation im Bundestag, was zu einer Lähmung der parlamentarischen Arbeit führte. Deshalb zog Brandt im Herbst 1972 die Konsequenzen und stellte die Vertrauensfrage, die den Weg zu Neuwahlen freimachte, nachdem ihm die Mehrheit der Abgeordneten das Vertrauen verweigert hatte.

Am 1. Oktober 1982 wurde erstmals in der Geschichte der Bundesrepublik Deutschland das konstruktive Misstrauensvotum erfolgreich angewendet. Der Oppositionsführer Helmut Kohl (CDU) wurde mit 256 (die Kanzlermehrheit betrug im neunten Bundestag 249 Stimmen) zum sechsten Bundeskanzler gewählt und Helmut Schmidt (SPD) gestürzt.

Die Regierung Kohl/Genscher verfolgte von Anfang an das Ziel, im März 1983 Neuwahlen durchzuführen. So kündigte es Bundeskanzler Kohl in seiner ersten Regierungserklärung vor dem Deutschen Bundestag an. Der Kanzler stellte im Dezember 1982 die Vertrauensfrage, wobei er davon ausging, nicht die erforderliche Mehrheit zu erhalten. Sämtliche anwesende CDU/CSU-Abgeordnete hatten sich bei der namentlichen Ab-

ABBILDUNG 47 VERTRAUENSFRAGE UND KONSTRUKTIVES MISSTRAUENSVOTUM

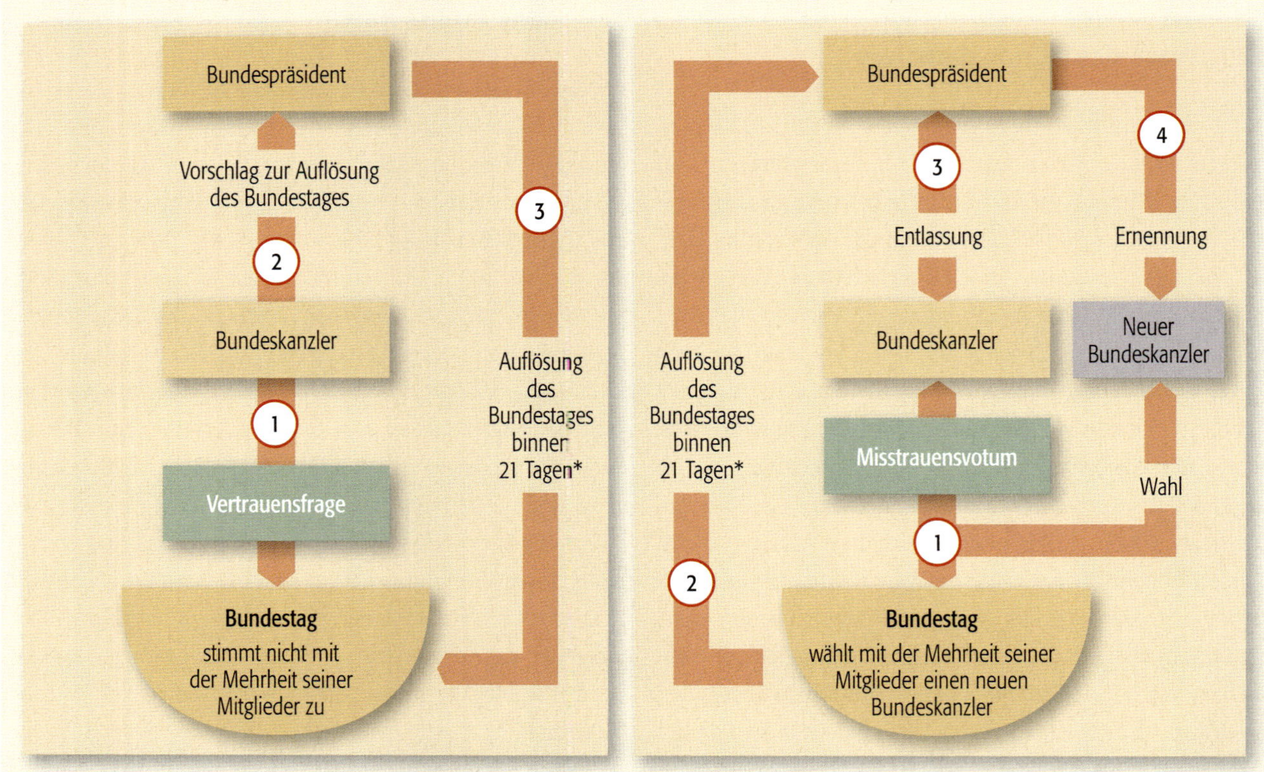


* falls der Bundestag in dieser Frist keinen neuen Bundeskanzler wählt

Quelle: Korte 2005b: 51.

stimmung der Stimme enthalten. Der Bundespräsident löste daraufhin nach heftigen öffentlichen Debatten den Bundestag auf und ordnete für den 6. März 1983 Neuwahlen an. Das Bundesverfassungsgericht bestätigte diese Auflösung, obwohl der Bundeskanzler tatsächlich das Vertrauen der Mehrheit des Bundestages besaß. Die Vertrauensfrage war also nur zum Zwecke der Herbeiführung vorzeitiger Neuwahlen gestellt worden.

Nachdem die SPD bei der Landtagswahl in Nordrhein-Westfalen am 22. Mai 2005 ihre 39-jährige Vorherrschaft in diesem Bundesland verloren hatte und damit auch die letzte rot-grüne Koalition auf Landesebene zu Ende ging, kündigte Bundeskanzler Gerhard Schröder an, dass er noch im laufenden Jahr Neuwahlen anstrebe (Feldkamp 2006). Als Instrument zur Herbeiführung der Neuwahlen wurde auch hier, wie schon 1972 und

### Infobox [32] Auflösung des 15. Deutschen Bundestages – Fernsehansprache von Bundespräsident Horst Köhler am 21.07.2005 in Berlin

**„Liebe Mitbürgerinnen und Mitbürger,**

**ich habe heute den 15. Deutschen Bundestag aufgelöst und Neuwahlen für den 18. September angesetzt.**

**…**

**In dieser ernsten Situation braucht unser Land eine Regierung, die ihre Ziele mit Stetigkeit und mit Nachdruck verfolgen kann. Dabei ist die Bundesregierung auf die Unterstützung durch eine verlässliche, handlungsfähige Mehrheit im Bundestag angewiesen.**

**Der Bundeskanzler hat am 1. Juli vor dem Bundestag deutlich gemacht, dass er mit Blick auf die knappen Mehrheitsverhältnisse keine stetige und verlässliche Basis für seine Politik mehr sieht. Ihm werde mit abweichendem Abstimmungsverhalten und Austritten gedroht.**

**…**

**Nach der Entscheidung des Bundesverfassungsgerichts aus dem Jahr 1983 hat der Bundespräsident die Einschätzung des Bundeskanzlers zu beachten, es sei denn, eine andere Einschätzung ist eindeutig vorzuziehen. Ich habe Respekt vor allen, die gezweifelt haben, und ich habe ihre Argumente gehört und ernsthaft gewogen. Doch ich sehe keine andere Lagebeurteilung, die der Einschätzung des Bundeskanzlers eindeutig vorzuziehen ist. Ich bin davon überzeugt, dass damit die verfassungsrechtlichen Voraussetzungen für die Auflösung des Bundestages gegeben sind.**

**Damit ist es nach dem Grundgesetz meine Pflicht als Bundespräsident, zu entscheiden, ob ich Neuwahlen ansetze oder nicht. In meiner Gesamtabwägung komme ich zu dem Ergebnis, dass dem Wohl unseres Volkes mit einer Neuwahl jetzt am besten gedient ist.**

**…**

**Schauen Sie bitte genau hin. Demokratie heißt, die Wahl zu haben zwischen politischen Alternativen.**

**Machen Sie von Ihrem Wahlrecht sorgsam Gebrauch."**

Quelle: Bundespräsidialamt 2008.

1982, die Vertrauensfrage herangezogen. Am 1. Juli 2005 stellte der Bundeskanzler gemäß Artikel 68 des Grundgesetzes die Vertrauensfrage vor den Mitgliedern des Deutschen Bundestages und erhielt nur 151 von 595 Stimmen. Die notwendige Kanzlermehrheit von 301 Stimmen wurde damit klar verfehlt. Vorab begründete der Kanzler in einer Rede sein Vorgehen und nannte dabei nicht nur die „schmerzlichen" Wahlniederlagen seiner Partei, sondern auch die „inneren Spannungen und Konflikte" innerhalb der Regierungsparteien und besonders innerhalb der SPD. Für seine Reformpolitik, so Schröder, brauche er eine neue Legitimation durch die Wähler. Nach der Wahlniederlage in Nordrhein-Westfalen habe sich zudem die Frage gestellt, ob er als Kanzler noch die volle Handlungsfähigkeit für seine Politik habe, da – so führte Schröder seine Argumentation fort – nun die CDU/CSU mit ihrer Mehrheit im Bundesrat eine destruktive Blockadepolitik betreiben könne. Nachdem die Bundesregierung beim Bundespräsidenten Horst Köhler eine umfangreiche Stellungnahme zur Vertrauensfrage eingereicht hatte, verkündete dieser am 21. Juli seine Entscheidung, den Deutschen Bundestag aufzulösen. Er setzte die Neuwahl für den 18. September 2005 an.

Die SPD-Abgeordnete Helena Hoffmann und der Grünen-Abgeordnete Werner Schulz legten beim Bundesverfassungsgericht Klage gegen das Vorgehen des Bundeskanzlers ein mit der Begründung, der Bundeskanzler habe in Wirklichkeit immer noch die Mehrheit im Bundestag, die Vertrauensfrage sei also fingiert. Die Klagen wurden vom Gericht als unbegründet abgewiesen. In der anschließenden Wahl konnten sich CDU/CSU nur knapp gegen die SPD durchsetzen. Das Wahlergebnis führte letztendlich zu einer Notlösung: Die beiden Volksparteien bildeten mangels Alternativen die zweite Große Koalition in der Geschichte der Bundesrepublik und regieren seitdem gemeinsam. Die CDU stellt mit Angela Merkel zum ersten Mal einen weiblichen Bundeskanzler.

## 4.13 Weiterführende Literatur


*Abold, Roland (2008): 1000 Mini Election Campaigns, in: Farrell, David M./Schmitt-Beck, Rüdger (Hrsg.): Non Party Actors om Electoral Politics. The Role of Interest Groups and Independent Citizens in Contemporary Election Campaigns, Baden-Baden, S. 209-236.*

*Alemann, Ulrich von/Marschall, Stefan (2002): Parteien in der Mediendemokratie, 1. Auflage, Wiesbaden 2002.*

*Alemann, Ulrich von/Spier, Tim (2008): Doppelter Einsatz, halber Sieg? Die SPD und die Bundestagswahl 2005, in: Niedermayer, Oskar (Hrsg.): Die Parteien nach der Bundestagswahl 2005, 1. Auflage, Wiesbaden, S. 37-66.*

*Andersen, Uwe (2008): Der Deutsche Bundestag. Eine Einführung, Schwalbach/Ts.*

*Andersen, Uwe/Gehne, David (2005): Bundestagswahlratgeber 2005, Schwalbach/Ts.*

*Andersen, Uwe/Woyke, Wichard (Hrsg.) (2003): Handwörterbuch des politischen Systems der Bundesrepublik Deutschland, 5., überarb. und aktual. Auflage, Opladen.*

*Ballensiefen, Moritz (2009): Bilder machen Sieger – Sieger machen Bilder. Die Funktion von Pressefotos im Bundestagswahlkampf 2005. Studien der NRW School of Governance, Wiesbaden.*

*Bausback, Winfried (1998): Verfassungsrechtliche Grenzen des Wahlrechts zum Deutschen Bundestag, Frankfurt am Main.*

*Behnke, Joachim (2005): Die Bombe tickt weiter: Das immer noch existierende Problem der Überhangmandate und mögliche Lösungen. In: Falter, Jürgen W./Gabriel, Oscar W./Weßels, Bernhard (Hrsg.): Wahlen und Wähler. Analysen aus Anlass der Bundestagswahl 2002, Wiesbaden, S. 459-483.*

*Behnke, Joachim/Kamm, Ruth/Sommerer, Thomas (2003): Der Effekt der Neueinteilung der Wahlkreise auf die Entstehung von Überhangmandaten, in: ZParl, 34. Jg., 1/2003, S. 122-145.*

*Brettschneider, Frank (1998): Kohl oder Schröder. Determinanten der Kanzlerpräferenz gleich Determinanten der Wahlpräferenz?, in: ZParl, 29. Jg., 3/1998, S. 401-421.*

*Brettschneider, Frank (2002): Spitzenkandidaten und Wahlerfolg. Personalisierung – Kompetenz – Parteien. Ein internationaler Vergleich, 1. Auflage, Wiesbaden.*

*Brettschneider, Frank (Hrsg.) (2004): Die Bundestagswahl 2002. Analysen der Wahlergebnisse und des Wahlkampfes, 1. Auflage, Wiesbaden.*

*Brettschneider, Frank (2005a): Bundestagswahlkampf und Medienberichterstattung, in: Aus Politik und Zeitgeschichte Nr. 51-52, 2005, S. 19-26.*

*Brettschneider, Frank (2005b): Massenmedien und Wählerverhalten, in: Falter, Jürgen W./Schoen, Harald (Hrsg.): Handbuch Wahlforschung, Wiesbaden, S. 473-500.*

*Brettschneider, Frank/Niedermayer, Oskar/Weßels, Bernhard (Hrsg.) (2007): Die Bundestagswahl 2005. Analysen des Wahlkampfes und der Wahlergebnisse, Wiesbaden.*

*Bürklin, Wilhelm P./Roth, Dieter (Hrsg.) (1994): Das Superwahljahr, Deutschland vor unkalkulierbaren Regierungsmehrheiten, Köln.*

*Bürklin, Wilhelm P./Neu, Viola/Veen, Hans-Joachim (1997): Die Mitglieder der CDU, Interne Studie der Konrad-Adenauer-Stiftung Nr. 148, Sankt Augustin.*

*Crouch, Collin (2008): Postdemokratie, Frankfurt am Main.*

*Debus, Marc (2007): Die programmatische Entwicklung der deutschen Parteien auf Bundes- und Landesebene zwischen den Bundestagswahlen 1998 und 2005, in: Brettschneider, Frank/ Niedermayer, Oskar/Weßels, Bernhard (Hrsg.): Die Bundestagswahl 2005. Analysen des Wahlkampfes und der Wahlergebnisse, Wiesbaden, S. 43-63.*

*Decker, Frank (2006): Der verhöhnte Souverän. Wie die Hamburger CDU das Wahlrecht aushebelt, in: Blätter für deutsche und internationale Politik 51 Heft 9, S. 1105-1112.*

*Decker, Frank (2007): Die Bundesrepublik auf der Suche nach neuen Koalitionen, in: Aus Politik und Zeitgeschichte Nr. 35-36, S. 26-33.*

*Decker, Frank (2007a): Parteiendemokratie im Wandel, in: Ders./Viola Neu (Hrsg.): Handbuch der deutschen Parteien, Wiesbaden, S. 19-61.*

*Decker, Frank (2008): Wo wir sind, ist die Mitte! Zum Standort der CDU im deutschen Parteiensystem, in: Die Neue Gesellschaft/ Frankfurter Hefte 55 Heft 1/2, S. 12-15.*

*Decker, Frank/Hartleb, Florian (2007): Populism on Difficult Terrain: The Right- and Left-Wing Challenger Parties in the Federal Republic of Germany, in: German Politics 16 Heft 4.*

*Decker, Frank/Neu, Viola (2007): Handbuch der deutschen Parteien, 1. Auflage, Wiesbaden.*

*Delhees, Stefanie/Korte, Karl-Rudolf/Schartau, Florian/Switek, Niko/Weissenbach, Kristina (2008): Wohlfahrtsstaatliche Reformkommunikation. Westeuropäische Parteien auf Mehrheitssuche, Baden-Baden.*

*Der Bundeswahlleiter (2005a): Rechtsgrundlagen für die Wahl zum 16. Deutschen Bundestag, Wiesbaden.*

*Der Bundeswahlleiter (2005b): Wahl zum 16. Deutschen Bundestag am 18. September 2005. Heft 1. Ergebnisse und Vergleichszahlen früherer Bundestags-, Europa- und Landtagswahlen sowie Strukturdaten für die Bundestagswahlkreise, Wiesbaden.*

*Der Bundeswahlleiter (2006): Wahl zum 16. Deutschen Bundestag am 18. September 2005. Heft 5. Textliche Auswertung der Wahlergebnisse, Wiesbaden.*

*Der Bundeswahlleiter (o.J. a): Bericht der Wahlkreiskommission für die 16. Wahlperiode des Deutschen Bundestages, http://www.bundeswahlleiter.de/bundestagswahl2005/downloads/Kommissionsbericht_mit_Anlagen.pdf, Stand 21.07.2008, o.O.*

*Der Bundeswahlleiter (o.J. b): Ergänzender Bericht der Wahlkreiskommission für die 16. Wahlperiode des Deutschen Bundestages, http://www.bundeswahlleiter.de/bundestagswahl2005/downloads/druckvorlage_ergaenzender_bericht.pdf, Stand 21.07.2008, o.O.*

*Dettling, Warnfried (2007): Parteien auf der Suche, in: Thinktank Nr. 8.*

*Deutscher Bundestag (1997): Ergänzender Bericht der Reformkommission zu Größe des Deutschen Bundestages zu ihrem Schlussbericht, Drucksache 13/8270, Bonn.*

*Deutscher Bundestags (2008): Unterrichtung durch den Präsidenten des Deutschen Bundestages. Bekanntmachung von Rechenschaftsberichten politischer Parteien für das Jahr 2006 (1. Teil – Bundestagsparteien), Berlin.*

*Ditz, Rüdiger (2005): Kanzler im Siegesrausch, in: Spiegel Online, 18. September 2005, http://www.spiegel.de/politik/deutschland/0,1518,375282,00.html, Stand 23.09.2008.*

*Egle, Christoph/Zohlnhöfer, Reimut (Hrsg.) (2007): Ende des rot-grünen Projektes. Eine Bilanz der Regierung Schröder 2002 bis 2005, Wiesbaden.*

*Faas, Thorsten (2006): „Schröder gegen Merkel – Das TV-Duell 2005", in: Gellner, Wienand/Reichinger, Martin (Hrsg.): Deutschland nach der Bundestagswahl, Baden-Baden 2006, S. 59-68.*

*Falter, Jürgen W./Gabriel, Oscar W./Weßels, Bernhard (Hrsg.) (2005): Wahlen und Wähler. Analysen aus Anlass der Bundestagswahl 2002, Wiesbaden.*

*Feldkamp, Michael F. (2006): Chronik der Vertrauensfrage des Bundeskanzlers am 1. Juli 2005 und der Auflösung des Deutschen Bundestages am 21. Juli 2005, in: ZParl, 37. Jg., Heft 1/2006, S. 19-27.*

*Fenske, Hans (1994): Deutsche Parteiengeschichte – Von den Anfängen bis zur Gegenwart, Paderborn.*

*Florack, Martin/Grunden, Timo/Korte, Karl-Rudolf (2004): Lebendiger Ortsverband, politische Bildung und Partizipationsanreize – Voraussetzungen für erfolgreiche Rekrutierung und Aktivierung von Parteimitgliedern, in: Kösters, Winfried (Hrsg.): Erfolgreiche Kommunalpolitik, Berlin, 2004, S. 1-28.*

*Florack, Martin/Grunden, Timo/Korte, Karl-Rudolf (2005): Strategien erfolgreicher Mitgliederrekrutierung der politischen Parteien, in: Schmid, Josef/Zolleis, Udo (Hrsg.): Zwischen Anarchie und Strategie. Der Erfolg von Parteiorganisationen, Wiesbaden, S. 96-113.*

*Florack, Martin/Hoffmann, Markus (2006): Die Bundesrepublik in der „Wahlverflechtungsfalle": Wahlen im föderalen Politikgefüge, in: Heberer, Thomas/Derichs, Claudia (Hrsg.): Wahlsysteme und Wahltypen, Wiesbaden, S. 100-121.*

*Forschungsgruppe Wahlen e.V. (o.J.): Bundestagswahl. Eine Analyse der Wahl vom 18. September 2005. Vorläufige Fassung, in: Berichte der Forschungsgruppe Wahlen e.V. Mannheim, Nr. 122, o.O.*

*Friedrich Ebert Stiftung: Demokratiezufriedenheit, 2008.*

*Gaddum, Eckart (2005): Entscheidung 2005: Handbuch zur Bundestagswahl von A bis ZDF, München.*

*Geiling, Heiko/Vester, Michael (2007): Das soziale Kapital der politischen Parteien. Die Akzeptanzkrise der Volksparteien als Frage der Individualisierung oder der sozialen Gerechtigkeit, in: Brettschneider, Frank/Niedermayer, Oskar/Weßels, Bernhard (Hrsg.): Die Bundestagswahl 2005. Analysen des Wahlkampfes und der Wahlergebnisse, Wiesbaden, S. 457-489.*

Geisler, Alexander/Tenscher, Jens (2002): „Amerikanisierung“ der Wahlkampagne(n)? Zur Modernität von Kommunikationsstrukturen und -strategien im nordrhein-westfälischen Landtagswahlkampf 2000, in: Sarcinelli, Ulrich/Schatz, Heribert (Hrsg.): Mediendemokratie im Medienland. Inszenierungen und Themensetzungsstrategien im Spannungsfeld von Medien und Parteieliten am Beispiel der nordrhein-westfälischen Landtagswahl 2000, S. 53-117.

Geyer, Matthias/Kurbjuweit, Dirk/Schnibben, Cordt (2005): Operation Rot-Grün. Geschichte eines politischen Abenteuers, München.

Gohr, Antonia/Seeleib-Kaiser, Martin (Hrsg.) (2003): Sozial- und Wirtschaftspolitik unter Rot-Grün, Wiesbaden.

Gosewinkel, Dieter/Schuppert, Gunnar Folke (2008): Auf der Suche nach den Konturen eines schillernden Begriffs, in: Dies. (Hrsg.): Politische Kultur im Wandel von Staatlichkeit, WZB Jahrbuch 2007, Berlin, S. 11-40.

Grasselt, Nico/Korte, Karl-Rudolf (2007): Führung in Politik und Wirtschaft – Instrumente, Stile, Techniken, Wiesbaden.

Haas, Melanie (2008): Statt babylonischer Gefangenschaft eine Partei für alle Fälle? Bündnis 90/Die Grünen nach der Bundestagswahl 2005, in: Niedermayer, Oskar (Hrsg.): Die Parteien nach der Bundestagswahl 2005, Wiesbaden, S. 101-134.

Helms, Ludger (2005): Regierungsorganisation und politische Führung in Deutschland, Wiesbaden.

Hennecke, Hans Jörg (2003): Die dritte Republik. Aufbruch und Ernüchterung, Berlin.

Hennecke, Hans-Jörg (2004): Regieren ohne inneren Kompass, in: Aus Politik und Zeitgeschichte, Nr. 40, Bonn, S. 6-11.

Hennecke, Hans Jörg (2005): Von der „Agenda 2010“ zur „Agenda Merkel“? in: Aus Politik und Zeitgeschichte, Nr. 32-33, S. 16-22.

Hesse, Joachim Jens/Ellwein, Thomas (2004): Das Regierungssystem der Bundesrepublik Deutschland, Bd. 1, 9., vollst. bearb. Auflage, Opladen.

Hilmer, Richard/Müller-Hilmer, Rita (2006): Die Bundestagswahl vom 18. September 2005: Votum für Wechsel und Kontinuität, in: Zeitschrift für Parlamentsfragen, Heft 1/2006, S. 183-218.

Holtz-Bacha, Christiane (2006): Die Massenmedien im Wahlkampf. Die Bundestagswahl 2005, Wiesbaden.

Hübner, Emil (1984): Wahlsysteme und ihre möglichen Wirkungen unter spezieller Berücksichtigung der Bundesrepublik Deutschland, 6. Auflage, München.

Ismayr, Wolfgang (Hrsg.) (2003): Die politischen Systeme Westeuropas, 3. Auflage, Stuttgart.

Ismayr, Wolfgang (Hrsg.) (2004): Die politischen Systeme Osteuropas, 2. aktual. und überarb. Auflage, Stuttgart.

Ismayr, Wolfgang (2006): Der deutsche Bundestag im politischen System der Bundesrepublik Deutschland, 2. Auflage, Wiesbaden.

Jesse, Eckhard (1985): Wahlrecht zwischen Kontinuität und Reform. Eine Analyse der Wahlsystemdiskussion und der Wahlrechtsänderungen in der Bundesrepublik Deutschland 1949-1983, Düsseldorf.

Jesse, Eckhard (2006): Parteiensystem im Wandel? Das deutsche Parteiensystem vor und nach der Bundestagswahl 2005, in: Jesse, Eckhard/Sturm, Roland: Bilanz der Bundestagswahl 2005. Voraussetzungen, Ergebnisse, Folgen, Wiesbaden, S. 21-41.

Jesse, Eckhard (2007): Die Bundestagswahl 2005 im Spiegel der repräsentativen Wahlstatistik, in: Statistisches Bundesamt: Wirtschaft und Statistik 5/2007, Wiesbaden.

Jesse, Eckhard (2008): Wahlsysteme und Wahlrecht, in: Gabriel, Oscar W./Kropp, Sabine (Hrsg.): Die EU-Staaten im Vergleich. Strukturen, Prozesse, Politikinhalte, 3., aktualisierte und erweiterte Auflage, Bonn, S. 299-322.

Jesse, Eckhard/Sturm, Roland (2006): Einleitung, in: Jesse, Eckhard/Sturm, Roland: Bilanz der Bundestagswahl 2005. Voraussetzungen, Ergebnisse, Folgen, Wiesbaden, S. 9-21.

Jesse, Eckhard/Sturm, Roland (2006a): Bilanz der Bundestagswahl 2005. Voraussetzungen, Ergebnisse, Folgen, Wiesbaden.

Jun, Uwe (2007): Parteiensystem und Koalitionskonstellationen vor und nach der Bundestagswahl 2005, in: Brettschneider, Frank/Niedermayer, Oskar/Weßels, Bernhard (Hrsg.): Die Bundestagswahl 2005. Analysen des Wahlkampfes und der Wahlergebnisse, Wiesbaden, S. 493-515.

Jun, Uwe/Haas, Melanie/Niedermayer, Oskar (Hrsg.) (2008): Parteien und Parteisysteme in den deutschen Ländern, Wiesbaden.

Jung, Matthias/Wolf, Andrea (2005): Der Wählerwille erzwingt die große Koalition, in: Aus Politik und Zeitgeschichte Nr. 51-52, S. 3-12.

*Kamps, Klaus (2007): Politisches Kommunikationsmanagement. Grundlagen und Professionalisierung moderner Politikvermittlung, Wiesbaden.*

*Kersting, Norbert (2004): Nichtwähler. Diagnose und Therapieversuche. In: Zeitschrift für Politikwissenschaft. 14, S. 403-427.*

*Klein, Markus/Rosar, Ulrich (2007): Ist Deutschland reif für eine Kanzlerin? In: Brettschneider, Frank/Niedermayer, Oskar/Weßels, Bernhard (Hrsg.): Die Bundestagswahl 2005. Analysen des Wahlkampfes und der Wahlergebnisse, Wiesbaden, S. 271-291.*

*Köcher, Renate (2008): Unter 40 ist viel an Boden zu gewinnen, in: FAZ v. 25. Juni.*

*Korte, Karl-Rudolf (1998): Deutschlandpolitik in Helmut Kohls Kanzlerschaft. Regierungsstil und Entscheidungen 1982 bis 1989, Stuttgart.*

*Korte, Karl-Rudolf (2001a): Das vereinte Deutschland 1989/90 – 2001, Erfurt.*

*Korte, Karl-Rudolf (2001b): Was kennzeichnet modernes Regieren? Regierungshandeln von Staats- und Regierungschefs im Vergleich, in: Aus Politik und Zeitgeschichte Nr. 5, S. 3-13.*

*Korte, Karl-Rudolf (2002a): Regieren in Mediendemokratien: Regierungssteuerung der Staats- und Regierungschefs in den Fesseln der Medien?, in: Schatz, Heribert/Rössler, Patrick/Nieland, Jörg-Uwe (Hrsg.): Politische Akteure in der Mediendemokratie – Politiker in den Fesseln der Medien?, Wiesbaden, S. 21-40.*

*Korte, Karl-Rudolf (Hrsg.) (2002b): „Das Wort hat der Herr Bundeskanzler." Eine Analyse der Großen Regierungserklärungen von Adenauer bis Schröder, Wiesbaden.*

*Korte, Karl-Rudolf (2003): Strategie und Rationalität. Reaktionen der Parteien und der Parteieliten auf komplexe Wählermärkte, in: Manuela Glaab (Hrsg.): Impulse für eine neue Parteiendemokratie. Analysen zu Krise und Reform, Schriftenreihe der Forschungsgruppe Deutschland (C.A.P.), München, S. 184-195.*

*Korte, Karl-Rudolf (2004): Darstellungs- oder Entscheidungspolitik in der modernen Mediendemokratie: Stile des Regierens in der Publikumsgesellschaft, in: Karp, Markus/Zolleis, Udo (Hrsg): Politisches Marketing – eine Einführung in das politische Marketing mit aktuellen Bezügen aus Wissenschaft und Praxis, Münster, S. 201-220.*

*Korte, Karl-Rudolf/Switek, Niko (2005a): Bundestagswahl 2005 – NRW-Perspektiven und Politikfelder, Düsseldorf.*

*Korte, Karl-Rudolf (2005b): Wahlen in der Bundesrepublik Deutschland, 5. Auflage, Bonn.*

*Korte, Karl-Rudolf (2005c): Bundestagswahl 2005. Die Republik im vorgezogenen Bundestagswahlkampf, in: Balzar, Axel/Geilich, Marvin/Rafat, Shamim (Hrsg.): Politik als Marke. Politikvermittlung zwischen Kommunikation und Inszenierung, Münster, S. 150-156.*

*Korte, Karl Rudolf (2005d): Was entschied die Bundestagswahl 2005? In: Aus Politik und Zeitgeschichte Nr. 51-52, S. 12-18.*

*Korte, Karl-Rudolf (2006a): The Message from Düsseldorf, in: American Institute for Contemporary German Studies: And the winner is... The german election of 2005, The Johns Hopkins University, Baltimore.*

*Korte, Karl-Rudolf (2006b): Model or deterrence? The United States presidential election campaigns and the bundestag election campaigns, in: German Politics, Vol. 15, No. 2, 2006, S. 153-165.*

*Korte, Karl-Rudolf (2006c): Nacharbeitung einer Wahlüberraschung. Bestens im Bilde – Oder: Zu nah dran?, in: Peter Christian Hall (Hrsg.): Macht und Medien – Journalismus in der vernetzten Gesellschaft. Mainzer Tage der Fernseh-Kritik Bd. 39.*

*Korte, Karl-Rudolf (2007b): Der Pragmatiker des Augenblicks: Das Politikmanagement von Bundeskanzler Gerhard Schröder 2002 bis 2005, in: Egle, Christoph/Zohlnhöfer, Reimut (Hrsg.): Ende des rot-grünen Projektes. Eine Bilanz der Regierung Schröder 2002 bis 2005, Wiesbaden, S. 168-196.*

*Korte, Karl Rudolf (2007c): Die Partei als Machtressource? Die SPD in den 1980er und 90er Jahren, in: Mittag, Jürgen/Tenfelde, Klaus (Hrsg.): Versöhnen statt spalten. Johannes Rau: Sozialdemokratie, Landespolitik, Zeitgeschichte, Oberhausen, S. 123-135.*

*Korte, Karl-Rudolf (2007d): Linkskonservativ mitfühlend, in: Neue Gesellschaft/Frankfurter Hefte, Heft 12, S. 49-52.*

*Korte, Karl Rudolf (2008a): Das politische System der Bundesrepublik Deutschland, in: Mols, Manfred/Lauth, Hans-Joachim/Wagner, Christian (Hrsg.): Politikwissenschaft. Eine Einführung, 5. Auflage, Paderborn 2008.*

*Korte, Karl-Rudolf (2008b): Bedeutung der Energie- und Umweltpolitik im Bundestagswahlkampf 2005, in: Braml, Josef/Kaiser, Karl/Maull, Hans W./Sandschneider, Eberhard/Schatz, Klaus Werner (Hrsg.): Weltverträgliche Energiesicherheitspolitik, Jahrbuch Internationale Politik 2005/2006, München, S. 16-22.*

*Korte, Karl-Rudolf (2009): Suchbewegungen: Die neue Qualität des Parteienwettbewerbs in Deutschland, in: Aus Politik und Zeitgeschichte 2009 (im Erscheinen).*

*Korte, Karl-Rudolf/Florack, Martin/Grunden, Timo (2006): Regieren in Nordrhein-Westfalen. Strukturen, Stile und Entscheidungen 1990-2006, Wiesbaden.*

*Korte, Karl-Rudolf/Fröhlich, Manuel (2009): Politik und Regieren in Deutschland. Strukturen, Prozesse, Entscheidungen, 3. Auflage, Paderborn.*

*Korte, Karl-Rudolf/Hirscher, Gerhard (Hrsg.) (2000): Darstellungspolitik oder Entscheidungspolitik? Über den Wandel von Politikstilen in westlichen Demokratien, Hanns-Seidel-Stiftung, München.*

*Korte, Karl-Rudolf/Weidenfeld, Werner (Hrsg.) (2001): Deutschland-TrendBuch, Opladen.*

*Krüger, Udo Michael/Müller-Sachse, Karl H./Zapf-Schramm, Thomas (2005): Thematisierung der Bundestagswahl 2005 im öffentlich-rechtlichen und privaten Fernsehen, in: Media Perspektiven 12/2005, S. 598-612.*

*Landesamt für Datenverarbeitung und Statistik Nordrhein-Westfalen (2006): Bundestagswahl 2005. Ergebnisse nach Alter und Geschlecht, Düsseldorf.*

*Lijphart, Arend (1994): Electoral Systems. A Study of Twenty-Seven Democracies 1945-1990, Oxford/New York.*

*Maurer, Marcus (2007): Fakten oder Floskeln? Die Inhalte der Wahlprogramme im Bundestagswahlkampf 2005 in der Tagespresse, in: Publizistik, Heft 2, Juni 2007, 52. Jahrgang, S. 174-190.*

*Maurer, Marcus/Reinemann, Carsten (2007): TV-Duelle als Instrumente der Wahlkampfkommunikation: Mythen und Fakten, in: Jackob, Nikolaus (Hrsg.): Wahlkämpfe in Deutschland. Fallstudien zur Wahlkampfkommunikation 1912-2005, 1. Auflage, Wiesbaden, S. 317-331.*

*Maurer, Marcus/Reinemann, Carsten/Maier, Jürgen/Maier, Michaela (2007): Schröder gegen Merkel. Wahrnehmung und Wirkung des TV-Duells 2005 im Ost-West-Vergleich, Wiesbaden.*

*Merz, Manuel/Rhein, Stefan/Vetter, Julia (2008): Wahlkampf im Internet. Handbuch für politische Online-Kampagne, Berlin.*

*Mielke, Gerd (2005): Wahl und Alternative, in: Blätter für deutsche und internationale Politik, (2005) 1, S. 11-15.*

*Moorstedt, Tobias (2008): Jeffersons Erben. Wie die digitalen Medien die Politik verändern, Frankfurt am Main.*

*Morris, Dick (1997): Behind the Oval Office: Getting reelected against all odds, New York.*

*Namislo, Doreen/Schorn, Karina/Schwartzenberg, Margitta von (2006): Wählerverhalten bei der Bundestagswahl 2005 nach Alter und Geschlecht. Ergebnisse der Repräsentativen Wahlstatistik, in: Statistisches Bundesamt: Wirtschaft und Statistik 3/2006, Wiesbaden.*

*Neugebauer, Gero/Stöss, Richard (2008): Die Partei DIE LINKE. Nach der Gründung in des Kaisers neuen Kleidern? Eine politische Bedarfsgemeinschaft als neue Partei im deutschen Parteiensystem, in: Niedermayer, Oskar (Hrsg.): Die Parteien nach der Bundestagswahl 2005, Wiesbaden, S. 151-200.*

*Niedermayer, Oskar (2007): Der Wahlkampf zur Bundestagswahl 2005: Parteistrategie und Kampagnenverlauf, in: Brettschneider, Frank/Niedermayer, Oskar/Weßels, Bernhard (Hrsg.): Die Bundestagswahl 2005. Analysen des Wahlkampfes und der Wahlergebnisse, Wiesbaden, S. 21-42.*

*Nohlen, Dieter (1996): Wahlsysteme in Osteuropa. Geschichte, Kritik, Reform, in: ZParl, 27. Jg., 3/1996, S. 447-461.*

*Nohlen, Dieter (2007): Wahlrecht und Parteiensystem, 5., korr. u. aktual. Auflage, Opladen.*

*Pappi, Franz Urban/Shikano, Susumu (2005): Regierungsabwahl ohne Regierungsneuwahl, in: Politische Vierteljahresschrift, 46. Jg. (2005), Heft 4, S. 513-526.*

*Poguntke, Thomas (2005): Parteien ohne Anbindung, in: Schmid, Josef/Zolleis, Udo (Hrsg.): Zwischen Anarchie und Strategie, Wiesbaden, S. 43-62.*

*Radunski, Peter (1996): Politisches Kommunikationsmanagement. Die Amerikanisierung der Wahlkämpfe, in: Bertelsmann Stiftung (Hrsg.): Politik überzeugend vermitteln. Wahlkampfstrategien in Deutschland und den USA, Gütersloh.*

*Rattinger, Hans/Juhasz, Zoltan (2006): Die Bundestagswahl 2005. Neue Machtkonstellation trotz Stabilität der politischen Lager, in: Hanns Seidel Stiftung: Aktuelle Analysen 41, München.*

*Regionalverband Ruhr (2005): Regionalinformation Ruhrgebiet. Sonderausgabe. Bundestagswahl 2005, Essen.*

*Ritter, Gerhard A. (1997): Wahlen und Wahlkämpfe in Deutschland, Düsseldorf.*

*Roßteutscher, Sigrid (2007): CDU-Wahl 2005: Katholiken, Kirchgänger und eine protestantische Spitzenkandidatin aus dem Osten, in: Brettschneider, Frank/Niedermayer, Oskar/Weßels, Bernhard (Hrsg.): Die Bundestagswahl 2005. Analysen des Wahlkampfes und der Wahlergebnisse, Wiesbaden, S. 321-347.*

*Roth, Dieter/Wüst, Andreas M. (2006): Abwahl ohne Machtwechsel? Die Bundestagswahl 2005 im Lichte langfristiger Entwicklungen, in: Jesse, Eckhard/Sturm, Roland (2006): Bilanz der Bundestagswahl 2005. Voraussetzungen, Ergebnisse, Folgen, Wiesbaden, S. 43-70.*

*Rudzio, Wolfgang (2006): Das politische System der Bundesrepublik Deutschland, 7., aktual. und erw. Auflage, Opladen.*

*Sarcinelli, Ulrich (2009): Wahlkampf, in: Andersen, Uwe/Woyke, Wichard (Hrsg.): Handwörterbuch des politischen Systems der Bundesrepublik Deutschland, 5. Auflage, Opladen, S. 649-653.*

*Sarcinelli, Ulrich (2009): Politische Kommunikation in Deutschland. Zur Politikvermittlung im demokratischen System, 2. Auflage, Wiesbaden.*

*Schiller, Theo/Mittendorf, Volker (Hrsg.) (2002): Direkte Demokratie – Forschung und Perspektiven, Wiesbaden.*

*Schindler, Peter (1999): Datenhandbuch zur Geschichte des Deutschen Bundestages 1949-1999, 3 Bde., Baden-Baden.*

*Schmid, Josef (2008): Die CDU nach 2005: Von Wahl zu Wahl – und doch kein Wandel?, in: Niedermayer, Oskar (Hrsg.): Die Parteien nach der Bundestagswahl 2005, Wiesbaden, S. 67-82.*

*Schmid, Josef/Zolleis, Udo (Hrsg.) (2005): Zwischen Anarchie und Strategie. Der Erfolg von Parteiorganisationen, Wiesbaden.*

*Schmidt, Manfred G. (2007): Das Politische System Deutschlands. Institutionen, Willensbildung und Politikfelder. München.*

*Schneider, Steffen u.a. (2006): Legitimitätskrise nationalstaatlicher Demokratien?, in: Leibfried, Stephan/Zürn, Michael (Hrsg.): Transformationen des Staates?, Frankfurt am Main.*

*Schoen, Harald (2005): Wahlkampfforschung, in: Falter, Jürgen (Hrsg.): Handbuch Wahlforschung, Wiesbaden, S. 503-542.*

*Schreiber, Wolfgang (2002): Handbuch des Wahlrechts zum Deutschen Bundestag, 7., neu bearb. u. erw. Auflage, Köln u.a.*

*Schuppert, Gunnar Folke ( 2008): Politische Kultur, Baden-Baden.*

*Steffani, Winfried (1997): Gewaltenteilung und Parteien im Wandel, Opladen/Wiesbaden.*

*Sturm, Roland (2006): Eine Bilanz mit Schatten? Die Arbeit der rot-grünen Regierung auf zentralen Politikfeldern, in: Jesse, Eckhard/Sturm, Roland (2006): Bilanz der Bundestagswahl 2005. Voraussetzungen, Ergebnisse, Folgen, Wiesbaden, S. 71-82.*

*Tenscher, Jens (2007): Professionalisierung nach Wahl. Ein Vergleich der Parteikampagnen der jüngsten Bundestags- und Europawahlkämpfe in Deutschland, in: Brettschneider, Frank/Niedermayer, Oskar/Weßels, Bernhard (Hrsg.): Die Bundestagswahl 2005. Analysen des Wahlkampfes und der Wahlergebnisse, Wiesbaden, S. 65-95.*

*Vorländer, Hans (2008): Partei der Paradoxien. Die FDP nach der Bundestagswahl 2005, in: Niedermayer, Oskar (Hrsg.): Die Parteien nach der Bundestagswahl 2005, Wiesbaden, S. 135-150.*

*Walter, Franz (2005): Die ungleichzeitige Wirklichkeit, in: Internationale Politik (2005), 10, S. 6-13.*

*Werner, Tim C. (2006): Wählerverhalten bei der Bundestagswahl 2002 nach Geschlecht und Alter, in: Statistisches Bundesamt: Wirtschaft und Statistik 3/2003, Wiesbaden.*

*Weßels, Bernhard (2007): Re-Mobilisierung, „Floating" oder Abwanderung? Wechselwähler 2002 und 2005 im Vergleich, in: Brettschneider, Frank/Niedermayer, Oskar/Weßels, Bernhard (Hrsg.): Die Bundestagswahl 2005. Analysen des Wahlkampfes und der Wahlergebnisse, Wiesbaden, S. 195-414.*

*Westle, Bettina/Kühnel, Stefan (2007): Geschlecht als Determinante des Wahlverhaltens? In: Brettschneider, Frank/Niedermayer, Oskar/Weßels, Bernhard (Hrsg.): Die Bundestagswahl 2005. Analysen des Wahlkampfes und der Wahlergebnisse, Wiesbaden, S. 293-320.*

*Weidenfeld, Werner/Korte, Karl-Rudolf (1991): Die Deutschen. Profil einer Nation, Stuttgart.*

*Weidenfeld, Werner/Korte, Karl-Rudolf (Hrsg.) (1999): Handbuch zur deutschen Einheit. 1949 – 1989 – 1999, Neuausgabe, Frankfurt/New York.*

*Woyke, Wichard (2002): Bundestagswahl 2002. Wahl, Wähler, Wahlkampf, Opladen.*

*Woyke, Wichard (2005): Stichwort: Wahlen. Ein Ratgeber für Wähler, Wahlhelfer und Kandidaten, 11., aktual. Auflage, Wiesbaden.*

*Zeitler, Benjamin (2008): Getrennt marschieren, geeint schlagen? Die Organisation der CDU-Kampagnen zu den Bundestagswahlen 1998, 2002 und 2005, in: Politische Studien 417/2008, S. 53-69.*

# Kapitel 5
# Nordrhein-Westfalen und Europawahlen

## 5.1 Geschichte des Europäischen Parlaments

Bis zur ersten Direktwahl des Europäischen Parlaments 1979 war es ein langer Weg. Obwohl bereits der Gründungsvertrag zur Europäischen Gemeinschaft für Kohle und Stahl (EGKS) eine parlamentarische Versammlung vorsah, deren Abgeordnete entweder direkt gewählt oder aus der Mitte der Parlamente der Mitgliedstaaten (Belgien, Bundesrepublik Deutschland, Frankreich, Italien, Luxemburg und die Niederlande) delegiert werden sollten, blieb die Direktwahl ein lang gehegter Wunsch (Korte 2005: 63f). Entsprechend Artikel 21 des EGKS-Vertrages sollte diese Versammlung einmal im Jahr zusammentreten. Die Parlamentarische Versammlung der EGKS tagte zum ersten Mal im September 1952 in Straßburg. Der EGKS-Vertrag sah eine Besonderheit vor, die später auch die Wahlen zum Europäischen Parlament bestimmen sollte: Die Verfahren, nach denen die Ländervertreter bestimmt wurden, blieben den nationalen Parlamenten vorbehalten.

Bis heute werden die Volksvertreter für das Europäische Parlament in den 27 Mitgliedstaaten nach verschiedenen nationalen Verfahren gewählt. Ein einheitliches europäisches Wahlrecht existiert nicht. Entgegen den Wahlgrundsätzen der Bundestagswahl „allgemein, gleich, frei, unmittelbar und geheim" gilt der Gleichheitsgrundsatz bei Europawahlen nicht. Zu sehr unterscheiden sich die Stimmgewichte zwischen den einzelnen Mitgliedsstaaten (siehe auch Kapitel 5.5).

Mit der Unterzeichnung der Verträge zur Europäischen Wirtschaftsgemeinschaft (EWG) und Europäischen Atomgemeinschaft (Euratom) am 25. März 1957 in Rom schuf man ebenfalls die Institution einer parlamentarischen Versammlung. Dieses Parlament war nunmehr für alle drei Europäischen Gemeinschaften (EGKS, EWG, Euratom) zuständig. Nach wie vor wurden allerdings die Parlamentarier von den nationalen Volksvertretungen der sechs Gründungsstaaten bestimmt.

Die 142 Mitglieder dieser neuen parlamentarischen Versammlung traten erstmals im März 1958 in Straßburg zusammen. Die Abgeordneten benannten die Versammlung in „Europäisches Parlament" um – eine Formulierung, die in den Gründungsverträgen der Europäischen Gemeinschaften nicht vorgesehen war – und unternahmen damit einen ersten Versuch, die Versammlung im europäischen Institutionengefüge aufzuwerten (Korte 2005: 64). Die Zahl der Abgeordneten blieb konstant, bis der Beitritt Dänemarks, Irlands und Großbritanniens aus dem Europa der Sechs das Europa der Neun machte: Die Anzahl der Parlamentarier erhöhte sich auf 198. Obwohl die drei Gründungsverträge der Europäischen Gemeinschaften vorsahen, dass die Versammlung „Entwürfe für allgemeine unmittelbare Wahlen nach einem einheitlichen Verfahren in allen Mitgliedstaaten" ausarbeiten und der Ministerrat „einstimmig die entsprechenden Bestimmungen" erlassen und „sie den Mitgliedstaaten zur Annahme gemäß ihren verfassungsrechtlichen Vorschriften" empfehlen sollte (Art. 21 Abs. 3 EGKS-Vertrag; Art. 138 Abs. 3 EWG-Vertrag; Art. 108 Abs. 3 Euratom-Vertrag), dauerte es doch bis 1976, bis der Ministerrat auf der Basis einer Empfehlung des Europäischen Parlaments am 20. September 1976 einen entsprechenden Rechtsakt erließ. Mit ihm wurde die Durchführung allgemeiner und unmittelbarer Wahlen zum Europäischen Parlament beschlossen. Auf dieser Basis werden seit 1979 die Abgeordneten des Europäischen Parlaments in den jeweiligen Mitgliedstaaten direkt gewählt.

Die 1979 in den neun Mitgliedstaaten gewählten Abgeordneten traten im Juli desselben Jahres erstmals im neuen Plenarsaal des Palais de l'Europe in Straßburg zusammen. Seitdem erhöhte

ABBILDUNG 48 WAHLERGEBNISSE DER EUROPAWAHLEN IN DER BUNDESREPUBLIK 1979-2004

| Wahljahr | Wahlbeteiligung | CDU/CSU | SPD | Grüne | FDP | PDS/ Linke | Sonstige | Sitze im EP |
|---|---|---|---|---|---|---|---|---|
| 1979 | 65,7 | 49,2 | 40,8 | 3,2 | 6,0 | | 0,8 | 81 |
| 1984 | 56,8 | 45,9 | 37,4 | 8,2 | 4,8 | | 3,7 | 81 |
| 1989 | 62,3 | 37,8 | 37,1 | 8,4 | 5,6 | | 10,9 | 81 |
| 1994 | 60,0 | 38,8 | 32,2 | 10,1 | 4,1 | 4,7 | 10,2 | 99 |
| 1999 | 45,2 | 48,7 | 30,7 | 6,4 | 3,0 | 5,8 | 5,4 | 99 |
| 2004 | 43,0 | 44,5 | 21,5 | 11,9 | 6,1 | 6,1 | 9,8 | 99 |

© Wochenschau Verlag. Quelle: Der Bundeswahlleiter 2008.

sich durch Beitritte von neuen Mitgliedstaaten und EU-Reformen die Zahl der Abgeordneten im Europäischen Parlament auf 732 Abgeordnete, wie im Vertrag von Nizza festgelegt. Der EU-Reformvertrag sieht aufgrund von möglichen weiteren Erweiterungen eine Abgeordneten-Höchstgrenze von 751 vor. Durch die Beitritte von Rumänien und Bulgarien erhöht sich die Zahl der Abgeordneten in einem Übergangszeitraum von 2007 bis 2009 jedoch auf 785.

## 5.2 Wahlrecht und Wählbarkeit

Ein einheitliches Wahlgesetz auf EU-Ebene besteht nicht. Daher finden verschiedene einzelstaatliche Rechtsvorschriften bei den Europawahlen Anwendung. Diese wiederum werden durch Übereinkünfte der Mitgliedstaaten der Gemeinschaft ergänzt. Abbildung 49 veranschaulicht die unterschiedlichen Regelungen zur Wahl des Europaparlaments in den Mitgliedsländern der EU.

### 5.2.1 Europarechtliche Regelungen

Folgende europarechtliche Regelungen sind für die Wahl zum Europäischen Parlament maßgeblich (Korte 2005: 64ff; Maurer 2005a; Bieber/Epiney/Haag 2005: 117ff):

a) der Rechtsakt vom 20. September 1976 zur Einführung allgemeiner unmittelbarer Wahlen der Abgeordneten der Versammlung;

b) die Einheitliche Europäische Akte (EEA), die am 1. Juli 1987 in Kraft trat;

c) die Beschlüsse des Europäischen Rates von Edinburgh vom 11./12. Dezember 1992;

d) die Regelungen zur Unionsbürgerschaft im Vertrag zur Europäischen Union;

e) die Richtlinie des Ministerrates vom 6. Dezember 1993;

f) der Vertrag von Amsterdam vom 2. Oktober 1997;

g) der Vertrag von Nizza vom 10. März 2001.

#### *a) Rechtsakt vom 20. September 1976 zur Einführung allgemeiner unmittelbarer Wahlen der Abgeordneten der Versammlung*

In diesem 16 Artikel umfassenden Rechtsakt sind zentrale Bestimmungen zur Wahl des Europäischen Parlaments festgehalten. Dazu zählen:

→ die Wahl der Abgeordneten zur Versammlung zu einem festgelegten Termin, der in einen für alle Mitgliedstaaten festgelegten Zeitraum fällt und zwischen Donnerstagmorgen und dem unmittelbar nachfolgenden Sonntag liegt;

ABBILDUNG 49 WAHLVERFAHREN ZUM EUROPÄISCHEN PARLAMENT IN DEN MITGLIEDSTAATEN DER EU

| Staat | Sitze | Wahltag | Wahlrecht aktiv/passiv | Wahlkreise | Panaschieren | Sperrklausel | Wahlpflicht |
|---|---|---|---|---|---|---|---|
| **AT** | 18 | So | 18/19 | 1 | Nein | 4 Prozent | Nein |
| **BE** | 24 | So | 18/21 | 3 | Nein | Nein | Ja |
| **CY** | 6 | So | 18/25 | 1 | Nein | Nein | Ja |
| **CZ** | 24 | Fr/Sa | 18/21 | 1 | Nein | 5 Prozent | Nein |
| **DK** | 14 | So | 18/18 | 1 | Nein | Nein | Nein |
| **DE** | 99 | So | 18/18 | 1 | Nein | 5 Prozent | Nein |
| **EE** | 6 | So | 18/21 | 1 | Nein | Nein | Nein |
| **ES** | 54 | So | 18/18 | 1 | Nein | Nein | Nein |
| **FI** | 14 | So | 18/18 | 1 | Nein | Nein | Nein |
| **FR** | 78 | So | 18/23 | 8 | Nein | 5 Prozent je WK | Nein |
| **GR** | 24 | So | 18/21 | 1 | Nein | Nein | Ja |
| **HU** | 24 | So | 18/18 | 1 | Nein | 5 Prozent | Nein |
| **IE** | 13 | Fr | 18/21 | 4 | Ja | Nein | Nein |
| **IT** | 78 | So | 18/25 | 5 | Nein | Nein | Nein |
| **LT** | 13 | So | 18/21 | 1 | ? | 5 Prozent | Nein |
| **LU** | 6 | So | 18/18 | 1 | Ja | Nein | Ja |
| **LV** | 9 | Sa | 18/21 | 1 | Nein | 5 Prozent | Nein |
| **MT** | 5 | Sa | 18/18 | 1 | Ja | Nein | Nein |
| **NE** | 27 | Do | 18/18 | 1 | Nein | Ca. 3,7 Prozent | Nein |
| **PL** | 54 | So | 18/21 | 13 | ? | 5 Prozent landesweit | Nein |
| **PT** | 24 | So | 18/18 | 1 | Nein | Nein | Nein |
| **SE** | 19 | So | 18/18 | 1 | Nein | 4 Prozent | Nein |
| **SI** | 7 | So | 18(18 | 1 | Nein | Nein | Nein |
| **SK** | 14 | So | 18/21 | 1 | Nein | 5 Prozent | Nein |
| **UK** | 78 | Do | 18/21 | 12 | Nein, Nordirland ja | Nein | Nein |

AT (Österreich), BE (Belgien), CY (Zypern), CZ (Tschechien), DK (Dänemark), DE (Deutschland), EE (Estland), ES (Spanien), FI (Finnland), FR (Frankreich), GR (Griechenland), HU (Ungarn), IE (Irland), IT (Italien), LT (Lettland), LU (Luxemburg), LV (Litauen), MT (Malta), NE (Niederlande), PL (Polen), PT (Portugal), SE (Schweden), SI (Slowenien), SK (Slowakei), UK (Großbritannien).

- die Ermittlung des Wahlergebnisses nach Abschluss der Wahl in allen Mitgliedstaaten;
- die Wahl der Abgeordneten auf fünf Jahre;
- die konstituierende Sitzung des Europäischen Parlaments am ersten Dienstag einen Monat nach dem Wahltermin;
- die generelle Unvereinbarkeit des Abgeordnetenmandats mit der Mitgliedschaft in der Regierung eines Mitgliedstaates und mit politischen Ämtern oder Verwaltungsämtern bei Institutionen der Europäischen Gemeinschaft.

### b) Die Einheitliche Europäische Akte (EEA)

Dem Parlament werden mit dieser am 1. Juli 1987 in Kraft getretenen Akte wichtige zusätzliche Recht übertragen, so

- die erforderliche Zustimmung des Europäischen Parlaments zu Beitritts- und Assoziierungsabkommen und
- die Einführung des Zusammenarbeits- und Zustimmungsverfahrens zwischen Parlament und Rat bei bestimmten Gesetzgebungsverfahren (zum Beispiel bei der Gesetzgebung zum europäischen Binnenmarkt).

### c) Beschlüsse des Europäischen Rates von Edinburgh am 11./12. Dezember 1992

Vor dem Hintergrund der Vereinigung der beiden deutschen Staaten und um möglichen künftigen Erweiterungen der Europäischen Union Rechnung zu tragen, einigten sich die Staats- und Regierungschefs der EU-Mitgliedstaaten im Dezember 1992 darauf, die Anzahl der Sitze für die Mitgliedstaaten neu festzulegen. Abbildung 51 zeigt die aktuelle Verteilung der Sitze auf die Mitgliedstaaten, denn die nach 1992 erfolgten Beitritte zur Union machten eine stetige Angleichung der Sitzzahl nötig.

### d) Regelungen zur Unionsbürgerschaft im Vertrag zur Europäischen Union

Im Vertrag von Maastricht, der am 7. Februar 1992 unterzeichnet wurde, ist die Einführung einer Unionsbürgerschaft für jene Personen vorgesehen, die die Staatsbürgerschaft eines Mitgliedstaates besitzen – ein vor allem im Hinblick auf die Wahlen zum Europäischen Parlament relevanter Aspekt. In Artikel 19 Abs. 2 des Vertrags über die Europäische Union heißt es hierzu nämlich: „Unbeschadet des Artikels 190 Abs. 4 und der Bestimmungen zu dessen Durchführung besitzt jeder Unionsbürger mit Wohnsitz in einem Mitgliedstaat, dessen Staatsangehörigkeit er nicht besitzt, in dem Mitgliedstaat, in dem er seinen Wohnsitz hat, das aktive und passive Wahlrecht bei den Wahlen zum Europäischen Parlament, wobei für ihn dieselben Bedingungen gelten wie für die Angehörigen des betreffenden Mitgliedstaats." Mit dieser Regelung erhalten alle Bürger der Union, unabhängig davon, wo sie innerhalb des Hoheitsgebietes der Europäischen Union ihren Wohnsitz haben, die Möglichkeit zur Ausübung des passiven und des aktiven Wahlrechts bei den Europawahlen. Außerdem wurde beschlossen:

- Einführung des Mitbestimmungsverfahrens: Neben dem Rat ist das Parlament innerhalb bestimmter Politikfelder gleichberechtigt. Bei Differenzen kann ein Vermittlungsausschuss angerufen werden;
- spätestens ein halbes Jahr nach der Europawahl muss die Kommission ihre Arbeit aufnehmen;
- das Parlament muss der Ernennung des Kollegiums der Kommission zustimmen;
- das Parlament muss internationalen Abkommen zustimmen;
- das Parlament darf Untersuchungsausschüsse einsetzen;
- als Vertretung der Regionen und damit auch der deutschen Länder wird der Ausschuss der Regionen eingerichtet (→ **siehe Infobox 49**).

### e) Richtlinie des Ministerrates vom 6. Dezember 1993

Artikel 19 des EG-Vertrages wurde in einer Richtlinie des Rates vom 6. Dezember 1993 präzisiert. Darin wurden u.a. folgende Einzelheiten zur Ausübung des Wahlrechts für Bürger der Europäischen Union festgelegt:

- Eintragung des Unionsbürgers in das Wählerverzeichnis des Wohnsitzmitgliedstaates;
- Unionsbürger, denen in ihrem Herkunftsland das aktive Wahlrecht aberkannt wurde, verlieren dieses Recht auch in ihrem Wohnsitzland;
- bei Kandidaturen zum Europäischen Parlament hat ein passiv Wahlberechtigter aus der Europäischen Gemeinschaft im Wohnsitzland die gleichen Nachweise zu erbringen wie ein nationaler passiv Wahlberechtigter. Doppelkandidaturen in zwei Ländern der Europäischen Union sind nicht zulässig;
- der Wohnsitzmitgliedstaat unterrichtet den Betreffenden über die Entscheidung über seinen Antrag auf Eintragung in das Wählerverzeichnis oder die Zulässigkeit seiner Kandidatur. Rechtsmittel gegen einen negativen Bescheid können nur im Rahmen der in dem jeweiligen Mitgliedstaat vorgesehenen Rechtsvorschriften eingelegt werden;
- die Mitgliedstaaten müssen die passiv und aktiv Wahlberechtigten über die Modalitäten des passiven und des aktiven Wahlrechts informieren;
- Austausch von Informationen der Mitgliedstaaten untereinander, um doppelte Stimmabgaben und Doppelkandidaturen von Wahlberechtigten zu vermeiden.

### *f) Vertrag von Amsterdam vom 2. Oktober 1997*

In dem am 2. Oktober 1997 beschlossenen und am 1. Mai 1999 in Kraft getretenen Vertrag von Amsterdam werden in Art. 189 bis Art. 201 EG-V die Organisation und die Kompetenz des Europäischen Parlaments festgelegt. Die Zahl der Abgeordneten wurde vor dem Hintergrund der anstehenden Erweiterung der Union auf 700 limitiert (Art. 189 EG-V). Das Parlament wurde zudem aufgefordert, einen Entwurf für ein einheitliches europäisches Wahlrecht zu erarbeiten. Bei einer zukünftigen Änderung der Zahl der Abgeordneten ist eine „angemessene Vertretung der Völker der in der Gemeinschaft zusammengeschlossenen Staaten" zu gewährleisten (Art. 190, Abs. 2 EG-V). Damit soll eine gleichmäßige Repräsentation der Bürger im Parlament auch nach einer Erweiterung erreicht werden. Der Vertrag von Amsterdam, den der Europäische Rat bei seiner Regierungskonferenz am 16. und 17. Juni 1997 verabschiedete, hatte zahlreiche Auswirkungen auf das Europäische Parlament:

- Die Regierungschefs forderten das Parlament auf (Art. 190 Absatz 4 EG-V), einen „Entwurf für allgemeine Wahlen nach einem einheitlichen Verfahren in allen Mitgliedstaaten oder im Einklang mit den allen Mitgliedstaaten gemeinsamen Grundsätzen [auszuarbeiten]". Nur der zweite Teil des Satzes – ab „oder im Einklang" – ist neu. Eine EU-weite verbindliche Regelung des Wahlmodus war durch diese aufweichende Erklärung nicht zu erwarten und fehlt bis heute. Aus Sicht einer weiteren Parlamentarisierung der Integration ist dies als Rückschritt zu werten.
- Andererseits erfuhr das Parlament eine deutliche Stärkung durch die Ausdehnung des Mitentscheidungsverfahrens nach Artikel 251 auf acht neue und 14 alte Vertragsbestimmungen (u.a. in den Bereichen Sozialpolitik, Beschäftigung, berufliche Bildung, Umwelt, Verkehrspolitik). Dieses zudem noch vereinfachte Verfahren macht das Europäische Parlament zu einem mit dem Ministerrat in allen Phasen dieser Prozedur gleichberechtigten und gleichgewichtigen Gesetzgeber. Mit der deutlichen Ausweitung des Anwendungsbereichs der gleichberechtigten Mitentscheidung über die Binnenmarktkriterien hinaus zählt das Parlament zu den eindeutigen Gewinnern der Regierungskonferenz.
- Außerdem bedarf die Benennung des Kommissionspräsidenten, die weiterhin durch die nationalen Regierungen erfolgt, zukünftig der Zustimmung des Europäischen Parlaments. Das Parlament muss weiterhin auch dem Kollegium der Kommission zustimmen.

### *g) Regierungsvertrag von Nizza vom 10. März 2001*

Dieser Vertrag nahm eine Neuverteilung der Sitze im Europäischen Parlament im Hinblick auf eine Europäische Union mit 27

Mitgliedern vor, die seit den europäischen Wahlen im Jahr 2004 gilt. Gleichzeitig wurde die Gesamtzahl aller Abgeordneten für die Wahlperiode 2004-2009 auf maximal 732 festgesetzt (→ **siehe Abbildung 51 und 52**). Da die Europäische Union im Jahr 2004 noch nicht 27 Mitgliedstaaten umfasste, wurde die Zahl der zu wählenden Abgeordneten anteilig bis zu einer Gesamtzahl von 732 erhöht. Diese Obergrenze kann überschritten werden, wenn während der neuen Wahlperiode weitere Mitglieder in die Europäische Union aufgenommen werden sollten und somit neue Abgeordnete ins Europäische Parlament einziehen. Über diese fünf Vorgaben hinaus unterliegt die Wahl der Abgeordneten des Europäischen Parlaments jedoch den Regelungen der nationalen Wahlgesetze in den EU-Mitgliedstaaten. Abbildung 49 gibt einen Überblick über das aktive und das passive Wahlrecht, die Wahlsysteme und die Wahlkreise in den 27 Staaten der Europäischen Union.

Dieses Nebeneinander von 27 verschiedenen nationalen Wahlrechten offenbart – insbesondere aus demokratietheoretischer Sicht – einige Defizite des Europäischen Parlaments. Das keineswegs proportionale Verhältnis der Bevölkerungszahl zur Zahl der Wahlberechtigten und der Anzahl der nationalen Abgeordneten im Europäischen Parlament führt dazu, dass beispielsweise Deutschland in der Versammlung unterrepräsentiert, Staaten wie Luxemburg oder Irland jedoch deutlich überrepräsentiert sind (→ **siehe Abbildung 51 und 52**). Auch nach der vorgenommenen Korrektur der Sitzverhältnisse im Europäischen Parlament, bei der alle Mitgliedstaaten außer Deutschland und Luxemburg Sitze einbüßen mussten, bleibt dieses Ungleichgewicht weiterhin zu Lasten der größeren Staaten bestehen. Als ein zweites Defizit kommt hinzu, dass wegen der unterschiedlichen Wahlsysteme keineswegs im Europäischen Parlament diejenigen Fraktionen die mitgliederstärksten sein müssen, die in allen Mitgliedstaaten der EU zusammen die meisten Wählerstimmen auf sich vereinigen. So konnten zum Beispiel in den ersten zwei Direktwahlperioden des Europäischen Parlaments zwar die in der EVP zusammengeschlossenen Parteien in den Mitgliedstaaten die meisten Stimmen verbuchen, aufgrund der unterschiedlichen Regelungen der Wahlgesetze entsandten aber die im „Bund sozialdemokratischer und sozialistischer Parteien" zusammengeschlossenen Parteien die meisten Abgeordneten in das Europäische Parlament. Unter dem Gesichtspunkt der demokratischen Legitimation kann man daher sagen: „Solange sich der demokratische Gleichheitssatz bisher nur im Nationalstaat, nicht jedoch bei der Sitzverteilung im Europäischen Parlament verwirklichen lässt, bleibt die Rückkoppelung der Entscheidungsorgane der Europäischen Union an den demokratischen Nationalstaat deren wesentliche Legitimationsbasis. Das demokratisch gewählte Parlament jedes Mitgliedstaates wird so zum Hauptvermittler einer demokratischen Legitimation der politischen Entscheidungsprozesse der Europäischen Union" (Steffani 1995: 41).

- → Mit dem Vertrag von Nizza wurde der Anwendungsbereich des Mitentscheidungsverfahrens des Europäischen Parlaments um sieben weitere Bereiche erweitert (Art. 13, 62, 63, 65, 157, 159, 191 EG-V), für die gleichzeitig die Beschlussfassung mit qualifizierter Mehrheit eingeführt wurde. Für den Artikel 161 sieht der Vertrag das Zustimmungsverfahren vor. Damit konnte das Parlament seine Kompetenzen im institutionellen Gefüge der Europäischen Union weiter ausbauen. Allerdings wurde das Mitentscheidungsverfahren nicht auf die legislativen Maßnahmen ausgedehnt, für die schon heute die Beschlussfassung mit qualifizierter Mehrheit gilt (zum Beispiel in der Agrar- oder Handelspolitik).
- → Des Weiteren wurde das Parlament dem Rat und der Kommission beim Klagerecht vor dem Europäischen Gerichtshof sowie beim Recht, ein Gutachten des Gerichtshofs über die Vertragskonformität eines geplanten Abkommens einzuholen, gleichgestellt.

Die beschriebenen Rechtsgrundlagen sind die geltenden Bestimmungen zu den Wahlen zum Europäischen Parlament und seinen Rechten. Zwei weitere Reformschritte sind jedoch in der Zwischenzeit vereinbart worden, aufgrund diverser Schwierigkeiten konnten beide bisher nicht in Kraft treten.

Nach der Unterzeichnung des Vertrages von Nizza am 26. Februar 2001 vereinbarten die Staats- und Regierungschefs der Mitgliedstaaten der Europäischen Union auf einer Konferenz in Laeken weitere Reformschritte. Grundlage dieser Reformen und der zukünftigen Gestaltung der Union sollte eine Verfassung sein, die von einem Europäischen Verfassungskonvent ausgearbeitet wurde. Der Konvent begann am 28. Februar 2002 mit seiner Arbeit und schloss diese am 20. Juli des folgenden Jahres mit der Vorlage eines Verfassungsentwurfes ab. Nach mehr als einjähriger Beratung und Verhandlung unterzeichneten die Vertreter der Mitgliedstaaten den Verfassungsentwurf am 29. Oktober 2004. Nach der Ratifikation der Verfassung durch alle Mitgliedstaaten hätte sie in Kraft treten können. Aufgrund der politischen Bedeutung einer Verfassung für die Europäische Union entschieden sich einige Mitgliedstaaten für eine Ratifikation des Vertragswerkes durch Volksabstimmungen. Letztendlich scheiterte der Prozess aber durch die negativen Abstimmungsergebnisse in Frankreich und den Niederlanden. Damit war eine Realisierung der Verfassungsinhalte nur noch über Umwege möglich. Die Staatsspitzen einigten sich auf einen neuen Vertragsentwurf, den Vertrag von Lissabon, der viele Inhalte der Verfassung in abgewandelter und entschärfter Form aufnahm. Am 13. Dezember 2007 wurde der Vertrag von Lissabon unterzeichnet. Obwohl der Vertrag in Irland vom Volk abgelehnt wurde, wird in allen anderen Mitgliedsstaaten der Union der Ratifizierungsprozess fortgesetzt. Hier sind nur die nationalen Parlamente zuständig. Der Vertrag wird jedoch nur gültig, wenn alle Mitgliedstaaten seinen Inhalten zugestimmt haben. Die weitere Vorgehensweise ist daher trotz der laufenden Ratifizierungsprozesse noch unklar.

### h) Der Vertrag über eine Verfassung für Europa (VVE)

Mit diesem Vertrag sollten der EG- und der EU-Vertrag abgelöst werden und die Union ein identitätsstiftendes und rechtsvereinheitlichendes Element erhalten. Durch die Ablehnung der Verfassung in Volksabstimmungen in Frankreich und den Niederlanden konnte er allerdings nicht in Kraft treten. Er sah unter anderem vor:

- die Mitbestimmungsrechte auf zahlreiche Politikfelder auszuweiten;
- den Agraretat ebenfalls vom Parlament verabschieden zu lassen;
- das Parlament auf 750 Abgeordnete zu beschränken und
- die Wahl des Kommissionspräsidenten auf Vorschlag des Europäischen Rates vorzunehmen.

Im Jahr 2001 beschlossen die Staats- und Regierungschefs der seinerzeit 15 Mitgliedstaaten der Europäischen Union, einen „Europäischen Konvent" einzuberufen und ihn mit der Erstellung eines Entwurfs zur Änderung der geltenden europäischen Verträge zu beauftragen. Der Europäische Konvent, dem auch 16 Mitglieder des Europäischen Parlaments angehörten, legte im Juni 2003 der Tagung des Europäischen Rats in Thessaloniki seinen Entwurf eines Verfassungsvertrags vor. Am 29. Oktober 2004 wurde der Verfassungsvertrag von den Staats- und Regierungschefs der EU in Rom unterzeichnet. Er hätte von den einzelnen Mitgliedstaaten gemäß deren verfassungsrechtlichen Vorschriften ratifiziert werden müssen (das heißt durch einen Parlamentsbeschluss oder durch ein Referendum). Erst nach der Ratifizierung durch alle 25 Mitgliedstaaten würde die Verfassung in Kraft treten. Nachdem zuerst in Frankreich (Mai 2005) und kurz darauf auch in den Niederlanden (Juni 2005) die Volksabstimmungen zur EU-Verfassung gescheitert waren, erklärte der englische Premierminister, dass Großbritannien bis auf weiteres kein Referendum durchführen würde. Die Verfassung war somit gescheitert, die Spitzen der Mitgliedstaaten einigten sich jedoch auf einen Folgevertrag. Dieser sollte die Inhalte der Verfassung aufnehmen, jedoch auf verfassungstypische Merkmale verzichten.

### i) Der Vertrag von Lissabon

Der Vertrag von Lissabon soll den Verfassungsvertrag ersetzen, er kleidet seine Ideen gleichsam in eine andere Form. Jedoch ist auch seine Umsetzung bisher nicht gelungen, in Irland wurde er in einer Volksabstimmung im Juni 2008 abgelehnt. Und auch in der Bundesrepublik unterzeichnete der Bundespräsident das Ausführungsgesetz aufgrund diverser Klagen gegen den Vertrag vor dem Bundesverfassungsgericht bisher nicht. Die Rechte des Europäischen Parlaments sind vom Vertrag nur insoweit berührt, als dass die Mitbestimmungsrechte auf fast alle Politikbereiche ausgeweitet worden sind. Im Vertrag werden aber unter anderem:

- die Grundrechtecharta für verbindlich erklärt, wenn sich auch einige Staaten Ausnahmen vorbehalten;
- ein diplomatischer Dienst der EU eingeführt. Ihr Leiter, der Hohe Vertreter für Außen- und Sicherheitspolitik wird zugleich Vizepräsident der Kommission und Vorsitzender des Außenministerrates;
- ab dem 1. November 2014 ein verändertes Abstimmungsverfahren im Rat eingeführt;
- Rat und Parlament entscheiden gleichberechtigt über Gesetzesvorhaben;
- das Instrument der Mitentscheidung des Europaparlaments wird bis auf wenige Ausnahmen zur Regel;
- das Europäische Parlament kann im Haushaltsaufstellungsverfahren nach einem Vermittlungsversuch den Rat mit einer Dreifünftel-Mehrheit überstimmen;
- tiefgreifende Ratsbeschlüsse zur Organisation der Union benötigen die Zustimmung des Parlaments;
- die Zusammensetzung des Parlaments wird erneut verändert (→ **siehe Abbildung 51 und 52**);
- das Parlament wählt den Kommissionspräsidenten.

Trotz dieser weitreichenden Reformen verbleiben zwei Lücken: „Das Europäische Parlament bekommt immer noch keine Kompetenz bei der Entscheidung über sein eigenes Wahlrecht und kein eigenes Initiativrecht bei der Gesetzgebung" (Piepenschneider 2008: 126). Der Weg zu einem vollwertigen Parlament lässt sich aber aus der bisherigen Entwicklung der einstigen Parlamentarischen Versammlung ablesen. Mittelfristig ist damit zu rechnen, dass sich das Europaparlament neben der Kommission und dem Rat als eigenständige Bürgervertretung herausbilden wird. Schon jetzt vertritt das Europaparlament nach dem indischen Parlament die meisten Wähler auf der Welt und genießt zudem deren Vertrauen. Nach dem im Juni 2008 veröffentlichten Eurobarometer vertrauen 52 Prozent der Befragten dem Parlament. Nur 27 Prozent vertrauen ihm ausdrücklich nicht. Zudem vertrauen die Befragten europäischen Institutionen eher als nationalen. Auch wenn die Deutschen mit nur 50 Prozent Vertrauen in das Europäische Parlament nur einen hinteren Platz unter den Staaten einnehmen, so ist dieses Umfrageergebnis doch beachtlich. Nimmt man die erfolgreiche Arbeit des Europäischen Parlaments in einem der komplexesten politischen

**ABBILDUNG 50 DAS SCHEMATISIERTE INSTITUTIONENGEFÜGE DER EU**

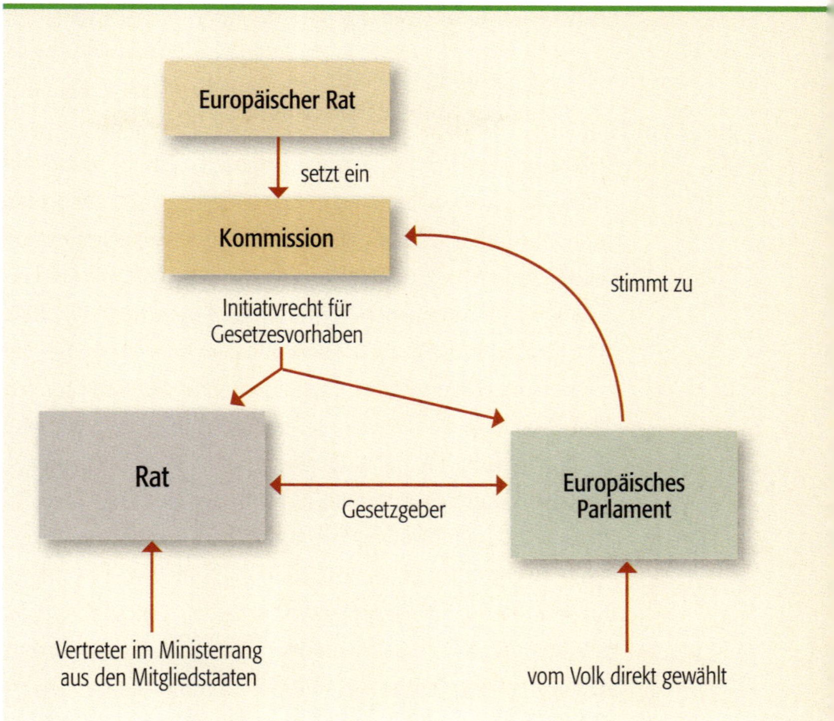


Quelle: Piepenschneider 2008: 119.

Systeme der gegenwärtigen Demokratien und seine multinationale Organisation dazu, so muss das Europaparlament als eine höchst erfolgreiche Institution gelten.

### 5.2.2 Regelungen der Bundesrepublik Deutschland

Wahlberechtigt sind laut Europawahlgesetz (EuWG) alle Deutschen, die zum Wahltermin das 18. Lebensjahr vollendet haben und sich seit mindestens drei Monaten im Bundesgebiet aufhalten. Zudem darf ihr Wahlrecht nicht aus gesundheitlichen Gründen oder durch einen Richterspruch eingeschränkt werden. Auch Deutsche, die nicht im Bundesgebiet oder im Gebiet der Europäischen Union leben, sind unter bestimmten Bedingungen dazu berechtigt, an der Wahl teilzunehmen. Sie müssen dafür bei der zuständigen Behörde einen Antrag stellen. EU-Bürger, die keine Deutschen im Sinne des Grundgesetzes sind, aber in der Bundesrepublik leben, können ebenfalls an der Wahl teilnehmen. Entweder wählen sie in ihrem Heimatland oder in der Bundesrepublik, eine Doppelwahl in beiden Ländern ist nicht zulässig. Das passive Wahlrecht besitzen alle Deutschen, die das 18. Lebensjahr vollendet haben und nicht vom Wahlrecht ausgeschlossen sind, sei es aus gesundheitlichen Gründen oder durch Richterspruch. Dieses Wahlrecht ist nicht abhängig vom Wohnort, auch im Ausland lebende Deutsche sind wählbar. Nichtdeutsche können gewählt werden, sofern sie Bürger der Europäischen Union und mindestens 18 Jahre alt sind sowie ihr passives Wahlrecht nicht in einem Mitgliedstaat der Union verloren haben.

Der Schwerpunkt der Wahlorganisation liegt bei den Kommunen und orientiert sich an den technischen Bestimmungen zur Kommunalwahl (siehe Kapitel 2.9).

## 5.3 Wahlen und Aufgaben des Europäischen Parlaments

### 5.3.1 Die Direktwahlen zum Europäischen Parlament

Das Europäische Parlament schlug im Sommer 1998 einheitliche Grundsätze für die Direktwahlen zum Europäischen Parlament vom 10. bis 13. Juni 1999 vor, die den Mitgliedstaaten einen gewissen Spielraum bei der Ausgestaltung lassen sollten. Dieser im Vertrag von Amsterdam geforderte Entwurf wurde den Regierungen zugeleitet. Diese konnten sich jedoch nicht rechtzeitig vor den Wahlen auf einen gemeinsamen Beschluss verständigen. Deshalb wurden auch diese Wahlen noch nach den jeweiligen nationalen Wahlverfahren durchgeführt. Zudem stießen die Forderungen des Europaparlaments bei den nationalen Parlamenten und Regierungen auf Widerstand (Korte 2005: 73f). Die Brüsseler Abgeordneten wollten Mitgliedstaaten mit mehr als 20 Millionen Einwohnern (damals Deutschland, Großbritannien, Frankreich, Italien, Spanien und Polen) dazu verpflichten, territoriale Wahlkreise einzurichten, um einen besseren Kontakt der Wähler zu ihren Abgeordneten zu gewährleisten. Kleineren Mitgliedstaaten sollte die Einrichtung von Wahlkreisen freigestellt werden. Außerdem forderten die Europa-Abgeordneten, dass 10 Prozent der Gesamtzahl der Sitze im EU-Parlament durch eine transnationale Liste ab 2009 zu besetzen seien. Der Deutsche Bundestag lehnte eine Verpflichtung zur Wahlkreiseinteilung mit der Begründung ab, Bürgernähe sei nicht von der Größe eines Mitgliedstaates abhängig. Auch die Idee einer transnationalen Liste stieß auf den Widerstand der deutschen Bundestagsabgeordneten: Transnationale Listen könnten das bereits bestehende Problem mangelhafter Repräsentativität des EU-Parlaments weiter verschärfen (Bundestags-Drucksache 14/685). Die Bundesregierung schloss sich den Einwänden des Bundestags an und konnte im Ministerrat entsprechende Änderungen an den Reformplänen durchsetzen.

Der Europäische Rat fasste im Juni 2002 jedoch auf Basis der Anregungen der EU-Parlamentarier den Beschluss, dass ab dem Jahr 2004 die Mitglieder des Europäischen Parlaments in allen

Mitgliedstaaten nach den Grundsätzen der Verhältniswahl gewählt werden sollen. Nach wie vor fehlt der Grundsatz der „gleichen Wahl" im Europawahlrecht, weil im Europäischen Parlament die Verteilung der Sitze an die einzelnen Mitgliedstaaten nicht deren Bevölkerungsgröße entspricht und daher das Gewicht der einzelnen Wählerstimmen sehr unterschiedlich ist (→ siehe Abbildung 51). Den Mitgliedstaaten wird das Recht eingeräumt, ihr Wahlgebiet in Wahlkreise oder Landeslisten einzuteilen. Das Prinzip der Verhältniswahl darf dadurch aber nicht angetastet werden, und eine Verpflichtung für die großen Staaten, wie vom Europaparlament gefordert, ist nicht vorgesehen. Damit bleibt die in Deutschland mögliche Wahl zwischen Bundes- und Landeslisten bestehen. Ob die europäischen Mitgliedstaaten eine Sperrklausel bei der Mandatsverteilung festlegen, bleibt ihnen selbst überlassen. Diese darf allerdings nicht über fünf Prozent der Stimmen liegen. Eine wichtige Veränderung im Europawahlrecht ist das Verbot von Doppelmandaten, die es den Abgeordneten ermöglichen, sowohl Mitglied eines nationalen Parlaments als auch Mitglied im Europäischen Parlament zu sein. Loyalitäts- sowie Interessenkonflikte sollen auf diese Art in Zukunft verhindert werden. Allerdings gab es seinerzeit noch zeitlich begrenzte Ausnahmeregelungen für Irland und Großbritannien.

**ABBILDUNG 51 ANZAHL DER EUROPAPARLAMENTSABGEORDNETEN DER MITGLIEDSTAATEN 2008**

| Staat | Abgeordnete | Bevölkerungszahl (Mio.) |
|---|---|---|
| Malta | 5 | 0,4 |
| Luxemburg | 6 | 0,47 |
| Zypern | 6 | 0,78 |
| Estland | 6 | 1,4 |
| Slowenien | 7 | 2,0 |
| Lettland | 9 | 2,4 |
| Irland | 13 | 3,7 |
| Litauen | 13 | 3,7 |
| Finnland | 14 | 5,2 |
| Dänemark | 14 | 5,3 |
| Slowakei | 14 | 5,4 |
| Bulgarien | 18 | 7,7 |
| Österreich | 18 | 8,1 |
| Schweden | 19 | 9,0 |

| Staat | Abgeordnete | Bevölkerungszahl (Mio.) |
|---|---|---|
| Portugal | 24 | 9,9 |
| Ungarn | 24 | 10,0 |
| Belgien | 24 | 10,2 |
| Tschechien | 24 | 10,3 |
| Griechenland | 24 | 10,6 |
| Niederlande | 27 | 15,8 |
| Rumänien | 35 | 26,8 |
| Polen | 54 | 38,6 |
| Spanien | 54 | 39,4 |
| Italien | 78 | 57,7 |
| Großbritannien | 78 | 59,8 |
| Frankreich | 78 | 62,1 |
| Deutschland | 99 (21 aus NRW) | 82,5 (18,0 in NRW) |
| Gesamt | 785 | 485,4 |

Quelle: Europäisches Parlament 2008.

ABBILDUNG 52 SITZVERTEILUNG IM EUROPÄISCHEN PARLAMENT NACH LÄNDERN (LEGISLATURPERIODE 2009-2014)

| Mitgliedstaaten | Ist-Stand nach Nizza bis 2009 | Nach Nizza ab 2009 | Nach Lissabon ab 2009 |
|---|---|---|---|
| Belgien | 24 | 22 | 22 |
| Bulgarien | 18 | 17 | 18 |
| Dänemark | 14 | 13 | 13 |
| Deutschland | 99 | 99 | 96 |
| Estland | 6 | 6 | 6 |
| Finnland | 14 | 13 | 13 |
| Frankreich | 78 | 72 | 74 |
| Griechenland | 24 | 22 | 22 |
| Großbritannien | 78 | 72 | 73 |
| Irland | 13 | 12 | 12 |
| Italien | 78 | 72 | 72+1 |
| Lettland | 9 | 8 | 9 |
| Litauen | 13 | 12 | 12 |
| Luxemburg | 6 | 6 | 6 |
| Malta | 5 | 5 | 6 |
| Niederlande | 27 | 25 | 26 |
| Österreich | 18 | 17 | 19 |
| Polen | 54 | 50 | 51 |
| Portugal | 24 | 22 | 22 |
| Rumänien | 35 | 33 | 33 |
| Schweden | 19 | 18 | 20 |
| Slowakei | 14 | 13 | 13 |
| Slowenien | 7 | 7 | 8 |
| Spanien | 54 | 50 | 54 |
| Tschechische Republik | 24 | 22 | 22 |
| Ungarn | 24 | 22 | 22 |
| Zypern | 6 | 6 | 6 |
| **Insgesamt** | **785** | **736** | **750+1** |

Quelle: Piepenschneider 2008: 123.

### 5.3.2 Aufgaben des Europäischen Parlaments

Der Sitz des Europäischen Parlaments ist Straßburg. Dort treffen die Abgeordneten jeden Monat zu einer einwöchigen Plenarphase zusammen. Darüber hinaus finden zur Erleichterung der Kontakte zu Kommission und Ministerrat die Sitzungen der Ausschüsse während zwei Wochen im Monat in Brüssel statt. Die dritte Woche ist den Fraktionssitzungen und die vierte den Plenartagungen in Straßburg vorbehalten. Das Parlament hält aber auch zusätzliche Plenartagungen in Brüssel ab. Das Generalsekretariat des Parlaments, die Parlamentsverwaltung, hat seinen Sitz in Luxemburg. Sämtliche Debatten des Parlaments und seiner Ausschüsse werden in den 23 Amtssprachen der EU geführt und von Simultandolmetschern übertragen. Ebenso werden sämtliche Dokumente in alle 23 Sprachen der Gemeinschaft übersetzt.

#### Infobox [33] Amtssprachen der EU

Bǎlgarski - BG - Bulgarisch
Ceština - CS - Tschechisch
Dansk - DA - Dänisch
Deutsch - DE
Eesti - ET - Estnisch
Elinika - EL - Griechisch
English - EN - Englisch
Español - ES - Spanisch
Français - FR - Französisch
Gaeilge - GA - Irisch
Italiano - IT - Italienisch
Latviesu valoda - LV - Lettisch
Lietuviu kalba - LT - Litauisch
Magyar - HU - Ungarisch
Malti - MT - Maltesisch
Nederlands - NL - Niederländisch
Polski - PL – Polnisch
Português - PT - Portugiesisch
Română - RO - Rumänisch
Slovenčina - SK - Slowakisch
Slovenščina - SL - Slowenisch
Suomi - FI - Finnisch
Svenska - SV - Schwedisch



Ein wichtiger Teil der parlamentarischen Arbeit des Straßburger Parlaments läuft in den parlamentarischen Ausschüssen ab, welche die Arbeit und die Sitzungen des Plenums vorbereiten. Die Ausschüsse benennen für jedes Thema einen Abgeordneten zum Berichterstatter. Neben den Berichterstattungen zählen zum Arbeitskatalog des Plenums Fragestunden, Dringlichkeitsdebatten sowie Erklärungen von Kommission und Ministerrat zu aktuellen Fragen.

Der Präsident des Europäischen Parlaments wird von diesem für die Dauer von zweieinhalb Jahren gewählt. In der Regel stellen abwechselnd die beiden großen Fraktionen der EVP und SPE den Präsidenten. Er wird laut Geschäftsordnung des Europäischen Parlaments von 14 Vizepräsidenten bei der Wahrnehmung seiner Aufgaben unterstützt. Dies ist insbesondere die Organisation und Leitung des parlamentarischen Alltags. Außerdem werden erst mit seiner Unterschrift der Haushaltsplan sowie die im Verfahren der Mitentscheidung gestalteten Rechtsakte gültig. Die Fraktionen spiegeln die verschiedenen politischen Richtungen im Europäischen Parlament wider. In der Konferenz des Präsidiums des Europäischen Parlaments – das Parlament wird vom Präsidenten und den 14 Vizepräsidenten geleitet – sind auch die Fraktionen durch ihre Vorsitzenden vertreten. Zur Bildung einer Fraktion sind mindestens 19 Abgeordnete notwendig, wenigstens ein Fünftel der Mitgliedstaaten muss in einer Fraktion repräsentiert sein. Abbildung 53 gibt Aufschluss über die Zusammensetzung des Europäischen Parlaments nach der sechsten Direktwahl von 2004.

**ABBILDUNG 53 FRAKTIONEN IM EUROPÄISCHEN PARLAMENT 2008**

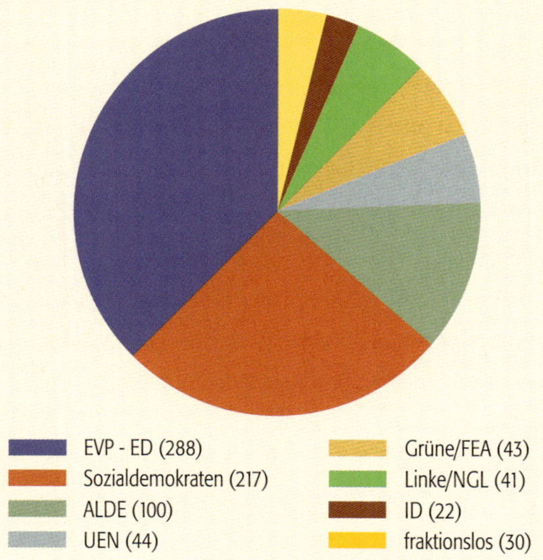


Anzahl der Sitze. © Wochenschau Verlag. Quelle: Fraktionen im Europäischen Parlament 2008

Die deutschen Parteien CDU/CSU, SPD und FDP bilden jeweils auf der Basis europäischer Parteienzusammenschlüsse mit anderen Parteien aus den verschiedenen EU-Staaten eine Fraktion. Die Linke und die Grünen haben sich ebenfalls mit politisch ähnlich verorteten Parteien aus den anderen Staaten zu einer Fraktion zusammengeschlossen. Abbildung 54 gibt Aufschluss über die Zugehörigkeit der deutschen Parteien zur jeweiligen Fraktion im Europäischen Parlament.

Da die Entscheidungen im Parlament mit absoluter Mehrheit getroffen werden, müssen die Fraktionen bei der Erfüllung ihrer Aufgaben zusammenarbeiten. Gerade um sich auch gegenüber den anderen Institutionen der EU Gehör zu verschaffen, ist das Parlament auf die Kooperation der verschiedenen Gruppierungen angewiesen. Eine Kooperation findet aber vor allem zwischen der EVP und der SPE statt, da alle anderen denkbaren Mehrheitskonstellationen entweder zu unsicher oder politisch schwer zu realisieren sind. Vor allem deshalb wird das Parlament häufig als ein geschlossener Akteur wahrgenommen (Maurer 2005b).

Mit der Politikgestaltungsfunktion, der Systemgestaltungsfunktion und der Interaktionsfunktion lässt sich für das Europäische Parlament ein dreifacher Funktionenkatalog definieren (Korte 2005: 68ff):

- Die **Politikgestaltungsfunktion** beinhaltet jene Aktivitäten und Maßnahmen des Europäischen Parlaments, die auf eine Beeinflussung der vorhandenen EU-Politiken durch Initiativen, Mitwirkung bei der Rechtsetzung oder durch Kontrollen zielen. Dabei greift das Parlament auf sein Fragerecht gegenüber den anderen Institutionen der EU und die Arbeit der Kontroll- und Untersuchungsausschüsse zurück. Die Aufdeckung eines Korruptionsskandals, der 1999 zum Rücktritt der Europäischen Kommission führte, zeigt, wie wichtig diese Kontrollfunktion ist. Der Rücktritt verhinderte die Anwendung des schärfsten Instruments des Europäischen Parlaments gegenüber der Kommission – das Misstrauensvotum. Besonders hervorzuheben ist die nötige Zustimmung des Parlaments zum Gesamthaushalt der Union, zu Beitritts- und Assoziationsabkommen sowie zu internationalen Abkommen der EU.
- Die **Systemgestaltungsfunktion** umfasst den Beitrag des Europäischen Parlaments zu Veränderungen der Entscheidungsverfahren innerhalb der EU-Institutionen sowie der Zuständigkeitsverteilung zwischen diesen und den 27 Mitgliedstaaten. So veröffentlicht das Parlament zu den Regierungskonferenzen, die über die Weiterentwicklung der EU entscheiden, einen eigenen Vertragsentwurf und versucht dadurch, die Positionen der Regierungen im Rahmen der Verhandlungen zu beeinflussen. Zur Systemgestaltung kann aber auch die Wahlfunktion des Parlaments gerechnet werden, es muss sowohl der Person des Kommissionspräsidenten wie auch der gesamten Kommission seine Zustimmung erteilen. Zuvor können die Kommissaranwärter in den Ausschüssen auf ihre fachliche Eignung hin befragt werden.

**ABBILDUNG 54 FRAKTIONEN IM EUROPÄISCHEN PARLAMENT 2008 – DEUTSCHE ABGEORDNETE**

| Fraktion im EP | Abgeordnete insgesamt | Deutsche Abgeordnete |
|---|---|---|
| Fraktion der Europäischen Volkspartei (Christdemokraten) – Europäische Demokraten | 288 | 49 (CDU und CSU) |
| Sozialdemokratische Fraktion im Europäischen Parlament | 218 | 23 (SPD) |
| Fraktion der Allianz der Liberalen und Demokraten für Europa | 100 | 7 (FDP) |
| Fraktion Union für das Europa der Nationen | 44 | – |
| Fraktion der Grünen/Freie Europäische Allianz | 43 | 13 (Bündnis 90/Die Grünen) |
| Konföderale Fraktion der Vereinigten Europäischen Linken/ Nordische Grüne Linke | 41 | 7 (Die Linke) |
| Fraktion Unabhängigkeit/Demokratie | 22 | – |

© Wochenschau Verlag. Quelle: Fraktionen im Europäischen Parlament 2008.



→ Die **Interaktionsfunktion** umfasst dagegen die Beziehungen zwischen den Parlamentariern und den Wählern in den Mitgliedstaaten der EU. Dazu zählen die Aufnahme und die Artikulation von Wählerinteressen, die Aggregation unterschiedlicher Positionen sowie die Mobilisierung der Bürger für Anliegen der Europäischen Union. Zudem tagen das Parlament und seine Ausschüsse in der Regel öffentlich, sämtliche Dokumente werden im Internet in allen Amtssprachen der Union veröffentlicht.

Während sich das Europäische Parlament in den beiden erstgenannten Funktionsbereichen mittlerweile ein eigenständiges Profil erarbeiten konnte und ein bedeutsames Maß an Durchsetzungsfähigkeit erlangte, konnte dies den Bürgerinnen und Bürgern bisher nur unzureichend vermittelt werden. Entsprechend schwach ausgeprägt ist deshalb die Interaktionsfunktion.

Dies findet nicht zuletzt in der geringen Beteiligung an den Wahlen zum Europäischen Parlament seinen Niederschlag. Außer in Staaten, in denen zumindest formell Wahlpflicht besteht (Belgien, Griechenland, Luxemburg, Zypern), liegt sie gemeinhin unter der bei nationalen Wahlen. Vergleicht man die Wahlbeteiligung in den Mitgliedstaaten seit 1979, so ist ein allmählicher Rückgang der Beteiligung bei der Wahl des Europäischen Parlaments zu beobachten (→ **siehe Abbildungen 59-61**). Ursache dafür sind eine fehlende europäische Öffentlichkeit, eine fehlende europäische Medienlandschaft und mangelhafte Beteiligungsmöglichkeiten der Bürgerinnen und Bürger am politischen Prozess. Dies sind aber Vorraussetzungen für die Entstehung einer europäischen Identität, erst durch sie würden sich alle Bürger sämtlicher Mitgliedstaaten als Europäer fühlen, mit den entsprechenden Auswirkungen auf das politische Geschehen der Union (Höller 2007).

Mit dem Abschluss des Maastrichter Vertrages, aber auch durch den Vertrag von Nizza, wurde das Europäische Parlament im Verhältnis zu Kommission und Ministerrat aufgewertet. Die Mitwirkung an der Gesetzgebung wurde gestärkt. Bei Bereichen wie Binnenmarkt, Forschung, Gesundheitswesen, Bildung und Kultur ist eine Einbindung des Europäischen Parlaments in die Arbeit von Rat und Kommission fixiert worden. Das Parlament hat bei Rechtsakten in diesen Politikfeldern Mitentscheidungskompe-

## ABBILDUNG 55 ÜBERSICHT ZEITPLAN EUROPAWAHL 7. JUNI 2009

| Zeitpunkt | Thema | Rechtsnorm |
|---|---|---|
| Frühesten zwölf Monate vor Beginn des Jahres, in dem die Europawahl stattfindet **1. Januar 2008** | Beginn der Nominierungsfrist für die Delegierten zu den Wahlparteitagen | § 10 (3) EuWG |
| Frühestens neun Monate vor Beginn des Jahres, in dem die Europawahl stattfindet **1. April 2008** | Beginn der Nominierungsfrist Kandidaten | § 10 (3) EuWG |
| Bis zum 68. Tag vor der Wahl, 18 Uhr **31. März 2009** | Spätester Zeitpunkt zum Einreichen der gemeinsamen Liste für alle Länder beim Bundeswahlleiter | § 11 (1) EuWG |
| Bis zum 66. Tag vor der Wahl, 18 Uhr **2. April 2009** | Spätester Zeitpunkt zum Einreichen von Vorschlägen für Landeslisten bei Landeswahlleiter | § 11 (1) EuWG |
| Am 58. Tag vor der Wahl **10. April 2009** | Entscheidung über die Zulassung der Listen, bei einer gemeinsamen Liste durch den Bundeswahlausschuss, sonst durch die Landeswahlausschüsse | § 14 (3) EuWG |
| Bis zum 54. Tag vor der Wahl **14. April 2009** | Widerspruchsmöglichkeit gegen die Entscheidung der Wahlausschüsse | § 14 (4) EuWG |
| Spätestens am 48. Tag vor der Wahl **20. April 2009** | Bekanntgabe der Listen durch den Bundeswahlleiter | § 14 (5) EuWG |
| Am 35. Tag vor der Wahl **3. Mai 2009** | Stichtag für die Eintragung aller wahlberechtigten Personen in das Wählerverzeichnis durch die zuständige Behörde | § 15 EuWO |
| Spätestens am 24. Tag vor der Wahl **14. Mai 2009** | Öffentliche Bekanntmachung des Wählerverzeichnisses | § 19 EuWO |
| Bis zum 21. Tag vor der Wahl **17. Mai 2009** | Stichtag für die Eintragung in das Wählerverzeichnis auf Antrag wahlberechigter Personen | § 17 EuWO |
| Bis zum 21. Tag vor der Wahl **17. Mai 2009** | Versendung von Wahlbenachrichtigungen | § 18 EuWO |
| Spätestens am 4. Tag vor der Wahl **3. Juni 2009** | Entscheidung über Beschwerden zum Wählerverzeichnis durch den Stadt-/Kreiswahlleiter | § 21 (5) EuWO |
| Spätestens am Tag vor der Wahl **6. Juni 2009** | Schließung des Wählerverzeichnisses | § 23 (1) EuWO |
| Erste Drittel des Junis des letzten Jahres der Wahlperiode zwischen einem Donnerstag und einem Sonntag **7. Juni 2009** | Tag der Europawahl | Artikel 9 und 10 des Aktes zur Einführung allgemeiner unmittelbarer Wahlen der Mitglieder des Europäischen Parlaments |
| Innerhalb einer Woche nach der Wahl | Abfrage über Annahme eines Mandates bei den Gewählten durch den Bundeswahlleiter | § 19 (1) EuWG |
| Eine Woche nach der Wahl | Der Bundeswahlleiter teilt das Wahlergebnis dem Bundestagspräsidenten mit, der dieses an den Präsidenten des Europäischen Parlaments weitergibt. | § 20 EuWG |
| **9. Juli 2009** | Konstituierende Sitzung des Europäischen Parlaments | Artikel 127 (2) GO EP, Artikel 10 des Direktwahlaktes |

© Wochenschau Verlag. Quellen: EuWG,EuWO, Beschluss und Akt zur Einführung allgemeiner unmittelbarer Wahlen der Abgeordneten des Europäischen Parlaments vom 20.09.1976, GO des EP.

tenzen erhalten. Allerdings sind nach wie vor die Kompetenzen des Europäischen Parlaments keineswegs mit denen etwa des Deutschen Bundestages vergleichbar. Vor allem fehlt ein eigenständiges Initiativrecht für Rechtsakte. Und auch die unterschiedlichen Wahlvorschriften, die Trennung zwischen Kommission und Parlament sowie das Fehlen den nationalen Parteien ähnlicher europäischer Parteien schwächen das Parlament unverhältnismäßig im Vergleich zu anderen Institutionen der Europäischen Union. Diese Schwäche könnte erst durch das Inkrafttreten des Vertrags von Lissabon behoben werden.

## 5.4 Kandidatenaufstellung

Die Kandidatenaufstellung geschieht in Deutschland auf zwei verschiedene Arten: Parteien, die eine Bundesliste aufstellen, wählen ihre Kandidaten für das Europäische Parlament auf Bundesdelegiertenkonferenzen. Da bisher nur die Unionsparteien mit eigenen Landeslisten antreten, werden hier die Kandidaten auf Landesdelegiertenkonferenzen gewählt. Zumeist werden eigene Europaparteitage veranstaltet, um die Bedeutung der Europäischen Ebene und der Europawahlen zu symbolisieren.

Eine Besonderheit ist bei der Aufstellung der Listen zu beachten: Es ist möglich, für einen Listenplatz einen Ersatzbewerber zu benennen. Scheidet also ein gewählter Abgeordneter aus dem Parlament aus, so zieht nicht der nächste Listenkandidat ein, der kein Mandat gewinnen konnte, sondern der zuvor bei einem Parteitag dazu bestimmte Ersatzbewerber. Nur wenn es eine solche Person nicht gibt, gilt die Nachrückerregelung über die Liste.

War es in der Vergangenheit noch üblich, verdiente Bundes- oder Landespolitiker als Vertreter nach Brüssel und Straßburg zu schicken, so hat sich diese Praxis inzwischen geändert. Mit der wachsenden Bedeutung des Europaparlaments wird es immer mehr zur Regel, fachlich geeignete Kandidaten auszuwählen, um einen optimalen Einfluss der jeweiligen Partei auf europäische Themen und Vorhaben zu garantieren. Teilweise kehrt sich der oben beschriebene Trend sogar um, inzwischen werden verdiente Europaparlamentarier nach Deutschland zurückgeholt. Dies geschah beispielsweise 2005 mit dem CDU-Abgeordneten Armin Laschet, der vom nordrhein-westfälischen Ministerpräsidenten zum Minister für Generationen, Familie, Frauen und Integration ernannt wurde.

Vor allem in den kleineren Parteien kommt es häufig vor, dass Politiker in ihrer Person die europäische Integration abbilden. Beispiele hierfür sind der Deutschfranzose Daniel Cohn-Bendit (Bündnis 90/Die Grünen) oder Alexander Alvaro (FDP, Deutschportugiese).

Für die Europawahl 2009 stehen einige nordrhein-westfälische Kandidaten fest: So will für die CDU z.B. Gisela Manderla nach Brüssel, stellvertretende Vorsitzende der Frauen Union NRW.

**ABBILDUNG 56 EUROPAABGEORDNETE AUS NRW NACH PARTEIEN SEIT 1979**

| | CDU | SPD | FDP | Grüne | REP |
|---|---|---|---|---|---|
| 1979 | 12 | 11 | 1 | – | – |
| 1984 | 12 | 10 | – | 1 | – |
| 1989 | 8 | 10 | 1 | 3 | 1 |
| 1994 | 10 | 11 | – | 3 | – |
| 1999 | 11 | 9 | – | 1 | – |
| 2004 | 10 | 6 | 3 | 2 | – |

© Wochenschau Verlag. Quelle: Landesamt für Datenverarbeitung und Statistik NRW 2008.

## Infobox [34] Europaabgeordnete aus Nordrhein-Westfalen 2004

| | | |
|---|---|---|
| **CDU** | | |
| Elmar Brok | Bielefeld | 1980 (erste Wahl) |
| Karl-Heinz Florenz | Neukirchen-Vluyn | 1989 |
| Ruth Hieronymi | Bonn | 1999 |
| Christoph W. Konrad | Bochum | 1994 |
| Klaus-Heiner Lehne | Düsseldorf | 1994 |
| Peter Liese | Meschede | 1994 |
| Markus Pieper | Lotte | 2004 |
| Horst Eckart Alwin Posdorf | Hagen | 2005 |
| Herbert Reul | Leichlingen | 2004 |
| Renate Sommer | Herne | 1999 |
| **SPD** | | |
| Klaus Hänsch | Erkrath | 1979 |
| Jutta Haug | Herten | 1994 |
| Helmut Kuhne | Bad Sassendorf | 1994 |
| Bernhard Rapkay | Dortmund | 1994 |
| Mechthild Rothe | Bad Lippspringe | 1984 |
| Martin Schulz | Würselen | 1994 |
| **Grüne** | | |
| Friedrich-Wilhelm Graefe zu Baringdorf | Spenge | 1984 |
| Frithjof Schmidt | Bochum | 2004 |
| **FDP** | | |
| Alexander Alvaro Pickart | Düsseldorf | 2004 |
| Silvana Koch-Mehrin | Köln | 2004 |
| Alexander Graf Lambsdorff | Bonn | 2004 |

 Quelle: Innenministerium NRW 2008.

Auch Axel Voss, Bonner CDU-Vorsitzender, kandidiert. Für die SPD bewirbt sich als Nachfolgerin des ehemaligen Präsidenten des Europäischen Parlaments Klaus Hänsch die Düsseldorfer Kommunalpolitikerin Petra Kammerevert für ein Europamandat. Auch die Mitarbeiterin des bisherigen Europaabgeordneten Helmut Kuhne und Vorsitzende des Unterbezirks Hochsauerlandkreis, Birgit Sippel, tritt für die Sozialdemokraten an.

Die Kandidatur des erfahrenen Europapolitikers Graefe zu Baringdorf scheiterte indes an der Zustimmung des Europaparteitages seiner Partei, der Grünen. Dafür tritt nun der Düsseldorfer Sven Giegold, bisher Mitglied des Attac-Koordinierungskreises, an. Die FDP nominierte wieder Alexander Graf Lambsdorff aus Bonn für ihre Europaliste.

## 5.5 Wahlkreiseinteilung

Bei der Wahl zum Europaparlament existieren in Deutschland keine Wahlkreise. Die Kandidaten können entweder über eine Bundes- oder eine Landesliste gewählt werden. Zur Wahl können sich laut Europawahlgesetz (EuWG) Parteien oder Vereinigungen stellen, die seit einer letzten Wahl ununterbrochen mit mindesten fünf Abgeordneten entweder im Europaparlament oder im Bundes- beziehungsweise Landtag vertreten waren. Ist dies nicht der Fall, müssen 4.000 Unterschriften für die Vorlage einer Bundesliste oder höchsten 2.000 Unterschriften für die Vorlage einer Landesliste beigebracht werden. Anstelle der 2.000 Unterschriften für eine Landesliste können auch ein Tausendstel der Unterschriften der bei der letzten Europawahl wahlberechtigten Einwohner eines Landes ausreichen.

Der Bundeswahlausschuss entscheidet über die Zulässigkeit der Bundeslisten, während die Landeswahlausschüsse über die jeweiligen Landeslisten entscheiden. 2004 durften 21 Parteien und Vereinigungen mit einer Bundesliste antreten, zwei mehr als 1999. Die CDU trat aufgrund ihrer Verbundenheit mit der CSU mit 15 Landeslisten an, die CSU stellte eine eigene Liste für den Freistaat Bayern auf, ebenso die Bayernpartei. Lediglich die sechs etablierten Parteien mussten keine Unterstützungsunterschriften vorlegen.

## 5.6 Wahlkampf

Dem Europawahlkampf fehlen diverse Merkmale, die sonst typisch für die Auseinandersetzung um Wählerstimmen sind. Daher gelten sie als Nebenwahlen.

So fehlt zum Beispiel teilweise der Aspekt der Personalisierung. Da aus den Europawahlen keine Regierung hervorgeht, spielen die Spitzenkandidaten allenfalls eine untergeordnete Rolle. Einige wenige Personen stechen aber besonders hervor, so der Nordrhein-Westfale Martin Schulz, Spitzenkandidat der SPD von 2004 und für 2009. Auch den Wählern fehlt die Motivation, sich mit den zur Wahl gestellten Politikern auseinanderzusetzen, zumal ihnen nur eine Stimme zur Verfügung steht: Mit dieser können sie lediglich Listen von Parteien wählen, nicht aber beispielsweise einen Wahlkreiskandidaten bestätigen. Die fiktiven Wahlkreise, um die sich ein Kandidat kümmert, sind extrem groß. Daraus folgt, dass auch TV-Duelle und andere Personalisierungsformate im Wahlkampf keine Rolle spielen.

Durch die mangelnde Medienaufmerksamkeit im Wahlkampf und den Charakter der Wahlen als so genannte Nebenwahlen spielen europäische Themen eine untergeordnete Rolle. Vor allem nationale Themen bestimmen den Wahlkampf, im besten Fall noch europäische Themen, die von nationalem Interesse sind. Länderübergreifende europäische Streitfragen lassen sich kaum finden. Dementsprechend gering ist das Interesse der Parteien, aktiv Themen zu setzen. Auch müssen sie wenig bis gar nicht auf plötzliche politische Geschehnisse reagieren.

Eine Europawahlkampagne hat also aufgrund der genannten Tatsachen mit drei Grundproblemen zu kämpfen (Niedermayer 2005: 40):

- Im Vergleich zu anderen Wahlen herrscht eine deutlich geringere Medienaufmerksamkeit,
- die Parteien sind nicht bereit, hohe Geldsummen für die Kampagnen aufzuwenden
- und Europapolitiker sind sowohl innerparteilich wie in der Öffentlichkeit weitgehend unbekannt.

Diese Probleme lassen sich aber entweder durch eine thematisch europäisch orientierte Wahlkampagne oder durch eine europäische Gesamtwahlkampfstrategie der einzelnen Parteien beheben. Letztere könnte von den vorhandenen europäischen Parteiorganisationen ausgehen.

### 5.6.1 Massenmedien und Wahlkampf

Gerade im Europawahlkampf kommt den Massenmedien eine besondere Bedeutung zu. Die im Vergleich zu Bundestagswahlen weniger aufwändigen Wahlkampagnen müssen den Wählerinnen und Wählern nahe gebracht werden. Zudem nominieren alle Parteien Spitzenkandidaten, um Inhalte auch medial besser transportieren zu können. Diese Spitzenkandidaten können zwar nach der Wahl für kein Regierungsamt kandidieren, da die Kommission nicht aus dem Parlament hervorgeht. Im Europaparlament jedoch haben insbesondere die deutschen Spitzenkandidaten hohe Funktionen erreicht. So amtiert Hans-Gert Pöttering (CDU) als Präsident des Parlaments, während Martin Schulz (SPD) Vorsitzender der sozialdemokratischen Fraktion ist.

Die Berichterstattung über die Europawahlen fällt von Land zu Land unterschiedlich aus. 1999 wurde in den letzten beiden Wochen vor der Wahl im deutschen Fernsehen beispielsweise kaum über die Wahlen oder europäische Personen berichtet

(Holtz-Bacha 2005b: 20). Der Grad der Berichterstattung ist umso höher, je eher europakritische Parteien in einem Land zur Wahl antreten, je kürzer ein Land Mitglied in der Union ist und je dominierender die Stellung öffentlich-rechtlicher Sender im Mediengefüge ist. Holtz-Bacha konstatiert für Europawahlen einen Teufelskreis: Da es sich um Nebenwahlen handelt, bei denen es „um nichts geht", reagieren die Parteien darauf mit einer eher schwachen Wahlkampagne, die aber wiederum zu wenig öffentlicher Aufmerksamkeit führt. So bestätigt sich erneut der Eindruck, es würde sich nur um eine Nebenwahl handeln. Dieser Eindruck verfestigt sich auch bei Betrachtung der Wahlkampagnen im Internet. Hier dominieren nationale, innenpolitische Themen, ein Europabezug wird kaum hergestellt (Schweitzer 2005: 141).

Da die Parteien aber selbst die mangelnde Berichterstattung als kritisch ansehen und infolgedessen auch auf die Ausstrahlung von Wahlwerbespots größtenteils verzichten, setzen sie einen Schwerpunkt auf Plakatkampagnen (Dillenburger/Holtz-Bacha/Lessinger 2005: 35, siehe Kapitel 5.6.2). Die wenigen Wahlwerbespots der Parteien wurden nur in der heißen Wahlkampfphase ausgestrahlt. Außer der SPD und der Union verzichteten alle anderen Parteien auf den Ankauf kostenpflichtiger Sendezeit bei den Privatsendern. Grundsätzlich waren die ausgestrahlten Spots, trotz der Personalisierungsstrategie einiger weniger Parteien, inhaltsorientiert. In allen war ein europäischer Bezug deutlich in den Hintergrund gerückt. Selbst auf klassische Zeitungsanzeigen wurde weitgehend verzichtet, als zu gering wurde ihre Reichweite und ihre Wirksamkeit bei zu hohen Kosten eingeschätzt (Lieske 2005: 118f).

Die Rolle der Massenmedien kann also als mangelhaft eingeschätzt werden. Allerdings bedingen sich das Verhalten der Parteien, das daraus folgende geringe Interesse der Bevölkerung und das Verhalten der Medien gegenseitig. Letztendlich liegt es in der Verantwortung der Politik, die Akzeptanz der Wähler für die europäische Ebene zu erhöhen. Bei Attraktivitätssteigerung, Europäisierung und Intensivierung der Wahlkampagnen kann von einem Anstieg der medialen Berichterstattung ausgegangen werden.

ABBILDUNG 57 DIE WICHTIGKEIT VON WAHLEN

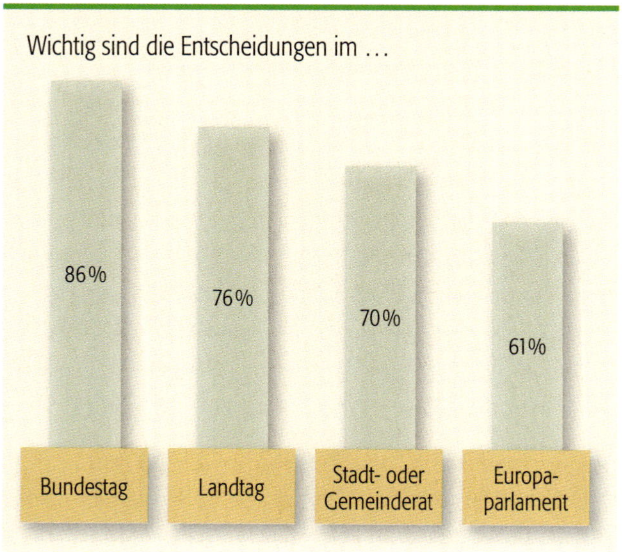


Quelle: Korte 2005: 84.

### 5.6.2 Die Parteien im Europawahlkampf 2004

Im Folgenden wird der Wahlkampf der etablierten Parteien hinsichtlich Organisation, Personal, Themen und Kampagne beleuchtet (Niedermayer 2005):

**SPD**

*Organisation*

Die SPD richtete im Willy-Brandt-Haus eine Kampa ein, in der rund 50 Mitarbeiter unter der Leitung des Bundesgeschäftsführers und des Generalsekretärs beschäftigt waren. Die Partei verfügte über einen Wahlkampfetat von 12,5 Millionen Euro. Wie bei allen anderen Parteien standen die Kommunalwahlkämpfe des Jahres 2004 deutlich im Vordergrund, ihnen wurde eine wesentlich größere Bedeutung als der Europawahl zugemessen.

*Personal*

Auf einem eigenen Europaparteitag im Vorfeld des Bundesparteitages kürte die SPD ihren nordrhein-westfälischen Spitzenkandidaten Martin Schulz, den jetzigen Fraktionsvorsitzenden der SPE-Fraktion, der die Bundesliste der SPD anführte. Allerdings verzichtete man auf eine Personalisierung des Wahlkampfs, weder der Spitzenkandidat noch die herausragenden Politiker der Bundespartei nahmen eine besondere Stellung ein.

*Themen*

Die SPD verabschiedete nur ein sehr kurzes Programm. Einen inhaltlichen Schwerpunkt setzte man auf die Friedens- und Außenpolitik in Anknüpfung an die Erfolge dieses Politikfeldes bei der letzten Bundestagswahl 2002. Weitere Themen waren das europäische Sozialmodell und die SPD als Europapartei. Geprägt war die gesamte Wahlkampfzeit allerdings durch innerparteiliche und innerkoalitionäre Streitigkeiten, so dass die gewählten Themen letztlich nicht in der erwünschten Form zu den Bürgern durchdrangen.

*Kampagne*

8.000 Großflächenplakate, Internetwerbung.

## CDU/CSU

*Organisation*

15 in der Bundesgeschäftsstelle der CDU zusätzlich beschäftigte Mitarbeiter führten den Wahlkampf durch, unter Leitung des Bundesgeschäftsführers und des Generalsekretärs, in regelmäßiger Abstimmung mit der Bundesvorsitzenden. Der bayerische Wahlkampf lag in der Verantwortung der CSU-Landesleitung. Das Wahlkampfbudget der CDU betrug 8 Millionen Euro, die CSU gab 3,5 Millionen Euro aus.

*Personal*

Spitzenkandidat der CDU/CSU wurde der damalige Fraktionsvorsitzende der EVP-Fraktion und jetzige Parlamentspräsident Hans-Gert Pöttering, der während des Wahlkampfes allerdings zunehmend von der engagierten Parteivorsitzenden Angela Merkel in den Hintergrund gedrängt wurde. Den ersten Platz der bayerischen Liste nahm Ingo Friedrich, einer der damaligen Vizepräsidenten des Europaparlaments, ein.

*Themen*

Die Unionsparteien legten ebenfalls recht kurze Programme vor. Der Schwerpunkt wurde deutlich auf eine national ausgerichtete Oppositionsstrategie gelegt, deren Ziel es war, die rot-grüne Bundesregierung und ihre Politik als schlecht und schädlich für Deutschland darzustellen. Ein besonderes Thema war der vieldiskutierte mögliche Beitritt der Türkei zur Europäischen Union, den die Christdemokraten deutlich ablehnten. Die CSU thematisierte daneben die Zahlungen der Bundesrepublik an die Europäische Union, die Situation der Landwirtschaft sowie die Folgen der Osterweiterung für Bayern (aufgrund der Landesgrenzen Bayerns mit osteuropäischen Ländern).

*Kampagne*

12.000 Großflächenplakate in drei Wellen, 150 Superposter mit Angela Merkel, 61 LKWs mit Negativ-Werbeaufdruck.

## Bündnis 90/Die Grünen

*Organisation*

Die Verantwortung für die Durchführung des Wahlkampfes lag bei der Bundesgeschäftsstelle, vor allem in den Bereichen Öffentlichkeits- und Pressearbeit. Geleitet wurde die Kampagne von der politischen Geschäftsführerin und dem Bundesvorstand. Der Partei standen 1,2 Millionen Euro zur Verfügung. Als vorteilhaft erwies sich, dass alle Wahlkampagnen des Jahres von einer Agentur durchgeführt wurden und sich so die Themen aller Ebenen in der Ausrichtung des Wahlkampfes verknüpfen ließen.

*Personal*

Spitzenkandidaten der Grünen wurden Rebecca Harms und Daniel Cohn-Bendit, die auf den vorderen Listenplätzen von einigen weiteren bekannten Politikern unterstützt wurden, wie dem ehemaligen Landesvorsitzenden der Grünen in Nordrhein-Westfalen, Frithjof Schmidt.

*Themen*

Während des Parteitages in Dresden verabschiedeten die Grünen ein umfangreiches Europawahlprogramm. Unter anderem forderten sie eine Beitrittsperspektive für die Türkei sowie eine Volksabstimmung über die europäische Verfassung.

*Kampagne*

Sowohl eine thematische wie auch eine personalisierte Plakatkampagne, außerdem Verwendung kreativer negative-campaining-Elemente. Die Kampagne war europaweit ausgelegt und wurde von der europäischen Grünen-Partei, die von ihrem deutschen Mitgliedsverband dominiert wird, gesteuert.

## FDP

*Organisation*

Die FDP verfügte über eine eigens eingerichtete Wahlkampfkommission mit bis zu 30 Mitgliedern unter der Leitung der Spitzenkandidatin, der Generalsekretärin und des Bundesgeschäftsführers. Es standen eine Million Euro zur Finanzierung der Kampagne zur Verfügung.

*Personal*

Schon früh hatte sich die Spitze der FDP geeinigt, als Spitzenkandidatin die in Brüssel lebende, junge Unternehmerin Silvana Koch-Mehrin zu nominieren, was auf dem Parteitag auch geschah. Diese wurde im Kampagnenverlauf als Plakatmotiv besonders hervorgehoben.

*Themen*

Der Programmentwurf einer entsprechenden Arbeitsgruppe wurde parteiintern breit diskutiert, bevor er, ebenfalls umfangreicher als bei den großen Parteien, auf einem Europatag verabschiedet wurde.

*Kampagne*

Neben einer Plakatkampagne war der direkte Kontakt zu den Wählern mittels Info-Ständen und Veranstaltungen ein zweiter Schwerpunkt der FDP.

## PDS

*Organisation*

Die in der Parteizentrale für Kommunikation und Wahlkämpfe zuständigen Abteilungen wurden um zehn Mitarbeiter aufgestockt und arbeiteten in enger Abstimmung mit dem Bundesvorstand. Es standen 3 Millionen Euro Wahlkampfmittel zur Verfügung.

*Personen*

Entgegen den Wünschen der Partei fand sich kein prominenter Politiker, der bereit war, sich als Spitzenkandidat nominieren zu lassen. An der Spitze der Liste stand schließlich die eher unbekannte Sylvia-Yvonne Kaufmann, die Vorsitzende der PDS-Gruppe im Europäischen Parlament, die schon seit 1994 die PDS im Europawahlkampf führt.

*Themen*

In der PDS konnte sich die pro-europäische Richtung durchsetzen, so dass der Vorstand dem Parteitag einen entsprechenden Programmvorschlag machen konnte. Dieser wurde intensiv diskutiert, bevor er, ebenfalls umfangreich, verabschiedet wurde.

*Kampagne*

Ein Drittel ihres Budgets investierte die Partei in die Plakatkampagne. Es wurden unter anderem 6.000 Großflächenplakate aufgestellt. Personalisierte Plakate wurden nur von einigen Kandidaten selbst produziert und geklebt.

### 5.6.3 Ausblick: Europawahl 2009

Das Wahlprogramm der EVP, der Europäischen Volkspartei, zu der auch die deutsche CDU gehört, wird erst im April 2009 abschließend festgelegt. Aufgrund einiger inhaltlicher Differenzen der 74 Mitgliedsparteien scheint eine Konkretisierung des Programms und eine europaweite Bündelung der immer noch national geführten Wahlkämpfe schwierig zu werden (Seeger/Kreilinger 2008). Konsens besteht bisher lediglich über die politischen Prioritäten „Werte, Wachstum, Sicherheit und Solidarität" und über das Personal. So wird eine zweite Amtszeit des Kommissionspräsidenten José Manuel Barroso von allen EVP-Mitgliedsparteien unterstützt.

Die Sozialdemokratische Partei Europas, die SPE, verabschiedete ihr Wahlprogramm bereits am 1. Dezember 2008 in Madrid. Demnach fordern die Sozialdemokraten ein „neues Modell für Europa." Unter anderem sollen der Finanz- und Wirtschaftskrise mit einer stärkeren staatlichen Regulierung begegnet werden und neue Arbeitsplätze im Klimaschutz geschaffen werden. Es ist eine europaweite Bündelung der Wahlkämpfe durch gemeinsame Wahlslogans geplant.

Auch die EPG, die Europäische Grüne Partei, hat ihr Wahlprogramm bislang noch nicht verabschiedet, da es auch hier teilweise gravierende programmatische Unterschiede zwischen den Mitgliedsparteien gibt. Kernthemen bleiben aber Umwelt- und Klimaschutz. Die ELDE, die Europäischen Liberalen, treten derweil mit klar liberalen Themen wie dem Schutz der Bürgerrechte, sowie mehr Wachstum und Beschäftigung an. Die Europäische Linke hat zwar ebenfalls bereits ein Wahlprogramm verabschiedet, hier werden sich die nationalen Wahlkämpfe aber auch deutlich voneinander unterscheiden (Seeger/Kreilinger 2008).

Eine besondere Rolle im Wahlkampf, wenn auch nicht so stark in Deutschland, werden die europaskeptischen und europafeindlichen Parteien einnehmen, die eindeutig gegen die europäische Integration Position beziehen. Unterscheiden muss man sie von der rechts- bzw. nationalkonservativen Gruppierung „Union für das Europa der Nationen" und den extremen Rechtsparteien. Zwar ist deren Fraktion „Identität – Tradition – Souveränität (IST)" mittlerweile zerbrochen, es ist aber bereits die Neugründung einer „Europäischen Patriotischen Partei" geplant. Ob diese noch bis zum Wahltag gelingt, ist jedoch weiter offen.

Erstmals zur Wahl stellen werden sich auch die transnationalen Bewegungen Newropeans und Libertas: Die Newropeans fordern eine Demokratisierung und Neukonzeption der Europäischen Union, wollen also vor allem das Demokratiedefizit der EU beheben. Dagegen entstand die Libertas-Bewegung vor allem aus Ablehnung des Referendums über den Vertrag von Lissabon in Irland.

Generell wird 2009 mit einem deutlich europäischeren Wahlkampf als noch 2004 gerechnet (Seeger/Kreilinger 2008). Dennoch wird sich die Europa-Dimension des Wahlkampfes von Land zu Land stark unterscheiden: Während kleinere Länder aufgrund von besonderen, nationalen Begebenheiten wie dem Referendum in Irland oder der aktuellen Ratspräsidentschaft in Tschechien das Potenzial besitzen, einen wirklich ordinär europäischen Wahlkampf zu erleben, bleibt es in den großen Mitgliedstaaten wie Frankreich, Deutschland oder Großbritannien eher dabei, dass Europawahlen in erster Linie Abstimmungen über die nationale Regierung sind. Gerade in Deutschland, wo wenige Monate später eine Bundestagswahl ansteht, ist dieses Szenario wohl besonders wahrscheinlich.

## 5.7 Wahltermin

Die Europawahl findet laut dem Direktwahlakt von 1976 grundsätzlich im Juni des letzten Jahres der Wahlperiode statt, und zwar in einem Zeitraum, der der ersten Europawahl 1979 entspricht. Dies ist das erste Drittel des Juni. Die Wahl soll zwischen einem Donnerstag und einem Sonntag stattfinden, da nicht in allen Ländern die gleichen Wahltraditionen gültig sind, Großbritannien und die Niederlande wählen beispielsweise traditionell donnerstags.

Voraussichtlich wird in Deutschland am 7. Juni 2009 gewählt, allerdings kann der Rat nach Anhörung des Parlaments diesen Termin mit einem einstimmigen Beschluss auch verschieben. Dies ist bisher zweimal geschehen und hatte nur die Auswirkung, dass beide Wahlen um jeweils eine Woche verschoben wurden.

In vielen Bundesländern werden die Europawahlen gemeinsam mit den Kommunalwahlen durchgeführt. Dies vereinfacht nicht nur die Wahlorganisation, sondern erspart auch Kosten und führt zu einer erhöhten Wahlbeteiligung (→ **siehe Abbildung 73**). Auch in Nordrhein-Westfalen wurde im Juni 2008 die Zusammenlegung der beiden Wahlen für 2009 beschlossen, die dann aber vom Landesverfassungsgericht verboten wurde (mehr dazu siehe Kapitel 2.8)

## 5.8 Wahlhandlung

Die zugelassenen Wahlvorschläge sind gemäß Europawahlordnung (EuWO) unter Angabe des Namens der Bewerber und ihrer Parteizugehörigkeit auf dem amtlichen Stimmzettel aufzuführen. Genau wie bei der Bundestagswahl geben die Wählerinnen und Wähler ihre einzige Stimme entweder persönlich in ihrem Wahllokal oder per Briefwahl ab. Im Wahllokal ist die Verwendung von Wahlgeräten möglich, allerdings ist wie bei allen Wahlen sicherzustellen, dass sie frei und geheim ablaufen (→ **siehe Infobox 12**). Wie bei allen Wahlen steigt auch bei Europawahlen der Anteil der Briefwähler an. 2004 betrug ihr Anteil 17,7 Prozent gegenüber 11 Prozent bei der ersten Direktwahl des Parlaments.

ABBILDUNG 58 GLIEDERUNG DER WAHLORGANE EUROPAWAHL

| Wahlorgan | Gebiet | Aufgabe |
|---|---|---|
| Bundeswahlausschuss und Bundeswahlleiter (jeweiliger Präsident des Statistischen Bundesamtes) | Bundesrepublik | Der Bundeswahlausschuss stellt fest, wie viele Stimmen für die einzelnen Wahlvorschläge insgesamt abgegeben worden sind, wie viele Sitze auf die einzelnen Wahlvorschläge entfallen und welche Bewerber gewählt sind. |
| Landeswahlleiter und Landeswahlausschuss | Bundesland | Feststellung, wie viele Stimmen in den Ländern für die einzelnen Wahlvorschläge abgegeben worden sind. |
| Kreiswahlleiter und Kreiswahlausschuss | Kreise (beziehungsweise Städte) | Nachprüfung und Feststellung der Wahlvorstände, Feststellung der Stimmenzahl pro Wahlvorschlag. |
| Wahlvorsteher und Wahlvorstand | Wahlbezirk | Feststellung, wie viele Stimmen im Wahlbezirk auf die einzelnen Wahlvorschläge abgegeben worden sind. |

© Wochenschau Verlag. Quelle: EuWG.

## 5.9 Feststellung des Wahlergebnisses

Bei Europawahlen sind die jeweiligen nationalen Institutionen für die Feststellung des Wahlergebnisses zuständig. In Deutschland sind dies die Kreis-, Landes- und der Bundeswahlleiter (siehe Kapitel 4.9). Der Bundeswahlleiter gibt sodann das endgültige Ergebnis der Europawahl an den Präsidenten des Deutschen Bundestages weiter, der den Präsidenten des Europäischen Parlaments benachrichtigt. Außerdem teilt der Bundeswahlleiter den gewählten Kandidaten ihren Erfolg mit und befragt sie über die Annahme des Mandats. Nehmen sie ihre Wahl an, werden sie zur konstituierenden Sitzung des Europaparlaments nach Straßburg eingeladen.

## 5.10 Wahlverhalten

Europawahlen werden vor allem als Abstimmung über die Politik der aktuellen nationalen Regierung gesehen (Kornelius/Roth 2005: 94). Die Wahlergebnisse machten dies zumindest in Teilen deutlich. Zwar hatte die SPD schon 1999 an Stimmen verloren, im Vergleich zu 2004 wurde dieser Verlust aber noch einmal wesentlich deutlicher. Ursache für die Stimmenverluste war die innenpolitische Präsentation der SPD (Niedermayer 2005: 42). Der Rücktritt des Bundeskanzlers vom SPD-Parteivorsitz, der gravierende Mitgliederschwund und der Streit mit den Gewerkschaften über die Agenda 2010 seien hier nur beispielhaft erwähnt. Mit 21,5 Prozent erreichte die SPD ein historisch schlechtes Ergebnis. Auch die Union verlor an Stimmen, mit 44,5 Prozent wurde ihr Vorsprung vor der SPD aber besonders deutlich. Die Grünen erzielten mit 11,9 Prozent das bisher beste Europawahlergebnis ihrer Geschichte. Sie waren damit vom Trend, bei Europawahlen die nationale Regierung abzustrafen, anders als ihr Koalitionspartner nicht betroffen. Auch der FDP gelang ein gutes Ergebnis (6,1 Prozent), sie zog wieder in das Europaparlament ein. Die PDS konnte auf niedrigem Niveau ihr Wahlergebnis um 0,3 Prozent auf 6,1 Prozent steigern.

Die Wahlbeteiligung bei der Europawahl in Deutschland 2004 lag bei 43 Prozent und ist damit die bisher niedrigste seit der ersten Direktwahl 1979. Jedoch ist dies kein rein deutsches Phänomen. In der Europäischen Union lag die Wahlbeteiligung bei nur 45,5 Prozent und ist damit gegenüber 1999 weiter zurückgegangen. Vor allem in den neuen Mitgliedstaaten war die Wahlbeteiligung äußerst niedrig. In der Slowakei lag sie sogar bei nur 16,7 Prozent, während in Ländern mit höherer Wahlbeteiligung wie Belgien oder Luxemburg entweder Wahlpflicht herrscht oder gleichzeitig Wahlen zum nationalen Parlament stattfanden.

**ABBILDUNG 59 WAHLBETEILIGUNG BEI EUROPAWAHLEN IN DEN MITGLIEDSTAATEN DER EU SEIT 1979**

| Mitgliedstaaten | 1979 | 1984 | 1987 | 1989 | 1994 | 1995 | 1996 | 1999 | 2004 |
|---|---|---|---|---|---|---|---|---|---|
| Deutschland | 65.7 | 56.8 | | 62.3 | 60 | | | 45.2 | 43 |
| Frankreich | 60.7 | 56.7 | | 48.7 | 52.7 | | | 46.8 | 42.75 |
| Belgien | 91.4 | 92.2 | | 90.7 | 90.7 | | | 91 | 90.81 |
| Italien | 84.9 | 83.4 | | 81.5 | 74.8 | | | 70.8 | 73.1 |
| Luxemburg | 88.9 | 88.8 | | 87.4 | 88.5 | | | 87.3 | 90 |
| Niederlande | 57.8 | 50.6 | | 47.2 | 35.6 | | | 30 | 39.3 |
| Großbritannien | 32.2 | 32.6 | | 36.2 | 36.4 | | | 24 | 38.9 |
| Irland | 63.6 | 47.6 | | 68.3 | 44 | | | 50.2 | 59.7 |
| Dänemark | 47,8 | 52.4 | | 46.2 | 52.9 | | | 50.5 | 47.9 |
| Griechenland | | 77.2 | | 79.9 | 71.2 | | | 75.3 | 63.4 |
| Spanien | | | 68.9 | 54.6 | 59.1 | | | 63 | 45.1 |
| Portugal | | | 72.4 | 51.2 | 35.5 | | | 40 | 38.79 |
| Schweden | | | | | | 41.6 | | 38.8 | 37.8 |
| Österreich | | | | | | | 67.7 | 49.4 | 42.43 |
| Finnland | | | | | | | 60.3 | 31.4 | 41.1 |
| Tschechische Republik | | | | | | | | | 28.3 |
| Estland | | | | | | | | | 26.89 |
| Zypern | | | | | | | | | 71.19 |
| Litauen | | | | | | | | | 41.34 |
| Lettland | | | | | | | | | 48.38 |
| Ungarn | | | | | | | | | 38.5 |
| Malta | | | | | | | | | 82.37 |
| Polen | | | | | | | | | 20.87 |
| Slowenien | | | | | | | | | 28.3 |
| Slowakei | | | | | | | | | 16.96 |
| **EU-Durchschnitt** | **63** | **61** | **–** | **58.5** | **56.8** | **–** | **–** | **49.8** | **45.6** |

Angaben in Prozent

Quelle: Europäisches Parlament 2008.

Die Abbildung 59 zeigt, dass die Wahlbeteiligung bei Europawahlen in Deutschland dann deutlich höher liegt, wenn zeitgleich Landtags- oder Kommunalwahlen stattfinden. Die durchschnittliche Wahlbeteiligung erhöht sich in solchen Fällen um circa 14 Prozent (1999 und 2004). Für die in Kapitel 4.8 und 5.12 dargestellte Diskussion um die Zusammenlegung der Kommunal- mit der Europawahl in Nordrhein-Westfalen ist dies von Bedeutung. Entgegen der Tatsache, dass die Wahlbeteiligung in Nordrhein-Westfalen bei Bundestagswahlen um ein Prozent über dem Bundesdurchschnitt liegt (siehe Kapitel 4.11), lässt sich solches bei Europawahlen nicht feststellen. Die durchschnittliche Wahlbeteiligung im Bund liegt bei 55,5 Prozent, in Nordrhein-Westfalen bei 55,6 Prozent. Nach den Bundestags-, Landtags- und Kommunalwahlen nimmt die Europawahl hinsichtlich der Wahlbeteiligung nur die vierte Stelle ein.

**ABBILDUNG 60 WAHLBETEILIGUNG BEI EUROPAWAHLEN IN DEN BUNDESLÄNDERN (IN PROZENT)**

| Länder | 2004 | 1999 | 1994 | 1989 | 1984 | 1979 |
|---|---|---|---|---|---|---|
| Schleswig-Holstein | 36,4 | 38,7 | 51,3 | 58,4 | 57,5 | 65,6 |
| Hamburg | 34,9 | 37,0 | 51,7 | 56,5 | 58,4 | 66,4 |
| Niedersachsen | 40,1 | 44,2 | 52,7 | 63,2 | 61,0 | 70,0 |
| Bremen | 37,3 | 43,8 | 52,7 | 58,7 | 55,1 | 66,3 |
| Nordrhein-Westfalen | 41,1 | 43,8 | 59,5 | 62,3 | 59,4 | 67,4 |
| Hessen | 37,8 | 42,1 | 56,4 | 60,2 | 58,9 | 66,5 |
| Rheinland-Pfalz | 58,3[1] | 63,8[1] | 74,3[1] | 77,2 | 76,3 | 78,1 |
| Baden-Württemberg | 53,1[1] | 40,6 | 66,4[1] | 58,4 | 48,2 | 59,2 |
| Bayern | 39,7 | 44,8 | 56,4 | 61,1 | 46,2 | 58,9 |
| Saarland | 57,2[1] | 60,5[1] | 74,1[1] | 78,9 | 78,4 | 81,1 |
| Berlin | 38,6 | 39,9 | 53,6 | | | |
| Brandenburg | 26,9 | 30,0 | 41,5 | | | |
| Mecklenburg-Vorpommern | 45,1[1] | 50,8[1] | 65,8[1] | | | |
| Sachsen | 46,1[1] | 53,6[1] | 70,2[1] | | | |
| Sachsen-Anhalt | 42,0[1] | 49,5[1] | 66,1[1] | | | |
| Thüringen | 53,7[2] | 58,1[1] | 71,9[1] | | | |
| **Deutschland** | **43,0** | **45,2** | **60,0** | **62,3[3]** | **56,8[3]** | **65,7[3]** |

[1] Gleichzeitig landesweite Kommunalwahl. [2] Gleichzeitig Landtagswahl. [3] Früheres Bundesgebiet ohne Berlin.

 Quelle: Der Bundeswahlleiter 2008.

Die Wahlbeteiligung in Nordrhein-Westfalen unterscheidet sich also grundsätzlich nicht von der Wahlbeteiligung auf Bundesebene. Beide gingen stark zurück und lagen bei der letzten Europawahl 2004 auf dem niedrigsten Stand seit Einführung der Direktwahlen zum Europäischen Parlament.

**ABBILDUNG 61 WAHLERGEBNISSE UND WAHLBETEILIGUNG BEI EUROPAWAHLEN IN NRW 1979-2004 (IN PROZENT)**

| Wahljahr | Wahlbeteiligung | SPD | CDU | Grüne | FDP | Sonstige |
|---|---|---|---|---|---|---|
| 1979 | 67,4 | 44,5 | 45,8 | 3,0 | 5,8 | 0,8 |
| 1984 | 59,4 | 41,7 | 42,8 | 8,0 | 4,2 | 3,2 |
| 1989 | 62,3 | 43,6 | 35,7 | 7,9 | 5,7 | 7,1 |
| 1994 | 59,5 | 40,1 | 37,0 | 11,2 | 4,3 | 4,7 |
| 1999 | 43,8 | 37,3 | 47,3 | 7,1 | 3,5 | 3,9 |
| 2004 | 41,1 | 25,7 | 44,9 | 12,6 | 7,5 | 9,3 |

Quelle: Europäisches Parlament 2008.

ABBILDUNG 62 WAHLBETEILIGUNG NACH ALTER BEI DEN EUROPAWAHLEN 1994-2004 IN NORDRHEIN-WESTFALEN

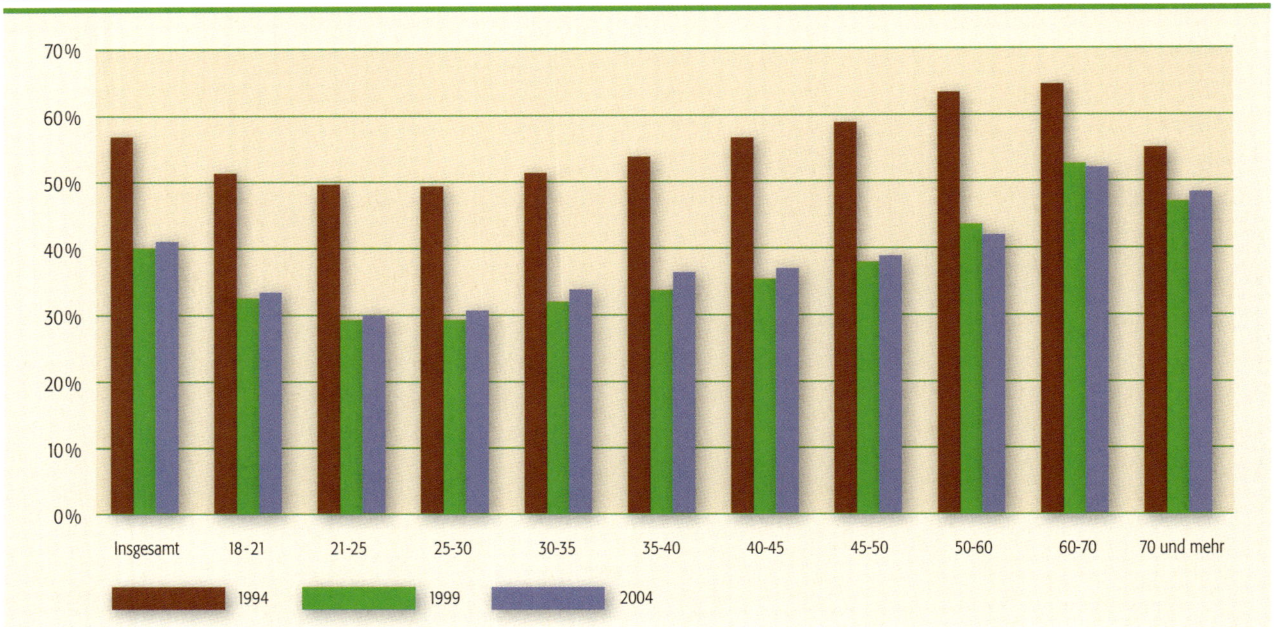


Quelle: Landesamt für Datenverarbeitung und Statistik Nordrhein-Westfalen 2004: 7.

Bezüglich der Wahlbeteiligung nach Alter lassen sich ähnliche Entwicklungen wie bei Bundestagswahlen feststellen (siehe Kapitel 4.11). Die Wahlbeteiligung nach Geschlecht lässt kaum Unterschiede erkennen: 41,3 Prozent bei den Männern gegenüber 41 Prozent bei den Frauen.

Die geringe Wahlbeteiligung ist Ausdruck des ausgeprägten Desinteresses der Bürger an den europäischen Institutionen, auch am Europäischen Parlament (Korte/Maurer 2001). In Umfragen über die Einschätzung der Wichtigkeit der Wahlen im Mehrebenensystem rangiert das Europäische Parlament an letzter Stelle (→ **siehe Abbildung 57**).

Doch nicht nur aufgrund des Desinteresses und der als gering eingeschätzten Wichtigkeit der Wahlen zum Europäischen Parlament ist die Wahlbeteiligung derart niedrig. Auch verschiedene andere Gründe sind ursächlich für diese Entwicklung (Schmitt 2005: 130ff; Kornelius/Roth 2005: 97ff):

- Die Gegner der Europäischen Integration nahmen zu 57 Prozent nicht an der Wahl teil.
- Bei der Europawahl wird die nationale Regierung vom Wähler abgestraft. Besonders deutlich verliert eine Regierung dann, wenn die Hälfte einer Legislaturperiode vorüber ist.
- Aus der Europawahl erfolgt keine Regierungsbildung, es wird niemand gewählt oder abgewählt.
- Nur ein Viertel der Wähler, die bei der Bundestagswahl 2002 der SPD ihre Stimme gaben, tat dies auch bei der Europawahl. Zwei Viertel nahmen nicht an der Wahl teil, ein Viertel wechselte die Partei. Ebenso konnten Union und Grüne ein Drittel ihrer Wählerschaft aus 2002 nicht mehr zur Wahlteilnahme bewegen.

## ABBILDUNG 63 WAHLERGEBNIS IN WEST- UND OSTDEUTSCHLAND BEI DEN EUROPAWAHLEN 1999 UND 2004

| | SPD | | CDU/CSU | | Grüne | | FDP | | PDS | | Sonstige | |
|---|---|---|---|---|---|---|---|---|---|---|---|---|
| | 1999 | 2004 | 1999 | 2004 | 1999 | 2004 | 1999 | 2004 | 1999 | 2004 | 1999 | 2004 |
| West | 32,6 | 22,9 | 50,7 | 46,9 | 7,4 | 13,2 | 3,3 | 6,4 | 1,3 | 1,7 | 4,8 | 9,4 |
| Ost | 23,6 | 15,6 | 40,6 | 34,2 | 2,9 | 6,6 | 2,2 | 4,7 | 23,0 | 25,2 | 7,7 | 14,1 |
| **Gesamt** | 30,7 | 21,5 | 48,7 | 44,5 | 6,4 | 11,9 | 3,0 | 6,1 | 5,8 | 6,1 | 5,4 | 9,8 |

Angaben in Prozent

 Quelle: Bundeswahlleiter 2008.

Schon bei der Untersuchung der Bundestagswahlergebnisse (siehe Kapitel 4.11) wurde ein geographisch unterschiedliches Wahlverhalten festgestellt. Auch bei den Europawahlen 2004 wurde eine Zweiteilung des Bundesgebietes deutlich.

→ Die Ergebnisse der großen Parteien fielen im Osten deutlich ab, die PDS etablierte sich gleichsam als dritte Volkspartei und überholte die SPD.

## ABBILDUNG 64 WAHLERFOLG DER PARTEIEN NACH ALTERSGRUPPEN BEI DEN EUROPAWAHLEN 2004[1]

| Alter von … bis unter … Jahren | Wahlberechtigte | Von 100 gültigen Stimmen[2] für die jeweilige Partei entfielen auf nebenstehende Altersgruppen | | | | | | | | |
|---|---|---|---|---|---|---|---|---|---|---|
| | | Wähler insgesamt | CDU/CSU | SPD | GRÜNE | PDS | FDP | Sonstige | darunter REP | darunter NPD |
| **insgesamt** | | | | | | | | | | |
| 18-25 | 8,9 | 6,7 | 5,7 | 6,2 | 9,7 | 5,5 | 9,1 | 9,0 | 8,3 | 20,2 |
| 25-35 | 13,4 | 10,3 | 9,4 | 7,8 | 15,5 | 7,9 | 15,3 | 13,6 | 14,4 | 19,3 |
| 35-45 | 20,2 | 19,3 | 16,6 | 16,1 | 32,6 | 16,6 | 20,9 | 24,3 | 25,3 | 21,8 |
| 45-60 | 24,4 | 25,3 | 23,6 | 25,2 | 29,6 | 29,7 | 25,2 | 24,6 | 25,7 | 20,1 |
| 60 und mehr | 33,2 | 38,4 | 44,7 | 44,8 | 12,6 | 40,3 | 29,5 | 28,5 | 26,3 | 18,6 |
| insgesamt | 100,0 | 100,0 | 100,0 | 100,0 | 100,0 | 100,0 | 100,0 | 100,0 | 100,0 | 100,0 |
| **Männer** | | | | | | | | | | |
| 18-25 | 9,3 | 7,2 | 6,3 | 6,4 | 10,0 | 5,5 | 9,9 | 9,7 | 8,0 | 21,4 |
| 25-35 | 14,1 | 11,0 | 10,2 | 8,1 | 16,2 | 8,1 | 16,2 | 14,2 | 16,1 | 20,6 |
| 35-45 | 21,4 | 20,0 | 17,9 | 17,0 | 32,4 | 16,9 | 21,4 | 24,3 | 26,3 | 20,9 |
| 45-60 | 25,3 | 25,7 | 24,3 | 25,7 | 29,6 | 30,0 | 25,3 | 24,9 | 26,3 | 19,1 |
| 60 und mehr | 29,9 | 36,2 | 41,3 | 42,8 | 11,8 | 39,5 | 27,3 | 26,9 | 24,3 | 17,9 |
| insgesamt | 100,0 | 100,0 | 100,0 | 100,0 | 100,0 | 100,0 | 100,0 | 100,0 | 100,0 | 100,0 |
| **Frauen** | | | | | | | | | | |
| 18-25 | 8,5 | 6,3 | 5,2 | 5,9 | 9,4 | 5,5 | 8,2 | 8,3 | 9,0 | 16,8 |
| 25-35 | 12,8 | 9,8 | 8,7 | 7,5 | 14,9 | 7,5 | 14,2 | 13,1 | 13,1 | 15,6 |
| 35-45 | 19,0 | 18,6 | 15,4 | 15,3 | 32,7 | 16,4 | 20,4 | 24,4 | 23,3 | 24,2 |
| 45-60 | 23,6 | 24,8 | 23,0 | 24,8 | 29,6 | 29,5 | 25,1 | 24,3 | 24,7 | 23,0 |
| 60 und mehr | 36,2 | 40,5 | 47,8 | 46,5 | 13,3 | 41,1 | 32,1 | 29,9 | 29,9 | 20,5 |
| insgesamt | 100,0 | 100,0 | 100,0 | 100,0 | 100,0 | 100,0 | 100,0 | 100,0 | 100,0 | 100,0 |

[1] Hochgerechnete Ergebnisse der Unterstichprobe; vorläufige Werte. [2] Ohne Stimmen der Briefwähler. Angaben in Prozent

Quelle: Namislo 2004: 17.

- Im Westen wurde die PDS nicht wahrgenommen, hier erzielten vor allem die Grünen, aber auch die FDP gute Ergebnisse.
- Die sonstigen Parteien waren im Osten überdurchschnittlich erfolgreich, was vor allem mit der dortigen Stärke der rechten Parteien zusammenhängt.

Die Volksparteien erzielten bessere Ergebnisse, je älter die Wähler waren. Bei den kleinen und sonstigen Parteien bestätigt sich die Annahme, dass sie vor allem von Männern gewählt wurden. Eine Ausnahme von dieser Regel stellten die Grünen dar.

- Die Unionsparteien konnten in allen Bildungsgruppen die Mehrheit gewinnen, tendenziell gewannen sie vor allem die

**ABBILDUNG 65 WAHLENTSCHEIDUNG IN DEN BILDUNGSGRUPPEN (EUROPAWAHL 2004)**

| | CDU/CSU | SPD | Grüne | PDS | FDP | Sonstige |
|---|---|---|---|---|---|---|
| Gesamt | 44,5 | 21,5 | 11,9 | 6,1 | 6,1 | 9,9 |
| Hauptschule | 52 | 26 | 4 | 5 | 5 | 10 |
| Mittlere Reife | 44 | 20 | 9 | 7 | 6 | 13 |
| Hochschulreife | 38 | 20 | 21 | 7 | 7 | 8 |
| Hochschule | 36 | 19 | 24 | 9 | 8 | 5 |
| Angaben in Prozent | | | | | | |

 Quelle: Kornelius/Roth 2005: 113.

**ABBILDUNG 66 WAHLENTSCHEIDUNG NACH BERUFSTÄTIGKEIT, BERUFSGRUPPEN UND GEWERKSCHAFTSZUGEHÖRIGKEIT (EUROPAWAHL 2004)**

| | CDU/CSU | SPD | Grüne | PDS | FDP | Sonstige |
|---|---|---|---|---|---|---|
| Gesamt | 44,5 | 21,5 | 11,9 | 6,1 | 6,1 | 9,9 |
| Berufstätig | 41 | 20 | 15 | 6 | 7 | 12 |
| Rentner | 54 | 24 | 4 | 7 | 5 | 6 |
| Arbeitslos | 28 | 20 | 15 | 17 | 4 | 17 |
| Ausbildung | 32 | 19 | 26 | 6 | 9 | 9 |
| Arbeiter | 45 | 23 | 6 | 8 | 4 | 13 |
| Angestellte | 41 | 23 | 14 | 6 | 6 | 10 |
| Beamte | 45 | 22 | 16 | 4 | 5 | 8 |
| Selbstständige | 52 | 13 | 15 | 3 | 11 | 6 |
| Landwirte | 70 | 8 | 3 | 9 | 5 | 5 |
| Gewerkschaft | 30 | 32 | 13 | 10 | 4 | 12 |
| Keine Gewerkschaft | 46 | 19 | 13 | 6 | 7 | 10 |
| Angaben in Prozent | | | | | | |

 Quelle: Kornelius/Roth 2005: 115.

Stimmen der Schichten mit niedrigerem Bildungsgrad. Letzteres galt ebenso für die SPD.

- Besonders stark waren die Grünen bei den Gruppen mit Hochschulreife beziehungsweise Hochschulabschluss, hier überholten sie die SPD. FDP und PDS konnten ebenfalls eher die Stimmen der Akademiker gewinnen.
- Bei den sonstigen Parteien wurde deutlich, dass ihr Wahlerfolg mit dem Stimmverhalten der niedrigeren Bildungsgruppen zusammenhängt.
- In allen dargestellten Gruppen konnte die Union die Mehrheit gewinnen, besonders deutlich bei Landwirten und Rentnern.
- Die SPD hingegen konnte sich nur knapp bei Gewerkschaftsmitgliedern behaupten, in allen anderen Gruppen gewann sie maximal ein Viertel der Stimmen.
- Die PDS war besonders bei den Arbeitslosen erfolgreich. Die Grünen erzielten hohe Werte bei Beamten, Angestellten und in Ausbildung befindlichen Personen, während die FDP bei Selbstständigen gut abschnitt, allerdings noch hinter den Grünen.

Abbildung 67 verdeutlicht den Stellenwert, den europäische Politik bei den Wählern einnimmt. Die Entscheidungen des Europäischen Parlaments spielen danach die geringste Rolle. Am wichtigsten sind für die Wähler die Entscheidungen des Bundestages. Hier wird erneut deutlich, weshalb den Parteien die Wählermobilisierung schwer fällt. Die Teilnahme an den Wahlen zum Europäischen Parlament hat für die Wähler nur eine geringe Bedeutung. Auch die Identifikation mit einer bestimmten Partei beziehungsweise ihren Zielen vermag die Wahlbeteiligung an der Europawahl nicht zu heben. Zu unwichtig erscheint den Wählern die Politik auf der europäischen Ebene.

Die Spitzenkandidaten der Volksparteien verfügten nicht über die Bekanntheit nationaler Spitzenpolitiker (Niedermayer 2005: 74). Martin Schulz (SPD) konnte zwar seinen Bekanntheitsgrad steigern, seit ihn der italienische Ministerpräsident Silvio Berlusconi im Jahr 2003 mit einem KZ-Aufseher verglich. Er ist jedoch nur einem Viertel der Wähler bekannt, Hans-Gert Pöttering (CDU) als Präsident des Europäischen Parlaments sogar nur einem Fünftel (Maier/Maier 2005: 124). Zudem kann die Nominierung von Spitzenkandidaten nicht darüber hinwegtäuschen,

ABBILDUNG 67 PERSÖNLICHE BEDEUTUNG VON PARLAMENTSENTSCHEIDUNGEN

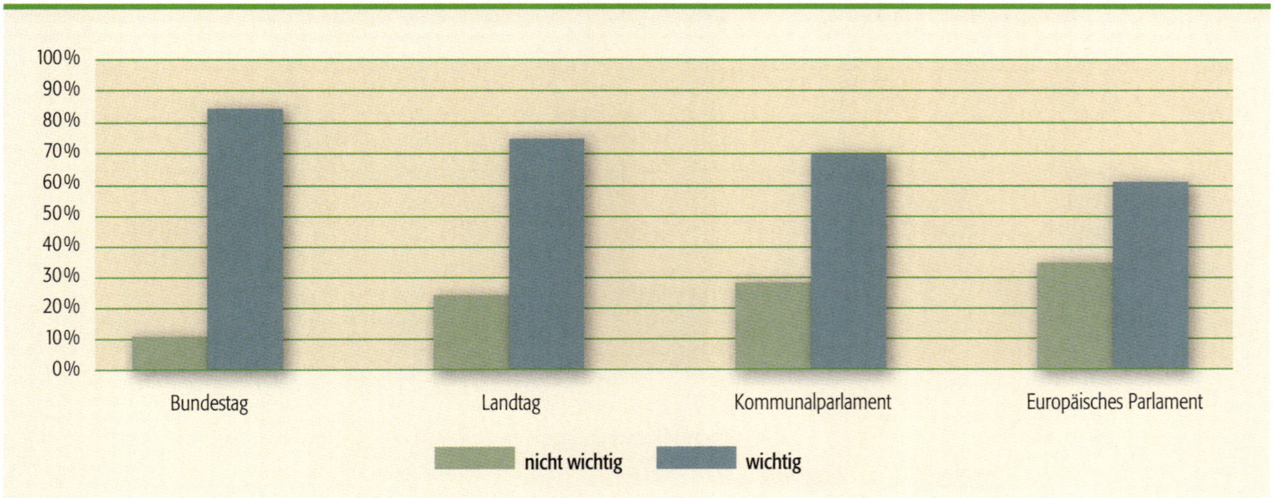


 Quelle: Forschungsgruppe Wahlen, Umfrage vor der Wahl 06/04.

**ABBILDUNG 68 WICHTIGE THEMEN BEI DER WAHLENTSCHEIDUNG 2004**

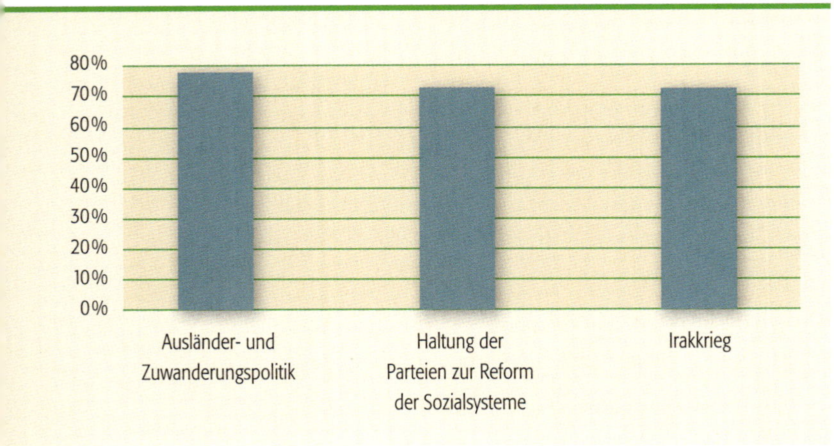


Quelle: Infratest Dimap Mai 2004.

dass aus der Wahl des Europäischen Parlaments keine Regierungsbildung erfolgt. Zu abstrakt sind die Funktionen des Europäischen Parlaments, als dass die Wahlbevölkerung daraus eine besondere Bindung zu ihren Volksvertretern aufbauen könnte. Hinzu kommt die extreme Größe der „Wahlkreise". Die im Vergleich zur Anzahl der Bundestagsabgeordneten geringe Zahl der Europaabgeordneten (21 aus Nordrhein-Westfalen) erschwert es sowohl den Abgeordneten wie auch den Kandidaten, eine personelle Komponente in den Wahlkampf einzubringen. Zu groß ist die von ihnen zu betreuende Fläche und zu zahlreich die dort lebenden Wähler.

Wichtigste politische Streitfrage war auch bei dieser Wahl der Komplex der Wirtschafts- und Sozialpolitik (siehe Kapitel 4.6.3), verbunden mit der die EU-Osterweiterung betreffenden Ausländer- und Zuwanderungspolitik (Schmitt 2005: 135ff). Da vor allem die Unionsparteien die Regierungspolitik heftig kritisierten, konnten sie im erstgenannten Bereich die Meinungsführerschaft behalten. Obwohl die SPD gerade auf diese Themen setzte, drang sie angesichts ihrer bundespolitischen Handlungen nicht positiv zu den Wählern durch. Die Haltung der SPD zum Irakkrieg, bei der Bundestagswahl 2002 noch wahlentscheidend, konnte die Wähler nicht ausreichend mobilisieren.

Die den Parteien zugeschriebene Problemlösungskompetenzen machen erneut deutlich, wie wichtig die Themenbereiche Wirtschafts- und Sozialpolitik für die Wähler sind. Der Union werden hier die höchsten Kompetenzen zugeschrieben. Auch im Bereich der Außenpolitik liegt sie noch knapp vor der SPD.

**ABBILDUNG 69 PROBLEMLÖSUNGSKOMPETENZEN DER PARTEIEN**

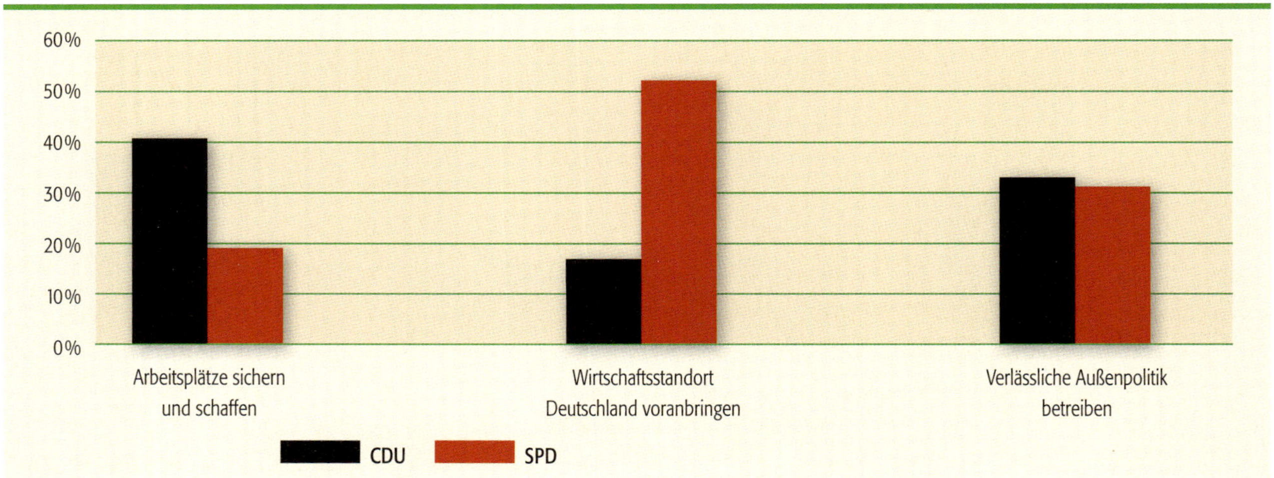


© Wochenschau Verlag. Quelle: Forschungsgruppe Wahlen, Umfrage vor der Wahl 06/04.

Europawahlen sind nicht generell mit Bundestagswahlen vergleichbar, zu unterschiedlich sind die Mobilisierungsmöglichkeiten der Parteien, was sowohl an der niedrigen Wahlbeteiligung, als auch der inhaltlichen und grundsätzlichen Ausrichtung der Europawahlen liegt (Kornelius/Roth 2006: 94ff).

Aus den Wahlergebnissen 2004 wird deutlich, wie sehr die Europawahlen als Nebenwahlen mit nationaler Dominanz eingeordnet werden können. Offensichtlich wird vor allem der Trend, sonstigen Parteien immer mehr Stimmen zu geben. Setzt sich dieser fort, ist der Einzug vor allem rechter Parteien in das Europaparlament nicht mehr unwahrscheinlich. Damit bringen die Wähler eine generelle Unzufriedenheit mit den etablierten Parteien zum Ausdruck.

Grundsätzlich hat die Europawahl in gewisser Weise den Veränderungen im Parteiensystem vorgegriffen, die sich nach der Bundestagswahl 2005 gezeigt haben. Einer schwachen SPD steht eine CDU gegenüber, die bei Wahlen keine 40 Prozent mehr erreicht. Drei kleine Parteien haben sich etabliert, die miteinander im Parteiensystem um den dritten Platz ringen und von der Schwäche der Volksparteien profitieren. Die PDS (die Linke) kann in Ostdeutschland als dritte Volkspartei Wahlerfolge erzielen, während die Grünen hier um jede Stimme kämpfen müssen.

## 5.11 Nordrhein-Westfalen und Europa

Schon bei der Gründung der EGKS befürchtete der zweite nordrhein-westfälische Ministerpräsident Karl Arnold einen schleichenden Kompetenzverlust der Länder zugunsten der europäischen Ebene (Grasl 2008: 318). Zum Ausgleich dieser Befürchtungen konnten die Länder zunächst durchsetzen, dass ein Länderbeobachter Mitglied der deutschen Ratsdelegation wird. Außerdem muss die Bundesregierung den Bundesrat über europapolitische Entwicklungen informieren. Des Weiteren gründete der Bundesrat noch vor dem Bundestag einen eigenen Ausschuss, der sich mit Fragen der Europäischen Union beschäftigt. Mit jedem neuen Vertrag erweiterten sich die Einflussmöglichkeiten der Länder, zuletzt konnten in Maastricht der Ausschuss der Regionen gegründet und das Subsidiaritätsprinzip im EU-Vertrag festgeschrieben werden.

Auch innerhalb der Bundesrepublik Deutschland konnten die Länder verschiedene Mitgestaltungsmöglichkeiten grundgesetzlich (Art. 23 GG) festschreiben lassen:

- die frühestmögliche Information durch die Bundesregierung in allen europapolitischen Angelegenheiten;
- die Beteiligung an der Willensbildung der Bundesrepublik in europapolitischen Fragen, die die Kompetenz der Länder betreffen;
- ein Ländervertreter kann Verhandlungsführer deutscher Delegationen auf europäischer Ebene werden, wenn über ausschließlich in der Länderkompetenz liegende Politikfelder verhandelt wird.

Die Föderalismusreform konkretisierte diese Regelungen nur in wenigen Punkten.

Viele Politikfelder, die ursprünglich in der Kompetenz der Länder gelegen haben, sind durch verschiedene Rechtsakte in die Kompetenz der Europäischen Union verlagert worden, beispielsweise die Umweltpolitik. Um diesen Verlust auszugleichen, bemühen sich die Länder frühzeitig und gemeinsam, auf die europäische Ebene Einfluss zu nehmen. Einflussnahme kann entweder individuell über die jeweiligen Landesvertretungen geschehen oder alle Länder verabreden eine gemeinsame Strategie, um eine institutionalisierte Teilnahme am europäischen Rechtsetzungsprozess zu erwerben (Grasl 2008: 311). Auch der Ausschuss der Regionen bietet Einflussmöglichkeiten (→ **siehe Infobox 35**).

Europapolitik der Länder ist aber Politik der Exekutive. Der Landtag spielt deshalb nur eine untergeordnete Rolle. Da aus ihm allerdings die Landesregierungen hervorgehen, entscheidet sich bei seiner Wahl auch die zukünftige Ausrichtung der Europapolitik des Landes. Nordrhein-Westfalen gründete bereits 1986 in

## Infobox [35] Der Ausschuss der Regionen (AdR)

**Als Vertretung der Kommunen und Regionen wurde im Vertrag von Maastricht die Schaffung eines Ausschusses der Regionen beschlossen, der 1994 seine Arbeit aufnahm und aktuell aus 344 Vertretern besteht. Er hat zwar nur beratende Funktion und nimmt zu Vorschlägen der Gemeinschaftsorgane Stellung, die kommunale und regionale Aufgabengebiete betreffen. Trotzdem bleiben seine Stellungnahmen, die in fünf jährlichen Sitzungen erarbeitet werden, nicht unbeachtet.**

**Der AdR wird von einem Präsidium geleitet, verfügt über ein Generalsekretariat, welches als Verwaltung fungiert, und erarbeitet seine Stellungnahmen in sieben Fachkommissionen (Ausschüssen). Abschließend beraten wird über sie im Plenum.**

**24 seiner Mitglieder – die Zahl richtet sich nach der Größe der Mitgliedsstaaten der EU, ist aber nicht repräsentativ für die Bevölkerungszahl – kommen aus Deutschland. Darunter befinden sich beispielsweise Bürgermeister, Ministerpräsidenten und Abgeordnete der Landtage. In der Bundesrepublik ist gesetzlich festgelegt, dass jedem Bundesland ein Sitz zusteht. Drei Sitze gehen an kommunale Vertreter, die restlichen fünf Sitze werden auf die Bundesländer mit der höchsten Bevölkerungszahl verteilt.**

**Nordrhein-Westfalen wird von Werner Heinrich Jostmeier (CDU) und Dietmar Brockes (FDP) vertreten, beides Mitglieder des Landtags. Zudem stammt einer der drei kommunalen Vertreter aus Nordrhein-Westfalen, nämlich Hans-Josef Vogel, Bürgermeister von Arnsberg.**



Brüssel eine eigene Landesvertretung. Diese ist nach der bayerischen die zweitgrößte und, folgt man der Einschätzung von Praktikern, die zweiteffektivste. Die Anbindung der Landesvertretungen an die Staatskanzleien zeigt einmal mehr nicht nur die Exekutivlastigkeit der Europapolitik der Länder, sondern auch die besondere Bedeutung, die ihr zugemessen wird. Deutlich wird dadurch auch die Abkehr vom institutionalisierten, gemeinsamen Weg der Länder hin zu einer individuelleren Einflussnahme auf der Europäischen Ebene, vertreten durch die Landesvertretungen als Lobbyorganisationen (Grasl 2008: 313). Gerade Nordrhein-Westfalen als wirtschafts- und finanzstarkes Land wird so in Zukunft seine eigenen Interessen immer öfter ohne Rücksicht auf die Belange der anderen Länder durchzusetzen versuchen.

Von Parlamenten geht trotz der Exekutivlastigkeit der Europapolitik im Land ein nicht zu unterschätzender Gestaltungswille aus. Deshalb ist die Ausgestaltung des Wahlrechts immer auch ein Mittel, Einfluss zu steigern. Dies äußerte sich im Jahr 2008 in Nordrhein-Westfalen mit der versuchten Zusammenlegung von Kommunal- und Europawahl (siehe Kapitel 2.8.) Die Landesregierung und die schwarz-gelbe Landtagskoalition argumentierten, dass die Zusammenlegung zweier Wahltermine nicht nur dem Land Kosten und den Bürgern Mühen ersparen würde. Es wurde auch darauf hingewiesen, dass sich so die niedrige Europawahlbeteiligung wenigstens auf das Beteiligungsniveau von Kommunalwahlen heben ließe.

Machtpolitisch stellte sich die Sachlage etwas anders dar. Die SPD-Opposition forderte eine einmalige Zusammenlegung der Kommunal- mit den Bundestagswahlen in 2009, was ihr aufgrund ihrer im Verhältnis zur CDU besseren Bundestagswahlergebnisse in Nordrhein-Westfalen möglicherweise kommunal zum Vorteil gereicht hätte (siehe Kapitel 4.10). Die CDU wiederum erhoffte sich ein Abfärben ihrer im Vergleich zur SPD guten Europawahlergebnisse auf die Kommunalwahlen. Doch noch ein anderes Argument erklärte die versuchte Zusammenlegung, die die erfolgreiche Klage der SPD und der Grünen vor dem

Landesverfassungsgericht schließlich verhinderte: Da die Unionsparteien für die Europawahlen keine Bundesliste, sondern Landeslisten aufstellen, hätte der CDU-Landesverband Nordrhein-Westfalen aufgrund der wahrscheinlich höheren Wahlbeteiligung mit mehr Mandaten als andere Landesverbände rechnen können. Die im Bundesgebiet erzielte Gesamtmandatszahl wird je nach Anzahl der gewonnenen Stimmen auf die einzelnen Länder verteilt. Der ohnehin hohe Anteil nordrhein-westfälischer CDU-Abgeordneter im Europäischen Parlament hätte so weiter steigen können, auf Kosten anderer CDU-Landesverbände.

## 5.12 Weiterführende Literatur


*Alemann, Ulrich von (Hrsg.) (2005): Landespolitik im Europäischen Haus, Wiesbaden.*

*Alemann, Ulrich von/Köhn, Klaudia (2006): Nordrhein-Westfalens Einflusskanäle auf der europäischen Ebene, in: Alemann, Ulrich von (Hrsg.) (2005): Landespolitik im Europäischen Haus, Wiesbaden, S. 105-120.*

*Alemann, Ulrich von/Münch, Claudia (2006a) (Hrsg.): Handbuch Europa in NRW. Wer macht was in NRW für Europa? 2., aktualisierte und erweiterte Auflage, Wiesbaden.*

*Alemann, Ulrich von/Münch, Claudia (2006b) (Hrsg.): Europafähigkeit der Kommunen. Die lokale Ebene in der Europäischen Union, Wiesbaden.*

*Auel, Katrin (2006): Die deutschen Landtage im europäischen Mehrebenensystem, in: Alemann, Ulrich von (Hrsg.) (2005): Landespolitik im Europäischen Haus, Wiesbaden, S. 133-152.*

*Axt, Heinz-Jürgen (1997): Strukturwandel in Europa – Südosteuropa, Ruhrgebiet und Reform der EU-Strukturpolitik, München.*

*Axt, Heinz-Jürgen (2000): EU-Strukturpolitik – Einführung in die Politik des wirtschaftlichen und sozialen Zusammenhalts, Opladen.*

*Axt, Heinz-Jürgen (2002): Ein Kontinent zwischen nationaler und europäischer Identität – zur politischen Kultur in Europa, in: Gabanyi, Anneli, Ute/Schroeder, Klaus (Hrsg.): Vom Baltikum zum Schwarzen Meer – Transformation im östlichen Europa, Bayerische Landeszentrale für politische Bildung, München, S. 63-98.*

*Bieber, Roland/Epiney, Astrid/Haag, Marcel (2005): Die Europäische Union. Europarecht und Politik, 6. völlig neu bearbeitete Auflage des vormals von Beutler, Bieber u.a. verfassten Werkes, Baden-Baden.*

*Bieling, Hans-Jürgen/Lerch, Marika (Hrsg.) (2006): Theorien der europäischen Integration, 2. Auflage, Wiesbaden.*

*Charclon, Matthias/Frech, Siegfried/Große Hüttmann, Martin (Hrsg.) (2008): Eu-Osterweiterung. Chancen und Perspektiven, Schwalbach/Ts.*

*Dillenburger, Marion/Holtz-Bacha, Christina/Lessinger, Eva-Maria (2005): It´s Yourope! Die Plakatkampagnen der Parteien im Europawahlkampf 2004, in: Holtz-Bacha, Christina: Europawahl 2004: Die Massenmedien im Europawahlkampf, Wiesbaden, S. 35-64.*

*Dreischer, Stephan (2006): Das Europäische Parlament und seine Funktionen. Eine Erfolgsgeschichte aus der Perspektive von Abgeordneten, Baden-Baden.*

*Esser, Frank/Holtz-Bacha, Christina/Lessinger, Eva-Maria (2005): Sparsam in jeder Hinsicht. Die Fernsehwerbung der Parteien im Europawahlkampf, in: Holtz-Bacha, Christina (Hrsg.): Europawahl 2004: Die Massenmedien im Europawahlkampf, S. 65-89.*

*Europäische Kommission (2008): Eurobarometer 69. Die öffentliche Meinung in der Europäischen Union. Erste Ergebnisse, Brüssel.*

*Europäisches Parlament (1997): Die Wahlgesetze für die Europawahlen. Reihe Politik, Nr. 13/rev. 2, Luxemburg 10.1.1997.*

*Franzen, Wolfgang/Haarland, Hans Peter/Niessen, Hans Joachim (2003): Osteuropa auf dem Weg in die Europäische Union. Transformationsbarometer 2002, Frankfurt/New York.*

*Gaddum, Eckart (2006): Europa verstehen: Handbuch zur Europäischen Union von A bis ZDF, München.*

*Glaab, Manuela/Gros, Jürgen/Korte, Karl-Rudolf/Wagner, Peter M. (1998): Wertgrundlagen und Belastungsgrenzen deutscher Europapolitik, in: Weidenfeld, Werner (Hrsg.): Deutsche Europapolitik, München.*

*Grasl, Maximilian K. (2008): Trennen sich die Wege? Die Bundes- und Europapolitik der Länder, in: Hildebrandt, Achim/Wolf, Frieder (Hrsg.): Die Politik der Bundesländer. Staatstätigkeit im Vergleich, Wiesbaden, S. 311-329.*

*Gruner, Wolf D./Woyke, Wichard (2004): Europa-Lexikon. Länder – Politik – Institutionen, München.*

*Herz, Dietmar/Jetzlsperger, Christian (2008): Die Europäische Union. München 2008.*

*Höller, Paul Frederik (2007): Über mehr Bürgerbeteiligung zur europäischen Identität, in: Melchert, Florian/Magerl, Fabian/Rauer, Katrin/Kreitz, Micha/Schalt, Fabian (Hrsg.): Vereinigte Staaten von Europa. Vision für einen Kontinent, München, S. 463-488.*

*Holtz-Bacha, Christina (Hrsg.) (2005a): Europawahl 2004: Die Massenmedien im Europawahlkampf.*

*Holtz-Bacha, Christina (2005b): Massenmedien und Europawahlen: low key campaigns – low key response, in: Holtz-Bacha, Christina: Europawahl 2004: Die Massenmedien im Europawahlkampf, Wiesbaden, S. 7-34.*

*Holzapfel Klaus-J./Löffler, Klaus (Hrsg.): Europäisches Parlament. 5. Wahlperiode 1999-2004. Bürger Handbuch, 3. Auflage, Rheinbreitbach.*

*Holzinger, Katharina/Knill, Christoph/Peters, Dirk/Rittberger, Berthold/Schimmelfennig, Frank/Wagner, Wolfgang (2005): Die Europäische Union. Theorien und Analysekonzepte, Paderborn.*

*Hrbek, Rudolf (1999): Europawahl 99: Ein stärker politisiertes EP, in: Integration 1999, Heft 3, S. 157-166.*

*Jachtenfuchs, Markus/Kohler-Koch, Beate (Hrsg.) (2003): Europäische Integration, 2. Auflage, Wiesbaden.*

*Jahn, Helmut M./Derenbach, Rolf (2006): Der Ausschuss der Regionen (AdR) und die Berücksichtigung des Subsidiaritätsprinzips zugunsten der Regionen und Kommunen, in: Alemann, Ulrich von/Münch, Claudia (2006) (Hrsg.): Europafähigkeit der Kommunen. Die lokale Ebene in der Europäischen Union, Wiesbaden, S. 48-57.*

*Kohler-Koch, Beate/Conzelmann, Thomas/Knodt, Michele (2004): Europäische Integration – Europäisches Regieren, Wiesbaden.*

*Kornelius, Bernhard/Roth, Dieter (2005): Europawahl in Deutschland: Kein Testlauf für 2006, in: Niedermayer, Oskar/Schmitt, Hermann (Hrsg.) (2005): Europawahl 2004, Wiesbaden, S. 94-123.*

*Korte, Karl-Rudolf (1993): Nation und Nationalstaat. Bausteine einer europäischen Identität, Melle.*

*Korte, Karl-Rudolf (2002): Deutschland in der EU, in: Weidenfeld, Werner/Wessels, Wolfgang: Europa von A-Z. Taschenbuch der Europäischen Integration, 8. Auflage, Bonn, S. 100-105.*

*Korte, Karl-Rudolf (2005): Wahlen in der Bundesrepublik Deutschland, 5. Auflage, Bonn.*

*Korte, Karl-Rudolf/Maurer, Andreas (2001): Innenpolitische Grundlagen der deutschen Europapolitik: Hindernis für eine neue Politik?, in: Schneider, Heinrich/Jopp, Mathias/Schmalz, Uwe (Hrsg.): Eine neue deutsche Europapolitik? Rahmenbedingungen – Problemfelder – Optionen, Bonn, S. 195-230.*

*Landesamt für Datenverarbeitung und Statistik Nordrhein-Westfalen (1999): Europawahl 1999. Heft 5. Ergebnisse nach Alter und Geschlecht in Nordrhein-Westfalen, Düsseldorf.*

*Landesamt für Datenverarbeitung und Statistik Nordrhein-Westfalen (2004): Europawahl 2004. Heft 5. Ergebnisse nach Alter und Geschlecht in Nordrhein-Westfalen, Düsseldorf.*

Leitermann, Walter (2006): Kommunale Interessenvertretung im Rahmen des Rates der Gemeinden und Regionen Europas, in: Alemann, Ulrich von/Münch, Claudia (Hrsg.) (2006): Europafähigkeit der Kommunen. Die lokale Ebene in der Europäischen Union, Wiesbaden, S. 333-338.

Lieske, Sandra (2005): Die Anzeigenkampagne zur Europawahl 2004, in: Holtz-Bacha, Christina (Hrsg.): Europawahl 2004: Die Massenmedien im Europawahlkampf, Wiesbaden, S. 90-122.

Maier, Michaela/Maier, Jürgen (2005): Nebensache Europa: Parteienspots zur Europawahl 2004 und ihre Wirkung. Ergebnisse einer Experimentalstudie, in: Tenscher, Jens (Hrsg.) (2005): Wahl-Kampf um Europa. Analysen aus Anlass der Wahlen zum Europäischen Parlament 2004, Wiesbaden, S. 118-135.

Maier, Michaela/Tenscher, Jens (Hrsg.) (2006): Campaigning in Europe – Campaigning for Europe: Political Parties, Campaigns, Mass Media and the European Parliament Elections 2004.

Maurer, Andreas (1998): Regieren nach Maastricht. Die Bilanz des Europäischen Parlaments nach fünf Jahren „Mitentscheidung", in: Integration 1998, Heft 4, S. 212-224.

Maurer, Andreas (2002): Parlamentarische Demokratie in der Europäischen Union. Der Beitrag des Europäischen Parlaments und der nationalen Parlamente, Baden-Baden 2002.

Maurer, Andreas (2005a): Europäisches Parlament, in: Weidenfeld, Werner/Wessels, Wolfgang (Hrsg.): Jahrbuch der europäischen Integration 2005, Baden-Baden, S. 67-78.

Maurer, Andreas (2005b): Das Europäische Parlament in der Sechsten Wahlperiode im Institutionengefüge der EU, in: Niedermayer, Oskar/Schmitt, Hermann (Hrsg.): Europawahl 2004, Wiesbaden, S. 7-37.

Münch, Claudia/Alemann, Ulrich von (Hrsg.) (2003): Handbuch Europa in NRW – Wer macht was in NRW für Europa?, Opladen.

Namislo, Doreen (2004): Wahl der Abgeordneten des Europäischen Parlaments aus der Bundesrepublik Deutschland am 13. Juni 2004. Erste Ergebnisse aus der Repräsentativen Wahlstatistik für die Bundesrepublik Deutschland, Statistisches Bundesamt, Wiesbaden.

Niedermayer, Oskar (2005): Europa als Randthema: Der Wahlkampf und die Wahlkampfstrategien der Parteien, in: Niedermayer, Oskar/ Schmitt, Hermann (Hrsg.) (2005): Europawahl 2004, Wiesbaden, S. 39-75.

Niedermayer, Oskar/Schmitt, Hermann (Hrsg.) (2005): Europawahl 2004, Wiesbaden.

Pfetsch, Frank R. (2005): Die Europäische Union, 3. Auflage, München.

Piepenschneider, Melanie (2008): Das Europäische Parlament – Vom Beratungsorgan zum Mitgestalter, in: Schmuck, Otto (Hrsg.): Die Menschen für Europa gewinnen – Für ein Europa der Bürger, Marienberg, S. 115-128.

Roth, Dieter/Kornelius, Bernhard (2004): Europa und die Deutschen: Die untypische Wahl am 13. Juni 2004, in: Aus Politik und Zeitgeschichte 17/2004, S. 46-54.

Schmidt, Siegmar (2005): Europäische Union; Eine Einführung, Baden-Baden.

Schmitt, Hermann (2005): Die Beteiligung der Deutschen an der Europawahl 2004, in: Niedermayer, Oskar/Schmitt, Hermann (Hrsg.) (2005): Europawahl 2004, Wiesbaden, S.124-141.

Schmuck, Otto (1999): Das Europäische Parlament, in: Weidenfeld, Werner/Wessels, Wolfgang (Hrsg.): Jahrbuch der Europäischen Integration 1998/1999, Bonn, S. 79-86.

Schweitzer, Eva Johanna (2005): Der Einsatz des Internets im Europawahlkampf. Ergebnisse einer Inhalts- und Strukturanalyse nationaler Parteien- und Kampagnen-Websites zur Europawahl 2004, in: Holtz-Bacha, Christina: Europawahl 2004: Die Massenmedien im Europawahlkampf, Wiesbaden, S. 123-152.

Seeger, Sarah/Kreilinger, Valentin (2008): Europawahl 2009, Erwartungen – Programme – Visionen, in: C-A-P aktuell Nr. 8/2008, München.

Steffani, Winfried (1995): Das Demokratie-Dilemma der Europäischen Union. Die Rolle der Parlamente nach dem Urteil des Bundesverfassungsgerichts vom 12. Oktober 1993, in: Ders./Thaysen, U. (Hrsg.): Demokratie in Europa: Zur Rolle der Parlamente, Opladen, S. 33-49.

Struve, Tanja (2006): Die Bürogemeinschaft Europabüro der kommunalen Selbstverwaltung – Lobbyarbeit in Brüssel, in: Alemann, Ulrich von/Münch, Claudia (Hrsg.): Europafähigkeit der Kommunen. Die lokale Ebene in der Europäischen Union, Wiesbaden, S. 339-355.

Sturm, Roland/Pehle, Heinrich (2005): Das neue deutsche Regierungssystem, 2. Auflage, Wiesbaden.

*Tenscher, Jens (Hrsg.) (2005): Wahl-Kampf um Europa. Analysen aus Anlass der Wahlen zum Europäischen Parlament 2004, Wiesbaden.*

*Thiel, Elke (1997): Die Europäische Union, 5. völlig neu gestaltete Auflage, München.*

*Tömmel, Ingeborg (2006): Das politische System der EU, 2. Auflage, München.*

*Wallace, Helen/Wallace, William/Pollack, Mark (Hrsg.) (2005): Policy-making in the Europan Union, 5. Auflage, Oxford.*

*Weidenfeld, Werner (Hrsg.) (2007): Die Europäische Union. Politisches System und Politikbereiche, 5., aktual. und erw. Auflage, Gütersloh.*

*Weidenfeld, Werner (Hrsg.) (2008): Lissabon in der Analyse. Der Reformvertrag der Europäischen Union, Baden-Baden.*

*Weidenfeld, Werner/Wessels, Wolfgang (Hrsg.) (2007): Europa von A–Z. Taschenbuch zur europäischen Integration, 10. Auflage, Bonn.*

*Wessels, Wolfgang (2008): Das politische System der Europäischen Union, Wiesbaden.*

*Wilke, Jürgen/Reinemann, Carsten (2005): Auch in der Presse immer eine Nebenwahl? Die Berichterstattung über die Europawahlen 1979-2004 und die Bundestagswahlen 1980-2002 im Vergleich, in: Holtz-Bacha, Christina (Hrsg.): Europawahl 2004: Die Massenmedien im Europawahlkampf, Wiesbaden, S. 153-173.*

*Wiorkowski, Anne/Holtz-Bacha, Christina (2005): Und es lohnt sich doch. Personalisierungsstrategien im Europawahlkampf, in: Holtz-Bacha, Christina (Hrsg.): Europawahl 2004: Die Massenmedien im Europawahlkampf, Wiesbaden, S. 174-196.*

*Woyke, Wichard (2005): Stichwort: Wahlen. Ein Ratgeber für Wähler, Wahlhelfer und Kandidaten. 11., aktual. Auflage, Wiesbaden.*

*Wüst, Andreas M. (2005): Deutsche Parteien und Europawahlen: Programmatische Schwerpunkte 1979-2004, in: Niedermayer, Oskar/ Schmitt, Hermann (Hrsg.): Europawahl 2004, Wiesbaden, S. 76-93.*

*Wüst, Andreas M./Stöver, Philip (2006): Wahlen in Europa, in: Politische Vierteljahresschrift 2006, Nr. 47 Heft 2, S. 289-309.*

Kapitel 6

# Wahlforschung und Wahlverhalten

## 6.1 Wahlforschung und Wahlverhalten

Wie wählen die Bürgerinnen und Bürger Nordrhein-Westfalens, wovon hängt die Höhe der Wahlbeteiligung ab und warum geben sie ihre Stimme einer bestimmten Partei? Mit diesen Fragen beschäftigt sich die empirische Wahlforschung. Im Mittelpunkt des wissenschaftlichen und öffentlichen Interesses stehen daher neben dem am Wahlabend auszuzählenden Ergebnis vor allem auch die vorausgegangenen Meinungsbildungsprozesse sowie die längerfristigen Verschiebungen auf dem Wählermarkt.

Die Wahlforschung untersucht alle individuellen und gruppenspezifischen Faktoren, die nachweislich Einfluss auf die Herausbildung der Wahlentscheidung nehmen. Da das geltende Wahlrecht eine direkte Beobachtung der persönlichen Stimmabgabe ausschließt, sind Wahlforscher methodisch auf das Instrumentarium des wissenschaftlichen Indizienbeweises angewiesen: Tragfähige theoretische Erklärungsmodelle leiten das jeweils konkrete Wahlergebnis aus einer Anzahl ursächlich vorgelagerter Faktoren ab. Nach mehreren Jahrzehnten intensiver Forschungsarbeit ist der internationale Kenntnisstand über die Faktoren von Wahlentscheidungen inzwischen recht hoch. Im Wesentlichen lassen sich vier verschiedene Betrachtungs- und Untersuchungsperspektiven unterscheiden (Eith/Mielke 2006, siehe Kapitel 6.2):

- Der **soziologische Erklärungsansatz** konzentriert sich in seiner Analyse der individuellen Stimmenabgabe in erster Linie auf diejenigen Einflüsse, die dem sozialen Umfeld der Wähler zugeschrieben werden können. Darunter fallen etwa familiäre, berufliche oder auch gesellschaftliche Loyalitäten.
- Der **individualpsychologische Erklärungsansatz** hingegen, auch **sozialpsychologischer Erklärungsansatz** genannt, untersucht den persönlichen Entscheidungsprozess in Abhängigkeit von vorhandenen längerfristigen Parteineigungen. Diese wirken im Allgemeinen wie ein Filter, durch den das politische Geschehen wahrgenommen und bewertet wird.
- Das **Rational-Choice-Modell,** auch **Modell des rationalen Wählers** genannt, wiederum bezieht sich auf die Analyse individueller Kosten-Nutzen-Abwägungen. Hierbei wird unterstellt, dass politische und wirtschaftliche Entscheidungsprozesse prinzipiell nach vergleichbaren Regeln ablaufen.
- Der **Milieu-Ansatz** beziehungsweise das **Modell der sozialen Milieus** unterscheidet Wählergruppen nach Grundwerten, Lebensstilen und Lebensstrategien. Es soll den Parteien ermöglichen, ihre Zielgruppen besser abzugrenzen und neue Wählerpotenziale zu erschließen.

Dieser erste Überblick verdeutlicht bereits grundlegende Unterschiede zwischen den vier Erklärungsansätzen. Der soziologische Ansatz konzentriert sich auf Einflüsse der Umwelt, der individualpsychologische stellt den individuellen Entscheidungsprozess in den Mittelpunkt der Analyse. Auf eine eher längerfristige oder emotional stabilere Beziehung zwischen den Parteien und ihren Wählern heben der soziologische und der individualpsychologische Ansatz ab, während das Modell des rationalen Wählers besonders kurzfristige, situative Bestimmungsgründe und Imagekomponenten der Wahlentscheidung betont. Das Modell der sozialen Milieus konzentriert sich auf fundamentale Wertorientierungen.

Dass es verschiedene Vorgehens- und Betrachtungsweisen gibt, ist keineswegs ein besonderes oder gar ausschließliches Kennzeichen der Wahlforschung, es kann vielmehr als ein wesentliches Merkmal (sozial-)wissenschaftlicher Theoriebildung angesehen werden. Entsprechende Modelle beschränken sich grundsätzlich auf einen begrenzten, fest umrissenen Ausschnitt aus der vielfältigen Wirklichkeit. Die im Rahmen dieser Modelle theoretisch unterstellten Abhängigkeiten zwischen den Variablen lassen sich empirisch auf Relevanz hin überprüfen. Auf diese Weise schließen sich die verschiedenen Erklärungsansätze des Wählerverhaltens auch gegenseitig nicht aus, sondern ergänzen sich vielmehr bei der Analyse der komplexen Wahlentscheidungsprozesse.

## 6.2 Instrumente der Wahlforschung

### 6.2.1 Prognose, Hochrechnung, Umfrage

Die empirische Wahlforschung hat eine Reihe von Methoden entwickelt, um die Wahlabsicht sowie die tatsächliche Wahlentscheidung am Wahlsonntag kurzfristig ermitteln zu können. Zu unterscheiden sind hierbei erstens Umfragen vor dem Wahltermin, zweitens die Prognose am Wahlabend um 18 Uhr sowie drittens die Hochrechnung des tatsächlichen Abstimmungsverhaltens (Korte 2005a: 86f).

Im Vorfeld von Wahlen geben unter anderem Parteien und Medien bei den Meinungsforschungsinstituten Umfragen in Auftrag, um aktuelle Stimmungsbilder von den Wahlabsichten der Bevölkerung zu erhalten. Umfrageergebnisse beruhen je nach Kostenrahmen auf 1.000 bis 2.000 repräsentativ ausgewählten Befragten. Deren Auswahl erfolgt nach der Zufalls- oder (seltener) nach der Quotenauswahl. Die Befragten werden entweder telefonisch, persönlich („face to face") oder schriftlich (durch Anschreiben) befragt. Für aktuelle Stimmungsbilder genügen etwa 800 bis 1.200 Personen, die telefonisch über ihre Wahlabsichten Auskunft geben.

Es ist wichtig, die methodischen Besonderheiten von Umfragen zu kennen. Sie messen immer nur die aktuellen Verhaltensabsichten. Zudem unterliegen die Ergebnisse den statistischen Gesetzen der Wahrscheinlichkeitsrechnung. Die Fehlertoleranz beträgt je nach Umfang und Methode der Erhebung zwischen zwei und vier Prozent. Die Wahlprognosen, die von den Meinungsforschungsinstituten mit der Schließung der Wahllokale Punkt 18 Uhr im Fernsehen verkündet werden, beruhen auf so genannten „exit polls", auf Befragungen, die während des gesamten Wahltags direkt vor repräsentativ ausgesuchten Wahllokalen durchgeführt werden.

Niemand muss heute mehr auf stundenlange Auszählungen warten. Die Meinungsforschungsinstitute betreiben einen hohen Aufwand, um ihre Leistungsfähigkeit immer wieder öffentlich unter Beweis zu stellen. Die das Wahllokal verlassenden Personen beziehungsweise ein zufällig ausgewählter Teil davon werden beim Wahlprognoseverfahren gebeten, noch einmal ihr Abstimmungsverhalten dem Meinungsforschungsinstitut mitzuteilen. Zudem werden sozialstatistische Merkmale wie zum Beispiel Geschlecht, Alter, Beruf, Bildung und Konfession erfasst. Die Vorteile dieser „exit polls" liegen auf der Hand. Zunächst werden hierbei, anders als bei Bevölkerungsumfragen, nur tatsächliche Wähler befragt. Weiterhin liegen Zeitpunkt von Wahl und Befragung nur wenige Minuten auseinander, die Befragten können sich also mit hoher Sicherheit noch richtig erinnern. Darüber hinaus wird bei diesem Verfahren eine wesentlich größere Anzahl von Personen befragt (zwischen 10.000 und 15.000 Wahlberechtigte), was die Fehlertoleranz verkleinert.

Die Hochrechnungen des Wahlabends beruhen im Gegensatz zu den Meinungsbildern der vorangegangenen Tage und der Prognose um 18 Uhr auf dem tatsächlichen Wählerverhalten. Hierbei werden die Ergebnisse repräsentativer Stimmbezirke (also einzelner Wahlurnen) hochgerechnet. Die Stimmbezirke sind so ausgewählt, dass sie in ihrer Gesamtheit das Ergebnis der vorangegangenen Wahl exakt abbilden. Es bleiben allerdings auch nach den ersten Hochrechnungen noch Unsicherheiten, die aber bei zunehmender Verbreiterung der Basis abnehmen.

Wenn der prognostizierte Stimmenanteil einer Partei jedoch sehr nahe an der Fünf-Prozent-Hürde liegt (z.B. die FDP bei der Bürgerschaftswahl im Hamburg 2008) oder zwei Parteien sich ein Kopf-an-Kopf-Rennen liefern (bspw. SPD und CDU bei der Bundestagswahl 2002), so muss trotz aller ausgefeilter Hoch-

## Infobox [36] Nachwahlanalysen

**Mit dem Instrument der Nachwahlanalyse kann das Ergebnis einer Wahl nachträglich gedeutet und erklärt werden. Mit Hilfe der von Umfrageinstituten nach einer Wahl erhobenen Daten („exit polls"), der Daten der Statistischen Ämter sowie der amtlichen repräsentativen Wahlstatistik lassen sich relativ genaue Aussagen über die Wahlentscheidung der Bürger treffen. So kann gezeigt werden, welche Partei von welcher Personengruppe gewählt wurde, differenziert beispielsweise nach Alter und Geschlecht, Berufsgruppen, Konfession oder Wohnort (Nord-Süd-Gefälle).**

**Die durch eine Nachwahlanalyse gewonnen Daten helfen Journalisten, Politikern und Wissenschaftlern, eine Wahlentscheidung zu erklären und zu interpretieren. Zudem kann eine Partei mit Hilfe dieser Daten die Effektivität ihres Wahlkampfs überprüfen.**

rechnungstechniken die vollständige Auszählung abgewartet werden. Ergebnisse können statistisch immer nur mit einer geringen Fehlertoleranz vorhergesagt werden. Wenn die politisch entscheidenden Unterschiede jedoch innerhalb dieser wahrscheinlichkeitstheoretischen Toleranz liegen, hilft auch die Mathematik nicht weiter.

### 6.2.2 Datenbasis der Wahlforschung

Unabhängig von diesen kurzfristigen Analysen ist die Wahlforschung an langfristigen Trends im Wählerverhalten interessiert. Erklärungen des Wahlverhaltens basieren ganz wesentlich auf Daten, zumal wenn sie einem wissenschaftlichen Anspruch genügen wollen (Korte 2005a: 87f). Die Wahlforschung kann hierzu hauptsächlich auf drei verschiedene Datentypen zurückgreifen, wobei jeweils verschiedene Vor- und Nachteile zu berücksichtigen sind. Zunächst einmal lassen sich die Bestände der verschiedenen Statistischen Ämter für diese Forschung benutzen. Deren Zeitreihen etwa über die jeweilige Bevölkerungsstruktur beziehen sich typischerweise immer auf Gebietseinheiten, im Falle der Wahlforschung üblicherweise auf Wahlkreise. Diese Aggregatdaten beinhalten somit lediglich Informationen über die Gesamtheit der Bevölkerung in fest umrissenen Gebieten, keineswegs jedoch Informationen über einzelne Individuen.

Die Daten sind in höchstem Maße vertrauenswürdig, da sie hauptsächlich aus amtlichen Erhebungen und entsprechenden Fortschreibungen stammen. Die Wahlforschung gewinnt hieraus wichtige und interessante Erkenntnisse über das Wählerverhalten, indem die Ergebnisse der verschiedenen Parteien in den Wahlkreisen systematisch mit den wirtschaftlichen und den sozialen Strukturmerkmalen dieser Gebietseinheiten in Beziehung gesetzt werden. Berücksichtigt werden hierbei beispielsweise Angaben über die Beschäftigungsstruktur nach landwirtschaftlichem, Dienstleistungs- und industriellem Sektor, die soziale Schichtung der Bevölkerung sowie die Konfessionsverteilung, die Bevölkerungsdichte, aber auch Mobilitätskennziffern. Auf diese Weise erschließen sich gesellschaftliche Zusammenhänge, in die das Wählerverhalten eingebettet ist. Deutlich werden bei dieser Betrachtungsweise also die jeweiligen Milieus und soziostrukturellen Gruppen, auf die sich die verschiedenen Parteien jeweils in besonderer Weise stützen können. Allerdings gestattet dieser Datentyp keinerlei Rückschlüsse auf das individuelle Verhalten einzelner Wähler und ihre Beweggründe (Korte 2005a: 87f). Insbesondere für die historische Wahlforschung sind Aggregatdaten dennoch nahezu die einzige Möglichkeit, entsprechende Erklärungsmuster empirisch zu untersuchen.

Einen ganz anderen Typus stellen die seit den 1950er Jahren in wachsender Anzahl verfügbaren Umfragedaten dar, wie sie bereits bei den Methoden der kurzfristigen Ermittlung der Wählerabsicht erläutert wurden. Sie resultieren aus der Befragung von Personen, die repräsentativ ausgewählt wurden. Nahezu unabhängig von der Größe der Gesamtbevölkerung genügt für repräsentative Aussagen je nach Güteklasse ein Stichprobenumfang von 800 bis 1.200 Befragten. Die Befragungen enthalten neben den bevölkerungsstatistischen Merkmalen der Befragten ihre politischen Einschätzungen und Verhaltensabsichten. Abgefragt werden hierbei etwa die Einstellungen zu Parteien und Kandidaten, zu aktuellen politischen Sachfragen und Problemen sowie die momentane Wahlabsicht und frühere Wahlentscheidungen. Auch bei diesem Datentyp gilt es, seine eigenen Besonderheiten zu erkennen.

So ermitteln Umfragen keineswegs tatsächliches Verhalten, sondern in erster Linie entsprechende Absichten. Zudem ist die Möglichkeit der bewussten oder unbewussten Falschaussage der Befragten nie auszuschließen. Weiterhin ist es erforderlich, die mathematischen Gesetze der Stichprobentheorie einzuhalten, um zu repräsentativen Aussagen zu gelangen. Als ganz spezifisch deutsches Charakteristikum kann die Existenz der Repräsentativen Wahlstatistik angesehen werden, die von 1953 bis 1990 bei allen Bundestags- und den meisten Landtagswahlen aufgrund gesetzlicher Anordnung erhoben wurde.

Ihre Ergebnisse beruhen auf der Auszählung besonderer Stimmzettel, die vor der Wahl nach Altersgruppen und Geschlecht gekennzeichnet wurden. Auf dieser Basis lassen sich exakte Aussagen über das tatsächliche Abstimmungsverhalten nach den Merkmalen Alter und Geschlecht treffen. Allerdings bedürfen diese zwar präzise ermittelten, im Allgemeinen aber keineswegs verhaltenrelevanten Kategorien jedoch noch der theoretischen Aufladung, um für tragfähige Erklärungsmuster des Wählerverhaltens von Nutzen zu sein. Die Erhebung der Repräsentativen Wahlstatistik war bei den Bundestagswahlen 1994 und 1998 aufgrund von Verfahrensproblemen ausgesetzt, wurde 2002 aber wieder aufgenommen.

### Infobox [37] Umfrageinstitute

**In der Bundesrepublik Deutschland sind vor allem fünf Umfrageinstitute in der Öffentlichkeit präsent:**

Das Institut für Demoskopie **Allensbach** – Gesellschaft zum Studium der öffentlichen Meinung (IfD) gehört ebenfalls zu den ältesten Instituten Deutschlands. Es wurde 1947 von Elisabeth Noelle-Neumann gegründet, die sich auch in der Wissenschaft einen Namen machte. Von den 100 Mitarbeitern verfügen 25 über einen wissenschaftlichen Hintergrund.

**Emnid** (TNS Emnid Gmbh & Co. KG) wurde bereits 1945 gegründet und gehört heute zur zweitgrößten Marktforschungsgruppe weltweit. Es stehen 34 hauptamtliche Mitarbeiter zur Verfügung.

Die **forsa** Gesellschaft für Sozialforschung und statistische Analysen wurde 1984 von Manfred Güllner gegründet, der dem Institut auch heute noch vorsteht. In der Vergangenheit beriet er unter anderem Bundeskanzler Gerhard Schröder. Von den 60 Beschäftigten sind 35 Akademiker.

Die **Forschungsgruppe Wahlen e.V.** existiert als Institut für Wahlanalysen und Gesellschaftsbeobachtung seit 1974. Sie berät das Zweite Deutsche Fernsehen (ZDF) in allen wissenschaftlichen Fragen, die Wahlen und Wählerverhalten betreffen. Der Verein finanziert sich ausschließlich aus Mitteln des ZDF.

**Infratest dimap** Gesellschaft für Trend- und Wahlforschung mbh wurde 1996 als gemeinsame Gesellschaft zweier Institute gegründet, die von der ARD mit der Datenerhebung an Wahlabenden und für den Deutschlandtrend beauftragt sind. 20 hauptamtliche Mitarbeiter sind beim Institut beschäftigt. Wie bei allen anderen Instituten kann für Interviews und Umfragen auf mehrere hundert freiberufliche Mitarbeiter zugegriffen werden.

Quelle: Internetauftritte der Institute, Stand 10. September 2008.

## 6.3 Theorien des Wahlverhaltens

### 6.3.1 Der soziologische Erklärungsansatz

*a) Die mikrosoziologische Perspektive*

Dieser Ansatz betont die verhaltensrelevante Bedeutung des sozialen Umfelds: Wahlverhalten ist Gruppenverhalten (Schoen 2005: 137ff: Eith/Mielke 2006: 325ff). Grundlegend für das in der wissenschaftlichen Literatur als mikrosoziologischer, sozialstruktureller oder auch gruppentheoretischer Ansatz bezeichnete Erklärungsmodell war die Untersuchung des Meinungsbildungsprozesses bei der amerikanischen Präsidentschaftswahl 1940 in Erie County (Ohio) durch Paul F. Lazarsfeld und seine Mitarbeiter an der Columbia University (Lazarsfeld u.a. 1944). Weniger der ursprünglich angenommene Einfluss der Massenmedien oder der Wahlpropaganda als vielmehr die Zugehörigkeit zu verschiedenen sozialen Gruppen mit festen politischen Verhaltensnormen bestimmte demnach die individuelle Wahlentscheidung. Das Zusammenspiel der verschiedenen Gruppenzugehörigkeiten konnte mit Hilfe der Merkmale sozioökonomischer Status, Konfessionszugehörigkeit und Größe des Wohnorts in hohem Ausmaß nachgewiesen werden. Je gleichgerichteter die Wahlnormen der Gruppen waren, denen der einzelne Wähler angehörte, desto geringer war die Wahrscheinlichkeit einer individuell abweichenden Wahlentscheidung. Überlagerteten sich beim Wähler jedoch einander widersprechende Loyalitätsforderungen („cross-pressures"), reagierte er im Allgemeinen mit der Reduzierung des politischen Interesses und einer zeitlichen Herauszögerung der Wahlentscheidung. In diesem Fall musste zuerst eine Entscheidung darüber fallen, welche Gruppenzugehörigkeit denn als wichtigste – und damit als verhaltensrelevante – angesehen werden sollte.

Bis zu den jüngsten Wahlanalysen konnten auch neuere Untersuchungen immer wieder den großen Einfluss des sozialen Umfelds auf den individuellen politischen Meinungsbildungsprozess nachweisen (Korte 2005a: 87). Die Mitgliedschaft in einer Gewerkschaft, eine starke Bindung an die katholische Kirche oder auch eine Verwurzelung im protestantischen Handwerker- beziehungsweise Selbstständigenmilieu haben selbst heute noch – insbesondere bei Koppelung mehrerer Faktoren – einen hohen Vorhersagewert für die Wahlentscheidung. Das soziologische Erklärungsmodell sieht das Individuum idealtypisch im Mittelpunkt konzentrischer, sich gegenseitig verstärkender sozialer Einflusskreise und veranschaulicht aus dieser Perspektive in besonderer Weise stabiles, über einen längeren Zeitraum hinweg konstantes Wahlverhalten. Kurzfristige Änderungen der Wahlentscheidung können auf diese Weise hingegen nur unzureichend erklärt werden.

*b) Die makrosoziologische Perspektive*

Die Grundgedanken des mikrosoziologischen Erklärungsansatzes lassen sich auch auf die Analyse der Herausbildung und Entwicklung von Parteiensystemen übertragen (Schoen 2005; 145ff; Eith/Mielke 2006: 325f). Diese makrosoziologische Perspektive und Erweiterung bezieht sich auf längerfristig stabile Allianzen zwischen bestimmten Bevölkerungsgruppen und politischen Parteien, wie sie in Westeuropa seit dem 19. Jahrhundert zu beobachten sind. Trotz aller wahlrechtlichen und institutionellen Unterschiede in den verschiedenen Ländern finden sich in nahezu allen Parteiensystemen christdemokratische, sozialistische oder sozialdemokratische, liberale und neuerdings auch grüne Parteien mit jeweils eigener Wählerschaft. Seymour M. Lipset und Stein Rokkan entwickelten in ihrer über ein Dutzend Länder berücksichtigenden Untersuchung in den 1960er Jahren ein zweistufiges Modell, mit dessen Hilfe sich die Ausprägungen und auch Veränderungen von Parteiensystemen in ihren Grundzügen erklären lassen (Lipset/Rokkan 1967).

Demnach hängt die Herausbildung der westeuropäischen Parteiensysteme eng mit dem Demokratisierungsprozess im 19. und im 20. Jahrhundert zusammen. Die verschiedenen Länder durchliefen hierbei eine vergleichbare Entwicklung. Idealtypisch betrachtet waren jeweils vier grundlegende Probleme zu bewältigen: Erstens das Verhältnis von Zentrum und Peripherie im Zuge der nationalen Staatengründung, zweitens der Konflikt zwischen Kirche und weltlicher Macht um die politische und kulturelle Vorherrschaft im neuen Staat, drittens die mit Beginn der Industrialisierung auseinander strebenden Interessen von ländlich-agrarischen und städtisch-handwerklichen Gebieten und viertens die Auseinandersetzung zwischen Kapital und Arbeit. In all diesen Fällen koalierten politische Eliten mit den betroffenen, politisierten Bevölkerungsgruppen, um die jeweiligen Interessen mit Nachdruck vertreten zu können. Diese zunächst loseren Verbindungen entwickelten sich zu stabilen Parteiorganisationen und verankerten so die genannten Konfliktlinien („cleavages") dauerhaft in den nationalen westeuropäischen Parteiensystemen. Liberale, christdemokratische und auch sozialistische Parteien gehen in ihren Wurzeln auf diese tief greifenden Auseinandersetzungen zurück. Die vier genannten klassischen Konfliktlinien haben sich im Laufe der Zeit modernisiert. So kann heute zwischen einem Gegensatz von Managern und Arbeitnehmern beziehungsweise Marktliberalen und Sozialstaatsbefürwortern (alt: Kapital und Arbeit), konservativ und modern (alt: Kirche und Staat, Zentrum und Peripherie, ländlich-agrarisch und städtisch-handwerklich) sowie materialistisch und postmaterialistisch ausgegangen werden (Geiling/Vester 2007: 468).

Außerdem systematisierten Lipset und Rokkan die Voraussetzungen, unter denen sich neue Gruppen – etwa die in den achtziger Jahren aufkommenden ökologischen Parteien – in bestehenden Parteiensystemen behaupten können. Ihr Erfolg ist grundsätzlich von vier Faktoren abhängig. So stellt sich erstens die Frage nach der Legitimität des neuen Protestes und zweitens die nach den politischen Rechten und Möglichkeiten ihrer Träger. Beide Hürden stellen heute zumindest in den westlichen Demokratien für neue Parteien keine besonderen Hindernisse mehr dar. Dann bleibt drittens zu untersuchen, ob vorhandene Parteien den neuen Protest möglicherweise ihrerseits aufgreifen können, und viertens gilt es, das Beharrungsvermögen der etablierten Strukturen in Rechnung zu stellen. Lipset und Rokkan haben mit diesem Ansatz ein Modell entwickelt, das folgenden Punkten einen hohen Stellenwert für die Ausprägung und die Veränderung von Parteiensystemen beimisst: dem Handeln politischer Eliten – ihren Fähigkeiten, politische Projekte zu formulieren und sich dafür dauerhafte Unterstützung von Seiten der Wählerschaft zu sichern – sowie darüber hinaus der Bereitschaft der Bevölkerung zur aktiven politischen Teilnahme und Auseinandersetzung.

**ABBILDUNG 70 THEMENKONFLIKTE DER DEUTSCHEN PARTEIEN**

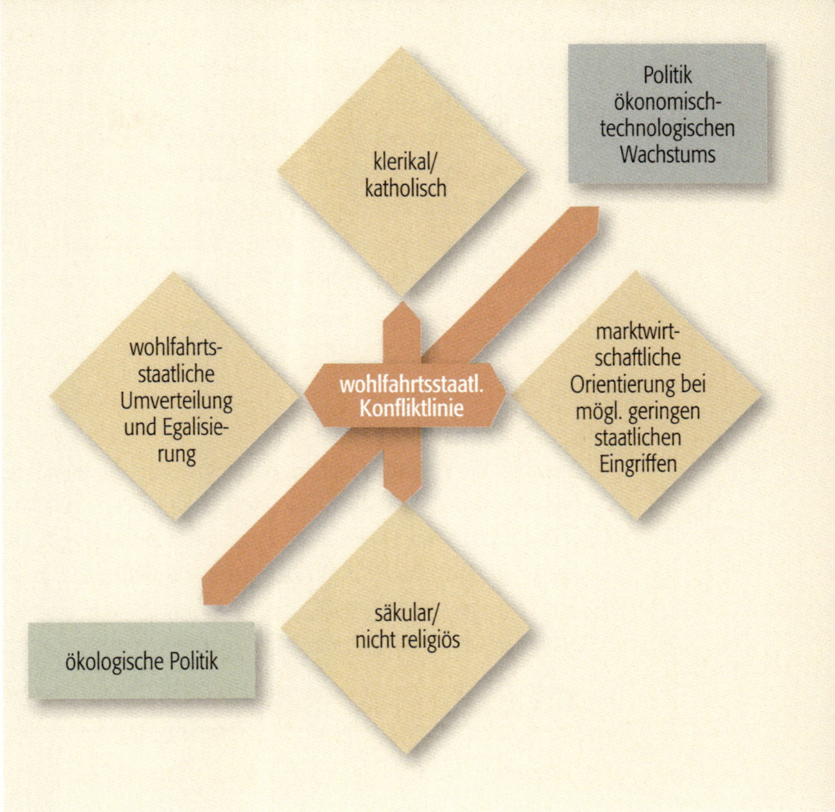


Quelle: Korte 2005a: 91.

Wahlanalysen mit soziologischem Ansatz betonen also die Bedeutung politisierter Milieu- oder Gruppenstrukturen, denen sich die einzelnen Wähler verbunden fühlen. Je nach Datentypus verwenden sie als entsprechende Indikatoren hauptsächlich die gängigen ökonomischen und kulturellen Kategorien der Sozialstruktur wie Beruf, Einkommen, Bildung, Konfession, Alter und

## Infobox [38] Stammwähler

Unter dem Begriff „Stammwähler" sind jene Personen zu verstehen, die unabhängig von aktuellen Ereignissen aus Gewohnheit und Tradition grundsätzlich dieselbe Partei wählen. In der Vergangenheit, bis weit in die achtziger Jahre hinein, betrug ihr Anteil 85 Prozent der Wahlberechtigten. Gegenwärtig nimmt ihre Zahl immer weiter ab. Geprägt wird dieses Verhalten vor allem durch die Zugehörigkeit der Wähler zu einer bestimmten Gesellschaftsschicht oder zu einem bestimmten Milieu. In der Vergangenheit konnte davon ausgegangen werden, dass beispielsweise katholische Kleinbürger vor allem christdemokratisch wählen, während Arbeiter in erster Linie sozialdemokratisch gewählt haben (Korte 2005a: 91, 102f). Noch bei der Bundestagswahl 2005 entschieden sich immerhin 50 Prozent der gewerkschaftlich organisierten Arbeiter für die SPD und 48 Prozent der Katholiken für die Union (Forschungsgruppe Wahlen 2005). Trotzdem lässt dieses traditionelle Verhalten immer mehr nach. Der Anteil der Wechselwähler steigt, was Wahlprognosen weiter erschwert.

## Infobox [39] Wechselwähler

Der Anteil der Wechselwähler am Wahlvolk steigt stetig an, was diese Klientel während des Wahlkampfs für alle Parteien besonders interessant macht. Zählten 1972 nur knapp 15 Prozent der Wahlberechtigten zu den Wechselwählern, so stieg ihre Zahl bei der Bundestagswahl 2005 auf etwa 35 Prozent an. Ihnen muss eine höhere Aufmerksamkeit als den so genannten Stammwählern gewidmet werden, da sie sich, je nach aktueller politischer Lage, persönlicher Situation und individueller Ansicht, bei jeder Wahl für eine andere Partei entscheiden. Bemerkenswert ist jedoch, dass Wechselwähler ihre Stimme, wenn sie sich denn entschieden haben, vor allem für Parteien ähnlicher politischer Orientierung abgeben. Eine Stimmenverschiebung zwischen linkem und rechtem Lager gilt als äußerst unwahrscheinlich.

**ABBILDUNG 71 WECHSELWÄHLER BEI BUNDESTAGSWAHLEN 1972-2005**

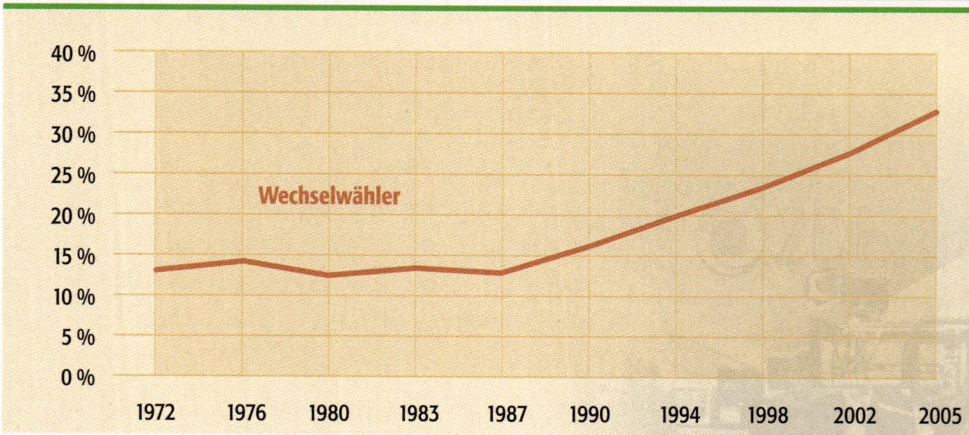


Quelle: WZB-Mitteilungen, Heft 117, September 2007, S. 24.

Problematisch für die Parteien und ihre Wahlkampfplanung erscheint auch der steigende Anteil der spät beziehungsweise kurz entschlossenen Wähler innerhalb der Masse der Wechselwähler. Fast ein Viertel der Wähler wechselten im Verlauf des Bundestagswahlkampfs 2005 kurzfristig ihre Parteienpräferenz (Weßels 2007: 25).

Wohnortgröße, zudem auch Merkmale der regionalen Industriestruktur oder Kirchganghäufigkeit. Die empirische Überprüfung soziologischer Erklärungshypothesen zum individuellen Wählerverhalten kann allerdings nur mit Individualdaten erfolgen. Strukturelle Verschiebungen im Verhältnis von Parteiensystem und Sozialstruktur lassen sich in besonderer Weise mit Hilfe von Aggregatdatenanalysen aufdecken.



## Infobox [40] Nichtwähler

**Auf allen politischen Ebenen ist ein Rückgang der Wahlbeteiligung zu verzeichnen, wenn auch unterschiedlich stark. So verzeichnet die Bundestagswahl immer noch die höchste Wahlbeteiligung mit knapp unter 80 Prozent, bei leicht sinkender Tendenz, während nur weniger als die Hälfte der Wahlberechtigten an den letzten Europawahlen teilgenommen hat. Trotzdem bewegt sich die Wahlbeteiligung in der Bundesrepublik im internationalen Vergleich immer noch auf einem recht hohen Niveau.**

ABBILDUNG 72 BUNDESTAGSWAHLBETEILIGUNG IN NORDRHEIN-WESTFALEN 1945-2005

| Wahltermin | Wahlberechtigte | Wahlbeteiligung (in Prozent) | gültige Zweitstimmen |
|---|---|---|---|
| 14.08.49 | 8 506 861 | 81,2 | 6 726 543 |
| 06.09.53 | 9 599 109 | 86,0 | 8 008 429 |
| 15.09.57 | 10 352 585 | 88,5 | 8 855 271 |
| 17.09.61 | 11 085 775 | 88,4 | 9 518 246 |
| 19.09.65 | 11 322 627 | 87,6 | 9 751 232 |
| 28.09.69 | 11 259 648 | 87,3 | 9 687 113 |
| 19.11.72 | 11 992 806 | 91,8 | 10 934 638 |
| 03.10.76 | 12 118 533 | 91,3 | 10 989 562 |
| 05.10.80 | 12 374 314 | 89,0 | 10 919 449 |
| 06.03.83 | 12 576 604 | 89,5 | 11 176 337 |
| 25.01.87 | 12 827 646 | 85,4 | 10 870 092 |
| 02.12.90 | 13 098 236 | 78,7 | 10 206 642 |
| 16.10.94 | 13 089 684 | 81,9 | 10 513 735 |
| 27.09.98 | 13 086 397 | 83,9 | 10 869 535 |
| 22.09.02 | 13 179 091 | 80,3 | 10 472 560 |
| 18.09.05 | 13 257 047 | 78,3 | 10 246 031 |

 Quelle: Innenministerium NRW 2008.

**Am auffälligsten sind die Veränderungen bei Landtagswahlen. Die Beteiligung liegt im Bundesdurchschnitt aktuell bei knapp unter 60 Prozent. In Sachsen-Anhalt ist 2006 erstmals die Gruppe der Wähler mit 44,4 Prozent kleiner als die der Nichtwähler gewesen. Ebenso drastisch sinkt die Beteiligung bei Kommunalwahlen (siehe Kapitel 2.11).**

**ABBILDUNG 73 LANDTAGSWAHLBETEILIGUNG IN NORDRHEIN-WESTFALEN 1950-2005**

| Wahltermin | Wahlberechtigte | Wahlbeteiligung (in Prozent) | Gültige Stimmen |
|---|---|---|---|
| 18.06.50 | 8 892 305 | 72,3 | 6 201 117 |
| 27.06.54 | 9 730 078 | 72,6 | 6 923 069 |
| 06.07.58 | 10 507 956 | 76,6 | 7 948 178 |
| 08.07.62 | 11 156 285 | 73,4 | 8 082 567 |
| 10.07.66 | 11 292 041 | 76,5 | 8 542 493 |
| 14.06.70 | 11 890 609 | 73,5 | 8 677 827 |
| 04.05.75 | 12 035 289 | 86,1 | 10 262 205 |
| 11.05.80 | 12 342 282 | 80,0 | 9 818 518 |
| 12.05.85 | 12 705 763 | 75,2 | 9 479 440 |
| 13.05.90 | 13 036 004 | 71,8 | 9 291 974 |
| 14.05.95 | 13 041 964 | 64,0 | 8 294 235 |
| 14.05.00 | 13 061 265 | 56,7 | 7 336 411 |
| 22.05.05 | 13 230 366 | 63,0 | 8 244 014 |

© Wochenschau Verlag. Quelle: Innenministerium NRW 2008.

**Zwei Argumentationslinien lassen sich für die Begründung des Nichtwählens unterscheiden. Einerseits wird in der sinkenden Quote eine zunehmende Delegitimierung der Parteien beziehungsweise des gesamten politischen Systems gesehen. Ursachen seien Parteien- und Politikverdrossenheit, Unzufriedenheit mit dem politischen System und soziale sowie wirtschaftliche Unzufriedenheit. Andererseits stellt niedrige Wahlbeteiligung ein Anzeichen für eine Art Systemzufriedenheit dar. Die Wahlbeteiligung normalisiere sich auf ein für Westeuropa übliches Maß. Berücksichtigt werden muss aber auch die Anzahl von Nichtwählern, die aufgrund einer Erkrankung, einer Reise oder anderer persönlicher Umstände nicht an einer Wahl teilnehmen können.**

### 6.3.2 Der individualpsychologische Erklärungsansatz

Einen markanten Perspektivenwechsel nimmt der zweite Erklärungsansatz vor: Wahlverhalten ist dabei Ausdruck einer individuellen psychologischen Beziehung zu einer Partei (Eith/Mielke 2006: 328ff). In ihren Untersuchungen der amerikanischen Präsidentschaftswahlen der fünfziger Jahre entwickelten Angus Campbell und seine Mitarbeiter von der University of Michigan, Ann Arbor, in Auseinandersetzungen mit dem eher statischen soziologischen Modell einen dynamischeren, zu Prognosezwecken weitaus geeigneteren Erklärungsansatz des Wählerverhaltens (Campbell/Converse/Miller/Stokes 1960).

Kernstück dieses als individualpsychologisches „Ann Arbor-" oder „Michigan-Modell" bezeichneten Ansatzes bildet die individuelle Parteiidentifikation, das bedeutet: eine längerfristige emotionale Bindung des Wählers an seine Partei (Schoen/Weins 2005: 206ff). Erworben wird sie bei der politischen Sozialisation durch

Elternhaus, Freundeskreis oder Mitgliedschaft in politischen Gruppen und sie beeinflusst, einmal ausgeprägt, die Wahrnehmung sowie die Bewertung politischer Ereignisse in hohem Maße. Neben dieser langzeitvariablen Parteiidentifikation existieren zwei weitere Einflussfaktoren: die Bewertung aller Kandidaten (Schoen/Weins 2005: 234ff) und die Einstellung zu aktuellen politischen Streitfragen, die so genannte Issue-Orientierung (Schoen/Weins 2005: 226ff). Die individuelle Wahlentscheidung resultiert nun aus dem spezifischen Zusammenspiel dieser drei Faktoren (Parteiidentifikation, Kandidatenorientierung, politische Streitfragen), das von den Autoren mit einem Entscheidungstrichter verglichen wurde. In der Regel erfolgt die Wahlentscheidung entsprechend der langfristig stabilen Parteiidentifikation. Allerdings kann es bei einzelnen Wahlen durchaus auch zu kurzzeitigen Dissonanzen zwischen den drei Variablen kommen. Subjektiv als entscheidend empfundene Personal- oder Sachfragen lassen dann unter Umständen die punktuelle Wahlentscheidung auch entgegen langfristig wirksamer Parteiidentifikation ausfallen.

Das individualpsychologische Erklärungsmodell betont zum einen also ebenfalls die soziale Verantwortung des politischen Meinungsbildungsprozesses, hier dargestellt als individuelle, durch familiäre und gesellschaftliche Sozialisierungsinstanzen herausgebildete Parteiidentifikation. Zum anderen werden im Vergleich zum soziologischen Modell zusätzlich auch situative Momente der Wahlentscheidung berücksichtigt, nämlich die Kandidatenbewertung und Einstellungen zu aktuellen politischen Streitfragen. Durch die Kombination dieser verschiedenen Variablen verfügt das individualpsychologische Modell über die notwendigen Voraussetzungen, die komplexen Vorgänge der Wahlentscheidung auf einem hohen theoretischen Niveau widerspiegeln zu können. Zudem sind die Modellaussagen empirisch überprüfbar. Seit mehr als 20 Jahren stehen hierzu miteinander vergleichbare Umfragereihen zur Verfügung. Neben der Parteiidentifikation werden u.a. regelmäßig Daten zur Beliebtheit der Spitzenpolitiker, zur Rangfolge der wichtigsten politischen Probleme samt den entsprechenden Kompetenzzuschreibungen, zur Zufriedenheit mit dem politischen System und mit der wirtschaftlichen Situation sowie die so genannte Sonntagsfrage nach der Wahlentscheidung („Wie würden Sie entscheiden, wenn am nächsten Sonntag Bundestagswahl wäre?") erhoben (Eith/Mielke 2006: 329). Verschiedene theoretisch wie empirisch anspruchsvolle Untersuchungen auf der Grundlage dieses Modells konnten wiederholt seine Prognosefähigkeit sowie seinen Erkenntnisertrag für das Verständnis des Zusammenspiels kurz- und längerfristiger Einflüsse auf das Wählerverhalten demonstrieren.

### 6.3.3 Das Modell des rationalen Wählers

Ein anderer Blick auf den Prozess der Wahlentscheidung kennzeichnet den dritten wichtigen Erklärungsansatz. In seiner in den fünfziger Jahren entwickelten ökonomischen Theorie der Demokratie konzentriert sich Anthony Downs ganz auf die Analyse von individuellen Entscheidungskalkülen (Downs 1957). Die persönliche Wahlentscheidung wird bestimmt durch ihren maximal zu erzielenden politischen Nutzen (Eith/Mielke 2006: 330f). Ein rationaler Wähler entscheidet sich demnach für diejenige Partei, von deren Politik er sich den größten Vorteil verspricht. Der in Downs´ Studie verwendete ökonomische Rationalitätsbegriff bezieht sich jedoch niemals auf die Ziele der handelnden Person, sondern stets nur auf den Einsatz der verfügbaren Mittel, also auf das ökonomisch effektive (rationale) Verfolgen eines selbst gewählten, dem eigenen Werturteil unterliegenden Ziels. Ein rationaler Mensch ordnet demnach zuerst seine Handlungsalternativen bezüglich seiner vorgegeben Ziele. Er wählt dann die effektivste Alternative aus und kommt bei gleichen Rahmenbedingungen stets zum gleichen Ergebnis.

In der wissenschaftlichen Wahlforschung wird rationales Wahlverhalten im Allgemeinen mit der Orientierung des Wählers an aktuellen politischen Streit- und Sachfragen („issue-voting") gleichgesetzt (Arzheimer/Schmitt 2005: 243ff). Der rationale Wähler ermittelt seine Wahlentscheidung, in dem er ein so genanntes Nutzendifferential aufstellt. Hierzu vergleicht er die Arbeit der Regierung in der vergangenen Legislaturperiode mit dem vermuteten Ergebnis der Opposition, wäre diese an der Macht gewesen. Er entscheidet sich dann für diejenige Partei, von der er glaubt, dass sie seine individuellen Ziele am ehesten zu verwirklichen vermag. Die Wahlentscheidung ist somit letztlich abhängig von den aktuellen politischen Problemen sowie vom Erscheinungsbild von Regierung und Opposition, in hohem Maße also auch von wirtschaftlichen Indikatoren wie Inflationsraten, Arbeitslosenzahlen oder Wachstumsraten. Soziale Loyalitäten oder längerfristige emotionale Parteineigungen spielen aus dieser Perspektive nur eine untergeordnete Rolle.

Im forschungspraktischen Alltag greifen die Analysen zur Rationalität des Wählerverhaltens auf dieselben Wahlumfragen und Datensätze zurück, die auch in individualpsychologisch orientierten Untersuchungen Verwendung finden. Im rationalen Modell sind die erfragten Einstellungen zu aktuellen politischen Problemen für die Wahlerklärung von zentraler Bedeutung, im individualpsychologischen Ansatz werden sie als kurzfristige, bereits durch die Parteiidentifikation gefilterte Einflussfaktoren angesehen. Dieses aus beiden theoretischen Ansätzen resultierende Erkenntnisinteresse hat zu einer großen Anzahl detaillierter Studien zur Wirkungsweise kurzfristiger, vor allem ökonomischer Sachfragen bei der Wahlentscheidung geführt.

Allerdings hat auch das rationale Erklärungsmodell seine Grenzen. Innerhalb seiner engen Modellannahmen lässt sich die Frage, warum jemand überhaupt an einer Wahl teilnimmt, nicht schlüssig beantworten. Die Wirkung der eigenen Stimme, also der Nutzen einer Beteiligung, ist verschwindend gering gegenüber den entstehenden Kosten, sozusagen den Mühen einer Teilnahme an den Wahlen.

### 6.3.4 Das Modell der sozialen Milieus

Seit den 1980er Jahren ist ein neuer Zugang zur Erklärung von Wahlverhalten entwickelt worden: die Einteilung der Wähler in sozial-moralische Milieus. Das Sinus-Institut hatte 1984 eine Studie vorgelegt, die den Anspruch erhob, veränderte Verhaltensweisen und Einstellungen der bundesdeutschen Bevölkerung vor dem Hintergrund eines sich vollziehenden Wertewandels zu beschreiben und vorherzusagen (Sinus 1984). Die Untersuchung, die ursprünglich dem Konsumverhalten galt, wurde 1992 im Auftrag der SPD von der Sinus-Gruppe und dem Polis-Institut aktualisiert und auf das Wählerverhalten übertragen (Sinus 1992).

Der Begriff der „sozialen Milieus“ wird hier in zweierlei Hinsicht von herkömmlichen Definitionen abgegrenzt. Soziale Milieus entsprechen nicht zwangsläufig ökonomisch definierten sozialen Schichten. Sie sind auch keine Milieus im traditionellen Sinne, die sich durch gemeinsames Agieren oder gemeinsame Kommunikation auszeichnen, wie zum Beispiel das Arbeitermilieu. Die Einteilung der Gesellschaft in soziale Milieus erfolgt vielmehr durch die Identifikation fundamentaler Wertorientierungen, die die jeweils vorherrschenden Lebensstile und Lebensstrategien bestimmen. Und auch die Einstellungen zu Arbeit, Familie oder Konsumverhalten werden dabei genauso einbezogen wie Wunschvorstellungen, Ängste oder Zukunftserwartungen.

Die Sinus-Gruppe unterschied neun soziale Milieus, die sich durch gemeinsame Grundwerte und Lebensweise auszeichnen. Den Vorteil des Milieukonzepts sehen seine Entwickler darin, dass es damit den politischen Parteien möglich ist, zielgruppengerechter zu agieren und auf diese Weise neue Wählerpotenziale zu erschließen. Die Sinus-Forscher empfahlen der SPD, sich verstärkt um das „neue Arbeitnehmermilieu“ zu bemühen. Es ist sowohl demographisch als auch forschungshistorisch ein junges Milieu. Der Altersdurchschnitt liegt deutlich unter 50 Jahren. Charakteristisch für seine Vertreter sind mittlere Bildungsabschlüsse und dienstleistungsorientierte oder technologische Berufsfelder (Korte 2005a: 95).

Sie streben nach einem selbst bestimmten und materiell abgesicherten Leben. Politik wird in diesem Milieu nicht als eine Frage der richtigen oder falschen Ideologie wahrgenommen, sondern als pragmatisches Problemlösungsmanagement aufgefasst. Unter den Angehörigen dieses Milieus sei die Bereitschaft, sozialdemokratisch zu wählen, aufgrund von „Sachloyalitäten“ in besonderem Maße vorhanden. Grundsätzlich habe die SPD das

Problem, dass ihre Anhänger in zahlreichen und heterogenen Milieus vertreten seien, was eine programmatische Zielgruppenorientierung erschwere. Die jeweiligen Wählerschwerpunkte von CDU/CSU, FDP und den Grünen konzentrieren sich dagegen in wenigen Milieus. Die CDU zum Beispiel rekrutiert einen signifikanten Anteil ihrer Wählerschaft aus dem „kleinbürgerlichen" und „aufstiegsorientierten Milieu". Dieser Umstand sei unter dem Gesichtspunkt der Stimmenmaximierung eine „ausgezeichnete Startposition im Wählermarkt" (Korte 2005a: 95).

Die Einteilung der (Wahl-)Bevölkerung nach sozial-moralischen Wertvorstellungen und Lebensstilen ist auch von anderen Wissenschaftlern vorgenommen worden. Für Michael Vester sind „soziale Milieus nicht beliebig gewählte Lebensgemeinschaften, sondern Teil einer sozialen Gesamtgliederung" (Vester 2006: 11).

Die Kategorienschemata variieren dabei genauso wie die Prognosen für zukünftige Wählerpotenziale der verschiedenen Parteien.

Der Nutzwert von sozial-moralischen Milieukategorien für Wahlkampfstrategen ist nicht unumstritten, wenn auch die „Neue-Mitte"-Kampagne der SPD 1998 als Bestätigung des Konzepts interpretiert werden könnte.

ABBILDUNG 74 DIE SINUS-MILIEUS IN DEUTSCHLAND 2007

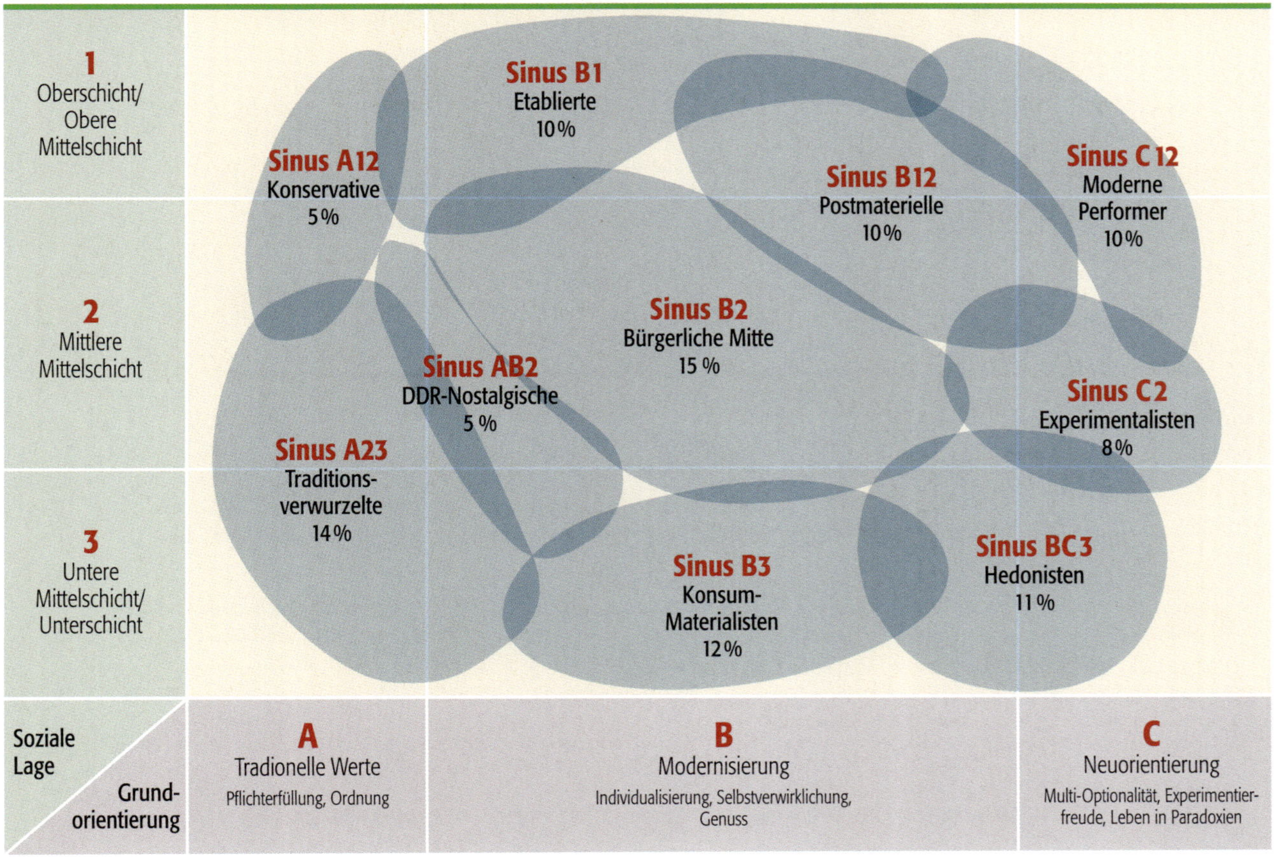


Quelle: Sinus Sociovision 2008.

**ABBILDUNG 75 SOZIALE MILIEUS IN WESTDEUTSCHLAND (2003) UND DIE STÄNDISCHE STUFUNG DER BILDUNG**

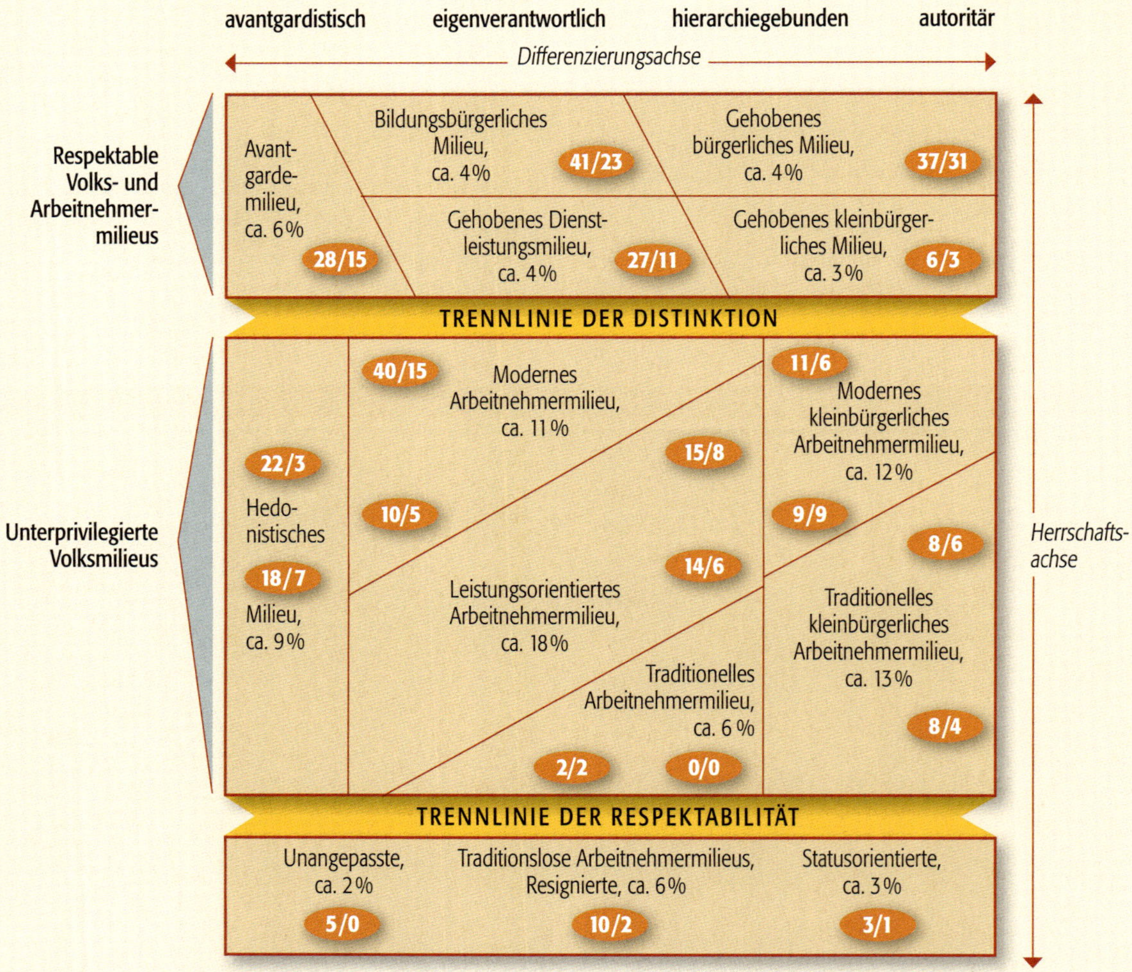


A/H Bildungskennziffern: **Abitur (einschließlich Fachabitur)/Hochschulabschluss (einschließlich Fachhochschulen)** je 100 Milieu-angehörige in Westdeutschland 1991 (Durchschnitt 15,1%/7,7%). Abbrecher(innen) Gymnasien und Realschulen 8,8% (1991).

**Lesebeispiel:** In der oberen Teilgruppe des Modernen Arbeitnehmermilieus haben ca. 40% ein Abitur oder Fachabitur und ca. 15% einen Hochschul- oder Fachhochschulabschluss (40/15).

Statistische Grundlage der Milieuprofile und der Bildungskennziffern: Repräsentative Erhebung (n = 2.699) der deutschsprachigen Wohnbevölkerung ab 14 Jahre 1991 (nach: M. Vester u.a., Soziale Milieus im gesellschaftlichen Strukturwandel, Frankfurt a. M. 2001); Neuformulierung der früheren Milieubezeichnungen aufgrund einer differenzierenden Neuauswertung dieser Erhebung (in: W. Vögele u.a. (Hrsg.), Soziale Milieus und Kirche, Würzburg 2002); Hochrechnung auf die Milieugrößen von 2003 (nach: Sigma – Sozialwissenschaftliches Institut für Gegenwartsfragen, Die sozialen Milieus in der Verbraucheranalyse, www.sigma-online.de vom 22.9.2003).

Quelle: Vester 2006: 12.

## 6.4 Möglichkeiten und Grenzen der Erklärungsmodelle

Die vorangegangene Darstellung der wichtigsten Erklärungsansätze hat die unterschiedlichen Zugänge zur Erklärung des Wählerverhaltens aufgezeigt. Deutlich wurden dabei aber auch die Schwierigkeiten der Wahlforschung, den komplexen Prozess der Wahlentscheidung angemessen in theoretischen Modellen abzubilden. Individuelle Handlungskalküle, gruppenspezifische Interessen sowie Lang- und Kurzzeiteinflüsse lassen sich kaum in einem einzigen Modell angemessen berücksichtigen und zudem auch noch empirisch auseinander halten (Korte 2005a: 95f). Die Erklärungsansätze beschränken sich auf verschiedene Facetten. Sie sind daher auch nicht direkt miteinander zu vergleichen. Zu unterschiedlich sind ihre jeweiligen Prämissen, Vorgehensweisen und Fragestellungen.

Der soziologische Ansatz untersucht in erster Linie die in einer pluralistischen Gesellschaft vorhandenen politisch relevanten Gruppeninteressen. Durch eine Analyse des historisch gewachsenen Konfliktmusters lassen sich diejenigen politischen, ökonomischen und kulturellen Faktoren ermitteln, die zur Herausbildung und zur Stabilisierung dieser Gruppeninteressen im Wesentlichen beigetragen haben. Dass dabei gerade den kulturellen Gesichtspunkten eine große Bedeutung zukommt, haben verschiedene Regionalstudien immer wieder aufs Neue verdeutlicht.

Einen hohen Stellenwert haben in diesem Erklärungsansatz die politischen Eliten. Langfristig formulieren und präsentieren sie die Weltbilder ihrer jeweiligen Anhängerschaft. Kurzfristig aktualisieren sie diese in Form von tagespolitischen (Gruppen-) Forderungen bei den Wahlen. Der soziologische Ansatz verdeutlicht die politische Wirkung der gesellschaftlichen Grundstrukturen und Milieus, die nur einem schrittweise vorankommenden Veränderungsprozess unterliegen. Für politische Parteien lassen sich daher Ausgangspotenziale und deren mittelfristige Veränderung abschätzen. Dagegen entziehen sich kurzfristige Stimmungsumschwünge weitgehend dem Analyseinstrumentarium des soziologischen Ansatzes.

Einen entgegengesetzten Ausgangspunkt nimmt das Modell des rationalen Wählers ein. Es fragt nicht nach den Interessen der Wählerschaft, die als gegeben vorausgesetzt werden. Gefragt wird nach den äußeren Bedingungen und Restriktionen, unter denen die Wähler ihre Entscheidung zu treffen haben. Kurzfristige Stimmungsumschwünge lassen sich als Reaktion auf veränderte Bedingungen, etwa die Inflationsrate, die Arbeitslosenquote, wirtschaftliche Wachstumsraten oder auch ein verändertes Personalangebot interpretieren. Auch in diesem Modell kommt dem Verhalten der politischen Eliten eine Schlüsselfunktion zu. Im Rahmen der Modellvorstellung orientieren sich die politischen Parteien zuallererst an einer Strategie der Stimmenmaximierung, am angestrebten Gewinn der nächsten Wahlen. Hierzu bearbeiten sie die für ihre jeweiligen Zwecke günstigsten Themen, um so Einfluss auf die öffentlichen politischen Diskussionen zu nehmen. Dieses Wettbewerbsmodell schärft allerdings den Blick für die Mitverantwortung der Wählerinnen und Wähler am Zustand des politischen Systems. Anbieter richten sich immer auch nach den Wünschen ihrer potenziellen Nachfrager. Unzureichend lassen sich mit diesem Erklärungsmodell hingegen eher längerfristige Verschiebungen der politischen Kräfteverhältnisse sowie regionale Unterschiede im Wählerverhalten erklären. Beides gründet sich letztlich auf Veränderungen oder Unterschiede, die sich in den Interessen der Wählerschaft entwickeln.

Eine gewisse Mittelposition nimmt der individualpsychologische Ansatz ein. Die Interessenlage der Wählerschaft spiegelt sich in der Ausprägung und in der Verteilung der individuellen Parteiidentifikation wider. Allerdings fragt dieser Ansatz weniger nach den soziostrukturellen Ursachen und den längerfristigen Veränderungen. Im Mittelpunkt des analytischen Interesses steht vielmehr das Zusammenspiel von langfristiger Grundorientierung und kurzfristiger Problembewertung bei aktuellen Wahlentscheidungen.

Das Modell der sozialen Milieus vermischt in gewisser Hinsicht das soziologische mit dem individualpsychologischen Modell. So werden Gruppen gebildet, die nicht als historisch gewachsene

**ABBILDUNG 76 UMFRAGEERGEBNISSE KURZ VOR DEM WAHLTERMIN 2005 (IN PROZENT)**

| Institut | Infratest | Forschungsgruppe Wahlen | Emnid | Allensbach | Forsa | Wahlergebnis |
|---|---|---|---|---|---|---|
| Veröffentlichung | 08.09.2005 | 09.09.2005 | 13.09.2005 | 16.09.2005 | 16.09.2005 | 18.09.2005 |
| CDU/CSU | 41,0 | 41 | 42,0 | 41,5 | 41-43 | 35,2 |
| SPD | 34 | 34 | 33,5 | 32,5 | 32-34 | 34,3 |
| Grüne | 7,0 | 7 | 7,0 | 7,0 | 6-7 | 8,1 |
| FDP | 6,5 | 7 | 6,5 | 8,0 | 7-8 | 9,8 |
| Die Linke.PDS | 8,5 | 8 | 8,0 | 8,5 | 7-8 | 8,7 |

 Quelle: www.wahlrecht.de, Stand 07. Juli 2008.

Einheit betrachtet werden oder aufgrund ihrer Herkunft, Bildung oder Ähnlichem gemeinsame Merkmale aufweisen. Vielmehr bilden individuelle Lebensvorstellungen und Wertorientierung gemeinsame Merkmale verschiedener, unterschiedlicher Milieus. Anhand dieser, zugegebenermaßen unscharfen, Definitionen lassen sich die Einstellung und damit die Wahlabsicht zu und für Parteien untersuchen.

Die Wahlforschung zählt in der empirischen Sozialforschung zu den am weitesten entwickelten Disziplinen. Das gesicherte Wissen über das Wählerverhalten ist in den letzten Jahrzehnten rapide gewachsen. Eine umfassende Theorie des Wählerverhaltens ist jedoch nicht in Sicht – möglicherweise auch gar nicht wünschenswert. Gerade die Existenz mehrerer leistungsstarker Erklärungsansätze mit unterschiedlichen Perspektiven und Schwerpunkten ermöglicht es der Wahlforschung, den komplexen Prozess der Wahlentscheidung in seinen unterschiedlichen Facetten differenziert zu untersuchen.

Von Jahr zu Jahr lässt sich feststellen, dass Wahlen immer gründlicher untersucht werden. Insbesondere die Prognosen der Wahlergebnisse sind jedoch nicht mehr deutlich zu verbessern. Schon bei der Bundestagswahl 2002 wurden kurz vor der Wahl und noch am Wahlabend Zahlen prognostiziert, die einen Sieg von Union und FDP vorhersagten. Auch kurz vor dem Ende des Bundestagswahlkampfes 2005 wurde von einer siegreichen schwarz-gelben Koalition ausgegangen. Zwar verzichteten ARD und ZDF in der letzten Woche vor dem Wahltermin auf die Veröffentlichung von eigenen Umfragen. Die Berichterstattung über Meinungsumfragen nahm aber immer mehr Raum ein, hier wurde vor allem der schrumpfende Abstand der SPD zu Schwarz-Gelb thematisiert (Brettschneider 2005a). Trotzdem griff Gerhard Schröder in der so genannten Elefantenrunde am Wahlabend die Medien scharf an. Sie hätten mit ihrer Wiedergabe der Umfrageergebnisse mit dazu beigetragen, ihn aus dem Amt zu drängen. Zwar erzielte die SPD trotz der beständigen Führung der CDU/CSU in den Umfragen ein beachtliches Wahlergebnis. Viele glaubten aber, dass sich bei anderen, näher am Wahlergebnis liegenden Umfrageergebnissen noch mehr Wechselwähler für die Sozialdemokraten entschieden hätten. So wäre womöglich noch immer ein SPD-Kanzler im Amt. Selbst wenn Gerhard Schröder unter dem Eindruck einer Wahlniederlage argumentiert hatte – der Einfluss von Medien auf das Wahlverhalten ist mittlerweile nachweisbar (Brettschneider 2005b: 473).

Die Umfragen über den Wahlausgang gehören seit Jahren zum ritualisierten Bestand der Berichterstattung. In einer Demoskopie-Demokratie wirken die Umfragedaten in zwei Richtungen: auf die Wähler und auf die Regierenden (Korte 2005b: 15). Zwar können häufig explizit nur so genannte Mitläufereffekte als unmittelbare Wirkung auf das Stimmverhalten gemessen werden. Doch sind solche Effekte nicht zu unterschätzen, weil sie zu Pendelumschwüngen zugunsten der jeweils als modisch geltenden Parteienkoalition führen können (Schoen 2002). Die Bürger wählen in Erwartung eines bestimmten Ergebnisses immer strategischer (Linhart 2007). Hierbei handelt es sich um Effekte, die im Vorhinein über publizierte Umfragewerte die Wähler zu taktischen Wählern machen.

Die auf der linken Seite dargestellten Ergebnisse machen drei Dinge deutlich:

- Erstens werden Prognosen trotz ihrer hohen Treffsicherheit in der Vergangenheit zukünftig geringere Aussagekraft über den Wahlausgang haben.
- Zweitens entscheiden sich immer mehr Wähler erst kurz vor dem Wahltag für eine Partei, was die Ungenauigkeit von Umfragen erhöht.
- Drittens erscheint es nicht mehr ausgeschlossen, dass sich die Wähler kurz vor der Wahl von den veröffentlichten Prognosen in ihrer Entscheidung beeinflussen lassen.

## 6.5 Weiterführende Literatur


*Arzheimer, Kai/Schmitt, Annette (2005): Der ökonomische Ansatz, in: Falter, Jürgen W./Schoen, Harald (Hrsg.): Handbuch Wahlforschung, Wiesbaden, S. 243-303.*

*Brettschneider, Frank/Deth, Jan van/Roller, Edeltraud (Hrsg.) (2002): Das Ende der politisierten Sozialstruktur?, Opladen.*

*Brettschneider, Frank (2005a): Bundestagswahlkampf und Medienberichterstattung, in: Aus Politik und Zeitgeschichte Nr. 51-52, 2005, S. 19-26.*

*Brettschneider, Frank (2005b): Massenmedien und Wählerverhalten, in: Falter, Jürgen/Schoen, Harald (Hrsg): Handbuch Wahlforschung, Wiesbaden, S. 473-498.*

*Bürklin, Wilhelm/Klein, Markus (1998): Wahlen und Wählerverhalten, 2. Auflage, Opladen.*

*Campbell, Angus/Converse, Philip/Miller, Warren/Stokes, Donald (1960): The American Voter, New York.*

*Deth, Jan W. van/Rattinger, Hans/Roller, Edeltraud (Hrsg.) (2000): Die Republik auf dem Weg zur Normalität? Wahlverhalten und politische Einstellungen nach acht Jahren Einheit, Opladen.*

*Downs, Anthony (1957): An Economic Theory of Democracy, New York.*

*Eilfort, Michael (1994): Die Nichtwähler. Wahlenthaltung als Form des Wahlverhaltens, Paderborn.*

*Eith, Ulrich/Mielke, Gerd (2006): Wahlforschung. Zur Bedeutung und Methodik empirischer Sozialforschung in der Politikwissenschaft, in: Mols, Manfred/Lauth, Hans-Joachim/Wagner, Christian (Hrsg.): Politikwissenschaft. Eine Einführung, 5., aktual. u. erw. Auflage, Paderborn, S. 315-345.*

*Falter, Jürgen W./Schoen, Harald (Hrsg.) (2005): Handbuch Wahlforschung, Wiesbaden.*

*Feist, Ursula (1994): Der Nichtwähler 1994, in: Aus Politik und Zeitgeschichte, Nr. 51-52, 1994, S. 35-46.*

*Forschungsgruppe Wahlen e.V. (2005): Bundestagswahl. Eine Analyse der Wahl vom 18. September 2005. Vorläufige Fassung, in: Berichte der Forschungsgruppe Wahlen e.V. Mannheim, Nr. 122-2005.*

*Gehring, Uwe W./Winkler, Jürgen R. (1997): Parteiidentifikation, Kandidaten- und Issueorientierungen als Determinanten des Wahlverhaltens in Ost und Westdeutschland, in: Gabriel, Oscar W. (Hrsg.): Politische Orientierungen und Verhaltensweisen im vereinigten Deutschland, Opladen, S. 473-506.*

*Geiling, Heiko/Vester, Michael (2007): Das soziale Kapital der politischen Parteien. Die Akzeptanzkrise der Volksparteien als Frage der Individualisierung oder der sozialen Gerechtigkeit, in: Brettschneider, Frank/Niedermayer, Oskar/Weßels, Bernhard (Hrsg.): Die Bundestagswahl 2005. Analysen des Wahlkampfes und der Wahlergebnisse, Wiesbaden, S. 457-490.*

*Glaab, Manuela/Korte, Karl-Rudolf (1999): Politische Kultur, in: Weidenfeld, Werner/Korte, Karl-Rudolf (Hrsg.): Handbuch zur deutschen Einheit 1949 – 1989 – 1999, Neuausgabe, Frankfurt a. M., S. 642-650.*

*Gluchowski, Peter/Graf, Jutta/Wilamowitz-Moellendorff, Ulrich von: (2002) Sozialstruktur und Wahlverhalten in der Bundesrepublik Deutschland, in: Gabriel, Oscar W./Niedermayer, Oskar/Stöss, Richard (Hrsg.): Parteiendemokratie in Deutschland, 2., aktual. u. erw. Auflage, Bonn, S. 181-203.*

*Hradil, Stefan (2006): Soziale Milieus – eine praxisorientierte Forschungsperspektive, in: Aus Politik und Zeitgeschichte, Nr. 44-45, 2006, S. 3-10.*

*Kaase, Max/Klingemann, Hans-Dieter (Hrsg.) (2001): Wahlen und Wähler. Analysen aus Anlaß der Bundestagswahl 1998, Opladen.*

*Kersting, Norbert (2004): Nichtwähler. Diagnose und Therapieversuche, in: Zeitschrift für Politikwissenschaft, 14. Jg. (2004) Heft 2, S. 403-427.*

*Klein, Markus/Jagodzinski, Wolfgang/Mochmann, Ekkehard/Ohr, Dieter (Hrsg.) (2000): 50 Jahre empirische Wahlforschung in Deutschland. Entwicklung, Befunde, Perspektiven, Daten, Wiesbaden.*

*Klein, Markus/Ohr, Dieter (2000): Gerhard oder Helmut? „Unpolitische" Kandidateneigenschaften und ihr Einfluss auf die Wahlentscheidung bei der Bundestagswahl 1998, in: Politische Vierteljahresschrift, 2000, Heft 2, S. 199-224.*

*Kleinhenz, Thomas (1995): Die Nichtwähler. Ursachen der sinkenden Wahlbeteiligung in Deutschland, Opladen.*

*Korte, Karl-Rudolf (1990): Die Folgen der Einheit. Zur politisch-kulturellen Lage der Nation, in: Aus Politik und Zeitgeschichte Nr. 27, 1990, S. 29-38.*

*Korte, Karl-Rudolf (Hrsg.) (2005a): Wahlen in Deutschland, 5. Auflage, Bonn.*

*Korte, Karl-Rudolf (Hrsg.) (2005b): Was entschied die Bundestagswahl 2005?, in: Aus Politik und Zeitgeschichte 51-52, 2005, S. 12-16.*

*Korte, Karl Rudolf/Diermann, Melanie/Ballensiefen, Moritz (2008): Alles Marketing, oder was!? Betrachtung zweier Wahlwerbespots von SPD und CDU aus dem Bundestagswahlkampf 2005 unter Marketingaspekten, in: Dörner, Andreas/Schicha, Christian (Hrsg.): Politik im Spot-Format. Zur Semantik, Pragmatik und Ästhetik politischer Werbung in Deutschland, Wiesbaden, S. 101-128.*

*Korte, Karl-Rudolf/Weidenfeld, Werner (Hrsg.) (2001): Deutschland-Trendbuch – Fakten und Orientierungen, Opladen.*

*Lange-Vester, Andrea/Bremer, Helmut (Hrsg.) (2006): Bewältigung, Verarbeitung, Umstellung: Soziale Milieus und Wandel der Sozialstruktur. Festschrift für Michael Vester, Wiesbaden.*

*Lazarsfeld, Paul F./Berelson, Bernard R./Gaudet, Hazel (1944): The people´s choice. How the voter makes up his mind in a presidential campaign, New York.*

*Linhart, Eric (2007): Rationales Wählen als Reaktion auf Koalitionssignale am Beispiel der Bundestagswahl 2005, in: Politische Vierteljahresschrift, 48. Jg. (2007), Heft 3, S. 461-484.*

*Lipset, Seymour M./Rokkan, Stein (Hrsg.) (1967): Party System and Voter Alignments, New York.*

*Mensch, Kirsten (1999): Wähler und Parteien: eine strategische Interaktion. Ein Überblick über die neuere Wahl- und Parteienforschung, in: Neue Politische Literatur, Jg. 44 (1999), Heft 3, S. 380-401.*

*Noelle-Neumann, Elisabeth/Petersen, Thomas (2005): Alle, nicht jeder. Einführung in die Methoden der Demoskopie. 4. Auflage. Berlin/Heidelberg/New York.*

*Oberndörfer, Dieter/Mielke, Gerd/Eith, Ulrich (1996): Folgenschwere Weiterentwicklung für die kommenden Jahre, in: Frankfurter Rundschau v. 24.3.1996, Nr. 76.*

Oberndörfer, Dieter/Mielke, Gerd/Eith, Ulrich (1998): Die neue Konfliktlinie, in: Blätter für deutsche und internationale Politik 1998, Heft 11, S. 1291-1296.

Roth, Dieter (1999): Wahlen, in: Weidenfeld, Werner/Korte, Karl-Rudolf (Hrsg.): Handbuch zur deutschen Einheit, Neuausgabe, Bonn, S. 839-847.

Roth, Dieter (2008): Empirische Wahlforschung, 2., aktual. Auflage, Opladen.

Schmitt-Beck, Rüdiger (2002): Politische Kommunikation und Wählerverhalten. Ein internationaler Vergleich, 2. Auflage, Wiesbaden.

Schmitt-Beck, Rüdiger (2003): Politische Medienwirkungen in vergleichender Perspektive, in: Esser, Frank/Pfetsch, Barbara (Hrsg.): Politische Kommunikation im internationalen Vergleich, Wiesbaden, S. 337-367.

Schoen, Harald (2002): Wirkungen von Wahlprognosen auf Wahlen, in: Berg, Thomas (Hrsg.): Moderner Wahlkampf, Opladen, S. 171-191.

Schoen, Harald (2005): Soziologische Ansätze in der empirischen Wahlforschung, in: Falter, Jürgen W./Schoen, Harald (Hrsg.): Handbuch Wahlforschung, Wiesbaden, S. 135-185.

Schoen, Harald/Weins, Cornelia (2005): Der sozialpsychologische Ansatz zur Erklärung von Wahlverhalten, in: Falter, Jürgen W./Schoen, Harald (Hrsg.): Handbuch Wahlforschung, Wiesbaden, S. 187-242.

Schultze, Rainer-Olaf (1991): Wählerverhalten und Parteiensystem, in: ders. (Hrsg.): Wahlverhalten, Stuttgart 1991, S. 11-41.

Sinus (1984): Planungsdaten für die Mehrheitsfähigkeit der SPD. Ein Forschungsprojekt des Vorstandes der SPD, Bonn.

Sinus (1992): Lebensweltforschung und soziale Milieus in West- und Ostdeutschland, Heidelberg.

Sinus Sociovision (2008): Die Sinus-Milieus in Deutschland 2007, www.sinus-sociovision, Stand 10. September 2008.

Starzacher, Karl u.a. (Hrsg.) (1992): Protestwähler und Wahlverweigerer. Krise der Demokratie?, Köln.

Vester, Michael (2001): Milieus und soziale Gerechtigkeit, in: Korte, Karl-Rudolf/Weidenfeld, Werner (Hrsg.): Deutschland-Trendbuch – Fakten und Orientierungen, Bonn, S. 160-171.

Vester, Michael (2006): Soziale Milieus und Gesellschaftspolitik, in: Aus Politik und Zeitgeschichte Nr. 44-45, 2006, S. 10-17.

Weidenfeld, Werner/Korte, Karl-Rudolf (1991): Die Deutschen. Profil einer Nation, Stuttgart.

Weissenbach, Kristina/Korte, Karl-Rudolf (2006): „Wahlsysteme und Wahltypen“: Wahlen als Qualitätskennzeichen einer Demokratie, in: Heberer, Thomas/Derichs, Claudia (Hrsg.): Wahlsysteme und Wahltypen, Wiesbaden S. 26-48.

Weßels, Bernhard (2007): Wechselwahlkämpfe – Parteien im Spagat zwischen Stamm- und immer mehr Wechselwählern, in: WZB-Mitteilungen, Heft 117, September 2007, S. 24-27.

Zelle, Carsten (1995): Der Wechselwähler. Politische und soziale Erklärungsansätze des Wählerwandels in Deutschland und den USA, Opladen.

# Kapitel 7
# Politische Kultur und Parteiensystem

## 7.1 Politische Kultur in Nordrhein-Westfalen

Mit dem Begriff der politischen Kultur rücken Einstellungen und Grundorientierungen der Bürgerinnen und Bürger ins Blickfeld, soweit sie den Bereich des Politischen betreffen (Korte/Florack/Grunden 2006: 26). Damit tritt neben die formellen politischen Institutionen ein subjektiver Aspekt des Politischen, denn Institutionen und politisch-kulturelle Orientierungen existieren nicht unabhängig voneinander (Glaab/Korte 1999: 642). Der Begriff der politischen Kultur umfasst grundsätzlich die Summe aller politisch relevanten Einstellungen, Vorstellungen, Meinungen und Wertorientierungen innerhalb einer Bevölkerung zu einem bestimmten Zeitpunkt und steht daher in unmittelbarer Nähe zum Begriff des Landesbewusstseins.

Der Politikwissenschaftler Karl Rohe resümierte dazu: „Die politische Kultur Nordrhein-Westfalens zeichnet sich durch eine bemerkenswerte politische Offenheit gegenüber Landesfremden und Zugezogenen aus. Viele Indizien sprechen dafür, dass es dieses Land insgesamt, sicherlich regional unterschiedlich, Neueinwanderern stets vergleichsweise leicht gemacht hat, in der politischen Gesellschaft Fuß zu fassen" (Rohe 1984: 31).

Bei der Definition der speziellen politischen Kultur Nordrhein-Westfalens sollte man sich zunächst auf die Suche nach dem „Landesspezifischen" begeben (Dörner 2001: 68f). Da das Land im Gegensatz zu historisch gewachsenen Gebieten wie zum Beispiel Bayern erst nach Ende des zweiten Weltkriegs von der britischen Besatzungsmacht aus den vorher völlig eigenständigen preußischen Provinzen Westfalen und Nord-Rheinland gegründet wurde, sind traditionelle Gemeinsamkeiten von Rheinländern, Westfalen, Ruhrgebietlern und Lippern schwer zu definieren. Erst mit der Entwicklung des Landes seit 1945 bildeten sich langsam Gemeinsamkeiten, ein Wir-Gefühl und schließlich eine eigene nordrhein-westfälische Identität heraus. Gemeinsame Wurzeln liegen in erster Linie bei der Herausbildung der klassischen Industrie- und Arbeitergesellschaft im 19. Jahrhundert und aktuell in der Formierung einer modernen Informations- und Dienstleistungsgesellschaft. Somit waren für das „Bindestrichland" zwischen Rhein und Ruhr Fragen des Landesbewusstseins schon immer von entscheidender Bedeutung. Erst durch die kombinierte Betrachtung von politischer Kultur und Landesidentität sind Rückschlüsse auf landesspezifische Eigenarten und ihre Bedeutung für das Wahlverhalten in Nordrhein-Westfalen möglich. Während die politische Kultur Nordrhein-Westfalens in für die ganze Bundesrepublik identifizierbare Wertorientierungen eingebettet ist, lassen sich dennoch landesspezifische Unterschiede herausarbeiten und damit praktische Konsequenzen für die Landespolitik skizzieren.

### Politisch-kulturelle Traditionslinien

Bei der genauen Analyse der politischen Kultur in Nordrhein-Westfalen lassen sich folgende fünf Hauptmerkmale herausarbeiten (Dörner 2001: 69ff; Korte/Florack/Grunden 2006: 30ff):

- Erstens ist eine besondere **Kooperationskultur** erkennbar: Gerade der Bindestrich-Charakter des Landes hat die besondere Betonung von Kooperation und Konsens in Nordrhein-Westfalen verstärkt. Ihr Ursprung liegt in der heterogenen, gemischt-konfessionellen Kultur im gesamten Land und besonders im Ruhrgebiet. So sind es die Menschen von Nordrhein-Westfalen von Geburt an gewöhnt, mit anders denkenden Mitbürgern tolerant zusammenzuleben. Konkret tritt somit eine starke Orientierung der Bürger auf Konsens, Kooperation und Konkordanz zutage, die sich direkt auf die Landespolitik auswirkt. Bestes Beispiel dafür ist die historisch geprägte Machtbeteiligung der Opposition im Düsseldorfer Landtag. So verwies die CDU bei der 1995 anstehenden Neubesetzung der Verwaltungsspitzen in drei Regierungspräsidien auf die seit den 1950er Jahren gängige Praxis, die jeweilige Opposition bei der Ämtervergabe zu berücksichtigen. Durch den so genannten „Arnold-Schlüssel" wird die größte Oppositionspartei traditionell bei der Besetzung von Verwaltungsstellen mitbedacht. Daran hat auch die Regierungsübernahme der schwarz-gelben Koalition 2005 nichts geändert. Die SPD besetzt als größte Oppositionspartei weiterhin die Spitze eines Regierungsbezirks, aktuell die des Regierungspräsidenten von Düsseldorf.

- Zweitens kann angesichts einer deutlich erkennbaren sozialen Traditionslinie zudem von einer ausgeprägten **Sozialkultur** gesprochen werden. Die überragende Bedeutung sozialpolitischer Fragen zeigt sich in der lagerübergreifenden Beachtung dieses Themenkomplexes. Politisch fand die Sozialkultur ihren konkreten Ausdruck im Modell des „rheinischen Kapitalismus". Die Ablehnung eines rein marktwirtschaftlich orientierten Kapitalismus ging mit einer starken sozialpolitischen Orientierung aller politischen Lager und Milieus einher. Die Ankündigung von Ministerpräsident Jürgen Rüttgers bei seinem Amtsantritt 2005, wirtschaftliche Vernunft mit sozialer Gerechtigkeit in Einklang bringen zu wollen, signalisiert, dass es sich hierbei keineswegs nur um eine sozialdemokratisch geprägte Traditionslinie handelt. Dies unterstützte der Ministerpräsident auch durch seine in der Öffentlichkeit angestoßenen Debatten zur Verlängerung des Arbeitslosengeldes I 2007 und der Mindestrente für ältere Arbeitnehmer 2008.

- Als drittes Grundmuster lässt sich eine ausgeprägte **Integrationskultur** feststellen. Diese zeigte sich deutlich bei der Integration zahlreicher Bürgerinnen und Bürger mit Migrationshintergrund, die in Nordrhein-Westfalen verhältnismäßig reibungslos vonstatten ging. In der ersten Hälfte des 19. Jahrhunderts kamen zahlreiche Zuwanderer aus Osteuropa speziell ins Ruhrgebiet, nach Ende des zweiten Weltkriegs waren es dann die Gastarbeiter aus Süd- und Südosteuropa, die sich in Nordrhein-Westfalen ansiedelten. Damit verbundene soziale Konflikte wurden relativ erfolgreich abgefangen, auch wenn diese Traditionslinie durch die zunehmende Aggressivität rechtsradikaler Milieus potenziell bedroht ist.

- Die vierte Traditionslinie der **Bürgerkultur** bezeichnet die stark ausgebildete Komponente bürgerlicher Selbstorganisation und Selbstverwaltung. Ausdruck dessen sind sowohl etablierte Vereinsstrukturen als auch kirchlich geprägte politische Großorganisationen, die sich historisch aus den katholischen beziehungsweise sozialistischen Bürgermilieus des Landes herausgebildet haben. In der Regel waren für die bürgerliche Selbstverwaltung gesellschaftliche Großorganisationen maßgebliche und treibende Akteure. So ist der Alltag in Nordrhein-Westfalen bis heute von einem regen Vereinsleben gekennzeichnet: Schützen-, Sport- und Karnevalsvereine, Bürgerinitiativen, Freiwillige Feuerwehren oder die westfälischen Nachbarschaftsorganisationsformen bestimmen maßgeblich das kommunale Leben in Nordrhein-Westfalen. Dies äußert sich beispielsweise auch im Prototyp des nordrhein-westfälischen kommunalen Spitzenpolitikers, der idealtypisch mehrere Vorstandsämter in Partei, Sport- und Schützenverein in einer Person vereint.

- Die fünfte Traditionslinie der **Organisationskultur** unterstreicht schließlich das besondere Gewicht organisierter Interessen als wichtiges Kennzeichen nordrhein-westfälischer politischer Kultur. So hat die Mehrzahl der in der Bundesrepublik aktiven Verbände und Gewerkschaften auch wegen der Bevölkerungsgröße ihren Hauptsitz an Rhein und Ruhr. Ein Drittel aller Mitglieder der weltgrößten Einzelgewerkschaft Ver.di stammen zum Beispiel aus Nordrhein-Westfalen. Ähnlich stellt es bei der IG Metall und der IG Bergbau Chemie und Energie dar. So hat besonders Nordrhein-Westfalen einen großen Einfluss auf die Herausbildung der deutschen Korporatismuskultur. Doch angesichts der tendenziell sinkenden Bindungswirkung organisierter Interessenverbände im Zuge gesellschaftlicher Veränderungsprozesse ist diese politisch-kulturelle Grundlinie mittlerweile bedroht.

**Landesbewusstsein**

Anders als in historisch gewachsenen Bundesländern, wie beispielsweise Bayern, zeigt sich bereits im Namen das politisch verbindende und gleichzeitig kulturell trennende Element zwischen zwei unterschiedlichen Landesteilen: der Bindestrich. Dieser trennende Charakter fand schnell Eingang in das Problembewusstsein der Landespolitiker. Die Etablierung einer landeseigenen Identität wurde von unterschiedlichen Seiten als Ziel formuliert, wenn auch mithilfe unterschiedlicher Instrumente verfolgt. Dabei können grundsätzlich zwei Phasen unterschieden werden (Korte/Florack/Grunden 2006: 28ff):

In der ersten Phase von den 1950er bis zur Mitte der 1970er Jahre sollte das nordrhein-westfälische Landesbewusstsein mit traditionellen Mitteln der Repräsentation gestärkt werden. Hier sind vor allem die Bemühungen von Ministerpräsident Franz Meyers (CDU) zu nennen. Mit Hilfe symbclischer Instrumente

## Infobox [41] Landesfahnen und Landeswappen

**Wappen und Flaggen sind Hoheitszeichen und damit die klassischen Symbole, mit denen sich ein Staat nach außen präsentiert und ein Landesbewusstsein nach innen vermittelt. Das Land Nordrhein-Westfalen führte beides relativ schnell nach seiner Gründung 1948 ein. Am 10.03.1953 beschloss der Landtag das „Gesetz über die Landesfarben, das Landeswappen und die Landesflagge", das bis heute in Kraft ist.**

Das nordrhein-westfälische Wappen besteht aus drei Feldern, die jeweils ein Teilgebiet des Bundeslands repräsentieren. Auf der linken Seite ist ein silberner Wellenbalken auf grünem Hintergrund zu sehen. Dieser soll als Versinnbildlichung des Rheinstroms das Rheinland symbolisieren. Auf der rechten Seite erkennt man ein springendes silbernes Pferd auf rotem Hintergrund. Das Sachsenross repräsentiert die ehemalige preußische Provinz Westfalen. Auch der kleinste Landesteil, das erst 1948 in das Territorium integrierte Land Lippe, ist auf der unteren Hälfte des Landeswappens durch die fünfblättrige rote Rose mit goldenem Butzen und fünf goldenen Kelchblättern vertreten.

2007 wurde das Wappen im Zuge der Einführung eines neuen Corporate Designs der Landesregierung leicht verändert. Durch eine Verringerung der schwarzen Konturen sollen Pferd und Rose besser zur Geltung kommen. Das veränderte Wappen wird allerdings nur in der Öffentlichkeitsarbeit der Landesregierung eingesetzt, die alte Version bleibt als offizielles Landeswappen bestehen.

Die nordrhein-westfälische Flagge ist hingegen bis heute nicht überarbeitet worden. Die 1947 eingeführte grün-weiß-rote Trikolore vereint weiterhin die traditionellen Farben des Rheinlands (Grün-Weiß) und Westfalens (Rot-Weiß).

Die Idee einer eigenständigen NRW-Hymne wurde bislang nicht verwirklicht. Ministerpräsident Franz Meyers machte diesen Gedanken 1960 publik. Sein Vorschlag wurde letztlich aber wegen des breiten Widerstands in der Bevölkerung verworfen.

wie Landesorden, Landeshymne und Landeswappen sollte der künstliche Charakter des Landes überwunden und das Zusammengehörigkeitsgefühl seiner Bürger gestärkt werden. Zudem wurde eine öffentliche Debatte über den Namen des Bundeslandes geführt, in deren Verlauf beispielsweise „Montana" als neuer Landesname vorgeschlagen wurde – als Symbol für Kohle und Stahl sowie die Wälder des Bergischen Landes oder der Eifel. Diese auf Repräsentation abgestellten Versuche blieben jedoch weitgehend ohne Resonanz.

In der zweiten Phase seit Anfang der 1980er Jahre bediente sich die Politik diverser Marketinginstrumente, um zu einer Corporate Identity des Landes beizutragen. Diese Bemühungen gingen maßgeblich auf den Ministerpräsidenten Johannes Rau zurück, der in seiner Regierungserklärung 1985 exemplarisch hervorhob: „Wir in Nordrhein-Westfalen wissen: Wir leben in einem schönen und starken Land. Wir sind fast 17 Millionen Menschen. Unsere Herkunft ist unterschiedlich, unsere Zukunft ist gemeinsam. Wir leben gerne hier. Vielfalt ist unsere Stärke. Wir sind stolz auf unsere Heimat" (zit. nach von Alemann/Brandenburg 2000: 72). Symbolisch aufgenommen wurde diese Initiative im Slogan „Wir in Nordrhein-Westfalen" sowie im grün-weiß-roten Design der NRW-Großbuchstaben, das von 1991 bis 2007 im Rahmen der Öffentlichkeitsarbeit von allen Landesministerien und nachgeordneten Behörden eingesetzt wurde. Die neue Landesregierung setzt nun andere Akzente und verzichtet bewusst auf die Abkürzung NRW. Außerdem befindet sich die Staatskanzlei derzeit auf der Suche nach einem neuen Slogan, der das Land als Wirtschaftsstandort international positionieren soll. Als Vorbild gilt die Imagekampagne Baden-Württembergs mit dem Slogan: „Wir können alles außer Hochdeutsch." Erste Vorschläge für ein nordrhein-westfälisches Pendant sind schon bekannt, einer lautet: „Europe's creative heartbeat" (Europas kreativer Herzschlag).

Ein maßgeblicher Beitrag zur Stärkung eines nordrhein-westfälischen Identitätsgefühls kann zusätzlich einem nicht politischen Akteur zugeschrieben werden – dem Westdeutschen Rundfunk (WDR). Die herausragende Rolle der öffentlich-rechtlichen Rundfunk- und Fernsehanstalt aus Köln für das Landesbewusstsein ergab sich nicht zuletzt aus der zerklüfteten Presselandschaft Nordrhein-Westfalens. Angesichts des Mangels an überregionalen Zeitungen wurde der WDR mit seinem landesweiten Programm zur massenmedialen Klammer für die unterschiedlichen Landesteile. Neben der Kommunal- und der Bundespolitik erhielt damit auch die Landespolitik ein massenmediales Forum. Zugleich bildet der WDR heute mit seinen zahlreichen Regionalfenstern und lokalen Programmelementen die fortbestehende Vielfalt des Landes ab. So betreibt der WDR mittlerweile elf Regionalstudios in Nordrhein-Westfalen – so viele wie keine andere ARD-Anstalt in ihrem Sendegebiet (→ **siehe Abbildung 77**).

Zudem kann dem WDR auch ein wichtiger Kulturfaktor zugeschrieben werden: So sind die beiden WDR-Orchester ein wichtiger Bestandteil des Konzertlebens im gesamten Land (Meckel 2001). Darüber hinaus sind noch die privaten Fernsehsender RTL, SuperRTL, Vox, n-tv und NRW.TV sowie die Filmstiftung NRW und die Landesinitiative media.nrw zu nennen, die Nordrhein-Westfalen zu einen der führenden Medienstandorte der Republik gemacht haben (von Alemann/Brandenburg 2000: 173ff).

Neben der „Bindestrich-Kultur" hat sich in Nordrhein-Westfalen zudem eine eigenständige Ruhrgebietskultur entwickelt, die verstärkt in zahlreichen Initiativen, Arbeitskreisen und Projekten ihren Ausdruck fand und nun durch die erfolgreiche Bewerbung Essens und der gesamten Region zur Kulturhauptstadt 2010 geadelt wurde. Spielte bei Rheinländern, Westfalen und Lippern das landsmannschaftliche Moment eine konstitutive Rolle, so war das verbindende Element der Region Ruhrgebiet untrennbar mit der industriellen Entwicklung verzahnt. Das zunächst rapide industrielle Wachstum der Region und der nachfolgende Strukturwandel ließen eine pragmatische Kultur entstehen, die auch schwierigsten sozialen und ökonomischen Situationen trotzte. Sie wurde und wird von Kabarettisten wie Herbert Knebel und Atze Schröder karikiert, von Filmemachern wie Peter Thorwarth und Sönke Wortmann in Filmen verewigt und von Sängern wie Herbert Grönemeyer und Wolfgang Petry besun-

ABBILDUNG 77 WDR-LANDESSTUDIOS IN NORDRHEIN-WESTFALEN

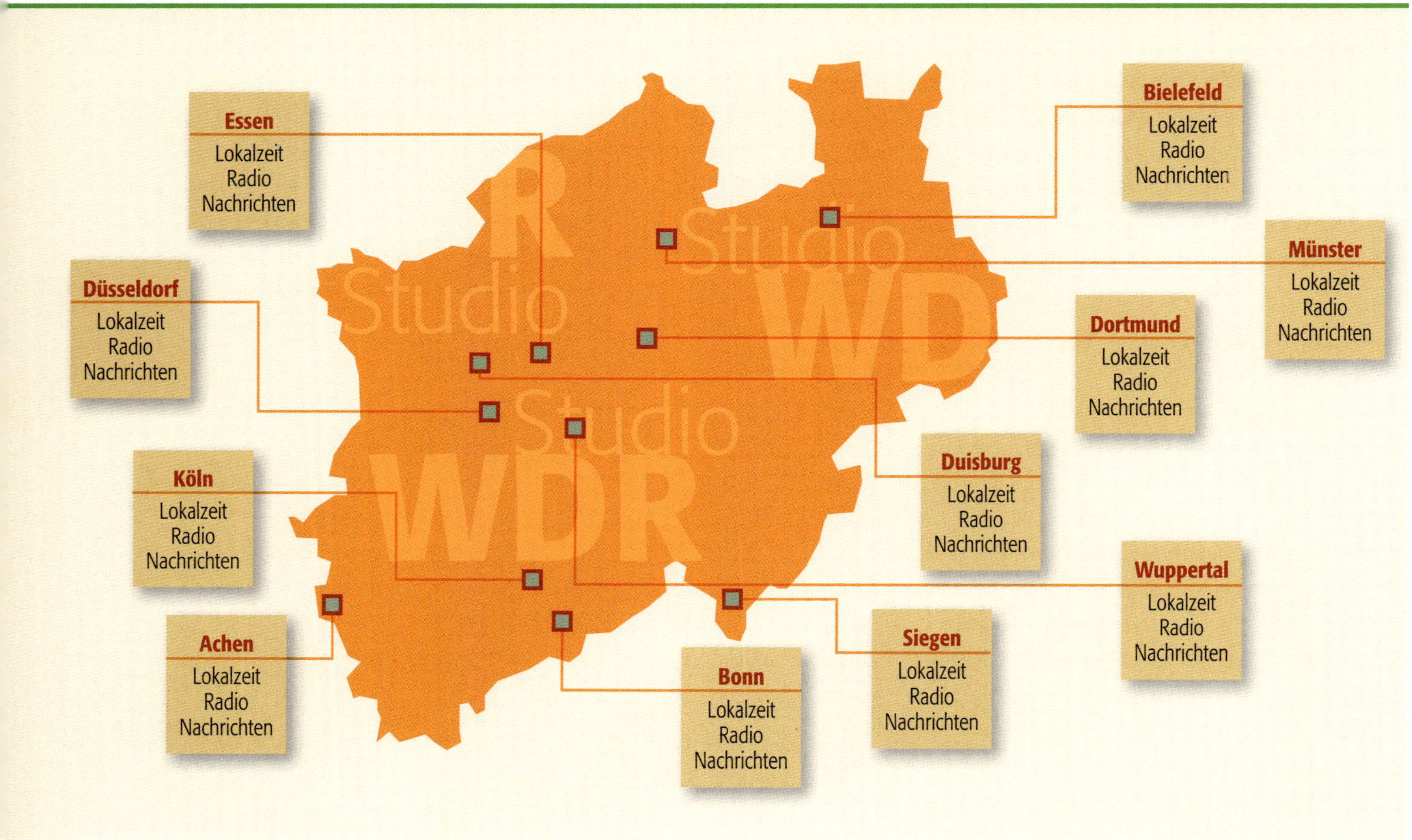


Quelle: www.wdr.de, Stand: September 2008.

gen. Trotz des 1979 gegründeten Kommunalverbandes Ruhrgebiet, der seit 2004 Regionalverband Ruhr heißt, ist die Region bis heute verwaltungstechnisch dreigeteilt. Durch die Mitte des Reviers verlaufen die Grenzen der drei Regierungsbezirke Arnsberg, Münster und Düsseldorf. Überlegungen der schwarz-gelben Landesregierung zur Gründung dreier Regionalpräsidien und zu einer grundlegenden Verwaltungsreform tragen der Eigenständigkeit des Ruhrgebiets Rechnung. Eine eigenständige Verwaltungseinheit ist zwar weiterhin geplant, bislang aber noch nicht umgesetzt.

## 7.2 Parteibindungen und Wählerstruktur

Dortmund sei die Herzkammer der SPD, soll Willy Brandt einmal gesagt haben (Korte/Florack/Grunden 2006: 39-41). Anders gesprochen sind Wahlen in der Heimatstadt von Borussia Dortmund Heimspiele, die von Sozialdemokraten gewonnen werden müssen, um Chancen auf die politische Meisterschaft in Bund und Land wahren zu können. Denn die politische Situation in der drittgrößten Stadt Nordrhein-Westfalens ist ein Synonym für das gesamte Ruhrgebiet. Auch in Duisburg, Essen, Gelsenkirchen und Bochum hat die SPD über Jahrzehnte hinweg Wahlergebnisse von deutlich über 50 Prozent erreichen können.

Welche strategische Bedeutung die gesamte Region an Rhein und Ruhr für die Sozialdemokratie hat, zeigte die Landtagswahl 2005. Als am Abend des 22. Mai 2005 die Niederlage der SPD in Nordrhein-Westfalen Gewissheit wurde, sah der damalige Bundeskanzler Gerhard Schröder auch keine Perspektiven mehr für die rot-grüne Bundesregierung und bekundete seine Absicht, Neuwahlen im Bund anzustreben. Dabei waren die Revierstädte die letzten sozialdemokratischen Hochburgen gewesen. Doch der geschrumpfte Vorsprung im Ruhrgebiet reichte nicht mehr für den Machterhalt. Bis auf sechs versprengte Ausnahmen in Köln und Ostwestfalen wurde in den Städten und Landkreisen jenseits des Reviers bei der Landtagswahl die Union gewählt. Nach 39 Jahren Opposition kehrte die CDU auf die Regierungsbank zurück.

Zwar ist die fast 40 Jahre andauernde Regierungsverantwortung der Sozialdemokratie nicht ohne ihre Vormachtstellung im Revier zu erklären, aber ein Blick auf die historische Entwicklung und die regionalen Besonderheiten des nordrhein-westfälischen Parteiensystems zeigt, dass sozialdemokratische Parteiloyalität im bevölkerungsstärksten Bundesland der Republik nicht automatisch gegeben war. Denn schon immer lagen dort, wo der Anteil an katholischen Kirchgängern besonders hoch war, die nahezu uneinnehmbaren Hochburgen der Christdemokraten. Dies hat sich bis heute nicht geändert. In Ostwestfalen, im Sauerland, am Niederrhein und im Münsterland regiert traditionell die CDU. Ihr bestes Ergebnis bei der letzten Kommunalwahl 2004 erzielte die Union im Kreis Olpe. Mit 62,1 Prozent können sich die Christdemokraten hier auf eine komfortable absolute Mehrheit verlassen.

Auch das Ruhrgebiet ist kein historisches Stammland der „roten Arbeiterbewegung", wie es beispielsweise die sächsischen Industriezentren bis zur NS-Diktatur gewesen waren. Noch bis in die 1950er Jahre hinein übte die katholische Arbeiterbewegung, die bis 1933 der Zentrumspartei und nach 1945 der CDU nahe stand, eine starke Anziehungskraft auf die Arbeiterschaft im Revier aus. Die SPD hatte sich ihre Vormachtstellung im Ruhrgebiet in den 1950er und 1960er Jahren erst hart erarbeiten müssen. Die Kommunalwahlen von 1999 mit dramatischen Einbrüchen von bis zu 14 Prozent bewiesen, dass sozialdemokratische Mehrheiten kein Naturgesetz sind. 2004 konnte die SPD aber zumindest einen Teil des verlorenen Terrains wieder zurückgewinnen. Ihr bestes Ergebnis erzielte sie in Oberhausen mit 50,4 Prozent. Aber auch Dortmund, Bottrop, Gelsenkirchen, Bochum und Oberhausen sind wieder beziehungsweise weiterhin fest in sozialdemokratischer Hand.

**ABBILDUNG 78 ÜBERSICHT GEWINNER WAHLKREISE LANDTAGSWAHL 2005**

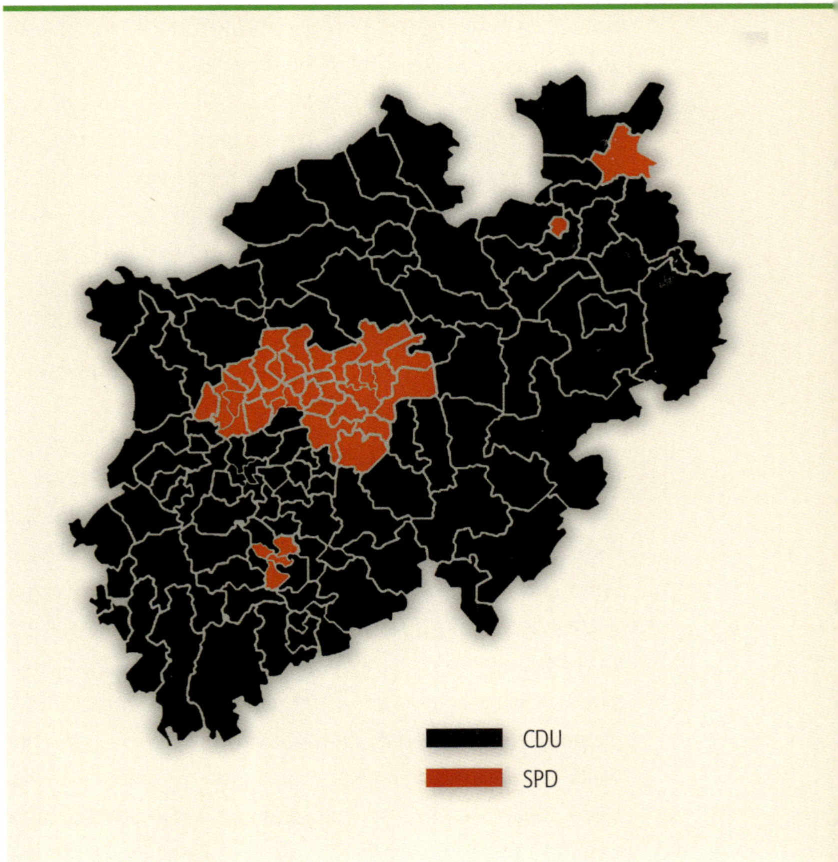


Quelle: Der Landeswahlleiter 2005.

In Politikwissenschaft und Medien hielt sich dennoch lange der Mythos vom „Stammland der SPD", vom sozialdemokratischen Pendant zum konservativen Bayern (Korte/Florack/Grunden 2006: 40f). Im Freistaat liegt die CSU seit Jahrzehnten bei allen landesweiten Wahlen mindestens 20 Prozentpunkte vor der SPD. Als Regionalpartei gilt sie als immun gegen negative Einflüsse der Bundespolitik. Auch wenn die CSU die absolute Mehrheit bei der letzten Landtagswahl 2008 deutlich verfehlte und nach 46 Jahren wieder auf einen Koalitionspartner bei der Regierungsbildung angewiesen war, besitzt sie eine personelle Verankerung im vorpolitischen Raum, in Verbänden und Vereinen, die im bundesweiten Vergleich ihresgleichen sucht (Coumanns/Kremer 2001: 291ff; Kießling 2001: 224ff). All diese Kennzeichen parteipolitischer Hegemonie – die Partei als „Graswurzelpartei" – galten für die SPD in Nordrhein-Westfalen nur in weitaus geringerem Maße. Kurzum: Nordrhein-Westfalen war nie ein „rotes Bayern". Die Vormachtstellung der SPD war nur eine von vier Phasen in der Entwicklung des nordrhein-westfälischen Parteiensystems, die auf der vorteilhaften Kombination von relativ stabilen sozioökonomischen Rahmenbedingungen und relativ labilen personellen und bundespolitischen Konstellationen beruhte.

## 7.3 Der Einfluss der Bundespolitik

Die Besonderheit von Parteiensystemen auf Landesebene ist der Einfluss der Bundespolitik, vor dessen Hintergrund sich der Parteienwettbewerb vollzieht. Die Politikverflechtung zwischen Bund und Ländern überträgt sich in eine „Wahlverflechtung" (Florack/Hoffmann 2006). Landespolitiker versuchen die Zustimmung oder den Unmut über die Bundespolitik in Wählerstimmen bei Landtagswahlen umzuwandeln. So waren nordrhein-westfälische Landtagswahlkämpfe in ihrer Geschichte häufig von bundespolitischen Streitfragen überlagert. Alleine schon wegen der großen Bevölkerungszahl wird der Landtagswahl fast immer ein Nach-, Probe- oder Testcharakter für die Bundestagswahl zugeschrieben. Gewinnt beziehungsweise verliert eine Partei in Nordrhein-Westfalen, besteht auch immer ein direkter Effekt für die Bundesebene. Als extremes Beispiel ist in diesem Zusammenhang die letzte Landtagswahl 2005 anzuführen, die für die SPD nicht nur zum schmerzlichen Verlust der Regierungsbeteiligung im Land, sondern letztlich durch die vorgezogene Bundestagswahl fünf Monate später auch zum Ende der rot-grünen Bundesregierung in Berlin geführt hat.

Tatsächlich lässt sich eine Tendenz zum „Midterm-Election-Effekt" nachweisen, demzufolge eine auf Bundesebene regierende Partei bei Landtagswahlen umso schlechter abschneidet, je weiter der Wahltermin von Bundestagswahlen entfernt liegt. Allerdings gibt es zahlreiche Ausnahmen von der Regel, da der „Midterm-Election-Effekt" nicht die langfristige Dominanz einzelner Parteien in bestimmten Länderparteiensystemen erfasst. Außerdem wird dieser Erklärungsansatz in Zeiten von Großen Koalitionen und einer stetigen Veränderung des Parteiensystems immer ungenauer. Und gerade in der Geschichte Nordrhein-Westfalens waren Landtagswahlen eben nicht nur kleine Bundestagswahlen, sondern gleichfalls auch Entscheidungen über Themen und Personen der Landespolitik.

Traditionell wird auch die Koalitionsbildung auf Länderebene von bundespolitischen Entwicklungen beeinflusst. Schließlich sind die Meinungsbildungsprozesse in Landesparteien nicht von denen der Bundesebene abgekoppelt. Zudem wirken sich Koalitionsbildungen auf Länderebene auf die Mehrheitsverhältnisse im Bundesrat aus, was weitreichende Auswirkungen auf die Handlungsfähigkeit der im Bund regierenden Koalition haben kann. Koalitionsbildungen auf Länderebene, die jenseits bekannter Konstellationen auf Bundesebene erfolgen, dienen oft als Experiment mit dem Ziel, Innovationen für den Bund vorzubereiten. Die Bildung der sozial-liberalen Koalition 1966 und die der rot-grünen Koalition 1995 in Nordrhein-Westfalen galten als Testläufe für die wenige Jahre später nachfolgenden Regierungswechsel in Bonn. Eine ähnliche Entwicklung vollzog sich 2008 im Stadtstaat Hamburg. So bildeten CDU und Grüne auch auf Wunsch ihrer Bundesparteien die erste schwarz-grüne Landesregierung in der Geschichte der Bundesrepublik. Beide Parteien versprachen sich davon neue Optionen bei zukünftigen Landtags- und Bundestagswahlen.

Historisch war der Einfluss der Bundespolitik auf Nordrhein-Westfalen schon allein durch den Regierungssitz in Bonn gegeben. Obwohl Bundestag, Bundesrat, Bundesregierung und Bundespräsidialamt 1999 die Stadt am Rhein Richtung Berlin verließen, hat sich daran bis heute nicht viel geändert. Denn fünf der 14 Bundesministerien haben ihren Hauptsitz weiterhin in Bonn, alle anderen sind mit einer Nebenstelle vertreten. Die politischen Akteure der Berliner Republik sind zudem über ihre Parteiorganisationen direkt mit der Landesebene in Düsseldorf verbunden. Die meisten Mitglieder fast aller im Bundestag vertretenen Parteien, die Linke ausgenommen, stammen aus dem bevölkerungsstärksten Bundesland. Und logischerweise kommen auch die meisten Bundestagsabgeordneten aus Nordrhein-Westfalen, weswegen die nordrhein-westfälischen Landesgruppen aller Bundestagsfraktionen (bis auf die der Linken) die mitgliederstärksten sind. Traditionell stark vertreten sind die nordrhein-westfälischen Politiker auch bei der Besetzung des Bundespräsidentenamtes. Von den neun Bundespräsidenten seit 1949 kamen immerhin vier aus Nordrhein-Westfalen. Der letzte war Johannes Rau von 1999 bis 2004.

So ist festzuhalten, dass die Bundespolitik eine wichtige Komponente unter vielen anderen Einflussfaktoren auf das Wahlverhalten und die Entwicklung des nordrhein-westfälischen Parteiensystems darstellt (siehe dazu auch Kapitel 3.10). Die jeweiligen gesellschaftlichen Kräfteverhältnisse und die Ausprägung gesellschaftlicher Konflikte zählen ebenso dazu wie die personellen Angebote der Parteien und ihre kurzfristige Positionierung zu wichtigen Themen.

## 7.4 Entwicklungslinien des nordrhein-westfälischen Parteiensystems

Die Summe der um Parlamentssitze konkurrierenden Parteien wird als Parteiensystem bezeichnet (Korte/Florack/Grunden 2006: 41). Zu ihren wichtigsten Klassifikationsmerkmalen gehören die Anzahl der Parteien und Parteifamilien, ihre Stärke sowie ihre Beziehungen zueinander. In der Regel werden nur diejenigen Parteien mit einbezogen, die zumindest eine theoretische Chance haben, Sitze im Parlament zu erringen. Die Beziehungen der Parteien untereinander können anhand ihrer ideologischen und programmatischen Distanz beschrieben werden (Satori 1976; von Beyme 1984). Die Anzahl und Stärke von Parteien sowie ihre programmatische Distanz zueinander geben Aufschluss über mögliche Koalitionen und deren Stabilität.

Das nordrhein-westfälische Parteiensystem zeigt in seiner über sechzigjährigen Geschichte sowohl Parallelen als auch Unterschiede zum Parteiensystem auf Bundesebene. So wandelten sich seit den ersten Wahlen 1947 im Abstand von ein bis zwei Dekaden die Kräfteverhältnisse stetig. Daher kann man die Entwicklung des Parteiensystems grob in fünf Phasen unterteilen (Kranenpohl 2008; Oberreuter u.a. 2004):

### 7.4.1 Die Gründungs- und Konsolidierungsphase (1947-1962)

Blickt man nach über 60 Jahren Landesgeschichte auf die ersten Wahlen in Nordrhein-Westfalen zurück, mag man die relative Schwäche der Sozialdemokraten für erstaunlich halten. Bei den Landtagswahlen 1947 und den Bundestagswahlen 1949 lag sie mit 31 beziehungsweise 32 Prozent jeweils über fünf Prozentpunkte hinter der CDU. Im Ruhrgebiet gaben 22,8 Prozent der wahlberechtigten Bürger ihre Stimme der SPD, die damit nur 3,4 Prozentpunkte vor der Union lag. Bei den Bundestagswahlen 1953 mussten sich die Sozialdemokraten im Revier der CDU sogar knapp geschlagen geben.

Das Erstaunliche an diesen Zahlen ist aber nicht die Schwäche, sondern die im historischen Vergleich außerordentliche Stärke der Sozialdemokratie. Denn das preußische Westfalen und der nördliche Teil der Rheinprovinz, aus denen 1947 das neue „Bindestrichbundesland" Nordrhein-Westfalen hervorgegangen war, waren vor 1933 alles andere als sozialdemokratische Hochburgen. Die Ursache dafür lag in der für die SPD unvorteilhaften Ausprägung der gesellschaftlichen Grundkonflikte. Durch den preußischen Kultur- und Klassenkampf ergaben sich im Wilhelminischen Kaiserreich und der Weimarer Republik ideale Voraussetzungen für die Zentrumspartei. Zu ihrer Kernwählerschaft zählten der katholische Mittelstand und die katholische Arbeiterschaft. Dadurch war die Partei in Opposition zum preußisch-protestantischen Adel und zum Großunternehmertum Repräsentantin gleich mehrerer Konfliktlinien. Die nichtkatholischen Arbeitermilieus tendierten hingegen zur KPD, die bei allen Reichtagswahlen die SPD deutlich hinter sich lassen konnte.

Das gute Abschneiden der Kommunisten bei den ersten Landtagswahlen 1947 – sie erreichten 14 Prozent – gehörte somit ebenso zu den Kontinuitäten des Wählerverhaltens wie die Stärke der neu gegründeten CDU. Die Christdemokraten, die sich im Gegensatz zum Zentrum als überkonfessionelle Partei verstanden, traten erfolgreich das politische Erbe der nach wie vor existierenden Zentrumspartei an. Bei den Kommunalwahlen 1946 konnte sie landesweit 46 Prozent der Stimmen auf sich vereinigen. Die 37,6 Prozent bei der ersten Landtagswahl ein Jahr später waren eher enttäuschend – im Gegensatz zum Ergebnis der SPD.

Dennoch stand die Gründungs- und Konsolidierungsphase des nordrhein-westfälischen Parteiensystems ganz im Zeichen christdemokratischer Dominanz, die 1958 mit der absoluten Mehrheit der Stimmen ihren Höhepunkt erreichte. Die CDU besaß mit Karl Arnold einen Vorsitzenden und Ministerpräsidenten, der den Gewerkschaftsflügel der Partei repräsentierte und gleichzeitig die katholische Arbeiterschaft erfolgreich an die Union binden konnte. Außerdem verstand es die CDU, die Popularität des Bundeskanzlers Konrad Adenauer samt seiner Erfolge in der Außen- und Wirtschaftspolitik in Stimmen bei Landtagswahlen umzuwandeln.

Arnold, der zu den Befürwortern einer Union als „christliche Labour-Party" gehörte, bemühte sich nach dem Ende der Allparteienregierung 1950 eine Regierungskoalition mit der SPD einzugehen. Er scheiterte aber an innerparteilichen Widerständen, insbesondere an der Intervention Adenauers, der eine große Koalition im industriellen Zentrum der jungen Bundesrepublik unbedingt verhindern wollte. So koalierte die CDU nach 1950 mit dem Zentrum und nach 1954 mit der FDP. Die Liberalen waren jedoch alles andere als ein berechenbarer Koalitionspart-

### Infobox [42] CDU in Nordrhein-Westfalen

**Ein Landesverband Nordrhein-Westfalen existierte innerhalb der CDU bis 1986 nicht. Das politische Geschehen im größten Bundesland der Republik wurde von den voneinander völlig unabhängigen Landesverbänden Rheinland und Westfalen-Lippe geprägt. Eine interne Koordination fand nur im gemeinsamen Landespräsidium statt. Dieses Gremium setzte sich paritätisch aus Mitgliedern der jeweiligen Landesvorstände zusammen. Als Ersatz für einen gemeinsamen Landesparteitag fungierte eine so genannte Landesversammlung, die sich aus je 60 Delegierten beider Landesverbände zusammensetzte. Erst am 8. März 1986 wurde diese Struktur mit der Fusion zur NRW-CDU beendet.**

**Heute ist der Landesverband Nordrhein-Westfalen mit 166.222 Mitgliedern (Stand 31.12.2007) der mit Abstand größte der CDU. 2003 hat die NRW-CDU die hiesige SPD an Mitgliedern sogar überholt. Der Landesverband untergliedert sich in acht Bezirks- und 54 Kreisverbände. Landesvorsitzender ist seit 1999 Ministerpräsident Jürgen Rüttgers. Seine Stellvertreter sind Ursula Heinen (MdB), Peter Paziorek (Regierungspräsident Münster), Christa Thoben (Landeswirtschaftsministerin), Eckhard Uhlenberg (Landesumweltminister) und Oliver Wittke (Bezirksvorsitzender Ruhr). Generalsekretär ist seit April 2006 Hendrik Wüst (MdL).**

**ABBILDUNG 79 AMTSTRÄGER DER CDU IN NORDRHEIN-WESTFALEN**

| | |
|---|---|
| **Landesvorsitzende** | |
| 1986 – 1987 | Kurt Biedenkopf |
| 1987 – 1999 | Norbert Blüm |
| seit 1999 | Jürgen Rüttgers |
| **CDU-Ministerpräsidenten** | |
| 1947 – 1956 | Karl Arnold |
| 1958 – 1966 | Franz Meyers |
| seit 2005 | Jürgen Rüttgers |
| **Fraktionsvorsitzende im Düsseldorfer Landtag** | |
| 1946 – 1949 | Konrad Adenauer |
| 1949 – 1950 | Josef Schrage |
| 1950 – 1959 | Wilhelm Johnen |
| 1959 – 1962 | Erich Stuckel |
| 1962 – 1970 | Wilhelm Lenz |
| 1970 – 1980 | Heinrich Köppler |
| 1980 – 1983 | Kurt Biedenkopf |
| 1983 – 1990 | Bernhard Worms |
| 1990 – 1999 | Helmut Linssen |
| 1999 – 2000 | Laurenz Meyer |
| 2000 – 2005 | Jürgen Rüttgers |
| seit 2005 | Helmut Stahl |

© Wochenschau Verlag. Quelle: CDU Landesverband NRW.

ner. Bereits 1947 hatten sie sich aus Protest gegen Sozialisierungstendenzen der Allparteienregierung aus CDU, SPD, Zentrum und KPD verweigert. Nach 1950 galt ihr Widerstand der Montanmitbestimmung, die aus nordrhein-westfälischer Perspektive einer christlich-liberalen Koalition nach Bonner Muster entgegenstand. Als diese 1954 dann doch realisiert wurde, war es wieder die Bundespolitik, die nach nur anderthalb Jahren zum Ende des christlich-liberalen Bündnisses führte. Das von CDU/CSU und DP vorgeschlagene „Graben-Wahlsystem" war für die FDP ein existenzielle Bedrohung. Sie drohte mit Koalitionsbruch und machte diese Drohung in Nordrhein-Westfalen schließlich wahr. Trotz immenser Differenzen in der Wirtschaftspolitik verhandelte sie mit SPD und Zentrum über die Bildung einer neuen Landesregierung. Am 20. Februar 1956 wurde Karl Arnold durch ein konstruktives Misstrauensvotum gestürzt und der Sozialdemokrat Fritz Steinhoff zum Ministerpräsidenten gewählt.

Doch der nach parteipolitischem Kalkül herbeigeführte Machtwechsel von 1954 wurde von den Wählern nicht goutiert. Die Wahlen vom 6. Juli 1958 wurden mit 50,4 Prozent der Stimmen zu einem Triumph der CDU und ihres Spitzenkandidaten Franz Meyers. Der Wahlkampf stand ganz im Zeichen der Bundespolitik. Die SPD hatte versucht, die Landtagswahl zu einer Abstimmung über die Außenpolitik Adenauers zu machen und war mit dieser Strategie, wie schon bei den Bundestagswahlen ein Jahr zuvor, kläglich gescheitert.

Die Wahlen von 1958 markierten zudem den Höhepunkt der Konsolidierung des nordrhein-westfälischen Parteiensystems. Im neuen Landtag waren mit CDU, SPD und FDP nur noch drei Parteien vertreten. Hatten bei den ersten Landtagswahlen die „anderen" Parteien zusammen noch über 24 Prozent der Stimmen gewinnen können, waren es 1958 kaum mehr nennenswerte 3,3 Prozent. Die KPD, 1947 noch drittstärkste Partei, war bereits 1954 mit 3,8 Prozent an der Fünf-Prozent-Hürde gescheitert. Ihre ehemaligen Wähler waren mittlerweile zu Anhängern der Sozialdemokratie mutiert. Zur Wahl 1958 konnten die Kommunisten nicht mehr antreten, weil das Bundesverfassungsgericht sie zwei Jahre zuvor als verfassungswidrig verboten hatte. Auch die Zentrumspartei hatte bereits 1954 mit vier Prozent den Einzug in den Landtag – wenn auch nur knapp – verpasst. Im Wahljahr 1958 entschied sich nur noch ein Prozent der Wähler für die ehemals im Rheinland und in Westfalen dominierende politische Kraft. Die CDU hatte das Wählerpotenzial des Zentrums endgültig absorbiert.

### 7.4.2 Die Polarisierungsphase (1962-1980)

Da die SPD bei fast allen Wahlen seit 1946 nicht mehr über die 30-Prozentmarke klettern konnte, sahen sich die Sozialdemokraten Ende der 1950er Jahre zu einer strategischen und programmatischen Neuorientierung gezwungen. Mit der Anerkennung

## Infobox [43] Sonstige Parteien in Nordrhein-Westfalen

Außer den vier im Landtag etablierten Parteien treten zu den Wahlen in Nordrhein-Westfalen noch eine Reihe sonstiger Parteien an, die jedoch keine realistischen Chancen besitzen, die Fünf-Prozent-Hürde bei Landtags-, Bundestags- oder Europawahlen zu überspringen. In verschiedenen Kommunalparlamenten des Landes ist jedoch die ein oder andere Partei aufgrund des Fehlens einer Sperrklausel vertreten. Folgende sonstige Parteien sind für Nordrhein-Westfalen relevant (Decker/Neu 2007):

**Deutsche Zentrumspartei:** Das Zentrum wurde 1870 gegründet und versteht sich deshalb als die „älteste Partei Deutschlands". Als Vertreterin des politischen Katholizismus war sie eine der einflussreichsten Parteien der Kaiserzeit und der Weimarer Republik, ehe sie sich 1933 auf Druck der Nationalsozialisten auflösen musste. 1945 folgte zwar die Neugründung, aber mit der CDU hatte sich eine überkonfessionelle Konkurrenzpartei gegründet, die das Wählerpotenzial des Zentrums auf Bundes- und Landesebene schließlich aufsog. Seitdem ist das Zentrum lediglich auf der kommunalen Ebene präsent. So hat die Zentrumspartei kommunale Mandate im Rhein- und Münsterland. Lokale Hochburg in Nordrhein-Westfalen ist die Stadt Dormagen. Aktuell hat die Partei bundesweit circa 600 Mitglieder.

**Partei Bibeltreuer Christen (PBC):** Die PBC wurde 1989 gegründet. Bis heute ist sie eine christlich-fundamentalistische Kleinpartei mit 18 Kreisverbänden in Nordrhein-Westfalen. Bei der letzten Kommunalwahl errang sie ein Mandat im Stadtrat von Gronau. Die Partei hat circa 5.000 Mitglieder bundesweit.

**Familien-Partei Deutschlands (Familie):** Die Familien-Partei wurde 1981 gegründet. Heute hat sie gut 600 Mitglieder und versteht sich als unideologische Partei der Mitte. Seit 2005 arbeitet sie eng mit der ödp zusammen. Bei der letzten Bundestagswahl erreichte sie in Nordrhein-Westfalen 0,4 Prozent der Zweitstimmen, es traten fünf Direktkandidaten an (bestes Ergebnis: 1,2 %). Auch bei der letzten Landtagswahl schickte die Familien-Partei fünf Direktkandidaten ins Rennen (bestes Ergebnis: 1,5 %). Ihr lokales Zentrum ist in Mülheim an der Ruhr. Dort befindet sich auch die Landesgeschäftsstelle.

**Die Grauen – Graue Panther (Graue):** Die Grauen wurden 1989 in Wuppertal gegründet. Zentrale Persönlichkeit der Partei, die sich als Seniorenorganisation auch für den Ausgleich der Generationen einsetzte, war das ehemalige SPD- und FDP-Mitglied Trude Unruh. 1987 gelang ihr als parteilose Kandidatin auf der nordrhein- westfälischen Landesliste der Grünen der Einzug in den Bundestag. Nach ihrem Austritt aus der Grünen-Fraktion 1989 vertrat Unruh die Grauen als fraktionslose Abgeordnete. Bis zuletzt hatte die Partei zwischen 8.000 und 15.000 Mitglieder. Aufgrund einer Spendenaffäre im März 2008 löste sich die Partei jedoch auf. Trotzdem besitzt sie noch zwei kommunale Mandate in Nordrhein-Westfalen (Wuppertal und Düsseldorf).

**Die Tierschutzpartei:** Die Tierschutzpartei wurde 1993 in Bonn gegründet. Als reine Interessenpartei, die für die Belange der Tiere streitet, hat sie circa 1.000 Mitglieder bundesweit. Bei der letzten Bundestagswahl erreichte sie in Nordrhein-Westfalen immerhin 0,6 Prozent der Zweitstimmen.

**Ökologisch Demokratische Partei (ödp):** Die 1982 gegründete ödp konnte bei den letzten Kommunalwahlen in Nordrhein-Westfalen immerhin 15 Mandate erringen. Sie wird als „wertkonservative, bürgerliche Ökologiepartei" charakterisiert. In Nordrhein-Westfalen existieren 20 Kreisverbände. Die Mitgliederzahl liegt bundesweit bei 6.300.

**Die Republikaner:** Mittlerweile werden die Republikaner vom Verfassungsschutz nicht mehr als rechtsextremistische Partei eingestuft. In Nordrhein-Westfalen existieren fünf Bezirksverbände und 54 Kreisverbände. Der nordrhein-westfälische Landesverband wurde 1984 gegründet und hat derzeit 34 kommunale Mandatsträger. Bundesweit liegt die Mitgliederzahl bei rund 6.500.

## Infobox [44] SPD in Nordrhein-Westfalen

**Ein gemeinsamer SPD-Landesverband Nordrhein-Westfalen wurde erst 1970 gegründet. Bis 2001 bildeten aber die historisch entstandenen vier Bezirksverbände Westliches Westfalen, Niederrhein, Mittelrhein und Ostwestfalen-Lippe die entscheidende Organisationsebene der Sozialdemokraten in Nordrhein-Westfalen. Unterhalb der Bezirke existieren heute landesweit 54 Unterbezirke (Kreisverbände) und circa 1.400 Stadt- beziehungsweise Ortsverbände. Aktuell hat die NRW-SPD nur noch eine Mitgliederzahl von 143.518 (Stand: 31.03.2008) und ist damit hinter die CDU zurückgefallen. Mit Hannelore Kraft ist erstmals eine Frau Landesvorsitzende. Ihre Stellvertreter sind Britta Altenkamp (MdL), Birgit Fischer (Landessozialministerin a.D.), Jochen Ott (Vorsitzender der Kölner SPD) und Ute Schäfer (Landesschulministerin a.D., MdL). Generalsekretär ist seit 2000 Michael Groschek (MdL).**

von Westintegration und sozialer Marktwirtschaft im Godesberger Programm von 1959 sollten neue Wählerschichten erschlossen werden. Im Gegensatz zur Bundesebene stellte sich der Erfolg dieser neuen Strategie in Nordrhein-Westfalen relativ schnell ein. Bei den Landtagswahlen 1962 konnten die Sozialdemokraten vier Prozentpunkte hinzugewinnen und übersprangen erstmalig die 40-Prozentmarke. Die Union musste hingegen ebenso viele Prozentpunkte abgeben und verlor die absolute Mehrheit. Hatte die CDU bei den Wahlen von 1958 noch von einem „Adenauer-Bonus" profitieren können, kam vier Jahre später aus Bonn kein Rückenwind mehr, im Gegenteil: Der Autoritätsverlust des „Alten" und die Verschleißerscheinungen der christlich-liberalen Bundesregierung wurden zur Hypothek im Landtagswahlkampf. Die SPD wandelte sich indes durch die Öffnung zu den christlichen Kirchen zur zweiten westdeutschen Volkspartei.

Das Erstarken der Sozialdemokratie hatte aber auch regionale und insbesondere kommunale Ursachen. Die einstige sozialdemokratische Diaspora Ruhrgebiet wurde zu ihrer neuen Hochburg. Seit Mitte der 1950er Jahre versank die ehemals starke kommunistische Konkurrenz bei den Arbeitervertretungen in der Montanindustrie in der Bedeutungslosigkeit. Die Gründung der Einheitsgewerkschaften brachte eine sich gegenseitig verstärkende personelle Verschränkung von SPD- und Gewerkschaftsfunktionären mit sich. Mit der Sozialdemokratisierung der Gewerkschaften erlangte die SPD eine Verankerung im vorpolitischen Raum, welche die katholischen CDU-nahen Arbeitervertreter ins Hintertreffen geraten ließ. Paradigmatisch für diese Entwicklung ist der sozialdemokratische Multifunktionär – für den Politikwissenschafter Karl Rohe das „eigentliche Geheimnis" der Ruhr-SPD: Als Stadtrat, Gewerkschaftssekretär und Betriebsrat wurde er zum Ansprechpartner für jede Art von Alltagsproblemen der Bürger, getreu dem Ausspruch: „Geh zu Hermann, der macht dat schon".

Die Hegemonie im Ruhrgebiet bedeutete für die SPD seit den 1960er Jahren ein Reservoir sicherer Stimmen in Millionenstärke. Seit den Wahlen von 1962 war die dominante Position der CDU gebrochen, doch für einen Machtwechsel reichte es noch nicht. Entscheidend war die Koalitionspräferenz der FDP, die 1962 und zunächst auch 1966 zugunsten der Union ausfiel. Dabei waren eindeutig die Sozialdemokraten der Sieger der Wahlen vom 10. Juli 1966. Die SPD überflügelte erstmals mit 49,5 Prozent die Union und verpasste die absolute Mehrheit nur um zwei Sitze. Der Wahlkampf hatte vor dem Hintergrund der ersten Rezession der Bundesrepublik stattgefunden, die Nordrhein-Westfalen mit besonderer Härte traf. Im Laufe des Jahres 1966 mussten 13 Zechen schließen und die Krise der Montanindustrie nahm ihren Anfang. Das wirtschaftspolitische Prestige der Bundesregierung unter Ludwig Erhard war verspielt, und in den Augen der nordrhein-westfälischen Wähler besaß die SPD die weitaus höhere Kompetenz zur Lösung der ökonomischen Krise. Die „Sensation" des Wahlkampfes aber war die ausbleibende Hilfe der katholischen Kirche für die CDU. Erstmalig wur-

**ABBILDUNG 80 AMTSTRÄGER DER SPD IN NORDRHEIN-WESTFALEN**

**Landesvorsitzende**

| | |
|---|---|
| 1970 – 1973 | Heinz Kühn |
| 1973 – 1977 | Werner Figgen |
| 1977 – 1998 | Johannes Rau |
| 1998 – 2002 | Franz Müntefering |
| 2002 – 2005 | Harald Schartau |
| 2005 – 2007 | Jochen Dieckmann |
| seit 2007 | Hannelore Kraft |

**SPD-Ministerpräsidenten**

| | |
|---|---|
| 1956 – 1958 | Fritz Steinhoff |
| 1966 – 1978 | Heinz Kühn |
| 1978 – 1998 | Johannes Rau |
| 1998 – 2002 | Wolfgang Clement |
| 2002 – 2005 | Peer Steinbrück |

**Fraktionsvorsitzende im Düsseldorfer Landtag**

| | |
|---|---|
| 1946 – 1953 | Fritz Henßler |
| 1953 – 1956 | Fritz Steinhoff |
| 1956 – 1958 | Emil Groß |
| 1958 – 1961 | Fritz Steinhoff |
| 1961 – 1962 | Fritz Kassmann |
| 1962 – 1967 | Heinz Kühn |
| 1967 – 1970 | Johannes Rau |
| 1970 – 1975 | Fritz Kassmann |
| 1975 – 1980 | Dieter Haak |
| 1980 – 1985 | Karl Josef Denzer |
| 1985 – 1995 | Friedhelm Farthmann |
| 1995 – 1998 | Klaus Matthiesen |
| 1998 – 2000 | Manfred Dammeyer |
| 2000 – 2005 | Edgar Moron |
| seit 2005 | Hannelore Kraft |

© Wochenschau Verlag. Quelle: SPD Landesverband NRW.

den in den Sonntagsmessen keine Hirtenbriefe verlesen, die eine Stimmabgabe zugunsten der Union zur Christenpflicht stilisierten. Der SPD war es endgültig gelungen, ihr antiklerikales Image abzustreifen.

Trotz des Sieges der SPD konnte Franz Meyers vorerst Ministerpräsident bleiben. Für die Fortsetzung der christlich-liberalen Koalition sprachen aus Sicht der FDP bundespolitische Erwägungen. Eine parteipolitisch freundlich gesinnte Bundesregierung, so das Kalkül, versprach größtmögliche Hilfe des Bundes bei der Bewältigung der Strukturkrise in Nordrhein-Westfalen. Als aber die Koalition aus Union und FDP in Bonn zerbrach und durch eine große Koalition ersetzt wurde, fürchteten die Liberalen den Verlust der Regierungsverantwortung auch in Düsseldorf. Um eine große Koalition zu verhindern, wechselten die Liberalen nach nur fünf Monaten zur SPD. Der Sozialdemokrat Heinz Kühn wurde im Dezember 1966 zum Ministerpräsidenten gewählt und die Phase der sozial-liberalen Koalitionen in Nordrhein-Westfalen begann.

Die beiden Landtagswahlen der 1970er Jahre führten zu einem Kopf-an-Kopf-Rennen der beiden Volksparteien, wobei die Union wieder stärkste Partei wurde. Angesichts ihres marginalen Vorsprungs von 0,2 (1970) und zwei Prozentpunkten (1975) kann man aber durchaus von einer Patt-Situation zwischen beiden Volksparteien sprechen. Die SPD legte dabei kontinuierlich bei den Jungwählern und Frauen zu – bis dahin treue Wähler der Konservativen. Den Zuwächsen bei einzelnen Wählergruppen und der großen Popularität des Ministerpräsidenten Kühn zum Trotz, konnten die Sozialdemokraten ihren Status als stärkste Partei aber nicht halten. Verantwortlich dafür war wieder die Bundespolitik: das schlechte Ansehen der Regierung Brandt in ihrem ersten Amtsjahr sowie die ökonomischen Verwerfungen in Folge der Ölkrise nach 1973. Doch fehlte der CDU in den 1970er Jahren der Koalitionspartner für eine Regierungsübernahme, wie bereits 1962 der SPD. War die Bildung der sozial-liberalen Koalition ein „Testlauf" für Bonn gewesen, so war ihr Bestand in Düsseldorf gleichfalls die Vorbedingung für die Stabilität der Koalition im Bund. Im Land waren es die Gemeinsamkeiten in der Bildungs- und Kulturpolitik, die beide Parteien fest aneinander banden. So wurden die Bildungsinvestitionen deutlich erhöht und in den strukturschwachen Regionen des Landes (insbesondere im Ruhrgebiet und in Ostwestfalen) sechs Universitäten gegründet. Die Regierung Kühn reagierte damit auch auf das stetige Anwachsen der neuen Mittelschichten, die aufgrund eigener wirtschaftlicher und sozialer Erfolge vor allem für ihre Kinder höhere Ansprüche an den Staat, insbesondere im Bildungswesen stellten. Während die Sozialdemokraten mit dieser Politik neue Wählerschichten erschließen konnten, profitierten die Liberalen davon kaum. Vielmehr polarisierte die FDP durch ihre Annäherung an die SPD und verunsicherte ihrer Mitglieder, was sich auch in enttäuschenden Wahlergebnissen niederschlug.

### 7.4.3 Die Hegemonialphase (1980-1995)

Am Ende fehlten 4.000 Stimmen. Erst spät am Wahlabend des 14. Mai 1980 wurde das Ausscheiden der FDP aus dem Landtag zur Gewissheit. Um 0,1 Prozentpunkte verpassten die Liberalen den Sprung über die Fünf-Prozent-Hürde, und die SPD erhielt die absolute Mehrheit der Mandate. Mit 48,4 Prozent der Stimmen hatten die Sozialdemokraten ihr bisher zweitbestes Ergebnis bei Landtagswahlen erreicht und die CDU mit über fünf Prozentpunkten Vorsprung auf Platz zwei verwiesen. Die Landtagswahlen von 1980 fanden nur wenige Monate vor den Bundestagswahlen statt und wurden daher von Medien und SPD zu einer Vorentscheidung für den Bund ausgerufen.

Im Gegensatz zum Duo Rau/Schmidt war der polarisierende Kanzlerkandidat Franz Josef Strauß (CSU) für den nordrhein-westfälischen Spitzenkandidaten Kurt Biedenkopf eher eine Belastung als eine Unterstützung. Und so versuchte die CDU mit massiver Kritik an der Bildungs- und Finanzpolitik landesspezifische Themen in den Mittelpunkt des Wahlkampfs zu rücken. Doch diese Strategie schlug fehl. Nicht nur, weil das mediale Interesse fast ausschließlich dem Bundestagswahlkampf galt, sondern auch, weil die Sozialdemokraten in der Wirtschafts- und Bildungspolitik einen deutlichen Kompetenzvorsprung besaßen.

Die Wahl vom Mai 1980 war die erste Bewährungsprobe für Ministerpräsident Johannes Rau, der im September 1978 die Nachfolge des amtsmüden Heinz Kühn angetreten hatte. Rau war zu dieser Zeit noch nicht die unangefochtene Führungsfigur



#### Infobox [45] Extremistische Parteien in Nordrhein-Westfalen

Laut Verfassungsschutzbericht 2007 werden diverse Parteien des linken und rechten Lagers vom Verfassungsschutz beobachtet. Für Nordrhein-Westfalen sind aus diesem Milieu folgende Parteien relevant (Verfassungsschutzbericht 2007; Kailitz 2004):

**Nationaldemokratische Partei Deutschlands (NPD):** Die NPD wird vom Verfassungsschutz wegen ihrer Zusammenarbeit mit Neonazis, ihrer rassistischen Ideologie, ihrer Fremdenfeindlichkeit, ihres Antisemitismus und ihrer revisionistischen Äußerungen als extremistisch und verfassungsfeindlich eingestuft. Der 1964 in Bochum gegründete nordrhein-westfälische Landesverband umfasst etwa 750 Mitglieder. Diese sind in 45 Kreisverbänden aktiv. Der Schwerpunkt der aktuellen politischen Arbeit der NPD liegt auf der intensiven, durch Öffentlichkeitsarbeit und Strukturschaffung begleiteten Vorbereitung der Kommunalwahl 2009. Die Zahl von aktuell 15 kommunalpolitischen Mandaten will die Partei deutlich steigern und sich so eine gute Ausgangsposition für die kommende Landtagswahl verschaffen. Um bei den Kommunalwahlen erfolgreich zu sein, ist die NPD auf eine enge Kooperation mit der Neonaziszene und den freien Kameradschaften angewiesen. Regionaler Schwerpunkt der Aktivitäten der NPD ist der Niederrhein. Die NPD bindet ein nicht unerhebliches Protestwählerpotenzial und gewinnt Stimmen vor allem bei den unteren, jüngeren und männlichen Bevölkerungsschichten. Bei den letzten Landtagswahlen konnte die NPD 0,9 Prozent der Stimmen erreichen.

**Deutsche Volksunion (DVU):** Der Landesverband der DVU wurde 1989 in Dortmund gegründet und besteht aus circa 1.200 Mitgliedern. Die Partei vertritt eine völkisch-nationalistische Ideologie und ist durch den so genannten „Deutschlandpakt" mit der NPD verbunden. Dieser sieht Wahlabsprachen vor, um nicht gegeneinander anzutreten. Allerdings war die DVU bei nordrhein-westfälischen Wahlen in der Vergangenheit nicht annähernd so erfolgreich wie die NPD, weswegen sie gegenüber dieser an Gewicht verloren hat. In Nordrhein-Westfalen tritt daher die DVU nicht mehr bei Wahlen an.

**Bürgerbewegung pro Köln e.V.:** Die 1996 in Köln gegründete Wählergemeinschaft besteht aus circa 120 Mitgliedern und konnte bei der Kommunalwahl 2004 erstmals vier Sitze im Kölner Stadtrat gewinnen. Seitdem ist sie dort auch in allen Bezirksvertretungen präsent. Durch dezidiert ausländerfeindliche Bestrebungen konnte der Wahlerfolg errungen werden. Aufgrund des Erfolgs der Wählergemeinschaft und der medialen Aufmerksamkeit gründete sich **pro NRW** im Februar 2007. Seitdem hat sich die Mitgliederzahl auf circa 600 erhöht. **Pro NRW** plant, zur nächsten Landtagswahl landesweit zu kandidieren.

**Deutsche Kommunistische Partei (DKP):** Die DKP, die Nachfolgepartei der 1956 verbotenen KPD, wird vom Verfassungsschutz als „eindeutig verfassungsfeindlich" eingestuft. So distanziert sich die DKP nicht von gewalttätigen Demonstrationen und strebt nach einer marxistisch-leninistischen Gesellschaft. Sie wurde 1968 gegründet und gliedert sich in Nordrhein-Westfalen in zwei Bezirksverbände. Sie hat circa 4.200 Mitglieder, ist aber wegen finanzieller und struktureller Schwäche kaum wahrnehmbar. Deshalb hat sich die DKP bei den letzten Wahlen mit anderen linken Parteien zu Wahl- und Ratsbündnissen zusammengeschlossen.

**Marxistisch-Leninistische Partei Deutschlands (MLPD):** Die MLPD wurde 1982 in Gelsenkirchen gegründet. Sie verfügt über eigene Jugend- und Kinderorganisationen und hat derzeit 650 Mitglieder. Sie ist eindeutig verfassungsfeindlich, da sie eine Diktatur des Proletariats errichten will. Sie agiert trotz guter finanzieller Lage verdeckt und ist öffentlich und politisch nicht wahrnehmbar.

seiner Partei. Der ehemalige Wissenschaftsminister musste sich auf zwei Parteitagen Kampfabstimmungen gegen Justizminister Diether Posser und Arbeitsminister Friedhelm Farthmann stellen, die er nur knapp für sich entscheiden konnte. Erst mit dem Gewinn der absoluten Mehrheit begann Rau Autorität und Ansehen aufzubauen, das ihm noch weitere 18 Jahre das Amt des Ministerpräsidenten sichern sollten. Unter seiner Führung gewann die SPD noch zwei weitere Male die absolute Mehrheit der Stimmen und Mandate.

Johannes Rau erreichte in den 1980er Jahren bis dahin nicht gekannte Popularitätswerte. Er umgab sich mit der präsidialen Aura eines über den Parteien schwebenden Landesvaters, dem es gelang, viele Sympathisanten der CDU zu sozialdemokratischen Wählern zu machen. Die identitätsstiftende Person des Ministerpräsidenten fand im Wahljahr 1985 ihre optimale Ergänzung in der Imagekampagne „Wir in NRW". Bis dahin hatte es eine gemeinsame Landesidentität unter den Bürgern an Rhein und Ruhr noch nicht gegeben. Die ursprünglich als Standortwerbung konzipierte und für den sozialdemokratischen Wahlkampf okkupierte Kampagne traf den Nerv der Zeit. Die Bürgerinnen und Bürger des „Bindestrichlandes" Nordrhein-Westfalen assoziierten ihre oberflächliche Landesidentität mit dem Ministerpräsidenten und dessen Partei. Die CDU und ihr Spitzenkandidat Bernhard Worms hatten dieser Strategie nichts entgegen zu setzen. Bei den Wahlen vom 12. Mai 1985 erhielt die Partei nur 36,5 Prozent.

Das schlechteste Ergebnis in ihrer Geschichte war auch eine Folge des guten Abschneidens der FDP. Wie die Sozialdemokraten konnten die Liberalen ehemalige CDU-Wähler für sich gewinnen und kehrten mit sechs Prozent in den Landtag zurück. Die SPD erreichte mit 52,1 Prozent das beste Resultat einer Partei bei Wahlen in Nordrhein-Westfalen. Ihr Erfolg war aber nicht allein auf die Person Rau und die „Wir in NRW"-Kampagne zurückzuführen. Auch wenn die Bundespolitik im Wahlkampf von 1985 vordergründig keine dominante Rolle spielte, darf ihr Einfluss nicht unterschätzt werden. Seit 1982 regierte in Bonn eine christlich-liberale Koalition, deren marktliberale Rhetorik – vielleicht noch mehr als ihre tatsächliche Politik – eine durch Arbeitslosigkeit und Strukturwandel bedrohte Wählerschaft weiter verunsicherte. Die Sozialdemokraten profilierten sich in dieser Situation als Partei des „sozialen Fortschritts" und deklarierten ihre Politik in Nordrhein-Westfalen zum Alternativprojekt der „geistig-moralischen Wende". Es ist somit kein Zufall, dass die „goldenen Jahre" der SPD in eine Phase des ökonomischen und sozialen Übergangs fielen. Bergbau und Stahlindustrie durchlebten in den 1980er Jahren schwere Krisen, wodurch nicht nur im Ruhrgebiet zehntausende von Arbeitsplätzen verloren gingen. Die Milieus der Industriearbeiterschaft waren aber vorerst noch intakt und damit auch die Verankerung der Sozialdemokratie im vorpolitischen Raum. Im Wahljahr 1990 sahen 65 Prozent der Wähler in der sozialdemokratischen Partei den „Garanten sozialer Sicherheit". Der Krise der traditionellen Industrien verdankte die SPD die maximale Mobilisierung ihrer verunsicherten Kernwählerschaft.

Gleichzeitig konnten die Sozialdemokraten bei den Wahlen von 1985 und 1990 die Mittelschichtmilieus für sich gewinnen. Deren Aufstiegs- und Partizipationsansprüche integrierte die Regierung Rau erfolgreich in ihre Sozial- und Bildungspolitik der 1980er Jahre. Die SPD öffnete sich für nahezu alle gesellschaftlichen Milieus, was ihr durch die Abschwächung konfessioneller zugunsten ökonomischer und sozialer Konflikte erleichtert wurde.

Die Union und auch die Grünen, die 1990 mit einer Punktlandung von 5,0 Prozent erstmals in den Landtag einzogen, waren für Wählergruppen mit gering ausgeprägter Parteiloyalität wenig attraktiv. Die Grünen litten unter der Dominanz des fundamentalistischen Flügels ihrer Partei, die dazu führte, dass sie von ihrem durchaus beachtlichen Wählerpotenzial eher als naiv, utopisch und chaotisch wahrgenommen wurden, statt als ernstzunehmende Alternative.

Die schweren Niederlagen der CDU waren die Konsequenz ihrer Lethargie und Selbstblockade. Bis 1987 gab es im engeren Sinne gar keine „NRW-CDU". Die zwei unabhängigen Landesverbände Rheinland und Westfalen-Lippe lieferten sich über Jahre hinweg einen auch öffentlich ausgetragenen Machtkampf um die Führungsrolle im Land. Erst nach der schweren Wahlnieder-

## Infobox [46] Bündnis 90/Die Grünen in Nordrhein-Westfalen

**Bereits im Dezember 1979 gründeten die Grünen einen Landesverband Nordrhein-Westfalen, einige Wochen vor der Entstehung des Bundesverbands. Ziel war die gemeinsame Kandidatur verschiedener kommunaler grün-alternativer Gruppierungen für die Landtagswahl 1980. Erst 1984 konnten sich die Grünen als gemeinsame Kraft bei den Kommunalwahlen etablieren. 1990 erfolgte dann mit dem Wahlergebnis von genau fünf Prozent der erste Einzug in den Düsseldorfer Landtag. Dort wurde fünf Jahre später eine rot-grüne Koalition geschlossen, die bis zu den Landtagswahlen 2005 Bestand hatte. Aktuell stellen die Grünen mit elf Abgeordneten die kleinste Oppositionsfraktion im Düsseldorfer Landtag.**

**In Nordrhein-Westfalen sind die 10.091 Mitglieder (Stand 31.12.2008) in 54 Kreisverbänden organisiert, von denen die meisten über mehrere Ortsverbände verfügen. Von diesen existieren in Nordrhein-Westfalen bisher 381. Die Orts- und Kreisverbände haben sich zu fünf Bezirksverbänden zusammengeschlossen (Ruhr, Ostwestfalen-Lippe, Niederrhein-Wupper, Westfalen und Mittelrhein). Die Bezirksverbände verstehen sich als ein Ort der innerparteilichen Willensbildung, der vor allem zu Themen regionaler Bedeutung Stellung bezieht.**

**ABBILDUNG 81 AMTSTRÄGER DER GRÜNEN IN NORDRHEIN-WESTFALEN**

**Sprecher des Landesvorstandes**

| | |
|---|---|
| 1979 – 1980 | Wilhelm Knabe |
| 1980 | Eberhard Elfers |
| 1980 – 1982 | Hans Verheyen |
| 1982 – 1983 | Renate Berger/Hans Herbers/Michael Vesper |
| 1983 – 1984 | Cordula Günther-Bortlisz/Michael Happe/ Marita Linke |
| 1984 | Michael Happe/Hartmut Regenstein |
| 1984 – 1988 | Christina Morgenschweis-Willbacher/ Jürgen Dörmann |
| 1988 – 1989 | Christina Morgenschweis-Willbacher/ Horst Fritsch |
| 1989 – 1990 | Beate Scheffler/Siegfried Martsch |
| 1990 – 1994 | Kerstin Müller/Wolfgang Schmitt |
| 1994 – 2000 | Barbara Steffens/Reiner Priggen |
| 2000 – 2006 | Britta Haßelmann/Frithjof Schmidt |
| seit 2006 | Daniela Schneckenburger/Arndt Klocke |

Seit 2006 hat der Vorstand der NRW-Grünen Vorsitzende und keine Sprecher mehr.

**Fraktionssprecher im Düsseldorfer Landtag**

| | |
|---|---|
| 1990 – 1995 | Bärbel Höhn |
| 1995 – 2000 | Gisela Nacken/Roland Appel |
| seit 2000 | Sylvia Löhrmann |

Seit 2000 hat die Fraktion der Grünen im NRW-Landtag eine Fraktionsvorsitzende statt Fraktionssprechern.

 Quelle: Bündnis 90/Die Grünen Landesverband NRW.

lage von 1985 wurde eine Organisationsreform eingeleitet, aus der 1987 ein gemeinsamer Landesverband Nordrhein-Westfalen entstand. Erst 40 Jahre nach der Gründung des Landes besaß die Union die Vorbedingung für ein organisatorisch geschlossenes Auftreten in der Landespolitik. Zudem fand sie lange Zeit nicht die richtigen Themen und entsprechendes Führungspersonal, um die regierende SPD in Bedrängnis zu bringen. Einzig im Milieu der katholischen Kirchgänger war die CDU Ende der 1980er Jahre noch Mehrheitspartei, was sich auch in ihrer Mitgliederstruktur widerspiegelte. Auch der populäre „Herz-Jesu Marxist" Norbert Blüm, Bundesarbeits- und Sozialminister, konnte 1990 als CDU-Spitzenkandidat weder den Industriearbeitern die Angst vor einem Regierungswechsel nehmen noch die eigene Anhängerschaft ausreichend mobilisieren. Die mit Ausnahme der Landtagswahlen guten Wahlergebnisse der Christdemokraten von jeweils über 40 Prozent zwischen 1981 und 1987 zeigten, dass ihr Abstieg keinesfalls eine notwendige Entwicklung darstellte und ihre Ursachen in der engeren landespolitischen Arena zu suchen waren.

### 7.4.4 Die Lagerpolarisierungsphase (1995-2010)

Mit den Wahlen vom 14. Mai 1995 ging die Hegemonialphase der SPD zu Ende. Sie erreichte mit 46 Prozent der Stimmen nicht mehr die absolute Mehrheit. Diese sollte sie auch bei den Wahlen 2000 nicht wieder zurückgewinnen können. Die SPD musste ein Bündnis mit den Grünen eingehen und das Parteiensystem kehrte in die Normalität nordrhein-westfälischer Koalitionsregierungen zurück. Seitdem standen sich das rot-grüne sowie das christlich-liberale Lager prinzipiell als alternative Regierungsmehrheiten gegenüber.

Eine gewisse Einschränkung dieser Lagerpolarisierung stellte jedoch zunächst noch die Positionierung der FDP dar. Unter der Führung von Parteichef Jürgen Möllemann schien auch ein mögliches Regierungsbündnis mit den Sozialdemokraten nicht prinzipiell ausgeschlossen. Noch im Jahr 2000 spielte diese Option bei SPD-Ministerpräsident Clement eine Rolle. Aber spätestens im Zuge der Nachwehen der Bundestagswahl 2002 setzte sich

## Infobox [47] Politische Skandale in Nordrhein-Westfalen

**Naumann-Affäre**

Innerhalb der neu gegründeten FDP bestanden in den 1950er Jahren inhaltliche Differenzen über die programmatische Ausrichtung. Besonders in Nordrhein-Westfalen unter dem Parteivorsitzenden Friedrich Middelhauve war der Einfluss von nationalliberalen Ideen, die im „Deutschen Programm" festgeschrieben worden waren, besonders groß. Im Januar 1953 verhaftete die britische Besatzungsmacht sieben ehemals führende Nationalsozialisten, darunter auch den ehemaligen Staatssekretär im NS-Propagandaministerium, Werner Naumann. Angeblich hatte die Gruppe mit Hilfe des FDP-Bundestagsabgeordneten Ernst Achenbach versucht, ehemalige Nationalsozialisten in die Partei einzuschleusen, um so Schlüsselpositionen zu besetzen und wieder an die Macht zu kommen. Als im Dezember 1955 die FDP im Düsseldorfer Landtag die Koalition mit der CDU aufkündigte und mit SPD und Zentrum eine neue Regierung schmiedete, waren die nationalliberalen Kräfte innerhalb der Landespartei endgültig verdrängt. Stattdessen bestimmten nun jüngere Parlamentarier wie Wolfgang Döring, Willy Weyer, Walter Scheel und Erich Mende den Kurs der Partei. Sie wurden in Anlehnung an eine nationalistische Reformbewegung im türkischen Militär von den Medien als „Jungtürken" bezeichnet.

**Die Flugaffäre**

Im Herbst 1999 erschütterte die so genannte „Flugaffäre" der rot-grünen Landesregierung die Landespolitik in Düsseldorf. Kurz vor dem Landtagswahlkampf 2000 wurde Ministerpräsident Wolfgang Clement mit Vorwürfen konfrontiert, die weit in die Amtszeit seines Vorgängers Johannes Rau zurückreichten (Korte/Florack/Grunden 2006: 244). Seit November 1999 wurde im Landtag und in der Presse darüber diskutiert, ob die Flüge von nordrhein-westfälischen Ministern mit Chartermaschinen der Westdeutschen Landesbank (West LB) rechtmäßig gewesen waren. Mehr als 100 Mal waren Mitglieder der Landesregierung zwischen 1988 und 1997 mit Chartermaschinen geflogen, die von der WestLB bezahlt worden waren. Hauptnutzer waren der frühere Ministerpräsident Rau, sein Finanzminister Schleußer und der Fraktionsvorsitzende Friedhelm Farthmann. Den Politikern wurde vorgeworfen, sie hätten Dienstflüge mit Reisen zu Parteiveranstaltungen und privaten Zielen verbunden. Ein parlamentarischer Untersuchungsausschuss legte seine Untersuchungsergebnisse kurz vor der Wahl vor. Clements Finanzminister musste daraufhin nach eigenem Schuldbekenntnis im Januar 2000 zurücktreten. Ministerpräsident Clement und die SPD konnten die Landtagswahl 2000 dennoch gewinnen, da die NRW-CDU vom Parteispendenskandal der Bundespartei um Helmut Kohl ebenfalls stark negativ belastet wurde.

**Die Flugblattaffäre**

Im Zuge der Eskalation des Nahostkonfliktes 2002 übte der FDP-Fraktionsvorsitzende im Düsseldorfer Landtag Jürgen Möllemann scharfe Kritik am Vorgehen Israels. Der grüne Abgeordnete Jamal Karsli, der von einem „Vernichtungskrieg" und einer „zionistischen Lobby" gesprochen hatte, wurde trotz öffentlicher Kritik in die FDP-Fraktion aufgenommen. Möllemann attackierte auch Michel Friedman, den damaligen Vizepräsidenten des Zentralrats der Juden in Deutschland. Die Öffentlichkeit warf ihm darauf Antisemitismus vor. Trotz dieser angespannten Lage ließ Möllemann wenige Tage vor der Bundestagswahl 2002 an alle Haushalte in Nordrhein-Westfalen ein Flugblatt verteilen. Darin wurden der israelische Ministerpräsident Ariel Scharon und Michel Friedman mit antisemitischen Klischees erneut scharf angegriffen. Nach der verlorenen Wahl distanzierte sich die Bundespartei von dieser Aktion. Im März 2003 kam Möllemann einem vom Parteivorstand beschlossenen Ausschluss zuvor und trat aus der FDP aus. Drei Monate später kam er bei einem Fallschirmsprung, der mutmaßlich ein Selbstmord war, ums Leben.

die Lagerpolarisierung zwischen Schwarz-Gelb auf der einen und Rot-Grün auf der anderen Seite auch auf Landesebene durch.

Der Eintritt des Parteiensystems in die Lagerpolarisierungsphase markierte gleichzeitig den Beginn einer Serie von Wahlniederlagen für die SPD. Die Sozialdemokraten verloren 2000 gegenüber 1995 über drei Prozentpunkte und als sie fünf Jahre später mit 37,1 Prozent auf das Niveau der 1950er Jahre zurückfielen, war die Regierungsmacht endgültig verloren. Peer Steinbrück wurde als vorerst letzter sozialdemokratischer Ministerpräsident abgewählt.

Das sozialdemokratische „Stammland" wird seitdem von einer christlich-liberalen Koalition aus CDU und FDP regiert. Ministerpräsident Jürgen Rüttgers positionierte sich in den Medien schnell als neuer, christdemokratischer „Arbeiterführer" und versuchte nicht nur in seinem Amtsstil an Karl Arnold und Johannes Rau anzuknüpfen. Im neuen Kabinett sind mit Arbeitsminister Karl-Josef Laumann, Generationen- und Integrationsminister Armin Laschet, Wirtschaftsministerin Christa Thoben und Finanzminister Helmut Linsen sowohl Vertreter des Arbeitnehmer- als auch Anhänger des Unternehmerflügels der Union vertreten. Der kleine Koalitionspartner FDP berief seinen ehemaligen Fraktionsvorsitzenden Ingo Wolf zum Innenminister. Zudem gelang es den Liberalen, mit ihrem Landesvorsitzenden Andreas Pinkwart einen erfahrenen Bundespolitiker für das neu geschaffene Ressort Innovation, Wissenschaft, Forschung und Technologie zu gewinnen. Pinkwart ist seitdem auch stellvertretender Ministerpräsident.

Innerhalb der SPD wurde indes über die Gründe des Regierungsverlusts diskutiert. Sowohl nachteilige bundespolitische Konstellationen als auch landespolitische Personal- und Sachfragen können dafür angeführt werden. Generell kann man zudem die kontinuierliche Erosion der Wählerkoalition der 1980er Jahre und die stetig abnehmende Mobilisierung sozialdemokratischer Stammwähler beobachten. So blieben die Anhänger der SPD schon bei den Kommunalwahlen 1999 und 2004 zu Hause, während die Union fulminante Siege feiern konnte, insbesondere in den ehemaligen SPD-Hochburgen im Ruhrgebiet. Im Wahljahr 2000 ging der Verlust von insgesamt 673.000 Stimmen zu 60 Prozent auf die Stimmenthaltung ihrer ehemaligen Wähler zurück.

Dem Ende des „sozialdemokratischen Jahrhunderts" versuchte die SPD zunächst mit einer marktliberalen Neuausrichtung ihrer Politik zu begegnen, die von ihrer Stammwählerschaft aber nicht nachvollzogen wurde. Die Modernisierungsrhetorik der Rau-Nachfolger Clement und Steinbrück verunsicherte die SPD-Anhänger weiter. So musste die SPD schon bei den Wahlen 2000 überdurchschnittliche Verluste bei Arbeitern und Gewerkschaftsmitgliedern hinnehmen. Im Wahljahr 2005 verlor sie gar ihren Status als „Arbeiterpartei". Sprachen im Wahljahr 2000 noch über 50 Prozent der Bürger Nordrhein-Westfalens der SPD die

## Infobox [48] FDP in Nordrhein-Westfalen

**Bereits im Mai 1947 in Wuppertal gründete die FDP als erste der später im Düsseldorfer Landtag vertretenen Parteien ihren Landesverband Nordrhein-Westfalen. Obwohl die Liberalen nur 1950 und 1954 mehr als zehn Prozent der Stimmen bei Landtagswahlen erreichen konnten, waren sie immerhin an acht Landesregierungen seit 1946 beteiligt. Von 1980 bis 1985 und 1995 bis 2000 waren die Liberalen allerdings nicht im Düsseldorfer Landtag vertreten, da sie an der Fünf-Prozent-Hürde gescheitert waren.**

**Heute gliedert sich der Landesverband in neun Bezirks- und 54 Kreisverbände auf. Er ist mit 15.764 Mitgliedern (Stand 31.12.2007) der größte der Bundespartei. Landesvorsitzender ist seit 2002 der stellvertretende Ministerpräsident Andreas Pinkwart. Seine Stellvertreter sind Angela Freimuth (Landtagsvizepräsidentin, MdL) und Gisela Piltz (MdB). Als Generalsekretär fungiert Christian Lindner (MdL).**

**ABBILDUNG 82 AMTSTRÄGER DER FDP IN NORDRHEIN-WESTFALEN**

**Landesvorsitzende**

| | |
|---|---|
| 1947 | Gustav Altenhain |
| 1947 – 1956 | Friedrich Middelhauve |
| 1956 – 1968 | Willy Weyer |
| 1968 – 1979 | Horst-Ludwig Riemer |
| 1979 – 1983 | Burkhard Hirsch |
| 1983 – 1994 | Jürgen Möllemann |
| 1994 – 1996 | Joachim Schultz-Tornau |
| 1996 – 2002 | Jürgen Möllemann |
| seit 2002 | Andreas Pinkwart |

**Fraktionsvorsitzende im Düsseldorfer Landtag**

| | |
|---|---|
| 1946 – 1954 | Friedrich Middelhauve |
| 1954 – 1955 | Reinhard Beine |
| 1955 – 1956 | Hermann Kohlhase |
| 1956 – 1958 | Wolfgang Döring |
| 1958 – 1962 | Willy Weyer |
| 1962 – 1969 | Walter Möller |
| 1969 – 1970 | Heinz Lange |
| 1970 – 1979 | Hans Koch |
| 1980 | Wolfgang Heinz |
| 1985 – 1995 | Achim Rohde |
| 2000 – 2002 | Jürgen Möllemann |
| 2002 – 2005 | Ingo Wolf |
| seit 2005 | Gerhard Papke |

© Wochenschau Verlag. Quelle: FDP Landesverband NRW.

größte Kompetenz für soziale Gerechtigkeit zu, waren es im März 2005 nur noch 38 Prozent. Auf allen anderen Politikfeldern lag die CDU deutlich vor den Sozialdemokraten.

### 7.4.5 Auf dem Weg zum Fünf-Parteien-System?

Nach dem Verlust der Regierungsverantwortung 2005 übernahm zunächst Jochen Dieckmann den Parteivorsitz der Landespartei. Er trat aber bereits im Januar 2007 von seinem Amt wieder zurück. Seitdem steht mit Hannelore Kraft erstmals eine Frau an der Spitze der NRW-SPD. Sie versucht nun analog zur Bundesebene aus der Rolle als Oppositionsführerin im Landtag mit einer deutlich linkeren Programmatik enttäuschte Wähler zurückzugewinnen. Durch Forderungen wie beispielsweise die Abschaffung der Studiengebühren soll die alte SPD-Hegemonie schon bei der kommenden Landtagswahl zurückerobert werden. Zum Umgang mit der Partei „Die Linke" betont die Parteivorsitzende: „Wir suchen die Auseinandersetzung, nicht die Zusammenarbeit" (Kraft 2008). Trotzdem beschäftigen sich auch die nordrhein-westfälischen Sozialdemokraten intensiv mit der neuen Partei. Deren möglicher Einzug in den Landtag 2010 könnte zu einer weiteren Veränderung des nordrhein-westfälischen Parteiensystems und damit zum Ende der Lagerpolarisierungsphase führen.

Am 16. Juni 2007 schlossen sich in Berlin die postkommunistische Linkspartei.PDS, die Nachfolgeorganisation der ehemaligen DDR-Einheitspartei SED, und die Partei „Arbeit und soziale Gerechtigkeit – Die Wahlalternative" (WASG), die sich 2005 aus Unmut über die Agendapolitik der SPD-geführten Bundesregierung in Gewerkschaftskreisen gebildet hatte, zur neuen Partei „Die Linke" zusammen. Schon bei der Bundestagswahl 2005 hatten PDS und WASG gemeinsam kandidiert und 8,7 Prozent der Stimmen erreicht. Damit konnte sich im Bundestag neben CDU/CSU, SPD, FDP und den Bündnisgrünen wieder eine linke Fraktion bilden, die aber erstmals nicht nur aus ostdeutschen Politikern bestand und von einer Doppelspitze aus dem ersten PDS-Vorsitzenden Gregor Gysi und dem ehemaligen SPD-Vorsitzenden Oskar Lafontaine angeführt wurde.

### Infobox [49] Linke in Nordrhein-Westfalen

**Analog zur Bundesebene schlossen sich am 20. Oktober 2007 in Bottrop die nordrhein-westfälischen Landesverbände der WASG und der PDS zur NRW-Linken zusammen. Seitdem besteht ein geschäftsführender Vorstand aus acht Personen: Katharina Schwabedissen und Wolfgang Zimmermann fungieren als Sprecher, Bärbel Beuermann, Ralf Michalowsky, Ingrid Remmers und Helmut Manz sind ihre Stellvertreter. Schatzmeisterin ist Nina Eumann, Geschäftsführer Günter Blocks. Nach dem Zusammenschluss konnte der Landesverband seine Mitgliederzahl deutlich steigern, aktuell liegt sie bei 5.905 (Stand 31.12.2007).**

**Im Landtag von Nordrhein-Westfalen ist die Linke bereits durch den fraktionslosen Abgeordneten Rüdiger Sagel vertreten. Der 1998 in den Landtag gewählte Abgeordnete der Grünen trat am 15. Juni 2007 wegen inhaltlicher Differenzen aus seiner Fraktion aus. Am 23. Oktober 2007 gab er dann seinen Betritt in die Partei „Die Linke" bekannt. Seitdem vertritt er ihre Interessen im Düsseldorfer Landtag. Die Linke hofft, bei der nächsten Landtagswahl ähnlich wie in Bremen, Hamburg, Niedersachsen und Hessen die Fünf-Prozent-Hürde zu überspringen und damit erstmals in Fraktionsstärke in den Landtag von Nordrhein-Westfalen einziehen zu können.**

**Auch in Nordrhein-Westfalen wird die Linke wegen möglicher linksextremistischer Tendenzen vom Verfassungsschutz beobachtet. So arbeitet die Linke auf der kommunalen Ebene weiter eng mit DKP und MLPD zusammen. Zudem gibt es innerparteiliche linksextremistische Gruppierungen wie die Kommunistische Plattform.**

Der Erfolg der Linken, der von einer großen Medienberichterstattung begleitet wurde, setzte sich auch bei den folgenden Landtagswahlen fort. Die neue Partei zog auf Anhieb in die westdeutschen Länderparlamente von Bremen, Hessen, Niedersachsen und Hamburg ein. Aus der ursprünglich ostdeutschen Regionalpartei PDS war längst eine gesamtdeutsche Kraft links der SPD entstanden. Als Partei der sozialen Empörung bündelt sie Unzufriedenheiten der Bürger im Bereich von Gerechtigkeit. Sie lehnt die Hartz IV-Gesetze ebenso ab wie internationale Einsätze der Bundeswehr. Durch die Fusion mit der WASG agiert die Linke nun auch im Gewerkschaftsmilieu und vereinnahmt immer mehr die für die SPD wichtigen Vorfeldorganisationen zu ihren Gunsten.

Die neue Qualität des Parteienwettbewerbs besteht daher nun darin, dass jenseits der Großen Koalition keine Bündnisse entlang der tradierten parteipolitischen Lager mehr möglich sind (Korte 2008). Bunte Zweier- und Dreier-Koalitionen – von Jamaika (schwarz-gelb-grün) bis rot-rot-grün – sind unter den Bedingungen von Vielparteien-Parlamenten und zeitgleich immer kleiner werdenden Volksparteien die Zukunft. Genau das macht den tief greifenden Strukturwandel des deutschen Parteiensystems seit 2005 aus. Vielparteien-Parlamente können zwar noch wie in Hamburg (schwarz-grün), Niedersachsen (schwarz-gelb) oder Bremen (rot-grün) zu Zweierkoalitionen führen, aber weniger verlässlich als zu früheren Zeiten. So genannte Lager- oder Traditionskoalitionen werden durch neue Varianten zur Regierungsbildung ersetzt: neue parteipolitische Zusammensetzungen (zum Beispiel schwarz-grün), neue Regierungs- beziehungsweise Koalitionstypen (zum Beispiel Große Koalitionen) und neue Regierungsformate (zum Beispiel der gescheiterte Versuch der Bildung einer Minderheitsregierung in Hessen).

Wer nicht nur rechnerische Mehrheiten, sondern belastbare politische Mehrheiten sucht, muss sich zukünftig auf dem Koalitionsmarkt auf Braut- beziehungsweise Bräutigamschau begeben. CDU/CSU und FDP sind auf die Grünen angewiesen, wollen sie eine „kleine", eine „Minimum-Winning"-Koalition bilden. Ein Mitte-Links-Bündnis wird ohne die Linke als Koalitionspartner in absehbarer Zeit keine Machtperspektive mehr haben. Die Grünen sind dabei in einer komfortablen Sandwich-Lage: Sie können sich aus ihrer Abhängigkeit von der SPD befreien und die ehemalige Rolle der FDP als „Zünglein an der Waage" einnehmen. Ohne die Grünen wird auf absehbare Zeit voraussichtlich keine Regierungsbildung mehr möglich sein: die Kanzlermacher. Sie sind der Gewinner im Wettbewerb eines asymmetrischen und fluiden Fünf-Parteien-Systems – vorausgesetzt Wähler und Basis ertragen die Rolle ihrer Partei als strategischer Mehrheitsbeschaffer zwischen zwei so genannten bürgerlichen Parteien (Union/FDP) und zwei linken Parteien (SPD/Linke).

Doch auch für die beiden Volksparteien eröffnen sich neue Chancen. Wenngleich die SPD langfristig nicht mehr über Wahlergebnisse von 30 Prozent hinaus kommt und deutlich seltener den Regierungschef wird stellen können, so ist es durchaus möglich, dass sie öfter und länger Regierungsverantwortung tragen wird als in den vergangenen Jahrzehnten. Denn die Sozialdemokraten sind prinzipiell eine Multioptionspartei. Seit Beginn der 1990er Jahre haben sie auf Landesebene mit allen etablierten Parteien schon mindestens einmal koaliert. Die rot-roten Bündnisse in Berlin und Mecklenburg-Vorpommern haben zudem gezeigt, dass auch mit der PDS beziehungsweise der Linken unpopuläre Haushaltssanierungen möglich sind und trotzdem Wahlen gewonnen werden können, wenngleich auf niedrigerem Niveau. Doch noch liegt das Potenzial der SPD als Multikoalitionspartei auf Eis. Regierungsbündnisse mit der Linken im Bund und in westdeutschen Ländern sind bis 2009 vorerst ein Tabu. Die langfristigen Machtfragen der SPD hängen zurzeit an der Tabuisierung der Zusammenarbeit beziehungsweise Enttabuisierung der Kontaktsperre zwischen SPD und Linken. Aber das Tauwetter hat schon begonnen. Nach den nächsten Bundestagswahlen wird die SPD als Regierungspartei in allen erdenklichen Koalitionsformen wirken können: in Großen Koalitionen, als Partner von FDP, Grünen und Linken, sogar als Junior-Partner der Linken in ostdeutschen Ländern.

Auch für die Union ergeben sich neue Machtperspektiven: Jenseits der Großen Koalition war die FDP bisher fast der einzige mögliche Partner in Bund und Ländern (die einzige Ausnahme war die Koalition mit der Schill-Partei in Hamburg). Durch die schwarz-grüne Landesregierung in Hamburg (2008) kann die Union zukünftig auch ihre Mehrheitsoptionen deutlich ausbauen. Sie hat damit immer noch quantitativ weniger potenzielle Bündnispartner als die SPD, aber eine qualitativ bedeutsame Machtoption hinzugewonnen.

In Nordrhein-Westfalen konnte die Linke bislang noch nicht für Furore sorgen. Bei der letzten Bundestagswahl 2005 blieb die Partei mit 5,2 Prozent der Stimmen deutlich hinter ihrem bundesweiten Ergebnis (8,7%) zurück. Zuvor hatten PDS und WASG trotz der historischen Stärke der kommunistischen KPD im Ruhrgebiet bis in die 1950er Jahre hinein überhaupt keine entscheidende Rolle gespielt. Bei der Landtagswahl 2005 erreichte die WASG nur 2,2 Prozent. Das beste Ergebnis der PDS in Nordrhein-Westfalen war bei der Europawahl 2004 mit 2,1 Prozent nur unwesentlich schlechter. Umfragen belegen aber, dass die neue Linke langfristig auch flächendeckend in Nordrhein-Westfalen Fuß fassen könnte. Sowohl für Bundes- als auch für Landtagswahlen wird ihr mittlerweile ein Potenzial von deutlich über 5 Prozent prognostiziert. Langfristig könnte sich daher auch die politische Situation in Nordrhein-Westfalen zu dem oben skizzierten Fünf-Parteien-System entwickeln.

Eine weitere Tendenz, die sich in Nordrhein-Westfalen analog zur Bundesebene, aber in abgeschwächter Form vollzieht, sind die stetig sinkenden Stimmenanteile der beiden Volksparteien. So wählten bei der letzten Bundestagswahl 2005 in Nordrhein-Westfalen nur noch rund 75 Prozent CSU/CSU und SPD. Die Zahl erscheint zwar hoch, doch vor 20 Jahren sammelten sich die Wähler noch zu 90 Prozent um diese Parteien herum. Viele Bürger fühlen sich seit geraumer Zeit nicht mehr bei den Volksparteien beheimatet. Insofern ist es keine Überraschung, dass sich die beiden Volksparteien verstärkt auf der Suche nach dem „Heiligen Gral der Mitte" befinden, um ihre eigene Erosion zu stoppen. Denn in der Mitte der Gesellschaft sind die meisten Wähler für die Volksparteien zu finden, da sich mit Abstand die meisten Bürger in Deutschland selbst politisch zur Mitte zählen. So machte sich Gerhard Schröder 1998 auf die Suche nach der „Neuen Mitte", und auch Angela Merkel rückte auf dem Bundesparteitag in Hannover 2007 „Die Mitte" ins Zentrum.

Die kleineren Parteien können sich indes auch in Nordrhein-Westfalen auf eine immer zuverlässigere Anhängerschaft verlassen. Ein Scheitern bei Landtagswahlen an der Fünf-Prozent-Hürde – dieses Schicksal ereilte noch 1980 und 1995 die FDP – scheint auch wegen der Einführung des Zweistimmenwahlrechts (siehe Kapitel 3.2) in naher Zukunft eher unwahrscheinlich zu werden. Vielmehr ist davon auszugehen, dass sich der Trend der Parteipolarisierung und -pluralisierung bei den kommenden Wahlen weiter verstärken wird. Generell wird sich damit auch das Parteiensystem an Rhein und Ruhr an die „europäischen Gegebenheiten" der Nachbarstaaten anpassen. Regierungen mit mehr als zwei Parteien beziehungsweise Minderheitsregierungen könnten daher auch in Zukunft im Düsseldorfer Landtag Realität werden.

Ein Abonnement für Regierungsmacht gibt es selten und immer nur zeitlich begrenzt (Korte/Florack/Grunden 2006: 58f). Gesellschaftliche Konflikte, Parteiloyalitäten, Sach- und Personalfragen als die entscheidenden Einflussfaktoren für Wählerverhalten und parteipolitische Kräfteverhältnisse sind einem langsamen, aber gleichwohl stetigen Wandel unterworfen. Hinzu kommen bundespolitische Entwicklungen, die in Wahlentscheidungen auf Landesebene einfließen. Auch wenn bei den Übergängen zwischen den einzelnen Phasen des Parteiensystems in Nordrhein-Westfalen ein Zusammenspiel aller fünf Faktoren zu konstatieren ist, so sind sie keinesfalls als gleichgewichtig einzustufen. Vielmehr sind sie in ein Pfadmodell einzuordnen. Kurzfristigen Faktoren (Personal- und Sachfragen, bundespolitische Ereignisse) wirken als Katalysatoren, die gewandelte Normen, Werte und Konflikte zur Entfaltung bringen. Die Landtagswahlen von 1958, 1966, 1985 und 2005 stellten paradigmatische Wendepunkte und Akzentverschiebungen hinsichtlich gesellschaftlicher Trends dar. Bei allen vier Wahlen verband sich die bundespolitische Schwäche der unterlegenen Partei mit regionalen Repräsentationsschwächen und der Erosion ihrer lokalen gesellschaftlichen Verankerung.

In den 1950er Jahren stützte der konfessionelle Konflikt die Dominanz der CDU. Als erste echte Volkspartei konnte sie mit Hilfe ihrer populären Ministerpräsidenten Arnold und Meyers einen Großteil des Arbeitermilieus an sich binden. Auf wichtigen Politikfeldern besaß sie in den Augen der Wähler die größten Kompetenzen. Selbst als Oppositionspartei wurde sie in den 1970er Jahren noch zweimal zur stärksten politischen Kraft im Land. Der Aufstieg der SPD begann mit der Abschwächung der konfessionellen Konfliktlinie und der Strukturkrise der traditionellen Industrien. Ihrer Verankerung im vorpolitischen Raum, insbesondere in den Städten des Reviers, verdankte sie einer optimalen Mobilisierung der Arbeiterschaft, die spätestens seit den 1980er Jahren in der CDU keine politische Heimat mehr erkennen konnte. Die sozialdemokratische Bildungs- und Sozialpolitik band die neuen Mittelschichten über zwei Jahrzehnte an die Partei, und nicht zuletzt die überragende Popularität Johannes Raus ließ auch CDU-Sympathisanten bei Landtagswahlen auf die Seite der SPD wechseln. So entstanden Wählerkoalitionen, ohne die absolute SPD-Mehrheiten nicht möglich gewesen wären.

In den 1990er Jahren begann der Strukturwandel die gesellschaftliche Verankerung der SPD zu unterspülen. Die Partei konnte die beiden Voraussetzungen für Erfolg auf komplexen Wählermärkten immer unzureichender erfüllen: die Mobilisierung der traditionellen Stammklientel und die Integration heterogener Mittelschichten. Mangelnde Mobilisierungskraft und fehlende Kompetenz in Sachfragen führten schließlich zum Machtverlust. Dabei ist die stille Wählerreserve der NRW-SPD nach wie vor beachtlich, wie die Bundestagswahl vom September 2005 unter Beweis stellte. Mit landesweit 40 Prozent konnte sie die CDU deutlich auf den zweiten Platz verweisen. Daher ist auch wie oben angedeutet vor dem Hintergrund eines sich neu ausdifferenzierenden Parteiensystems, das neue Mehrheiten, neue Bündnisse und neue Strategien von den Parteien verlangt, eine neue Phase christdemokratischer Dominanz keineswegs gewiss. Die Wandlungsprozesse in der politischen Landschaft Nordrhein-Westfalens versprechen insgesamt durchaus spannende Zeiten.

## 7.5 Weiterführende Literatur


*Alemann, Ulrich von (Hrsg.) (1985): Parteien und Wahlen in Nordrhein-Westfalen, Köln.*

*Alemann, Ulrich von (2003): Das Parteiensystem der Bundesrepublik Deutschland, 3. Auflage, Opladen.*

*Alemann, Ulrich von/Brandenburg, Patrick (2000): Nordrhein-Westfalen. Ein Land entdeckt sich neu, Köln.*

*Beyme, Klaus von (1984): Parteien in westlichen Demokratien, Frankfurt am Main.*

*Bovermann, Rainer (Hrsg.) (1996): Das Ruhrgebiet. Ein starkes Stück Nordrhein-Westfalen, Essen.*

*Brunn, Gerhard/Reulecke, Jürgen (1996): Kleine Geschichte von Nordrhein-Westfalen 1946-1996, Köln.*

*Canaris, Ute/Rüsen, Jörn (Hrsg.) (2001): Kultur in Nordrhein-Westfalen. Zwischen Kirchturm, Förderturm & Fernsehturm, Stuttgart/Berlin/Köln.*

*Coumanns, Bernd/Kremer, Holger (2001): Kontinuität trotz Wandel. Über die Regierungsbeständigkeit der SPD in Nordrhein-Westfalen, in: Hirscher, Gerhard/Korte, Karl-Rudolf (Hrsg.): Aufstieg und Fall von Regierungen, München, S. 278-307.*

*Decker, Frank/Neu, Viola (Hrsg.) (2007): Handbuch der deutschen Parteien, Wiesbaden.*

*Dörner, Andreas (2001): Zwischen Organisationstreue und Bürgergesellschaft: Politische Kultur in NRW, in: Canaris, Ute/Rüsen, Jörn (Hrsg.): Kultur in Nordrhein-Westfalen. Zwischen Kirchturm, Förderturm & Fernsehturm, Stuttgart/Berlin/Köln, S. 67-75.*

*Fenske, Hans (1994): Deutsche Parteiengeschichte – von den Anfängen bis zur Gegenwart, Paderborn.*

*Florack, Martin/Hoffmann, Markus (2006): Die Bundesrepublik in der „Wahlverflechtungsfalle". Wahlen in der föderativen Politikverflechtung, in: Derichs, Claudia/Heberer, Thomas (Hrsg.): Wahlsysteme und Wahltypen. Eine kontextualisierte Analyse am Beispiel von 5 Weltregionen. Wiesbaden, 2006, S. 100-121.*

*Gabriel, Oscar W./Niedermayer, Oskar/Stöss, Richard (Hrsg.) (2002): Parteiendemokratie in Deutschland, 2. Auflage, Wiesbaden.*

*Gessenharter, Wolfgang/Pfeiffer, Thomas (2004): Die Neue Rechte – eine Gefahr für die Demokratie?, Wiesbaden.*

*Glaab, Manuela/Korte, Karl-Rudolf (1999): Politische Kultur, in: Weidenfeld, Werner/Korte, Karl-Rudolf (Hrsg.): Handbuch zur deutschen Einheit 1949-1989-1999, Bonn, S. 642-650.*

*Goch, Stefan (Hrsg.) (2004): Strukturwandel und Strukturpolitik in Nordrhein-Westfalen, Münster.*

*Kailitz, Steffen (2004): Politischer Extremismus in der Bundesrepublik Deutschland. Eine Einführung, Wiesbaden.*

*Kießling, Andreas (1999): Politische Kultur und Parteien im vereinigten Deutschland, München.*

*Kießling, Andreas (2001): Regieren auf immer? Machterhalt und Machterneuerungsstrategien der CSU, in: Hirscher, Gerhard/Korte, Karl-Rudolf (Hrsg.): Aufstieg und Fall von Regierungen, München, S. 216-248.*

*Köhler, Wolfram (Hrsg.) (1996): Nordrhein-Westfalen. Fünfzig Jahre später, Düsseldorf.*

*Korte, Karl-Rudolf (2008): Neue Formeln zur Macht. Parteienwettbewerb in Deutschland, in: Die Politische Meinung. Monatsschrift zu Fragen der Zeit Nr. 465, August 2008, S. 5-9.*

*Korte, Karl-Rudolf/Florack, Martin/Grunden, Timo (2006): Regieren in Nordrhein-Westfalen. Strukturen, Stile und Entscheidungen 1990 bis 2006, Wiesbaden.*

*Kracht, Peter (2007): Ruhrgebiet, Münster.*

*Kraft, Hannelore (2008): Starke Städte – starkes Land. Rede der Vorsitzenden auf dem Landesparteitag der NRW-SPD am 05.04.2008 in Düsseldorf (im Internet unter: http://www.nrwspd.de/home/welcome.asp).*

*Kranenpohl, Uwe (2008): Das Parteiensystem Nordrhein-Westfalens, in: Jun, Uwe/Haas, Melanie/Niedermayer, Oskar (Hrsg.): Parteien und Parteiensysteme in den deutschen Ländern, Wiesbaden, S. 315-339.*

*Landeszentrale für politische Bildung Nordrhein-Westfalen (Hrsg.) (2000): NRW-Lexikon, 2. Auflage, Düsseldorf.*

*Meckel, Miriam (2001): Medienkultur/Mediengesellschaft, in: Canaris, Ute/Rüsen, Jörn (Hrsg.): Kultur in Nordrhein-Westfalen. Zwischen Kirchturm, Förderturm & Fernsehturm, Stuttgart/Berlin/Köln, S. 84-93.*

*Meffert, Heribert/Steinbrück, Peer (Hrsg.) (2005): Trendbuch NRW. Perspektiven einer Metropolregion, Gütersloh.*

*Niclauß, Karlheinz (2002): Das Parteiensystem der Bundesrepublik Deutschland, 2. Auflage, Paderborn.*

*Niedermayer, Oskar (2008): Parteimitgliedschaften im Jahr 2007, in: ZParl 2/2008, S. 379-386.*

*Nohlen, Dieter (2004): Wahlrecht und Parteiensystem, 4. Auflage, Opladen.*

*Oberreuter, Heinrich/Kranenpohl, Uwe/Olzog, Günter u.a. (2004): Die politischen Parteien in Deutschland. Geschichte, Programmatik, Organisation, Personen, Finanzierung, 27. Auflage, München.*

*Poguntke, Thomas (2006): Das Parteiensystem der Bundesrepublik Deutschland, Wiesbaden.*

*Rohe, Karl (1984): Politische Traditionen im Rheinland, in Westfalen und Lippe. Zur politischen Kultur Nordrhein-Westfalens, in: Landeszentrale für politische Bildung (Hrsg.): Nordrhein-Westfalen. Eine politische Landeskunde, Köln, S. 14-34.*

*Satori, Giovanni (1976): Parties and Party Systems. A Framework for Analysis, Cambridge.*

*Steffani, Winfried (1997): Gewaltenteilung und Parteien im Wandel, Opladen/Wiesbaden.*

# Kapitel 8 Anhang

# Kommentierte Internetadressen

## PARLAMENTE

**Landtag von Nordrhein-Westfalen:**
www.landtag.nrw.de

Offizieller Internetauftritt des Landtages von Nordrhein-Westfalen mit Informationen über die Abgeordneten, die Fraktionen und die Ausschüsse; zudem ein umfangreiches Dokumentenarchiv mit allen Drucksachen, Protokollen, Plenarbeschlüssen, Vorlagen etc., teilweise seit 1946. Außerdem besteht die Möglichkeit, online das Parlamentsfernsehen zu verfolgen.

**Bundestag:**
www.bundestag.de

Offizieller Internetauftritt des Deutschen Bundestages mit Informationen über die Abgeordneten, die Fraktionen und die Ausschüsse; zudem ein umfangreiches Dokumentenarchiv mit allen Drucksachen, Protokollen, Plenarbeschlüssen, Vorlagen etc., teilweise seit der 8. Wahlperiode. Auch hier besteht die Möglichkeit, Plenardebatten live in Bild und Ton im Internet zu verfolgen.

**Europäisches Parlament:**
www.europarl.de

Umfangreiche Informationen über das Europäische Parlament und die Europawahlen in Deutschland. Andere EU-Institutionen sind verlinkt.

## WAHLLEITER

**Bundeswahlleiter:**
www.bundeswahlleiter.de

Die offizielle Internetpräsenz des Bundeswahlleiters gibt eine Übersicht über alle Ergebnisse und Informationen über die Durchführung der Bundes- und Europawahlen in Deutschland. Ferner sind die Landeswahlleiter aller 16 Bundesländer verlinkt.

**Landeswahlleiterin:**
www.im.nrw.de/bue/67.htm#

Internetpräsenz der Landeswahlleiterin von Nordrhein-Westfalen im Innenministerium.

## WICHTIGE WEITERE INSTITUTIONEN

**Staatskanzlei von Nordrhein-Westfalen:**
www.nrw.de

Informationen zum Land Nordrhein-Westfalen, zur Landesregierung und zu den Aufgaben der Staatskanzlei. Sämtliche Landesministerien und nachgeordneten Behörden sind verlinkt.

**Innenministerium von Nordrhein-Westfalen:**
www.im.nrw.de/bue/28.htm#

Umfangreiche Informationen zur Durchführung sämtlicher Wahlen in Nordrhein-Westfalen; besondere Erklärung der Reform des Kommunalwahlrechts und der Gemeindeordnung. Außerdem sind die Ergebnisse aller Wahlen seit 1949 abrufbar.

**Landeszentrale für politische Bildung Nordrhein-Westfalen:**
www.lzpb.nrw.de/

Neben Informationen über die zahlreichen Veranstaltungen der LZpB besteht im Online-Shop die Möglichkeit, online Literatur aus dem Publikationsverzeichnis zu bestellen.

**Landesamt für Datenverarbeitung und Statistik Nordrhein-Westfalen (LDS NRW):**
www.lds.nrw.de

Sämtliche Basisdaten des Landes von Einwohnerzahl bis Wahlergebnissen können abgerufen werden.

## UMFRAGEINSTITUTE

**Institut für Demoskopie Allensbach –**
**Gesellschaft zum Studium der öffentlichen Meinung (IfD):**
www.ifd-allensbach.de

**Emnid (TNS Emnid Gmbh & Co. KG):**
www.tns-emnid.com

**forsa Gesellschaft für Sozialforschung**
**und statistische Analysen:**
www.forsa.de

**Forschungsgruppe Wahlen e.V.:**
www.forschungsgruppe.de

**Infratest dimap Gesellschaft**
**für Trend- und Wahlforschung mbh:**
www.infratest-dimap.de

## HINTERGRUND WAHLFORSCHUNG

**Forschungsgruppe Regieren:**
www.forschungsgruppe-regieren.de

Die Forschungsgruppe Regieren der Universität Duisburg-Essen bietet aktuelle Informationen zur modernen Regierungsforschung, Parteien- und Wahlforschung, politischen Kommunikation, wissenschaftlichen Politikberatung und zu Politikfeldanalysen.

**Wahlrecht.de:**
www.wahlrecht.de

Umfangreiche Statistiken und Texte zum Wahlrecht in Deutschland, in den 16 Bundesländern und in den europäischen Nachbarstaaten.

**Election.de:**
www.election.de

Umfangreiche Dokumentation zu allen Wahlen in Deutschland mit Wahlkalender, Wahlbarometer und Wahlarchiv. Auch Specials zu ausländischen Wahlen wie beispielsweise der US-Präsidentschaftswahl 2008.

# Abbildungsverzeichnis

Seite 55, 239: © Landtag NRW / Foto: B. Schälte
Alle übrigen Fotos im Innenteil: picture-alliance
Karikatur S. 12: Burkhard Mohr

# Verzeichnis der Infoboxen

# Stichwortverzeichnis

## A



## B



## C

## D



## E



## F



## G

## H



## I



## J



## K



## L

## Q



## R



## S

**T**



**U**



**V**



**W**

## Z

# Personenverzeichnis

# Dank

Die Idee zu diesem Buch entstand in Zusammenarbeit mit Prof. Dr. Andreas Kost von der Landeszentrale für politische Bildung Nordrhein-Westfalen in der Forschungsgruppe Regieren und an der NRW School of Governance, Universität Duisburg-Essen, in Anlehnung und Weiterentwicklung der beiden erfolgreichen Publikationen „Regieren in Nordrhein-Westfalen" und „Wahlen in Deutschland". Prof. Kost begleitete zu jeder Phase als politikwissenschaftlicher Kenner der Landespolitik die Erstellung des Textmanuskripts. Zusammen mit unseren Studierenden konnten Teile des Textes auch in den Lehrveranstaltungen im Hinblick auf einen Anwendungsbezug gestestet werden. Ein besonderer Dank gilt auch dem Wochenschau Verlag. Dort koordinierte Dr. Birgit Wolter die zügige Fertigstellung.

Jan Treibel, M.A. und Paul-Frederik Lang, M.A. ermöglichten stilsicher und faktenkundig den NRW-Transfer im Mehrebenensystem. Sie hielten von Beginn an alle redaktionellen Fäden zusammen und trugen erheblich dazu bei, dass das Buch zeitnah fertig gestellt werden konnte. Christian Hensen, B.A. stand dem Redaktionsteam gegen Ende der Fertigstellung unterstützend zur Verfügung. Ferner halfen aus dem Team der Forschungsgruppe Regieren Dipl. Soz.-Wiss. Melanie Diermann, Marion Steinkamp, Anne-Sophie Keller, Dipl. Soz.-Wiss. Nico Grasselt, Dipl. Soz.-Wiss. Markus Hoffmann, Niko Switek M.A., Dr. Timo Grunden und Dr. Jörg-Uwe Nieland bei der Korrektur des Manuskripts mit.

Ihnen allen gilt mein ganz besonderer Dank.

Anregungen, Ideen und Kritik nehme ich gerne entgegen.

www.forschungsgruppe-regieren.de
www.nrwschool.de

Univ.-Prof. Dr. Karl-Rudolf Korte
Duisburg, im März 2009

PAUL ACKERMANN
BÜRGER
HANDBUCH
Basisinformationen und 66 Tipps zum Tun
BÜRGER HANDBUCH
WOCHEN SCHAU VERLAG

SIEGFRIED SCHIELE
GOTTHARD BREIT
VORSICHT
POLITIK
WOCHEN SCHAU VERLAG